D1434096

IS-DEITLA'N UNIG

EMYR GLYN WILLIAMS

Gomer

Cyhoeddwyd yn 2015 gan
Wasg Gomer, Llandysul, Ceredigion SA44 4JL

ISBN 978-1-78562-015-7

Cyhoeddwyd gyda chymorth ariannol
Cyngor Llyfrau Cymru.

Argraffwyd a rhwymwyd yng Nghymru gan
Wasg Gomer, Llandysul, Ceredigion SA44 4JL
www.gomer.co.uk

I deulu TOPS –
Fiona, Evan ac Arthur

Diolchiadau

Hoffwn ddiolch i Luned Whelan am olygu'r llyfr, ac i Elinor Wyn Reynolds a Gomer am ei gyhoeddi.

Er gwybodaeth, ysgrifennwyd *Is-deitla'n Unig* yn 2012–13, ac adolygwyd y testun cyn iddo gael ei gyhoeddi yn 2015. Ni bu ymdrech i ddiweddaru'r cynnwys ar ôl Nadolig 2013, felly peidiwch â disgwyl darllen am ddatblygiadau hollbwysig fel diflaniad Blockbuster, ymddangosiad Xavier Dolan a DCI Mathias, hynt a helynt ci 3-D Jean-Luc Godard, ffilm ddiweddaraf Gruff a Dyl Goch, nac unrhyw *status updates* personol chwaith.

Cynnwys

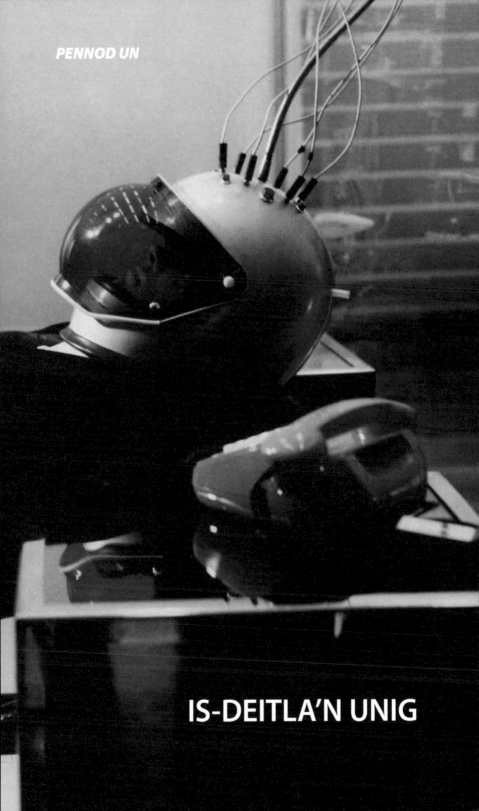

IS-DEITLA'N UNIG

I mi, y peth gorau am fyd sinema yw'r cyfle i gynhyrchu dy ffilmiau dy hun. Wedyn daw'r pleser pur o wylio ffilmiau; wedyn trin a thrafod ffilmiau, a sinema yn gyffredinol efo ffrindiau; yna darllen am sinema mewn llyfrau a chylchgronau, ac yn olaf y daw sgwennu am sinema. Mae'r pleserau sy ynghlwm â rhifau un i bedwar yn eithaf amlwg – rhinweddau sy'n datgelu ac yn amlinellu holl nodweddion unigryw sinema.

Pa well teimlad sy 'na na bod â dy draed wedi'u plannu'n ddwfn yn y ddaear yn y byd go iawn, a chreu, yr un pryd, realiti newydd â dim ond camera, recordydd sain a pheiriant golygu? Siapio pethau yn ôl dy ddymuniad. Saethu, ailwylio, golygu. Creu gyda'r holl ddeunydd sydd o'n cwmpas bob dydd. Ti'n methu gwneud ffilmiau am bethau, dim ond gyda phethau – dyna fantra sinema. Pethau fel golau, sain, tirwedd, merch, gwn, dŵr a thân, tawelwch, gwaed, wyneb actor neu jest y gwynt yn rhuo trwy'r coed.

Dydi gwylio ffilm, yn ei ffurf fwyaf syml, yn ddim ond sgwrs rhwng yr un sydd wedi creu'r delweddau a dychymyg y gynulleidfa – sgwrs bleserus iawn lle wyt ti, yn y presennol, yn nofio yn adlewyrchiad rhyw orffennol agos neu bell, ac yn profi, trwy dy ddychymyg, holl drysorau'r byd yn nüwch y sinema.

Trin a thrafod efo ffrindiau ydi ochr gymdeithasol ffilm, a dyma pryd mae gallu unigryw sinema i apelio at y boblogaeth i gyd yn dod yn gwbl glir. Rydan ni'n unigolion gyda'n gilydd yn y sinema dywyll. Er bod y paradocs yn mynnu ein bod ni i gyd ar wahân, mae'r ochr gymdeithasol sy'n perthyn i'r profiad sinematig yn dangos pa mor hanfodol yw sinema i'r ddynoliaeth.

Trwy feddwl a siarad efo'n gilydd am sut 'dan ni'n ymateb i ffilmiau, a pha effaith mae'r delweddau yma'n ei chael ar ein heneidiau, 'dan ni'n cyffwrdd â chymaint o bethau hanfodol, fel rhyddid, chwant a ffydd. Trwy wneud hyn, 'dan ni wedyn yn medru teimlo a gweld amwysedd realiti a gwir ansefydlogrwydd popeth sydd o'n cwmpas, heb anghofio bod hyn yn digwydd wrth i ni wylio'r ffilm, sydd yn wrthrych pendant. Tydi'r ffilm byth yn newid – yr un ffilm yn union ydi hi! – ti a fi a'r byd sy'n newid. Tydi sinema'n ddim ond peiriant sy'n bodoli i sgwrsio efo'r dyfodol. Well i ni beidio ag anghofio bod y gynulleidfa'n ei hadnewyddu ei hun dro ar ôl tro.

Law yn llaw â'r ffilmiau eu hunain, yn naturiol, mae 'na awch anhygoel yn bodoli ar bob cyfandir i ddarllen am ffilmiau, a syllu ar *stills* mewn llyfrau a chylchgronau am sinema. Mae hwn yn gyfrwng arall sy'n ein galluogi i ail-fyw'r profiad o wylio ffilm, neu'n ein hannog i ail-weu, *remix*, pendroni dros farn y beirniaid neu greu ffilm o'r newydd yn ein dychymyg, gan ddefnyddio pytiau fel llun neu ddau allan o *zine* wedi'u huno efo brawddeg am y plot allan o *listings* y papur dyddiol. Neu yn well fyth, jest breuddwydio ein hunain yn syth i mewn i ganol / galon ein hoff ffilmiau.

Yn syml, mae'r blaned gyfan yn caru sinema, ac mae sinema'n ein caru ni'n ôl. Mae sinema'n rhedeg yn ddwfn ac yn gyflym trwy'r byd fel rhyw fath o *deluge*, neu syniad o *deluge*, o leiaf! Mae'n llif anferth sy'n medru'n pigo ni i fyny, ein lluchio ni o gwmpas, troi popeth ar ei ben, ein hysgwyd ni a gwyrdroi'r byd bob dydd cyn ein gollwng ni 'nôl ar y ddaear. Er ei bod hi ym mhob man, mae sinema'n bendant yn perthyn i'r unigolyn yn gyntaf – i'r profiad personol, i ymateb yr unigolyn.

Os wyt ti'n cael dy ysgwyd gan ffilm, does dim angen i neb ei hesbonio wrthyt ti. Os na, fydd hi ddim yn bosib i'r un esboniad dy ysgwyd di.

(Federico Fellini)

Hmm … Dyma pam mae sgwennu am ffilmiau yn dod ar waelod fy rhestr bersonol i. Pa werth sy 'na mewn traethu am bwnc sy mor bersonol i bob un unigolyn yn ei ffordd fach ei hun? Fedri di ddim mesur faint o faeth sydd mewn ffilm yn yr un ffordd ag y medri di efo llefrith neu fara. Rydan ni i gyd yn medru chwerthin, crio, sgrechian a chael min! *Reflexes*, yn y bôn, ydi'r rhain, a tydan nhw'n fawr o werth fel llinyn mesur ar gyfer sôn am ddirgelwch pŵer delweddau sinema. Sôn am y llenwi bwlch yna sy'n digwydd wrth i'r ffilm gyrraedd dychymyg y gwyliwr – cwblhau cylched, cyrraedd adra – fydda i. Felly, mae ceisio ysgrifennu am effeithiau a theimladau sy'n gwbl bersonol yn eithaf anghyffyrddus i rywun fel fi, sy ar fin dechrau sgwennu llyfr am fyd, effaith, hud a hanes y ffilm dramor.

Yn sicr, tase amgylchiadau'n wahanol, fuaswn i ddim wedi mentro dechrau sgwennu llyfr o'r fath. Wedi'r cyfan, amgylchiadau sy'n ein ffurfio, a bywyd sy'n dysgu hynna i ni, nid sinema. Mae sinema'n dysgu pethau eraill i ni; pethau sydd bron yn amhosib eu disgrifio mewn geiriau. Dyna pam fod sinema'n eu trin nhw, wrth gwrs – rheswm arall dros oedi cyn meddwl am sgwennu llyfr am y pwnc. Mae'r paradocs yma'n glir yn fy mhen i, ond tydi o ddim yn rhwystr i fentro ymlaen i sgwennu am y delweddau annelwig, dirgel, llawn pŵer sy'n bodoli yn y ffilmiau fydd yn cael eu trafod yn y llyfr yma.

Rhywbeth sydd yn fwy o ddraenen yn fy ystlys yw'r sefyllfa tu allan i fy ffenestr – ymhle mae sinema yn y Gymraeg? Yn y byd go iawn, mae S4C yn suddo'n araf,

Titanic-stylee, a gyda hi, mae lleisiau'r instant pyndits yn gweld gobeithion a dyheadau artistig y tri degawd diwethaf yn diflannu o dan y dŵr gyda'r hen gwch rhydlyd, di-gwrs, *all washed up* 'na ym Mharc Tŷ Glas. Does dim angen mynydd rhew i suddo S4C – mae difaterwch a diffyg asgwrn cefn y capteiniaid a'r criw (a – beth am fod yn onest o'r cychwyn? – dyhead y gynulleidfa dros y degawdau) wedi bod yn ddigon i'w suddo hi. Wrth i'r cyfleoedd artistig, yr adnoddau sinematig a'r cyllid symud yn araf y tu hwnt i afael y genhedlaeth nesaf, ac allan o bentrefi ein cenedl, rhaid i ni sylweddoli nad ydi'r sefyllfa hon yn ddim ond symptom o broblem lawer mwy. Â phoblogaeth o ddim ond tair miliwn, mae'n rhaid bod yn realistig am y pethau yma. A oes gwerth mewn ysgrifennu llyfr yn Gymraeg am ffilmiau tramor (sef prif bwrpas y llyfr yma)? Yn wir, weithiau, bydda i'n amau a oes gwerth mewn sôn yn y famiaith am bethau fel ynni niwclear, technoleg, celf yn gyffredinol, teithio i'r sêr neu economeg. Rydan ni mor fach, mor ynysig mewn sawl ffordd, ond eto'n dal yn sicr iawn fel cenedl, efo'n defodau a'n traddodiadau, er bod yna wastad deimlad ein bod ni'n ddatgysylltiedig, rywsut, ddim cweit yn rhan o'r byd – yn sbecian dros y ffens, os lici di. Petawn i'n gofyn a oes 'na werth mewn sgwennu yn Gymraeg am bethau fel hanes, barddoniaeth, cerddoriaeth, gwleidyddiaeth, natur neu chwaraeon, dim problem – mi fase'r ateb yn dod yn ôl yn syth, yn gadarn, yn bositif. Rydan ni wedi rhagori yn y meysydd yma, ac yn teimlo'n sicr o'n lle yn y diwylliannau yma. Ond beth am fyd sinema? Yn sicr, does dim diwylliant sinematig Cymraeg yn bodoli, ddim mwy nag unrhyw ddiwylliant sy'n trin *quantum physics* neu drigolion Cwm Silicon; does dim rhagori yn digwydd yn y meysydd yma.

Ond serch yr ofnau a'r amheuon yma, wrth gwrs fy mod i'n credu efo pob gronyn o fy enaid fod 'na werth mewn sgwennu yn Gymraeg am sinema. Fel cenedl, rydan ni wedi profi gwerth byw trwy oes gythryblus, sy wedi cael ei ffurfio gan wleidyddiaeth radical. Rydan ni wedi sefyll i fyny a mynnu'r hawl i greu ein diwylliant llenyddol, cerddorol ac adloniannol ein hunain. Nawr, mae'n bryd i ni ddechrau creu delweddau a storïau sinematig er mwyn esbonio'r daith ddiweddar rydan ni wedi ei chreu gyda'n gilydd fel cymdeithas. I mi, mae stori anhygoel taith yr iaith Gymraeg yn ail hanner yr ugeinfed ganrif yn un sydd, yn anochel, yn pwyso arna i fel pawb arall, a'r momentwm positif, radicalaidd hwn sy'n fy ngyrru ymlaen â'r llyfr hwn. Dwi'n gweld bodolaeth y llyfr fel un cam yn y broses o normaleiddio'r dyhead am ddiwylliant sinematig Cymraeg, a rhoi'r dyhead yna yn union yng nghanol yr holl ddyheadau eraill sy'n bodoli oddi mewn i gorff y tair miliwn sy'n byw yma.

Tydi llyfr am sinema o fawr o bwys i neb oni bai ei fod yn ceisio cydgerdded efo'r gwyrthiau mae sinema'n eu cynnig i ni fel cynulleidfa. Fydd 'na ddim ymgais yn y llyfr hwn i ddinistrio – *We have come to praise Caesar!* Holl bwrpas y llyfr ydi ysgogi unigolion sy'n awyddus i greu sinema i fentro gam ymhellach at wireddu'r freuddwyd honno o greu ffilm, neu ddallt ffilm, neu fyw oddi mewn i ffilm. Yn amlwg, gan fod y llyfr yn Gymraeg, dwi'n gobeithio annog symudiad tuag at greu rhyw fath o ddiwylliant sinematig yma yng Nghymru. Felly, mae cynnwys y llyfr wedi cael ei greu'n benodol ar gyfer y Cymry ifanc sy'n darllen hwn, sydd heb fentro creu eu diwylliant sinematig cynhenid eu hunain eto.

Mae'n rhaid cyfaddef un peth cyn mynd dim pellach: dwi ddim yn cysidro fy hun yn fawr o lenor, nac yn meddwl chwaith fod fy marn gul i am rinweddau sinema tramor yn mynd i daro deuddeg â mwyafrif y boblogaeth. Nid dyna'r pwynt. Yn yr un ffordd â phan fyddaf yn gwneud ffilm, dwi byth yn meddwl: a fydd hon yn ffilm dda neu'n ffilm wael – *dead end* llwyr yw hynny. Ar y lefel symlaf, dwi'n meddwl y bydd hi'n ffilm *reckless*, o leiaf. Ac mae hynna'n gwneud i mi deimlo'n hapus am bethau, ac mae'n ddigon o sbardun i barhau. Llyfr *reckless* sy'n cael ei gynnig yma, felly, gan ei fod yn llyfr a fydd yn boddi neu'n suddo yn ôl fy nymuniadau, fy ymrwymiad a fy addasrwydd ar gyfer y dasg o ysgrifennu yn wyneb yr hen elynion – amau dy lais dy hun, a theimlo euogrwydd cyffredinol ynglŷn â phregethu neu gynnig barn unigol, bersonol am 'be 'di be'. Yn syml, gyda ffilm neu lyfr, yr unig nod realistig yw creu rhywbeth fydd yn gwneud i'r gynulleidfa feddwl ei fod o'n rhywbeth i'w wneud efo nhw, a thrwy wneud hyn, mae siawns y bydd y llyfr / ffilm yn medru effeithio arnyn nhw, neu eu hysgwyd, hyd yn oed. Mae'n bwysig nodi'r pwyntiau yma ar y cychwyn fel hyn. Does dim pwysau arna i i greu'r llyfr hwn. Does neb wedi ei gomisiynu, mae ambell un wedi ei wrthod, a dwi'n sicr nad oes neb yn un o'r swyddfeydd 'na sy'n gofalu am ein hiechyd diwylliannol wedi meddwl, 'Dyna be sy angen – llyfr yn yr iaith Gymraeg am ffilmiau ag is-deitlau'! Does 'na ddim pwysau arna i i greu llyfr academaidd (er bod cannoedd o bobl ifanc yn astudio ffilm yn ein colegau). Tydw i ddim chwaith yn teimlo pwysau i ddadansoddi ffilmiau yn ôl damcaniaethau sy'n bodoli y tu allan i'r ffilm ei hun, fel gwleidyddiaeth yn gyffredinol, neu Farcsiaeth, astudiaethau rhywedd, cyfalafiaeth, Freudiaeth, ffeministiaeth na dwsinau o 'aethau' eraill, er bod barn pawb yn cael croeso hyd at ryw bwynt! Fy mhrofiad i fydd asgwrn cefn y sgwennu.

Mae tueddiad *humanist* cryf yn rhan o 'ngogwydd personol i, sy'n golygu nad ydw i'n credu bod pobl yn wahanol i'w gilydd, dim ots ym mha oes maen nhw'n byw, nac ymhle maen nhw'n eu ffeindio'u hunain yn y gyfundrefn gymdeithasol. Tydi bod yn uwch ar y raddfa gymdeithasol ddim yn golygu dy fod di'n llai o gaethwas, fel nad oes sicrwydd y byddi di'n anhapus os wyt ti'n dlawd. Mae'r brenin a'r cardotyn yn rhannu'r un gallu i deimlo pethau, syml neu gymhleth. Does dim angen damcaniaethu na gor-ddadansoddi natur pobl. Rydan ni jest yn *bod*, ocê! A *bod* heb unrhyw angen am dduwiau uwch ein pennau chwaith. Rydan ni oll yn medru bod yn dda neu'n ddrwg yn reddfol; tydi hi ddim yn wastad yn ddigon i ddarganfod mai cymdeithas, neu ein rhieni, sy'n gyfrifol am ein gallu i deimlo'n hapus neu'n anhapus. Yn ogystal â meddwl fel hyn, mi fyddaf yn tynnu sylw'r darllenydd at effaith, emosiwn a syniadaeth y ffilmiau ynghyd â chyd-destun y broses o greu. Mae hyn yn golygu bod y darllenydd yn gorfod ymddiried ynof fi, gan fod y cynnwys yn manylu ar y ffordd dwi'n ymateb i'r ffilmiau ar lefel bersonol.

Fydd y llyfr ddim yn medru cynnig *short cut* chwaith i unrhyw un gynhyrchu ei ffilm sinematig ei hun. Er bod sinema wedi chwistrellu sentimentaliaeth a rhamant dros y blaned gyfan, mae realiti cynhyrchu sinema'n fusnes difrifol iawn. Mae'n broses hir, ac yn waith caled, a dwi wedi sylweddoli mai prin iawn, weithiau, yw'r bobl sy'n fodlon dy helpu ar dy ffordd yn rhywle fel Cymru. Ond credwch fi, mae'n bosib i unrhyw un lwyddo i gynhyrchu ffilm. Os oes 'na neges, neu rywbeth pendant, gwerth chweil fedrwch chi ei ganfod o ddarllen y llyfr hwn, dyna ydi o. Dwi'n credu ei bod yn bosib i ni artistiaid ffilm o Gymru gwffio, creu a gwthio'n hunain i mewn i'r diwylliant sinematig

byd-eang, a hawlio'n lle trwy dalu sylw i'r pethau sy'n cael
eu cynnwys yn y llyfr. Ddim o reidrwydd y manylion;
ddim o reidrwydd y ffilmiau unigol dwi'n eu caru ac sy'n
fy ysbrydoli. Un pwynt syml sydd wrth galon y llyfr: mae
pob unigolyn sy'n cynhyrchu ffilmiau'n gorfod ffeindio'r
ffilmiau, a'r cyfarwyddwyr arbennig yna sy'n perthyn
iddyn nhw – '*Mine your own gold! Stop looking in jewellery
shops'*!

Mae byd sinema, rywsut neu'i gilydd, yn mynnu dy
fod yn talu sylw i bawb arall sy'n creu oddi mewn iddo.
Mae ganddon ni i gyd syniadau gwahanol a dyheadau
gwahanol, ond ar lefel elfennol iawn, 'dan ni'n gweithio
fel un, am ein bod yn defnyddio ac yn cyfathrebu yn iaith
arbennig sinema. Yn ôl Ingmar Bergman, sinema yw'r iaith
mae eneidiau dynol yn dewis ei defnyddio i gyfathrebu
â'i gilydd. Mae 'na frawdgarwch yn bodoli ar draws y byd
rhwng y bobl sy'n siarad yr iaith hon. O edrych yn nes, fe
ddaw yn glir fod sinema'n ein huno at ein gilydd mewn
ffordd lawer cryfach na damcaniaethau gwleidyddol neu
grefyddol – mae'n rym sy'n llai hunanol, llai awyddus i'n
rheoli na'r rhain, sy'n fwy agored; yn agoriad llygad, yn wir!

Mae'n bwysig nodi hefyd nad ydi rhagori mewn un maes
celfyddyd yn dy alluogi di gamu i mewn i fyd sinema'n
rhwydd. Mae pethau'n llawer mwy cymhleth – a syml
– na hynna. Tydi hi ddim yn ddigon adnabod gwaith
Shakespeare er mwyn creu sinema: mae angen i ti greu dy
fersiwn sinematig unigryw dy hun o waith Shakespeare.
Mae'n bwysig cofio nad ydi'r celfyddydau i gyd yr un fath –
yn wir, mae 'na fenthyg a dwyn yn digwydd trwy'r amser.
Mae sinema'n agosach at bensaernïaeth neu gerddoriaeth
nag mae hi at ddrama lwyfan neu deledu, ac mae'n talu ar
ei ganfed pan ti'n talu sylw i nodweddion arbennig sinema,

a ddim yn ei gweld hi fel rhywbeth sy jest yn rhyw fath o gyfuniad o'r celfyddydau eraill.

Mae'r llyfr hwn yn cael ei sgwennu o safbwynt Cymro – fi – ac mae'n cael ei gyhoeddi yn Gymraeg i'r bobl ifanc allan yna sy'n ei ddarllen ac yn ysu am greu delweddau. Dwi'n gwybod fy mod i'n ailadrodd hyn, ond dyna sy'n bwysig – yr ysfa yna i ddangos rhywbeth, i'w rannu – mi wn i sut mae hynny'n teimlo! Dwi'n ymwybodol fy mod i wedi gwastraffu llwyth o amser yn disgwyl i'r diwydiant gynnig cefnogaeth i mi i gynhyrchu'r delweddau yma oddi mewn i Gymru, felly mae'r llyfr yma hefyd yn trio'ch annog chi i edrych allan trwy ffenest wahanol, a gweld yn bellach na thywyllwch a difaterwch y byd celfyddydol yma yng Nghymru. Gair o gyngor gan un sy'n gwybod: fydd 'na ddim chwerwder yn y llyfr, ond mae'n rhaid i mi ddeud ar y cychwyn fel hyn fod byw yng Nghymru'n gwneud i mi deimlo fel Galvani weithiau – y gwyddonydd cynnar hwnnw a fu'n chwarae efo'i weiren gopr a dim ond coesau broga celain yn gwmpeini ar ei daith – ond dwi'n gaddo i chi, *this book is not a copper wire, and you are not dead frogs' legs.*

Rydan ni'n byw mewn oes lle mae sinema'n cael ei gweld fel y *motherlode* artistig – y cyfrwng mwyaf cŵl a phwysig mae artist yn medru anelu i greu ynddo, ac mae lot fawr o'r dyhead yma'n cael ei greu gan Hollywood a'i ffilmiau. Yn sicr, mae effaith y ffilm fasnachol draddodiadol o Hollywood yn creu fersiwn o sinema sy'n medru gorchuddio rhinweddau a gwerth unigol popeth arall sy'n bodoli ym myd sinema, ac mae'n anodd mesur ei heffaith, gan iddi goloneiddio'r rhan fwyaf o'r byd â'i delweddau llawn trais a phŵer a ffantasi. Ond nid y ffilmiau yma fydd yn cael eu trafod yn y llyfr hwn. Y ffilmiau fydda i'n eu trafod ydi'r rhai tramor sy'n dewis lloches o dan ymbarél yr is-deitl.

Mae syniad y ffilm 'dramor' yn un anodd ei ddiffinio'n gwbl glir, ond i mi, mae'n cynnwys elfennau o gynnig golwg ar ddarn arall o'r byd – gwledydd a chymdeithasau estron, cael gweld llefydd a phobl wahanol. A thrwy weld hyn, 'dan ni'n medru closio at ein gilydd fel pobl, beth bynnag yw'n cefndir neu'n lleoliad daearyddol.

Wrth gwrs, mae'r ochr artistig sy'n bodoli yng ngwaith y cyfarwyddwyr, yr ysgrifenwyr a'r technegwyr yn hollbwysig hefyd. Mae'r dalent a'r gwaith creadigol sydd i'w weld yn y ffilmiau yma'n rhywbeth sy'n mynd at wraidd yr apêl. Does 'na fawr ddim byd mwy gwefreiddiol na gweld artist yn ymestyn ac yn ehangu effaith a ffurf y gelfyddyd sinematig, a'r artistiaid yma y bydda i'n ysgrifennu amdanynt yn y llyfr.

Tydi'r llyfr ddim yn esgus i ymosod ar sinema Hollywood, na sinema yn yr iaith Saesneg. Yn amlwg, mae sinema Americanaidd wedi effeithio ar sinema pob gwlad yn ei thro, ond nid dyna'r pwynt. Yr hyn fydd y llyfr yn ei wneud, gobeithio, yw creu ymwybyddiaeth yn y darllenydd o bwysigrwydd cael lleisiau annibynnol dros y byd i gyd, sy'n creu ac yn ailddiffinio sinema trwy gynhyrchu ffilmiau sy'n gwbl barod i luchio rheolau saff Hollywood i'r bin, er mwyn trio creu ffilmiau sy'n dod yn nes at y ddelfryd o greu sinema sydd yn *gelfyddyd*. Mae'r nod yma'n swnio eithaf *poncy* ac uchel-ael, ond be dwi'n ei olygu yw fod sinema'n gelf yr un mor bwerus a phwysig â pheintio, drama, llenyddiaeth a cherfluniaeth. Ac yn y byd bob dydd, canlyniad hyn yw fod y gwyliwr yn cael ei effeithio a'i newid drwy ddod i gysylltiad â'r ffilm yn yr un ffordd ag y mae unrhyw waith celf yn medru effeithio arnom ni fel unigolion (i chi gael gwybod – i mi, cyfrwng yw teledu a chelf yw sinema).

Tydi'r ffilmiau y bydda i'n eu cynnwys yn y llyfr yma ddim yn ffilmiau sy'n bodoli jest i gael y pris mynediad allan o'ch poced; yn hytrach, mae 'na ddyhead ynddynt i gynnig rhywbeth i'r gwyliwr, sydd ar ei ffurf fwyaf syml yn ddyhead i wneud dim mwy na sicrhau nad ydi'r gwyliwr yn gadael y sinema'n berson mwy twp na phan aeth o i mewn. Mae'r llyfr yn cynnwys penodau sy'n canolbwyntio ar un pwnc ar y tro, ac yn cynnig rhyw fath o gyfle i ddysgu be dwi 'di'i ddysgu am rai o unigolion, mudiadau a ffilmiau mwyaf dylanwadol a phwysig yr holl fudiadau *world cinema* gwahanol. Mae'r pwnc yn un anferth, wrth gwrs, a does 'na ddim ffordd o gynnwys popeth na bod yn rhy academaidd heb droi'r llyfr yn werslyfr sych. Mae gen i gariad a pharch anhygoel at yr artistiaid a'r ffilmiau sy'n cael eu trafod, a dwi'n gobeithio medru trosglwyddo rhywfaint o'r diddordeb yma i'r darllenydd.

Dwi'n ymwybodol fod toreth o lyfrau am y pynciau yma'n bodoli eisoes (er nad yn Gymraeg), ond dwi am geisio cynnig rhywbeth gwahanol. Yn amlwg, mi fydd fy nghefndir yma yng Nghymru'n effeithio ar y ffordd y bydda i'n dadansoddi pethau, ac yn ogystal, dwi'n rhywun heb addysg ffurfiol ym myd dadansoddi sinema (bonws, yn fy marn i!). Fel unigolyn sy'n ysu i gynhyrchu ffilmiau, fy mreuddwyd yw gweld ffilmiau sinematig yn cael eu cynhyrchu yn Gymraeg. Hyd yn hyn, tydi hyn ddim yn realiti ymarferol. Hwyrach y bydd yn digwydd wrth i'r genhedlaeth nesaf fynd ati i greu o'r newydd, felly iddyn nhw y bydd y llyfr yn cael ei gyflwyno. Dwi am i'r llyfr sbarduno'r genhedlaeth hon i fynd amdani. Mae creu ffilmiau'n brofiad anhygoel, a dylsen ni i gyd ni fod yn fwy parod i gredu ac i annog ac i gefnogi mwy o artistiaid o Gymru i fentro creu ffilmiau yn Gymraeg.

Un pwynt arall cyn gorffen hyn o gyflwyniad. Mae teitl y llyfr yn cyfeirio at y polisi dwi'n ei ddefnyddio ar gyfer llogi DVDs draw yng nghangen Blockbuster Bangor, ar Ffordd Caernarfon. Mi fydda i'n mynd yn syth am y *rentals* efo'r sticeri *'subtitled'*. A bob tro, mi fydd y staff wrth y cownter yn tynnu fy sylw at y ffaith – *'You do know it has subtitles, is that OK?'* Maen nhw'n gwneud i mi feddwl am berchennog siop ffrwythau'n gofyn a ydw i isio prynu'r afalau 'na gan eu bod nhw'n gleisiau i gyd. Wrth barhau â'r sgwrs, a deud mai dim ond y rhai gydag is-deitlau dwi isio'u gweld, gan 'mod i'n credu bod yn rhaid fod 'na rywbeth sy'n werth ei weld mewn unrhyw ffilm o wlad arall sydd wedi llwyddo i lanio ar silffoedd eu siop nhw, yn yr ardal lle dwi'n byw. Mae'r staff yn ymlacio wedyn, gan eu bod nhw, wrth gwrs, yn gwylio'r ffilmiau yma hefyd. Dwi'n cael gwybod mwy am ymateb y boblogaeth yn gyffredinol – y dyn ar y stryd – i ffilmiau o'r fath. Mae'n debyg fod lot fawr o'r cwsmeriaid yn dod â'r DVDs yma'n ôl, yn flin am nad ydan nhw yn Saesneg. Ac mae eraill yn defnyddio'r is-deitlau fel esgus i beidio talu am logi'r ffilm yn y lle cyntaf.

Wel. Dydw i ddim yn twyllo fy hun. Tydw i ddim yn esgus nad ydw i'n gwybod faint o dasg fydd hi i ennyn diddordeb cynulleidfa yn y pwnc, ond serch hynny, i ffwrdd â ni …

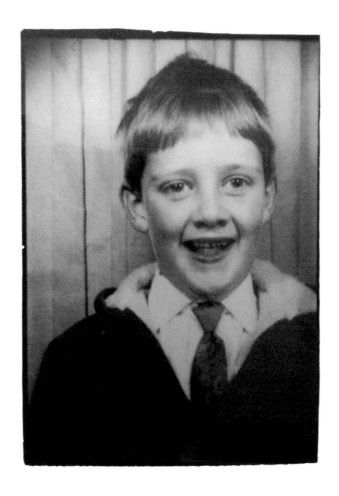

YLI! SBIA!

A departure in new affection and new noise … Yn amlwg, mae gen i obsesiwn llwyr â sinema ers pan o'n i'n ifanc iawn (pam ceisio sgwennu llyfr fel hwn fel arall?), a hanes yr obsesiwn hwn sydd yn y bennod hon. Stori bersonol ydi hi, ac mae'n annhebygol y bydd yn taro tant efo pawb arall, ond dyna fo – gwahanol yw'r llwybrau rydan ni i gyd yn dewis eu troedio. O adrodd yr hanes, dwi'n gobeithio darganfod effaith sinema ar fy natblygiad personol, a chreu stori hefyd, a fydd yn llwyddo i ddiddanu wrth weu rhai o brif *genres* y sinema at ei gilydd: cariad a rhamant, *road movies*, arswyd, *cops and robbers, serial killers, musicals* – na, wir i chi! – tydi'r *trailer* yma ddim am eich twyllo. *I'll give you bang for yer buck!*

Dyna sy'n digwydd, ynde? Rydan ni'n gweld ein hanes fel ffilm, a ninnau yn ei chanol hi fel y prif gymeriad. Yn sicr, mae hyn yn rhyw fath o salwch – nam yn fy mhersonoliaeth – ond mae hefyd yn ffordd effeithiol o ddygymod â phroblemau bywyd, trwy weld ein hunain fel adlewyrchiad ar y sgrin fawr; gweld a phrofi bywyd trwy fod yn rhywun arall … *I am other* … Ffordd o drio trin a thrafod y pethau sy wedi mynd, sy wedi newid, neu'r pethau sy ar fin cyrraedd.

Fel pob un person arall ar y blaned hon, dwi'n gwybod mai dim ond y presennol sy'n bodoli, felly sgwennu am y presennol fydda i, hyd yn oed wrth sgwennu am y gorffennol. O'r crud i'r bedd, dim ond y presennol sy'n bodoli. Mae lluniau, llyfrau a ffilmiau yn *inert*, yn bodoli yn y gorffennol, ond tydan ni fel pobl byth yn byw yno. Yn anorfod, dim ond symud yn y presennol sy'n opsiwn – meddwl a chofio yma yn unig, nawr, rŵan, yr eiliad hon.

Yn y presennol bythol yma, mae'r gorffennol yn dod yn ei ôl fel cyfres o negeseuon wedi'u sgramblo sy'n amhosib eu trefnu'n llinell daclus. Dim ond un ffordd sy'n agored i mi, sef ceisio sôn am y pethau sydd wedi fy nhynnu i mewn i fyd sinema, a gobeithio bod yr atgofion yma'n dod at ei gilydd i gynnig naratif synhwyrol a defnyddiol.

I rai, mae'r gorffennol fel llyfryn llychlyd yn cysgu ar silff. I mi, mae'n debycach i ddyn sy'n berchen ar bot jam yn llawn madarch hud – dyn sy wedi mynd i'r drafferth o'u hel nhw, eu sychu nhw ac, am ryw reswm hurt, wedi penderfynu peidio â'u llyncu nhw ar y pryd. Rŵan, yn y presennol, dwi'n teimlo'i bod yn bryd i'r dyn agor y pot jam yna. Mae'n rhaid cymryd y madarch, a neidio i mewn i'r gofod diddiwedd yna sydd hefyd yn gysurus o agos, fel blanced glyd – dyna'r paradocs ti'n ei gael efo'r *hallucinations* yna 'dan ni'n eu galw'n atgofion.

Dwi'm yn gaddo datgelu unrhyw fath o wirionedd, na glynu at y ffeithiau chwaith, ond dwi'n gwybod bod pethau'n dechrau 'nôl yn 1971, neu hwyrach yn 1972. Dwi'n bump neu'n chwe blwydd oed, ond yn sicr, dwi'n gwybod fy mod i yn stafell gefn tafarn a gwesty'r Ship. *I'm no little drunken boat* eto, ond dyma ddechrau'r daith o fan 'na i fama. Un peth sy'n sicr – dim ond dyddiau sydd i fynd tan ddydd Nadolig. Mae'r Ship yn eistedd ar ben y bwrdd yn hen sgwâr tref Dolgellau – sgwâr sy'n fwy o *film set* na phrif sgwâr dinesig sir Feirionydd. Fel plentyn, mae hud y Milk Bar a'r siop gwerthu recordiau saith modfedd yn neidio'n syth i gannwyll fy nghof. Dwi ddim yn byw yn Nolgellau, ond dyma lle ces i fy ngeni, rhwng Cwpan y Byd ac Aber-fan. Mae Dolgellau yn golygu tŷ Nain i mi – Myfanwy – a'i ffags slei yn y pantri. Tŷ sy'n llawn cysur, cynhesrwydd a chariad, yn Ardd Fawr, uwchben y mart, a siwrne bob bore Sadwrn i lawr yr allt, dros y bont i mewn i dref hynafol Dolgellau. Parc, afon, cyrtiau tennis a lonydd cul, stryd gefn, efo siopau teganau ac arogl sglods a finag. Siopau cul, tywyll a'r strydoedd sy'n troi mewn cylchoedd o gwmpas ffwlcrwm y sgwâr trawiadol yna. Digon hawdd i mi gredu ar y pryd fod dyn yn medru cael ei grogi'n gyhoeddus ar ben sgaffald mewn sgwâr fel hwn. Ond atgof arall sy'n perthyn i sgwâr y dref yn fy hanes i. Atgof am fy rhieni. Dyma'r sgwâr a'r lonydd cefn lle gwnaeth Mam a Dad gwrdd, canlyn a dechrau eu bywyd gyda'i gilydd.

Bu Mam yn byw yno erioed, ond mae'r stori am sut cyrhaeddodd Dad yno'n *mini-epic* ynddo'i hun. Y chweched o saith o blant, i gyd wedi eu geni mewn bwthyn ym mhen draw Cwm Nhadog, gadawodd yr ysgol ar ddiwedd y rhyfel yn 14 mlwydd oed i fod yn was fferm. *Contemporary reports note*: 'Cychwynnodd ei yrfa mewn trowsus pen-glin, / ar lethrau Gorddinan, a'r tail at ei din. / Ond teimlodd yr ysfa am fodur a siwt, / a ffwrdd yr aeth Evan, y bugail bach ciwt.' Er ei fod yn hogyn â greddf wrthsefydliadol, rywsut neu'i gilydd, yn y pumdegau hwyr, daeth yn heddwas, yn nos-gerdded y strydoedd yn cadw cwmpeini i'r cŵn a'r lladron ac ambell ferch ifanc hardd. Taith o neb i unman fyddai *précis* Dad o'i fywyd.

Newidiodd sbel yn yr armi'n cwffio'r Comiwnyddion yn jyngls Malaya fawr ddim ar fydolwg y bugail tlawd o Roman Bridge. Hwyliodd o harbwr Lerpwl i Singapore ar ddydd Gŵyl Dewi 1954. Bu gweld y byd yn agoriad llygad iddo, yn bendant, a theithio drwy gamlas Suez a chysgu efo'r eliffantod yn ailddylunio map y byd o brofiadau iddo. Ond y tu mewn, dim ond caledu wnaeth ystyfnigrwydd a natur onest, egwyddorol Evan Glyn ym mhair y jyngl. Ar ôl dwy flynedd, daeth yn ei ôl o'r fyddin, a'i gael ei hun yn ddi-waith yng Nghaernarfon. Roedd yn llanc coci, *suntanned*, a wrthododd deithio i weithio ym meysydd glo Newcastle, neu drwsio trêns yn Crewe, a gan fod adeiladwyr lleol Caernarfon ar y pryd yn profi dirwasgiad, penderfynodd ymuno â'r heddlu am un rheswm yn unig, sef ei fod o ar y dôl a fod ganddo ddim byd gwell i'w wneud efo'i fywyd. Yn y swyddfa, cafodd Dad ei wawdio gan y swyddog gyrfaoedd: 'Be sy'n neud i ti feddwl fod person fel chdi yn addas i swydd fel hon?' Doedd Dad ddim isio bod yn heddwas oherwydd ei fod o'n credu'n gryf mewn cyfraith a threfn o ran egwyddor, na chwaith yn ysu i wasanaethu'r cyhoedd. Yn hytrach, cafodd cwrs ei fywyd ei benderfynu am ei fod yn rhy ystyfnig i adael i unrhyw un amau ei allu i fod yn 'rhywun'. Dyna sut mae afon ein bywydau'n llifo. Mae'n wir deud fy mod i wedi sylweddoli erbyn hyn fod olion cefndir difreintiedig fy nhad, a'r *chip* yna ar yr ysgwydd, yn anrheg deuluol ac yn rhywbeth dwi wedi'i etifeddu.

Roedd ei daith i Ddolgellau i weithio i'r heddlu yn digwydd ar amser tyngedfennol i blismona ym Meirionydd, a ffydd y bobl yn eu gwasanaeth heddlu wedi cyrraedd yr iselfannau. Gwelodd Dad ar unwaith fod y pencadlys yn Nolgellau yn faes llygredig, a ffafriaeth wedi cael ei dangos yn y gorffennol i'r sawl oedd yn cadw'n agos at y *big boss* – y Cardi. Ffigwr chwedlonol oedd hwn – cachwr o ddyn cwbl lygredig a meddwyn didrugaredd, a fu fyw am flynyddoedd yng nghof pobl Dolgellau fel rhyw fath o anghenfil, yn bell ar ôl iddo ddiflannu o'r golwg. Dros y blynyddoedd nesaf, mi fyddai Dad yn clywed storïau dychrynllyd trigolion y dref am y cyfnod yma o blismona a ddaeth i ben ar ddechrau'r 1950au, jest cyn iddo ymuno â'r gwasanaeth. Yn wir, bu newid yr enw o Heddlu Meirion i Heddlu Gwynedd a Gogledd Cymru yn ddigon i esgor ar amnesia mawr am y cyfnod hwn yn y 1940au, pan oedd Heddlu Meirion yn frith o drigolion ardal Ceredigion! Ond i ddyn fel Dad, y munud y syllodd i'r dyfnderoedd, roedd yn anochel y byddai'n dewis ar ba ochr i'r afon roedd o'n mynd i fyw ar unwaith. Fydd hi ddim yn syrpréis mawr i chi glywed i Dad fod yn gyfrifol am ddwyn tystiolaeth yn erbyn chwe aelod o'r heddlu, a'u dwyn gerbron gwahanol lysoedd yn y sir tra oedd yn heddwas di-rym (ac mae Dad yn honni hyd heddiw fod y dynion yna i gyd yn dal i siarad efo fo!).

Wrth i mi sgwennu'r frawddeg hon, mae Dad i'w weld mewn llun yn y *Daily Post* yn rheng flaen protest i achub ysbyty tref Blaenau Ffestiniog, yn ceisio darbwyllo'r newyddiadurwr druan sy'n ei gyfweld y bydd 'more of us on the streets to fight this. We are not going to take this lying down'. Dyn seriws, felly, unigolyn yn bendant, ond dwi'n licio meddwl bod yr annibyniaeth 'y Gwir yn erbyn y byd' yna wedi pylu rywfaint wrth iddo gerdded y cylchoedd trefol 'na yn Nolgellau efo'r hogan leol, bert mewn *pigtails* oedd yn mynd i fod yn fam i mi.

O gofio ein bod yn dal yn y 1950au, ac oes y cerrig ddim wedi diflannu'n llwyr o'r cof, roedd agweddau gwrthryddid yn taflu cysgod trwm dros bawb oedd am fwynhau eu hunain. Bu'r holl gerdded efo Mam yn ddigon i beri i feistri Dad roi *ultimatum* iddo – ei phriodi neu ei dympio hi. Rhamantus, ynde? Doedd gan yr heddlu fawr o ffydd yng ngonestrwydd teuluoedd y dref nac ym moesau ei heddweision chwaith! Felly priodi a dechrau bywyd yn Nolgellau bu hanes y ddau ifanc, a chyn hir, taranfollt arall! Bron yn syth ar ôl iddyn nhw briodi ac ymgartrefu yn Nolgellau, neidiodd stori syfrdanol Arthur Rowlands i dudalennau blaen y papurau tabloid, yn syth ar draws bywyd priodasol a theuluol fy rhieni. 'Blinded policeman

Arthur Rowlands' yw'r chwileiriau Google os 'dach chi isio'r hanes yn llawn. A thorri stori hir yn fyr, fe saethwyd Arthur yn ei wyneb gan ddihiryn seicopathig – Robert Boynton – yn oriau mân un bore ym mis Awst 1961: 'You shouldn't have come. I'm gonna kill you.' Roedd Arthur yn 39 mlwydd oed, efo dau o blant bach, a dyna fu trobwynt eu bywydau. Byddai'r digwyddiad yn trawsnewid bywyd Mam a Dad hefyd. Mi oedd Arthur yn ddyn hyfryd, a byddwn yn dod ar ei draws bob hyn a hyn efo'i gi tywys. Flynyddoedd yn ddiweddarach, ro'n i'n cydweithio'n agos â'i fab, Gareth, yn cynhyrchu rhaglenni teledu ar gyfer S4C yn y nawdegau cynnar yng Nghaerdydd. Yn rhyfeddol, doedd Arthur ddim yn dal dig, ac roedd yn gwbl barod i annog pobl ifanc i ymuno efo'r heddlu. Yn 2011, dywedodd: 'Mi ymunais i efo'r heddlu i wneud y job. Rydach chi yno i ddod o hyd i'r bobl euog sy'n gwneud y pethau anllad yma.'

Cael ei orfodi i symud i Gorris i gymryd lle Arthur fu tynged Dad, a Mam efo fo. Gwrthod mynd oedd eu hymateb cyntaf, am resymau cwbl ddilys. Mi ddaeth y neges yn ôl at Dad yn ddigamsyniol – 'You go, or you go out'. Felly, symudodd y cwpl ifanc llawn egni i ddiffeithwch cymdeithas cefn gwlad Corris Isaf. Am rai blynyddoedd, symudodd bywyd yn ei flaen fel malwen, wrth i Mam ei chael yn amhosib, bron, dal bws i deithio i *bright lights* Dolgellau i weld Nain a'i chwiorydd â dau o blant bach dan draed (fy chwaer, Llinos, a fi), a breuddwydion yn nofio yn ei phen o gymysgu a bod yn rhan o'r byd fel o'r blaen. Aeth Dad am ddwy flynedd heb gael un dydd Sadwrn i ffwrdd o'i waith!

Mae'n anodd credu be ddigwyddodd iddyn nhw nesaf, ond a minnau'n llai na dwy flwydd oed, symudon ni i dudalen flaen y papurau tabloid unwaith eto. Y tro hwn, cafodd y teulu Williams dedwydd ei symud i mewn i *murder house*, a gadael Corris am byth i ymgartrefu ym Mlaenau Ffestiniog dros aeaf marwol oer 1967.

Roedd ein cartref newydd, Fron Heulog (neu No. 2 Police Houses, Manod, fel roedd o cyn yr ailfrandio angenrheidiol), yn *cause celèbre*. Roedd digwyddiadau erchyll oriau mân y bore 30 Medi 1967 yn debycach i un o blotiau echrydus ffilmiau Hammer nag i unrhyw ddigwyddiad real. Mi laddodd yr heddwas, Gwynn Lewis (40), ei wraig Heulwen (38) a'u dwy ferch, Annwen (16) a Nerys (15), cyn lladd ei hun. Dim ond rhai wythnosau cyn i ni ymgartrefu ynddo, roedd y tŷ yn socian mewn gwaed, a phedwar o gyrff marw wedi eu rhannu i bob cwr o'r tŷ. 'Tax worries,' meddai'r papur newydd; 'Druan o PC Gwynn Lewis,' meddai Dad; doedd Mam ddim yn medru aros i symud i mewn i'r tŷ wrth i gyngor amhrisiadwy ei thad gyrraedd o'r ochr arall – 'Ofni'r byw sy angen iti wneud.'

Gallech ddyfalu fod gwreiddiau lot o ddiddordebau fy nglaslencyndod, a'r rhyddid a brofais yn nes ymlaen yn fy ieuenctid i ymddiddori mewn ffilmiau arswyd a ffilmiau treisgar y 1970au fel *Clockwork Orange*, *The Shining*, ffilmiau Universal a Hammer a *The Exorcist*, wedi cael rhwydd hynt gan fy mam, sy'n meddu ar agwedd ddi-lol tuag at farwolaeth, mwrdwr, ac arswyd yn gyffredinol. Hyd heddiw, mae Ellen yn darllen dau neu dri o lyfrau arswyd neu *thriller* bob mis, ac roedd yn bell o flaen y criw trendi sy'n ymddiddori yn storïau *Scandi-noir* Lisbeth Salander a Jo Nesbø a'r gweddill. Mae hi wedi'u darllen nhw i gyd fisoedd cyn i ni eu gweld nhw yn y siop lyfrau neu ar y teledu. Dyna be mae blynyddoedd o fyw bywyd unig fel gwraig i blismon yng Nghorris yn ei wneud i *sensibilities* hogan ifanc o Ddolgellau. Flynyddoedd yn ddiweddarach, pan o'n i'n sôn wrth fy mam pa mor anodd oedd hi i gael pobl mewn grym yng Nghymru i siarad efo fi am syniadau ar gyfer ffilmiau yn Gymraeg, ateb Mam oedd: 'Tydi pobl ddim yn licio dy dad chwaith'! Mae hyn yn esbonio lot i mi am fy mywyd, a pham mai'n teulu ni gafodd ei ddewis gyntaf ar gyfer ail-leoliad i Fron Heulog.

Dyma ddisgrifiad y *Cambrian News* o'r hyn ddigwyddodd yng nghegin Fron Heulog lai na chwe wythnos cyn i mi ddechrau cropian ar draws y llawr hwnnw o dan draed Mam. Dwi'n cofio pob modfedd o'r tŷ yna hyd heddiw.

> Downstairs, lying face downwards in the kitchen between the cooker and the built-in cupboard, was the body of Constable Lewis.There was a plastic bag or sheet under and over his head as he lay next to a wire from the cooker bare of insulation for three feet. Lewis's arms were folded under his head with the plastic bag tied tightly round his neck with wire flex. On the floor were a bloodstained bread knife and a pruning knife. The body of a dead dog wrapped in a rug lay at his feet. We thought we could hear breathing, said the doctor in attendance, and added that the inspector switched off the electric current. They were unsuccessful in reviving the PC. It was concluded that Lewis had made two unsuccessful attempts to kill himself by electrocution and then by plunging a knife into his abdomen (twice) before he died from asphyxia by placing the bag over his head. They concluded that he failed in electrocuting himself because of all the blood which had earthed the wires.

Wrth ddarllen am PC Lewis heddiw, mae'n rhaid i mi gyfadde fod yr holl beth yn swnio'n eitha slapstic (dwi'n ffan o hiwmor du!). Wrth gwrs, mi oedd yna

nodyn hunanladdiad yn gorwedd yn fud yng nghanol
y llanast. Mae'n od sut nad ydi'r dynion yma sy'n dewis
'hunanladdiad estynedig' (dyna'r term meddygol – dwi'n
ffafrio 'llofruddiaeth' fy hun) ddim i weld yn dallt pam – o,
pam? – bod y byd wedi troi yn eu herbyn, ond yn ddigon
with it i benderfynu fod y gair ysgrifenedig yn rhywbeth
sy'n gydradd neu'n gyfatebol i'r weithred gorfforol maen
nhw ar fin ei chyflawni. Mae'n fwy bisâr eto i gredu fod
angen esbonio gweithred mor gignoeth ar ffurf geiriau. Yn
ôl y llythyr, roedd PC Lewis yn poeni fod y dyn treth yn
archwilio busnes gwlân ei wraig – dim byd seriws o gwbl.
(Mi oedd 'na si ar led ei fod o'n poeni am golli ei wallt, ac
wedi dechrau gwisgo *toupée* – arwydd o ddianc rhag realiti,
o bosib.) Yn y llythyr, mae'n honni na all y teulu fyw heb ei
gilydd, felly marw gyda'i gilydd oedd yr unig ateb. Roedden
nhw'n caru ei gilydd, wrth gwrs, a gwnaeth y cyfaddefiad
uffernol o drist fod y teulu'n un hapus unwaith. Ei ffrind
agos, yr heddwas Gareth Williams, biau'r gair olaf o'r papur
newydd am stori drist PC Lewis: 'He was a first-class family
man from my knowledge of him. I would not say that he
had any domestic worries at all.' Mae hyn i gyd yn gwneud i
chi feddwl sut caiff unrhyw drosedd ei datrys gan yr heddlu,
a hefyd pa fath o fywyd sydd i'w cael fel aelod o deulu
heddwas.

Wrth i mi dyfu i fyny, wrth gwrs, ro'n i'n ymwybodol
fod 'na rywbeth yn perthyn i ni, neu yn hytrach, i'r tŷ, a
oedd yn ein gosod damaid bach y tu hwnt i'r drefn arferol.
Doedd y teimladau yma ddim yn codi unrhyw ofn arna i
na gweddill y teulu – fel 'na ydan ni; ddim yn ofergoelus
nac yn talu fawr ddim sylw i elfennau seicolegol ein realiti
dyddiol. Roedd y blynyddoedd cynnar ym Manod yn
anodd, i fy mam yn bennaf, a phobl yn cadw draw. Yn araf

bach y dechreuodd trigolion y pentre ymweld â hi a'i theulu ifanc, a hithau'n byw ar ei phen ei hun, fwy neu lai, am fod Dad yn gweithio shiffts anghymdeithasol heddwas ardal Dolgellau. Ond serch y problemau yma ar y cychwyn, mi ddaeth Blaenau i fod y lle perffaith i ni.

Mae Blaenau Ffestiniog yn diffinio'r syniad o dirwedd ddramatig i mi. Mae'r stori yno i'w gweld yn glir o flaen fy llygaid, a'r byd o 'nghwmpas wedi cael ei droi a'i ffurfio gan ddigwyddiadau, a'u holion yn greithiau ac yn adeiladwaith unigryw, llethol. Tomenni, sgri, mynyddoedd yn gadarn er eu bod yn griddfan mewn poen. Prydferthwch sy'n tasgu i mewn i'r llygaid yma – ond fel mae pawb sy'n dod o Blaenau'n gwybod, mae pobl o'r tu allan yn diystyru'r lle, yn gweld fod 'na rywbeth yn gam, o'i le – *not for us, dear!* Mae Blaenau yn bendant yn bair ar gyfer yr enaid creadigol. Sut gallai hi fod fel arall? Tydi'r nifer o lyfrau rwyt ti wedi eu darllen, na chwaith faint o ffilmiau ti'n eu gwylio, yn golygu dim os nad wyt ti'n byw mewn lle go iawn efo pobl go iawn, sy'n medru cynnig cyd-destun i'r cyfan sy'n cael ei stwffio i mewn i'r blancmange llwyd. Heb hyn, anodd iawn, os nad amhosib, fyddai hi i'r anian artistig dyfu y tu mewn i dy gymeriad.

Dwi'n deud 'byw', ond rhaid manylu. Tydan ni ddim yn 'byw', 'dan ni jest yn 'bod'; 'dan ni jest yn 'sbio', yn 'aros', yn 'gwneud' – a 'dan ni'n gwneud y pethau yma bob eiliad rydan ni'n byw, a dyna sy'n ein gwneud yn gymeriadau ac yn bobl unigryw. Mi wnes i'r pethau yma i gyd yn Blaenau. Mae gan bawb ei dirwedd lle mae'r dychymyg yn dewis byw, a thirwedd Blaenau ydi'r un dwi'n ei gweld bob tro dwi'n meddwl am ddelwedd, neu stori, neu olygfa ar gyfer ffilm. Dwi'n gorfod ildio i'r dirwedd bwerus, fythgofiadwy ac unigryw hon bob tro.

Roedd tripiau o'n cartref newydd i Ddolgellau'n digwydd yn rheolaidd, i weld Nain a gweddill teulu Mam. A dyma fi'n ôl y tro penodol hwn i barti Nadolig plant heddweision yr ardal yn stafell gefn y Ship. Roedden ni wedi cael bwyd – jeli a chacen – ac roedd Santa wedi bod heibio efo'i sach llawn teganau i'r plant swnllyd. Wedyn, wrth iddi dywyllu, dechreuodd yr hud a lledrith. Roedden ni am gael sioe ffilm. Cafodd *projector* ei osod ar gadair uchel, caewyd y llenni, a chyn pen dim, roedd y stafell yn dywyll a sylw pawb wedi'i hoelio ar y sgrin. A dyma Laurel and Hardy a Charlie Chaplin yn troi i fyny yn y wledd Dolig, yn dawnsio mewn distawrwydd ar gynfas wen, a'r trac sain yn ddim ond sŵn bwrlwm a chwerthin plant. Roedd yr oedolion yn dawel, wel, y mamau, o leiaf – doedd dim golwg o'r dynion erbyn hynny, am fod hyn yn gyfle gwych i fynd i'r bar cyhoeddus i siarad siop. Yng ngwres llond stafell o famau hapus yn cael munudau prin o ryddid yng nghanol cyfnod byrlymus y Nadolig, mae cofio'r ymlacio oedd yn digwydd o 'nghwmpas yn mynd â fi'n agos iawn at yr hapusrwydd elfennol, hudolus hwnnw mae'r *Buddhists* yn ei addo i'r sawl sy'n ceisio osgoi dioddefaint, wrth i mi arnofio am y tro cyntaf yn y delweddau 24 ffrâm yr eiliad.

Yr hyn sy'n gwbl amlwg yn y fan a'r lle wrth wylio'r ffilmiau yw fod hiwmor yn bwysig i bobl, ac mae rhywbeth arall yn digwydd yn y lluniau hefyd. Mae apêl Laurel and Hardy yn amlwg. I blentyn ifanc, mae gwylio giamocs y ddau fel gwylio rhaglen ddogfen yn hytrach na *vaudeville*, neu berfformiad *music hall* sy'n dilyn sgript dynn. Mae'r llanast i'w weld yn digwydd yn gwbl naturiol, yn y byd go iawn. Mae'r dyn ar y stryd a'r is-gymeriadau i gyd yn edrych mor syn â ni ar y ddau ffrind anhygoel yma'n ceisio goresgyn eu helbulon. Yr hyfryd Stan ac Ollie. Mae

antics y ddau mor realistig ac mor wir. Prin fod diwrnod
yn mynd heibio heb i mi feddwl am olygfeydd un o'u
ffilmiau cynnar fel antidôt i drafferthion bywyd. Y sgetsh
dwi'n meddwl amdani amlaf yw'r un lle mae'r ddau yn
parcio'r car, a'r munud maen nhw allan o'r car ac ar y
pafin, mae'r car yn disgyn yn deilchion – fel ffrwydrad,
bron – ac Ollie yn pigo ar Stan yn syth: 'Ddeudes i
wrthyt ti am beidio neud y taliad olaf 'na ar y car, on'd
do?' Mae unrhyw un sy wedi gweld wyneb Stan Laurel
– y panig, yr ofn a'r dagrau'n llifo lawr ei wyneb main
– yn gwybod bod sinema'r ddau yma'n agosach at y
'real' na dwsinau o ffilmiau sy'n honni eu bod yn *gritty*
neu'n *emotionally harrowing*. Mae'r ddau yn frodyr, yn
cynrychioli brawdgarwch yn well nag unrhyw faniffesto
Comiwnyddol, na dyfyniad Beiblaidd, nac unrhyw rwtsh
new age-y sy'n honni ein bod i gyd yn y cach gyda'n gilydd,
ysgwydd wrth ysgwydd. Mae'r ddau ffrind annhebygol
yma'n dangos i ni sut mae pethau am fod yn yr oes
ddiwydiannol, gythryblus, *chaotic* 'dan ni'n byw ynddi.

O leiaf tydi Laurel and Hardy ddim yn mynd i'r pegwn
eithaf, fel y mae'r perfformiwr nesaf ar y gynfas wen –
Charlie Chaplin. Mae'r athrylith sinematig hwn yn mynd â
ni ar y daith dywyll, chwerthinllyd yma 'dan ni'n ei galw'n
fywyd ar ei ben ei hun. Mae'r dyn tlawd hwn yn wynebu
hyn i gyd heb unrhyw rym na ffrind, yn ddigymar, heb
unrhyw ddylanwad ar y byd na'r sefyllfa o'i gwmpas.
Dyma ddyn enwocaf yr ugeinfed ganrif (anghofiwch am
Hitler – does 'na ddim i'w ddeud am debygrwydd y ddau
i'w gilydd heblaw bod y byd yn lle blydi od weithiau!),
dyn sy wedi cael ei anghofio'n llwyr erbyn heddiw, bron.
Digon hawdd gweld sut mae ei ffilmiau wedi diflannu.
Mae 'na ddrwgdybiaeth anferth o'r bobl yna sy mor

dalentog nes eu bod yn medru, ac yn mynnu, gwneud pob dim eu hunain. Mae Chaplin yn sicr yn amhoblogaidd efo'r gwybodusion a'u hatgasedd at sentimentaliaeth, ond nhw sy'n dewis gweld y pethau anghywir. Iddyn nhw, mae sentimentaliaeth yn rhywbeth ffals. I mi, does dim modd barnu arddull Chaplin ar y lefel hon – delfryd ydi'r sentimentaliaeth, jest un ffordd o sbio ar bethau. Sut arall fedri di drin a thrafod erchylltra'r oes a'r gymdeithas mae Chaplin yn eu dangos i ni? Mae bod yn sentimental yn un opsiwn sy'n ein galluogi i weld sut fedrith pethau droi allan – dyna'r bydolwg mae Charlie'n ei gynnig i ni. I mi, ac i weddill y plant yn y stafell fyglyd honno oedd yn dew o arogl o gwrw, ffags, siwgr cacennau pinc a dagrau plant, mi fyddai'n anodd anghofio'r trempyn bach byth. Mi ddeallodd pob un ohonom ar unwaith mai ofn tlodi, ofn oedolion, ofn yr erchylltra yna sy rownd y gornel sy'n gwneud i ni i gyd chwerthin – sbia arno fo!

Fel arfer, mae'n anodd syllu ar erchylltra'r ddynoliaeth, syllu i lawr i waelod y dibyn, ond gyda Chaplin, dyma'r pwynt yn llwyr. Fedri di ddim dychmygu Charlie yn cael job, neu'n gwella'i sefyllfa faterol. Ddim dyna ydi neges y ffilmiau. Mae Charlie yn gadael y llwyfan ar ddiwedd y ffilmiau yn dal yn ddyn tlawd, weithiau yng nghwmpeini merch neu blentyn, ond gan amlaf, ar ei ben ei hun, yn ôl ar y lôn yn sbio tua'r dyfodol â chân yn ei galon. Charlie yw'r unigolyn eiconig yna sy'n medru sefyll allan yn erbyn yr *élite* – dyn sy'n llwyddo i gadw ei hunan-barch mewn cyfres o fuddugoliaethau bach yn erbyn y rhai breintiedig, cyfoethog, pwerus, uchel-ael. Dyma'r bobl sydd am blismona ein bywydau ar bob lefel, a rhad arnoch chi os 'dach chi'n ddigon anffodus i gael eich geni'n dlawd. Rydan ni'n medru chwerthin ar ben y bobl yma gyda

Charlie – chwerthin ar ben y rhai mewn grym sy'n methu
gweld y byd o gwbl, na'r bobl sy'n byw ynddo, chwaith.
Mae pawb arall yn anweledig i'r bobl yma. Ond dyma
beth mae Charlie'n ei ddeud yn ei ffilmiau: 'Dwi ddim am
ddiflannu, mi fydd yn rhaid i chi gydnabod fy modolaeth'.
Trwy greu cymeriad mor syml a phur (a sentimental – *so
what?*), mae Charlie yn dangos i ni sut mae'r byd yn mynd i
fod i'r rhan fwyaf ohonon ni. Unwaith eto, mae plentyn yn
dallt hyn yn syth. Plant ydan ni i gyd i'r *élite* yma, wedi'r
cyfan. Dyma sut maen nhw'n meddwl y medran nhw ein
trin ni. Jest sbïwch o'ch cwmpas heddiw, a gweld sut mae
Groeg yn cael ei thrin gan weddill Ewrop. Mae Charlie
yn cael ei gyhuddo o wneud i ni deimlo pethau sy'n rhy
syml, pathos – rwtsh llwyr. Yn sicr, tydi ei ffilmiau ddim
yn ffilmiau dogfen, ond dim ond i chi feddwl am eiliad am
ei symudiadau, y sefyllfaoedd mae o'n eu creu a'r ffordd
mae'n ymateb i bob dim o'i gwmpas, dyma'r technegau
mae Charlie yn eu defnyddio i ddangos y rhaffau sy'n
ein rhwymo wrth fyd yr *élite*. Mae pawb yn medru gweld
gwirionedd y grymoedd yma, ond mae angen artist o fyd
sinema i'w ddangos i ni mewn ffordd wahanol – ffordd
sy'n gwneud i ni chwerthin am y boen sy'n digwydd dro
ar ôl tro fel cylch dieflig. Tydi'r ailadrodd yma, wrth gwrs,
ddim yn ddoniol yn y byd go iawn, dim ond ar *celluloid*.
Yr hyn mae Charlie yn ei gynnig yw'r neges syml hon, sef
mai'r ffordd rwyt ti'n wynebu bywyd sy'n bwysig – sut,
weithiau, rwyt ti'n medru osgoi sefyllfa, a thro arall yn
dy gael dy hun yn ei chanol hi; wastad yn gwybod llai na
hanner y stori, ond 'pwy wyt ti' yw'r unig arf fedrith dy
gario drwodd i'w goresgyn. Mae'r wers hon yn cael ei dysgu
a'i theimlo gan y bobl sy'n gwylio. Rydan ni'n teimlo hyn
wrth chwerthin yn wyllt a rhyfeddu at ddawns berffaith y

mae dyn â dim yn ei boced yn medru ei chreu ar strydoedd tlawd yr hen *US of A*, heb anghofio am eiliad ei fod o'n medru dal y lluniau yma ar ei gamera a'u cynnig i ni fel adloniant.

Wrth i ni adael stafell gefn y Ship, o'n i 'di blino'n lân, ac yn cael fy ngwisgo'n gynnes er mwyn mynd allan i'r oerfel. Ces i gip sydyn i mewn i'r bar lle'r oedd Dad a'i gyd-deithwyr glas yn chwil yn barod, ac yn hapus, yn cydsymud ag ystumiau a *pratfalls* yn syth allan o'r ffilm gan Chaplin ro'n ni newydd ei gwylio. Ro'n i'n hapus. Roedd eira'n dechrau disgyn ar y sgwâr lle ro'n i'n dychmygu gwaed yn llifo'n wyllt yn yr oesoedd gynt, ac am y tro cyntaf, dechreuais deimlo bod y Nadolig wedi glanio ar y ddaear o'r diwedd. Er mai gadael y Ship ro'n i mewn gwirionedd, dim ond newydd ymuno â'r llong arall ro'n i'r noson honno; llong sy'n dal i hwylio hyd heddiw.

Cyn pen dim, a'r dychymyg ar dân, es ati i adeiladu camerâu a thaflunyddion allan o bacedi sigaréts a hen focsys *cereal* efo paent a glud, a dechrau talu sylw i ffilmiau ar y teledu. Y Nadolig canlynol, ces i beiriant casét cyntefig, a dyma fy ymennydd yn ffrwydro! *Westerns* ar y teledu ar bnawniau gwlyb, ffilmiau rhyfel byth a hefyd, gweld campweithiau Disney yn y sinema go iawn tra oedden ni ar wyliau yn yr Alban yn aros efo Anti Nen, chwaer Dad – sinemâu bach, lleol mewn pentrefi drws nesaf i Loch Ness neu John o' Groats. Law yn llaw a hyn, neu lygad yn llygad, dechreuais lyncu comics – *Commando*, cylchgronau *Donald and Mickey, Topper, Our Willie* – delweddau lliwgar a storïau cynnil, llawn *punchlines* poenus o wael yn cyd-fyw yn y dychymyg â'r gêmau plant roedd y llwyth a redai'n wyllt drwy strydoedd cul Manod yn eu chwarae. *British and Germans, foxes and hounds*, James Bond, oes y deinosoriaid, *science fiction*, Cwpan y Byd a llwyth o *alternate realities* eraill a dasgodd yn syth allan o fyd sinema i lanio yng nghanol realiti fy mhlentyndod wrth i mi chwarae yn y coed, ar y mynyddoedd, ar gledrau'r rheilffordd, yn y llynnoedd o gwmpas Blaenau – Monument Valley ar stepan drws.

Ac ochr arall y geiniog hefyd, *Mean Streets* – asffalt a tharmac strydoedd unigryw Blaenau. Roedd yn ddigon naturiol i mi stelcian o gwmpas yn byw bywyd ffantasïol wedi'i fwydo gan ddelweddau sinema, oedd yn addas i fachgen oedd yn diffinio realiti wrth feddwl am ei dad allan yng nghanol y nos yn hela troseddwyr, tra oedd Mam yn blodeuo'n greadur cymdeithasol uffernol wrth iddi suddo i mewn i fywyd y dref yn gweithio yn *gossip central*, sef siop ddillad merched Waverley. Y ddau riant yn gwasanaethu'r cyhoedd, yn delio efo pobl wyneb yn wyneb, ar eu traed bob dydd.

Er bod y dychymyg ar y blaen yn yr oed ifanc yma, doedd delio efo realiti ddim wir yn broblem, gan fod mynychu ysgol gynradd Manod yn llai o faich na gallai fod wedi bod, gan fod 'na athrawon gwych yno, fel y naturiaethwr Ted Breeze Jones. Dyn di-lol, ond a oedd hefyd yn athro digon amyneddgar i dreulio amser yn dadansoddi'r cwestiynau oedd yn fy nghorddi, fel: 'Beth ydi golygu ffilm?' neu: 'Sut maen nhw'n medru bod ar yr ynys efo'r deinosôrs un munud ac yn ôl ar y cwch y munud nesa?' (Un digon araf fues i erioed, a dwi'n dal i fod weithiau.) 'Maen nhw'n torri'r ffilm efo siswrn, ac yn gludo'r darnau at ei gilydd er mwyn i un olygfa newid i olygfa arall.' Wel, mae pawb yng Nghymru'n derbyn bod Mr Breeze yn gwybod mwy am natur (a thabl naw, naw o weithiau) nag unrhyw un arall, ond do'n i ddim yn siŵr o'n i'n credu ei esboniad. Mae'n swnio'n rhy fecanyddol, yn rhy ymarferol

– efo siswrn a glud mae creu hud a lledrith? – yn union
fel y camerâu ro'n i'n eu creu allan o sbwriel, cardbord a
glud UHU. Yn yr un ffordd ag roedd Mr Breeze yn esbonio
mecanics syml gwyrthiau natur i ni, dyna'r gwirionedd am
sinema hefyd. A tydi natur ddim yn llai o wyrth os wyt ti'n
gwybod yn barod sut mae wy yn troi'n iâr. Mi ddysgon ni
i gyd rywbeth yn nosbarth Ted. Roedd o'n hapus i oddef fy
niddordebau a'r holi gwirion. Doedd y pethau yna o ddim
diddordeb iddo fo, o'n i'n gwybod hynna'n saith mlwydd
oed. Hyd heddiw, fedra i ddim adnabod unrhyw goeden na
phlanhigyn, hyd yn oed ar ôl dwsinau o deithiau natur efo
Mr Breeze. Ond doedd Ted byth yn fy meirniadu am fod
yn dwpsyn, nac yn gweld bai ar y ffaith nad o'n i'n medru
canolbwyntio ar y byd fel y mae o, yr hyn sydd o flaen dy
lygaid. Mi oedd o'n medru gwneud hyn yn gwbl naturiol ac
mewn ffordd ffantastig – yn medru clywed, arogli a theimlo
natur yn symud o'i gwmpas.

Ocê, roedd y *basics* yn fy mhen i, diolch i Ted – golygu
trwy dorri – ac ar drip siopa i Borthmadog efo Mam un
pnawn, yn siop WH Smith, mi welais, a phrynu, fy hoff
lyfr erioed. Llyfr llawn *stills*, ffrâm wrth ffrâm, golygfa wrth
olygfa, ffilm gyfan wedi cael ei thrawsnewid yn gyfres o
ddelweddau, fel comic. Cannoedd o *stills* yn nhrefn y ffilm,
a phob llinell o'r ddeialog wedi ei phrintio oddi tanynt.
Heblaw am wychder y syniad, y darganfyddiad mwyaf
ffantastig i mi oedd pa ffilm gafodd yr *autopsy* manwl yma –
Frankenstein, ffilm James Whale o 1930.

Mae pob emosiwn mae Boris Karloff, yr anghenfil yn
y ffilm hon, yn eu profi yn emosiynau mae plentyn yn
eu teimlo. Wrth gwrs, plentyn ydi *Frankenstein's monster*
er ei fod yn saith troedfedd o daldra ac wedi'i gaethiwo
(ar y dechrau, o leiaf). Mae o'n cynrychioli'r plentyn

sy'n cael ei rhyddhau i mewn i'r byd fel y mae o, neu a
bod yn fanwl gywir, fel y mae o wedi cael ei greu i fod.
Gydol blynyddoedd fy mhlentyndod, mi oedd cerflun
o Frankenstein Karloff yn cadw cwmpeini i mi wrth fy
ngwely (am ryw reswm od ac anacronistaidd, mi oedd o'n
camu allan o'r bedd!). Bues i'n byw y tu mewn i'r llyfr hwn,
ac mae'r delweddau'n dal i fyw y tu mewn i mi. Mae'r holl
beth yn gwbl ryngweithiol. Ro'n i'n nabod pob darlun yn
y ffilm cyn i mi hyd yn oed wylio'r campwaith fel ffilm go
iawn. Daeth cyfle cyn hir pan ddechreuodd y BBC ddangos
horror double-bills Universal, a minnau'n defnyddio pob
owns o berswâd ar y ferch oedd yn gwarchod, yr hyfryd
Beryl, i adael i mi eu gwylio. Y llyfr lluniau yma oedd y
cam olaf ar fy nhaith sinematig am sbel hir iawn.

Chodais i ddim camera i greu delweddau symudol tan
i mi droi'n 21 oed. Doedd gen i fawr o ddiddordeb mewn
ffotograffiaeth chwaith. Yr unig gamera aeth â 'mryd a rhoi
pleser i mi dros y dwsin o flynyddoedd nesaf oedd y *polaroid*
gwyrthiol – drud ac *exclusive* – ar bwy alla i drio hwn?
Erbyn heddiw, rhaid deud fod camerâu ffôn yn ddymunol
iawn, a dwi wedi dechrau mwynhau tynnu lluniau efo'r
teclyn cynnes hwn. Ond fel o'n i'n sôn, roedd y llyfr
lluniau *Frankenstein* yn rhyw fath o atalnod llawn ar y
datblygiad cynnar hwnnw ym myd sinema. Wyth neu naw
oed oeddwn i, a dyma rywbeth yn digwydd. Hyd heddiw,
dwi ddim yn siŵr be oedd o, ond yn sicr, gosodais fy holl
awch ac awydd am greu delweddau i'r neilltu. Yr hyn a
gymerodd eu lle, a llenwi fy mywyd yn gyfan gwbl, oedd
cerddoriaeth.

Yn wyth oed, dechreuais ganu'r piano a'r cornet, a chyn
pen dim, ro'n i'n aelod o fandiau pres Llan, yr Oakley,
band yr ysgol a cherddorfa'r sir, yn cystadlu ar fy mhen

fy hun ar lwyfan, ac yn profi gwefr gymdeithasol unigryw bod yn gerddor. Am y deng mlynedd nesaf, fues i mewn ymarfer band ddwywaith yr wythnos, yn chwarae mewn cyngherddau, carolau adeg Dolig, carnifal pob pentref yng Ngwynedd trwy'r haf, cartrefi'r henoed, cystadlaethau bandiau pres Prydeinig yn Preston, chwarae ar y BBC, cyrsiau preswyl efo cerddorfa'r sir, a buddugoliaethau yn y Steddfod Genedlaethol hyd yn oed! Mae'r bywyd cyhoeddus yma'n enghraifft wych o'r rôl gydwybodol a buddiol mae'r cerddor yn medru ei chwarae mewn cymdeithas.

Wrth gwrs, mae ochr arall i'r geiniog, sef yr ochr gymdeithasol, fwy preifat y tu ôl i'r llwyfan, a dyma lle ces i gyfle i arbrofi efo'r *derangement of the senses* – yfed, rhyw a chamfihafio, efo'r teimlad od 'na o fod yn rhan o griw o *outsiders* y tu hwnt i reolau caeth gweddill y gymdeithas. Ar lefel gerddorol, roedd chwarae'r *repertoire* clasurol (a *light pops*) i'r torfeydd yn digwydd tra o'n i'n ymdrybaeddu mwy a mwy mewn cerddoriaeth pop a roc cyfoes, yn dilyn olion pync i mewn i *synth pop* a *heavy metal*, a phob dim rhwng y ddau. Tydw i ddim yn snob cerddorol, ac roedd gwrando ar y siartiau'n cael eu datgelu yn wythnosol yn gymaint o wefr ddeallusol i mi â darllen unrhyw nofel Rwsieg neu syllu ar luniau o gyfnod y Dadeni. Ac wrth gwrs, daeth y gerddoriaeth anhygoel o wefreiddiol a gafodd ei chreu yma yng Nghymru, yn enwedig o'r wythdegau cynnar ymlaen, i fod yn angerddol bwysig i mi fel unigolyn. Mi es ymlaen i astudio Hanes, Mathemateg a Saesneg yn y chweched dosbarth, a chwrs gradd yn y Gyfraith ym Mhrifysgol Aberystwyth, ond doedd dim gen i ddim amheuaeth fod cerddoriaeth a byd melys y sîn roc yma yng Nghymru yn mynd i fod yn rhan annatod o 'nhyfiant a 'mywyd fel oedolyn. Jarman, Maffia, Y Cyrff, Datblygu, Gorky's a dwsinau o fandiau gwych eraill – yn y byd a'r dirwedd hon fyddwn i'n dewis byw.

Roedd fy nghefndir a 'mhrofiad fel cerddor amatur yn golygu nad oedd mynd at y cerddorion Cymraeg ro'n i'n eu hedmygu ac sy'n gyfoedion i mi, a jest deud helô, ddim yn broblem. Mae sgiliau cymdeithasol yn allweddol er mwyn goresgyn y *tedium* anhygoel sy ynghlwm â'r byd perfformio – rydach chi bob amser yn aros am rywbeth neu'i gilydd. Cyn pen dim, ro'n i'n creu rhwydwaith o gysylltiadau personol efo'r cerddorion roc oedd wrthi o 'nghwmpas, a dyna oedd dechrau'r cyfan …

Er bod cerddoriaeth yn dod cyn popeth arall yn y cyfnod hwn, buan iawn y sylweddolais mai talent gyfyng iawn oedd gennyf. Doedd hyn ddim yn fy mhoeni nac yn creu unrhyw drafferth i mi. Mae llencyndod yn llawn pethau sy'n mynnu dy sylw, yn hawlio dy ofnau a dy emosiynau. O'n i'n gwybod nad oedd talent yno, ac nad o'n i'n mynd i ddatblygu unrhyw grefft cyfansoddi na sgwennu caneuon. Doedd tŵls cerddoriaeth o ddim defnydd i mi ar gyfer dadansoddi sut i wahaniaethu rhwng y breuddwydio a'r byw. Y peth oedd yn hollbwysig i mi oedd fy mod yn treulio'r blynyddoedd yna'n cael amser ffantastig ac yn teimlo bod pethau'n brysur, brysur, brysur.

Mae'r daith at dyfu'n ddyn wastad yn dy arwain drwy'r fan lle rwyt ti'n gwrthod popeth, yn gwrthryfela yn erbyn popeth – mae'n anochel. Mae'r holl egni sy'n rhan o hyn i gyd yn medru mesio ti i fyny go iawn os nad oes unrhyw fath o *outlet* gen ti; ffordd o sianelu'r holl wres a'r goleuni yna. O'n i ar dân drwy'r amser, ac yn lwcus uffernol fod y bywyd cerddorol *semi-pro* yna'n edrych ar fy ôl i, ac yn dysgu holl bethau pwysig bywyd i mi mewn ffordd ymarferol ac anuniongyrchol. Y byd cerddorol, nid y byd sinematig, ddysgodd y gwersi yna i mi. Dysgais am oddefiant, dyfalbarhad a chyfrifoldeb, a'r rhain a blannodd ynof yr ymwybyddiaeth agored, rydd yna tuag at bobl eraill, tuag at y byd tu allan.

Fel chi – y bobl sy'n darllen hwn – miwsig sy'n rocio fy myd i, a cherddoriaeth fu'n gyfrifol am fy arbed rhag boddi yn y düwch hwnnw yn yr arddegau sy'n medru trechu'r plentyn hapusaf, hyd yn oed. Rhoddodd cerddoriaeth gyfle i mi fyw yn hapus efo'r bobl yna sy'n wirioneddol dalentog, sy'n meddu ar y ddawn i ddeud pethau drwy ddefnyddio sŵn a llais. Do'n i ddim yn ffŵl – o'n i'n gwybod yn iawn fy mod yng nghanol un o'r cenedlaethau mwyaf disglair mae'r iaith Gymraeg wedi ei gweld erioed. I mi, roedd nabod y bobl yna, a bod yn rhan o'u *orbit* (ac weithiau, eu gwlâu a'u myfyrdodau), yn ddigon.

Laciodd crafangau'r sinema mo'u gafael ynof yn gyfan gwbl yn ystod y cyfnod hwn. Roedd y syniad o'r *deluge* yn dal yno, ac ambell waith roedd y *levee* yn torri. Er enghraifft, pan o'n i tua deuddeg oed, ac yn dechrau meddwl am ochr dywyll bywyd, dechreuais dalu sylw i ffilmiau mwyaf cymhleth Alfred Hitchcock.

Mae unrhyw riant sy'n annog ei blentyn i wylio ffilmiau Hitchcock yn rhiant cyfrifol. Mae mam sy'n sylwi bod *Psycho* ar y teledu heno, ac yn annog ei mab i'w gwylio yn fam gyfrifol. Dyna sut oedd hi efo fi at drothwy fy arddegau. *Psycho* yw un o binaclau'r sinema, a'r *shower scene* enwog yw Sistine Chapel y gelfyddyd. Fel golygfa, mae'n anodd meddwl am unrhyw gyfarwyddwr sy wedi llwyddo i greu sinema efo pŵer greddfol, emosiynol, ysgytwol tebyg iddi. Mewn ffilm sydd wedi bod yn eithaf *humdrum* hyd at y pwynt hwnnw – tipyn bach yn *creepy* achos y glaw a'r gerddoriaeth, ond dim byd rhy ecsotig – gwelir gweithred erchyll, anesboniadwy ar y sgrin. Ffrwydriad yw'r unig ffordd o ddisgrifio effaith y munudau byr yma ar y gwyliwr. Mae'n gadael gweddill y ffilm yn *shellshocked*. Prin fedrith hi barhau. Mae'r ffilm *Irréversible* (2002) yn fy atgoffa o effaith neilltuol *Psycho*. Mewn ffilm fodern, *explicit* gan Gaspar Noé, yr unig ffordd fedrwn ni ddelio efo be 'dan ni'n ei wylio (sef merch yn cael ei threisio, a'i gŵr yn creu lladdfa farbaraidd er mwyn dial ar ei rhan), yw i'r ffilm ei hun wneud y gwaith o gael gwared â'r boen a'r ofn a'r erchylltra a'r atgof o'r hyn 'dan ni newydd ei weld drwy ddileu, yn araf bach, bopeth rydan ni wedi'i brofi drwy redeg stori'r ffilm am yn ôl, a gorffen mewn lle tawel, hyfryd, domestig a saff yn llawn gobaith a chariad, ymhell cyn i unrhyw beth drwg ddigwydd ar y sgrin – mynd yn ôl i Eden. Efo Hitchcock, does 'na ddim dyhead i drio lleihau'r sioc, mae o jest yn digwydd yn y ffilm fel y base fo ym mywyd go iawn Marion a Norman, ac rydan ni, a gweddill y ffilm, yn gorfod trio delio efo'r *cataclysm*.

Gan ddechrau efo'r sgwrs anghyffyrddus honno rhwng Janet Leigh ac Anthony Perkins yn lolfa'r Bates Motel o dan bigau'r adar wedi'u stwffio sy'n gwylio'r sgwrsio dwys pan mae Marion yn sylweddoli yn ei hisymwybod (yn sicr) fod y dyn sy'n eistedd gyferbyn â hi yn berson a chanddo broblemau, yn syth drwodd i'r *aftermath* lle mae Norman druan yn mopio'r llawr, yn trio clirio'r llanast mae ei fam, y llofrudd gwallgof, wedi ei greu ar ei gyfer, mae cyfarwyddo Hitchcock yn berffaith. Rhwng y ddau bwynt hwn y daw'r weithred – un o hoff weithredoedd byd sinema – llofruddiaeth dynes brydferth gan ddyn(es) annigonol sy'n corddi ag annhegwch bywyd. Weithiau, bydda i'n meddwl bod y merched prydferth yn ffilmiau Hitchcock wedi'u tynghedu o'r cychwyn, dim ond am eu bod mor brydferth.

Mae Hitchcock yn sylweddoli bod y byd yn drwgdybio'r prydferthwch hwn, ac mae o'n cynnig i ni, y gynulleidfa, y pleser o weld y rhai llwyddiannus, y rhai prydferth, yn cael eu dinistrio. Wrth gwrs, mae ei ffilmiau'n adloniadol, ond wrth i ti dyfu i fyny a'u gwylio eto, mae pethau'n mynd yn anoddach i'w dallt (well i ni beidio anghofio bod y ffilm wedi aros yr un fath – ti a fi sydd wedi newid).

Beth am i ni fynd am gawod? Pan wyt ti'n gweld y darn yma fwy nag unwaith, rwyt ti'n medru camu allan o'r golau du a gwyn yna sy'n dy ddallu, a dechrau meddwl o ddifri am yr hyn rwyt ti newydd ei wylio a pham ei fod mor *shocking*. Yn gyntaf, rwyt ti'n cofio bod Marion wedi edifarhau (wrth reswm – dyma sy'n mynd i ddod â'r stori a'r ffilm yn anorfod i ben). Rydan ni eisoes wedi gweld Marion yn mwynhau rhyw mewn motél ddi-raen yn ei hawr ginio; ei gweld yn dwyn pres y bòs; yn esgus bod yn sâl cyn neidio i'r car a dechrau hedfan yn wyllt o afael crafangau bywyd normal, sy'n gaets i ni'r bobl gyffredin. Ond ar ôl iddi osgoi'r heddlu, darganfod lloches yn y Bates Motel a sgwrsio gyda Norman (person sy wir *off the grid* ac mewn gwrthdrawiad efo'r bywyd normal), mae Marion yn sylweddoli ei bod hi *yn* perthyn i'r byd yma, ac mae'n gwneud penderfyniad. Mae'n penderfynu mynd yn ôl, sortio popeth allan a cheisio adeiladu bywyd sy'n fwy ymarferol a normal, yn llai hunanol ac yn llai byrbwyll, a 'dan ni'n ei gweld yn 'golchi ei phechodau' yn y gawod. Ond mae hi'n dal yn marw. Neu, yn hytrach, mae Hitchcock yn penderfynu bod yn rhaid iddi gael ei lladd. Trwy wneud hyn, mae o'n ei gwneud yn glir fod y penderfyniadau yma (i wneud â'r ffilm yn ogystal â'r byd go iawn) yn rhai sy'n cael eu gwneud gan rywun ar wahân i'r cymeriad (neu unigolion fel ti a fi yn y gynulleidfa). Hwyrach mai cydnabod presenoldeb y Duw hollalluog oedd bwriad Hitchcock, ond does dim rhaid dod â chrefydd i mewn i'r ddadl i esbonio pethau. Digon ydi ddeud bod yr olygfa'n dangos i ni fod pobl yn meddwl eu bod nhw'n bethau andros o *bright*, ac yn medru cadw symudiadau'r byd o dan reolaeth a throi pethau am yn ôl unrhyw bryd. Wrth gwrs, tydi hyn ddim yn wir. Y gwir yw fod pobl yn greaduriaid twp dros ben, ac nad yw'r byd mewn gwirionedd yn ddim ond un cawlach anferth *brutal, illogical, unknowable, amoral, unfuckingcontrollable*, ac i mi, gan fod Alfred hefyd yn llwyddo i ddiddanu mewn ffordd sinematig unigryw, 'dan ni'n mwynhau darganfod hyn!

Mae Hitchcock yn un o gewri byd sinema. Does 'na ddim dal ar ei allu troëdig, mae o wrthi trwy'r amser. Meddyliwch am *Notorious* (1946) – fuodd yna stori garu fwy rhyfedd erioed? Dyma'r ffilm sy'n enwog am gynnwys y gusan hiraf mewn ffilm Hollywood erioed. Ond mae hefyd yn ffilm lle mae'r arwr (Cary Grant) yn hwrio ei gariad (Ingrid Bergman) allan i'r Natsïaid fel rhan o'i waith … Hmmm. Neu *Vertigo* (1958), neu *The Birds* (1963), lle mae Hitchcock yn rhoi'r cymeriadau benywaidd dan y lach go iawn. Yn y naill, mae'r ferch yn bodoli fel tri pherson gwahanol, a phob un yn dwyllodrus a ddim yn real. Ddim yn ddigon real i'r prif gymeriad, James 'Scottie' Stewart, hynny yw – y ditectif preifat sydd jest yn trio ail-greu â'i ddychymyg y ddynes yr hoffai ei gweld o'i flaen; y ddynes 'dan ni wedi gwylio Stewart yn ei dadwisgo tra oedd hi'n anymwybodol yn gynharach yn y ffilm – 'ta oedd hi? Yn y llall, mae prif gymeriad *The Birds* yn bygwth dod â'r byd i ben jest achos ei bod hi'n dipyn o ges, ac yn fodlon mynd ar ôl dyn sydd wedi ticlo'i ffansi. Mae byd natur yn cael ei droi ar ei ben oherwydd chwant rhywiol merch ifanc, hyfryd, broffesiynol, gyfoethog, sy ddim ond yn trio cael tipyn o hwyl.

Mae'r ffordd mae Hitchcock yn portreadu'r byd yn unigryw, ac weithiau'n peri dryswch, ond does dim gwadu fod ei ffilmiau'n gwbl sinematig, yn hyfryd ac yn dechnegol berffaith bob tro. Ydi Hitchcock yn casáu menywod? Neu ydi Hitchcock yn gwybod bod y byd yn casáu merched? Sut arall fedri di esbonio sefyllfa drychinebus hanner yr hil ddynol? Mae o'n cael *benefit of the doubt* gan ei fod o mor adloniadol ac ewythraidd, o bosib. Mae o'n llwyddo i wneud i ni, sy'n gwylio'r ffilmiau, edrych fel y rhai gwyrdroëdig, y bobl â'r meddyliau gwyrgam, gan ei fod o wastad yn edrych, yn y cnawd, fel person mor ddymunol, mor neis – dyna pam mae pobl fel Mam yn ei drystio fo ac yn fy annog i wylio ffilmiau 'Hitch' ar y teledu.

Yn ôl i'r gawod yn *Psycho* – tydi digwyddiadau erchyll ddim yn dilyn y drefn arferol. Mae amser yn arafu, mae'r darlun yn deilchion, yn ddarnau digyswllt. Ti'n teimlo popeth, ond yn dallt bron dim o'r hyn sy'n digwydd. Mae'r golygu enwog yn y rhan hon o'r ffilm yn defnyddio arddulliau artiffisial sy'n creu teimlad llawer mwy 'real'. Dyna sut mae person yn profi digwyddiadau cwbl drawmatig. Rydan ni'n trystio Hitchcock efo digwyddiadau fel hyn, efo dangos rhywun yn cael ei lofruddio, am ei fod o'n gwybod, yn ddwfn yn ei enaid, fod y dyhead yna i ddisgyn yn farw ar lawr y gawod fel Marion, a suddo mor isel â phosib, yn bodoli fel teimlad, ysfa neu ofn elfennol, o leiaf, oddi mewn i bob un ohonom. Dim ots o gwbl os ydi Hitchcock wedi sylweddoli'r pethau hyn trwy ei gefndir crefyddol a'r awydd i fod yn driw i'r Eglwys Gatholig – mae'n bodoli, dyna sy'n bwysig.

Mae'r ffilm *Psycho*, efo'i ddarlun *messed-up* o'r byd, a ffawd, a mamau a phlant, yn gwneud i mi feddwl unwaith eto am *Frankenstein*. Mae *Frankenstein* yn cynrychioli'r *protean*, y creu rhydd sy'n llawn posibiliadau, tra bo *Psycho* yn hunllef Freudaidd. Mewn un ffilm, mae dynion yn cymryd y cyfrifoldeb dros greu bywyd – a sbia be sy'n digwydd – ac yn y llall, mae menyw yn dechrau bihafio'n debycach i ddyn, ac yn cymryd be mae hi'n dymuno'i gael allan o fywyd – a sbia be sy'n digwydd. Mae cymdeithas dynion yn cael ei fygwth gan ddynes a phlentyn, a'r ateb bob tro gan y byd dynol yw dinistrio. Rhaid lladd er mwyn trio ail-greu rhyw fath o drefn; teyrnas dynion dros y lleill. Weithiau, bydda i'n dychmygu mai Mary Shelley sy'n cael ei thorri'n ddarnau yng nghawod Alfred Hitchcock, a hynny gan PC Gwynn Lewis.

Pan ddechreuodd BBC2 ddangos ffilmiau Ewropeaidd ar nos Sadwrn ar ddiwedd y 1970au, cododd dŵr y *deluge* yn uwch unwaith eto fesul tipyn. Cyn hir, des i ddallt fod gwledydd y byd i gyd yn creu sinema (heblaw Cymru, am ryw reswm). Roedd dyddiau gorfod dwyn perswâd ar Beryl i gael aros ar fy nhraed i wylio ffilmiau arswyd Universal wedi hen ddod i ben, a ches i'r tŷ i mi fy hun ar nos Sadwrn o tua 13 mlwydd oed ymlaen. Ac yno, o flaen y teledu, y dechreuais wylio'r ffilmiau od yma, ffilmiau ag is-deitlau, ffilmiau tramor. Treiglodd y syniad o greu sinema yn ôl i mewn i mi'n araf bach, yn yr un ffordd, a chyda'r un dyfnder a'r awydd eginol yna a deimlais 'nôl yn stafell gefn y Ship.

Wrth gwrs, roedd yr addewid o gael gwylio ffilmiau oedd yn cynnwys golygfeydd rhywiol, noethni, *weird aesthetics* a decor, arddull, steil perfformio a thestun eithafol i gyd yn rhan o'r abwyd, fel roedd cael gweld y llefydd newydd 'ma i gyd – y dinasoedd, y dirwedd, y bobl wahanol – a phrydferthwch y *travelogue* yn apelio.

Ewrop! Dwi isio hi, dwi isio bod yn rhan ohoni a pherthyn iddi. Dwi isio cerdded y Via Dolorosa, y *boulevards* a'r *Straßen* yna lle cerddai sêr hyfryd fel Catherine Deneuve, Claudia Cardinale, Alain Delon, Monica Vitti, Anna Karina, Jean-Paul Belmondo a Hanna Schygulla. Do'n i erioed yn teimlo'r un fath am fynd i America. Hwyrach fod ffilmiau Hollywood yn rhy gaeth i berffeithrwydd y stiwdio i fedru mentro, a throi'r camera i wynebu tu allan i gatiau'r *studio lot*. Fel gweddill y *young dudes*, ces i fy hudo gan agwedd wrthryfelgar, herfeiddiol a beiddgar, yn ogystal â soffistigedigrwydd, y ffilmiau yma. I mi, roedd y cyfarwyddwyr yn hollti'r byd rhwng y real a'r breuddwydiol mewn ffordd na phrofais erioed o'r blaen, yn y sinema nac ar y teledu. Wrth gwrs, roedd y ffaith fod yr iaith yn estron, a'r llefydd a'r storïau'n newydd i mi, yn ategu at y naws freuddwydiol, ond ro'n i'n gwybod hefyd fod y teimladau ro'n i'n eu profi, a'r cwestiynau a redai'n rhemp trwy fy meddwl, wedi cael eu creu yn gwbl fwriadol gan gyfarwyddwyr y ffilmiau.

Cymerwch rywun fel Luis Buñuel. Deg oed o'n i pan welais i ddechrau *Un Chien Andalou* (1928) ar raglen *Open University* ar y teledu un bore Sadwrn. Wel! A oes pwynt gwneud ffilm arall ar ôl gwneud hon? Ble mae rhywun yn mynd o fan hyn? Mi oedd Buñuel yn galw ei ffilm gyntaf yn wahoddiad i ti fynd allan a llofruddio rhywun – unrhyw un! Ac mae pob un sydd wedi'i gwylio hi wedi ei chael yn gwbl amhosib anghofio'r delweddau boncyrs ar y sgrin. Mae'n anodd meddwl pa ddelweddau fedrai gael eu creu gan Luis i ddilyn y rhain. Ond er ei fod wedi byw bywyd cythryblus, yn cynnwys cael ei erlyn o'i famwlad a threulio cyfnodau yn America a Mecsico cyn dod yn ôl i Ewrop, ni ddaeth pen ar ei daith sinematig. Bu Buñuel yn gwneud ffilmiau nes oedd yn 80 mlwydd oed, a chreu delwedd ar ôl delwedd fythgofiadwy fu ei hanes. Dim ond pan welais i *Belle de Jour* (1967), *The Discreet Charm of the Bourgeoisie* (1972), *Exterminating Angel* (1962), *L'Âge d'or* (1930) a'r lleill, a dechrau teimlo'n saff yn ei ddwylo, y dechreuais sylweddoli faint o ryddid sy mewn sinema unwaith rwyt ti'n derbyn y ffaith mai digwydd yn y dychymyg mae pob ffilm. Os gall Buñuel ddychmygu rhywbeth, mae o hefyd yn gwybod ei fod o'n medru ffeindio ffordd o drosglwyddo hyn i fyd sinema i fwydo'n dychymyg. Mae'r cyfarwyddwyr arbennig yma'n cael eu gorfodi i drin eu syniadau drwy greu delweddau a'u lluchio nhw allan o'u dychymyg er mwyn medru symud ymlaen i freuddwydio rhai newydd sbon. Tydan nhw ddim callach pam mae'r delweddau yma'n cael eu geni, ond maen nhw'n gwybod fod 'na werth yn eu rhannu, gan ein bod ni i gyd yn rhannu'r un dychymyg cyntefig. Ac er ei bod yn amhosib trin a thrafod y pethau yma'n gyhoeddus, mae sinema'n dangos i ni eu bod yn medru bodoli, a'u bod yn berthnasol, ac yn perthyn i ni i gyd, waeth pa mor *shocking* neu annymunol ydan nhw i ni. Mae'n bwysig cofio nad ydi ffilm fel drama lwyfan mewn theatr, nac fel campau'r cae chwarae, chwaith. Mae sinema'n rhan o ddyfnder personoliaeth yr unigolyn sy'n ei chreu. Mae sinema'n tarddu yn y pwll tywyll hwnnw sy'n gorwedd yn dawel yn y fan lle mae iaith ac ysgrifennu a chyfathrebu confensiynol yn ddi-werth fel teclynnau i esbonio pam mae'r syniadau a'r delweddau'n bodoli, a beth yw eu hystyr a'u pwrpas i bob un person yn ein plith. Creu'r delweddau yma ydi unig gyfrifoldeb yr artist sinematig, ac mae Buñuel yn rhagori yn y maes hwn.

Y tu hwnt i wylio'r teledu, roedd chwyldro arall yn digwydd – dyfodiad siopau llogi fideos, oedd yn agor ym mhob tref a phentref yn y wlad. Gwyliais gannoedd o ffilmiau yn y ffordd yma. Doedd hi ddim cweit fel y rhyngrwyd yn cyrraedd, ond yn bendant, roedd cael yr holl ffilmiau yma wrth law am y tro cyntaf yn rhywbeth fyddai wedi bod yn anodd ei ddychmygu prin dwy flynedd ynghynt. Mae'r *deluge* yn gorlifo'r glannau oherwydd y siopau yma. All dim dorri fy syched. Dwi'n gwylio llwyth o rybish, ond ambell waith, mae ffilm dramor yn troi i fyny ar y silff, ac mae ffenest fach arall yn agor i adael rhywfaint o awyr iach i mewn.

Tydi bihafio fel hyn ddim yn rhywbeth anghyffredin i fi. Yr un fath fues i yn fy arddegau efo cerddoriaeth. Do'n i'm yn medru gwrando ar ddigon o fiwsig yn ddigon cyflym. O'n i ar y bws yn dragwyddol yn mynd o Manod i Borthmadog i siop Cob Records i brynu un record newydd arall. Weithiau, o'n i'n dechrau cerdded y daith ddeng milltir ar droed, yn gobeithio'i bodio hi i lawr i Cob cyn amser cau. Eistedd ar y ffin rhwng dau fyd fu hanes y siop erioed, ar blisgyn y tir ar ben y môr dof. Dyma gynt oedd y lle olaf y medret ti brynu *boarding pass* a hwylio allan am y byd newydd dros y moroedd. I mi, yn y siop hon, roedd y tocyn yna'n dal ar werth. Chwilio trwy'r *racks* drosodd a throsodd, a phres bob amser yn brin iawn, felly roedd angen dewis yn ddoeth – pa artistiaid, pa synau fyddai'n fy arwain drwy'r blynyddoedd nesaf? Yn yr oed yna, roedd y pethau yma'n hollbwysig – pwy oedd yn gyfrifol am hyn a'r llall, a phryd, a hefyd barn y beirniaid yn y cylchgronau roc. Trio gwneud synnwyr o'r hanes a'r cyd-destun; llowcio gymaint o fiwsig anhygoel, hen a newydd, â phosib, ac wrth gwrs, sylweddoli bod y recordiau gorau i gyd yn cynnig gobaith i

ti o fedru bod yn rhan o ryw fyd arall oedd yn bodoli allan
fan 'na'n rhywle, a cherddoriaeth yn allwedd i'r cyfan. Nid
oedd Ysgol y Moelwyn yn cynnig cwrs 'Culture Studies'
pan o'n i yna, ond dyna oedd yr union addysg a gefais o
dreulio oriau yn Recordiau Cob.

Er bod bywyd ar ddechrau'r 1980au, rhwng y band pres
a 'mywyd cymdeithasol, yn cynnig digon o gyfle i redeg
yn wyllt, o'n i'n gwybod bod 'na lot mwy o wallgofrwydd
ar gael i unrhyw gerddor a oedd yn dymuno neidio ar
y bws. Do'n i ddim isio colli allan. Fel y dywedodd yr
Arlywydd Obama, *'I inhaled'*. Pan o'n i'n bymtheg oed,
er enghraifft, o'n i'n dychmygu sut brofiad fase mynd
i Lundain i gymryd heroin gyda'r Velvet Underground
ac Iggy Pop. Yndi, mae hynny'n wallgof, ond mi oedd y
teimladau yna'n rhai gwir, ac mi oedden nhw'n bodoli yn
fy mhen – yr awch yna i brofi pethau newydd, dyna oedd
wrth eu gwraidd. Isio popeth rŵan, ar unwaith. Mi ddaeth
y profiadau gwahanol, newydd i mi yn y pen draw, ond
doedd 'na fawr ddim cysylltiad rhwng y realiti a'r profiad
dychmygol a fu'n fy annog i fynd yn uwch drwy ruthro
tua'r gwaelod. Does gen i ddim i'w ddeud yn y llyfr hwn
am ddifaru – difaru be? Dim ond isio tynnu eich sylw
at nerth y dychymyg ydw i, dyna i gyd. Rydan ni i gyd
yn medru dychmygu pethau erchyll a *disturbing* iawn, a
thrwy edrych yn ôl, dwi'n medru gweld mor bwerus yw'r
dychymyg hwnnw, a sut y gall ddylanwadu gymaint ar
ein bywydau. Mae'n bwysig i ni beidio tawelu'r dychymyg
yma mewn unrhyw ffordd – dyma'r teclyn pwysicaf sy gan
gyfarwyddwr ffilmiau.

Rhywbeth arall sy'n hanfodol i unrhyw yrfa greadigol
yw lwc. Bydda i wastad yn meddwl am y gân yna gan
Bob Dylan lle mae o'n canu, 'I can't help it if I'm lucky!',

a meddwl bod fy lwc i wedi bod yn ffantastig. Drwy gydol blynyddoedd y brifysgol yn Aberystwyth, ac yn gweithio yn y brifddinas yn syth wedyn, sut fedrwn i amau nad oedd pob dim yn wych? Ro'n i yng nghanol adfywiad diwylliant y Cymry Cymraeg, a cherddoriaeth yn arwain unwaith eto. Mi fachais swydd ar raglen bop orau S4C – *Fideo9* – ac wedyn cydredeg recordiau Ankst, label fuodd yn ddigon ffodus i ddenu hufen y genhedlaeth unigryw hon i recordio a rhyddhau cynnyrch arno – dydi 'lwc' ddim yn dod yn agos at ddisgrifio sut dwi'n teimlo am hyn i gyd! Yn y dyffryn nesaf at Blaenau, roedd hogyn ifanc yn sgwennu'r gân 'Anwybyddwch Ni', ac i lawr ar hyd yr arfordir, roedd bachgen arall yn sgwennu am 'Nefoedd Putain Prydain', ac yn gofyn y cwestiwn tragwyddol yna: beth yw 'Y Teimlad', tra oedd merch benfelen yn y ddinas agosaf isio gofyn pwy oedd yn 'Dilyn Dylan'. Ro'n i yng nghanol y datblygiadau yma i gyd, ac yn teimlo 'mod i'n perthyn iddyn nhw i gyd ar lefel gwbl reddfol a naturiol. O ganol yr 80au ymlaen, dan ddylanwad arloeswyr criw Recordiau Anhrefn, mi sylweddolon ni nad oedd yr iaith Gymraeg yn *boring*. Cafodd y ffyniant ei bweru gan fy nghenhedlaeth i, gan fy ffrindiau, ac roedd cyfle i unrhyw un fynnu ei le yn y bwrlwm.

Rewind i *Fideo9* am eiliad – ar ôl tair blynedd o wyliau ym Mhrifysgol Aberystwyth ac amryw swyddi cachu yng Nghaerdydd, yn gweithio mewn ysbytai, yn gweini yn yr Holiday Inn ac yn tynnu peints mewn tafarndai, mi ddois ar draws hysbyseb am swydd efo'r cwmni cynhyrchu Criw Byw, cynhyrchwyr y gyfres. Ymhell cyn diwrnod y cyfweliadau, mi landiais yn eu swyddfa a gwrthod gadael nes iddyn nhw gydnabod fy mhresenoldeb a chynnig rhyw waith di-ddim i mi ei wneud – mynd i'r siop i brynu ffags, gyrru car i nôl rhywun, gwneud y te ac yn y blaen. Ro'n i'n gwybod mai hwn oedd y cyfle pwysicaf fyddai'n dod i fy rhan ar y daith. Wrth edrych o gwmpas ar ddiwrnod y cyfweliad, a gweld pwy arall oedd yn ceisio am y swydd, do'n i ddim yn meddwl fod llawer o siawns gen i i'w chael. Ond mi wnes i, ac am y tair blynedd nesaf, bues i'n gwneud iawn am fod mor ddiog yn y brifysgol trwy weithio'n galetach nag erioed o'r blaen (yn cynnwys cyfnod yn gweithio fel labrwr yn chwarel Maenofferen!). A thrwy'r cyfan, o'n i'n teimlo'n *invincible*, wrth i mi gyfarfod, gweld a siarad â mwy o artistiaid, cerddorion ac unigolion diddorol y Gymru newydd 'ma nag sy'n bosib eu cofio heb wneud ymchwil manwl – cyfle na ddaw byth eto. Doedd bod yn ymchwilydd i Criw Byw ddim yn swydd a fyddai byth yn cynnig digon o arian i mi fyw arno (canpunt yr wythnos, unrhyw un?), ond doedd hyn byth yn fy mhoeni. Mi o'n i'n aelod o dîm a fu'n gyfrifol am gynhyrchu cannoedd o fideos pop, recordio dwsinau o berfformiadau a chyngherddau byw, a chynnal cyfweliadau cyson efo pawb a oedd yn cael eu dal yn rhwyd y rhaglen. Ro'n i wrth fy modd yn deffro bob dydd a llowcio beth bynnag oedd yn cael ei gynnig y munud fuaswn i'n cerdded trwy ddrysau'r swyddfa. Mi wnes i hyn tan na allwn i 'i wneud o ddim mwy, cyn ei heglu hi am Ankst, swydd dwi'n dal i'w gwneud heddiw. Ugain mlynedd i lawr y lôn, a dwi'n dal i gredu mor gryf ag erioed mewn hyrwyddo a rhyddhau cynnyrch prydferth a hudol yr artistiaid sy'n dewis gweithio gyda'r label (stori arall ar gyfer llyfr arall yw'r stori honno).

Er mai cerddoriaeth, yn amlwg, oedd prif ffocws *Fideo9*, mi oedd y swydd hefyd yn cynnig addysg sinematig arbennig i mi. Wnes i erioed fynychu ysgol ffilm, ond i lawr yn stiwdio off-lein a swyddfa gynhyrchu'r cwmni yn

Sblot, mi ddysgais sut i saethu, golygu, sgriptio, cyllidebu, gweithio mewn timau, cyfarwyddo, cynhyrchu a, wel, yn syml, sut i wireddu syniad a chreu delweddau ar ffilm. Drwy gael y rhyddid i wylio eraill wrth eu gwaith, cydweithio ar bob lefel o gynhyrchiad a chael cynnig barn yn ogystal â chael rhyddid i arbrofi ar fy mhen fy hun, dyna sut wnes i ddysgu. Mi oedd yr offer i gyd yno, a'r bobl â'r sgiliau a'r dyfalbarhad i esbonio i mi sut i ddechrau defnyddio a meistroli'r adnoddau yna; pobl a oedd yn gwbl barod i rannu, cefnogi ac annog y diddordebau yma. Mi oedd yr awydd personol oddi mewn i mi – y *deluge* – yn gwneud gweddill y gwaith.

Yn allweddol, bu gweithio yn Criw Byw yn fodd i roi hyder i mi. Peidiwch byth â thanbrisio pwysigrwydd hyder, a hefyd yr angen yna i fod yn drahaus ac yn benstiff weithiau, er mwyn gwneud yn siŵr fy mod i'n gwrando ar y llais yna tu mewn, a bod yn fodlon cau lleisiau'r gweddill allan. Alli di ddim ildio i ewyllys pobl eraill byth a beunydd.

Roedd dod i adnabod y peiriannau a'r prosesau'n ddigon i greu strwythur a rhoi hyder i mi fentro ceisio creu unrhyw fath o ddelwedd heb boeni rhyw lawer am fethu. Fydd neb yn fodlon gwneud y pethau yma ar eich rhan – dyma'r wers bwysicaf oll, o bosib. Bydda i'n fythol ddiolchgar i gynhyrchwyr fel Geraint Jarman, Gethin Scourfield, Dafydd Rhys ac Andy Brice am y cyfle a'r rhyddid amhrisiadwy yna. Mi ges i gymaint o gyfleoedd, oedd yn wirioneddol ffodus, os nad yn anhygoel, o feddwl pa mor anodd yw hi heddiw i fentro mlaen o fewn diwylliant cyfryngol sy'n fwyfwy biwrocrataidd ac unffurf. Do'n i erioed wedi gadael ynysoedd Prydain cyn dechrau gweithio i Criw Byw. Cyn pen dim, ro'n 'n gyrru *sports car* ar draws *Autobahns* yr Almaen ac ar hyd strydoedd dinas Berlin – y gorllewin a'r dwyrain. Prin o'n i'n cysgu – dim ond cwpl o oriau bob nos mewn wythnos o deithio a ffilmio – wedyn saethu rhaglenni dogfen yn Senegal a Mali, trin a thrafod cerddoriaeth a gwleidyddiaeth gyda rhai o artistiaid pwysicaf y cyfandir, fel Youssou N'Dour, Ismaël Lô, Ami Koita a Cheb Khaled. Mi ddaeth gyrru ar hyd strydoedd Brwsel, Paris a Soho mor gyfarwydd a normal ag unrhyw daith ar hyd yr A470.

Mi ges i gyfle hefyd i gwrdd â chyfarwyddwr ffilm go iawn o Gymru, sef Marc Evans – *House of America* (1997), *My Little Eye* (2002), *Snow Cake* (2006) a *Patagonia* (2010) – yr unig un yn y cyfnod hwn sy wedi llwyddo i fod yn rym sinematig adnabyddus ar draws y byd. Doedden ni'n dau byth yn medru cytuno ar ba fath o ffilmiau ddylai gael eu cynhyrchu yng Nghymru, ond yn sicr, mi oedd y dyhead i greu ffilmiau yn y ddau ohonom. Taswn i heb gwrdd â Marc a gweithio fel ymchwilydd efo fo yn Criw Byw, fuaswn i byth wedi credu fod gen i ddigon o ruddin i fentro creu fy nelweddau fy hun. Yn allweddol, mi adawodd Marc Gymru a mynd i Lundain er mwyn dysgu am y busnes ffilm o'r gwaelod i fyny yn hytrach nag aros o fewn sicrwydd artiffisial S4C. Gwers hollbwysig arall. Mi oedd Marc yn credu mewn sinema, a chyfeiriodd ei egni at y byd hwnnw, a chyda'i allu naturiol a'i agwedd hyfryd, llwyddo fu ei hanes. Mae'r ffordd mae'r bobl 'dach chi'n eu hedmygu'n bihafio'n bwysig – dalier sylw! Mae'n rhaid i chi ddewis dilyn y llwybr waeth pa mor ddiffrwyth a chaled mae petha'n ymddangos ar adegau. Roedd gwylio Marc wrth ei waith ar ffilmiau fel *ABCDatblygu* (1990) gyda'r grŵp Datblygu, ac *O Bruxelles i Berlin* (1990) gyda'r Fflaps, yn agoriad llygad i mi. Gweld ei hyder, ei reolaeth dros y set, y criw, y siot dan sylw, ei *bonhomie* amhrisiadwy, angenrheidiol yn canolbwyntio egni pawb ar y gwaith o'n blaen, pawb yn ei ddilyn ac isio'i blesio. Y munud roedd prosiect yn dod i ben efo Marc, dyna pryd o'n i'n medru disgyn i drwmgwsg a breuddwydio am fywyd creadigol. Tra oeddwn i'n dal i weithio efo fo, mi oedd hi'n amhosib diffodd y switsh. Roedd Marc yn ei gwneud yn gwbl amlwg y dylwn i fod yn *bloody excited* i fod mewn sefyllfa mor freintiedig, ac nad oedd dim o'i le ar fod ar dân drwy'r amser. Mae'r cyfleoedd yma'n rhai prin, ac mae'n rhaid i ti wneud y gorau o bob cyfle. Rhaid sylweddoli fod gweithio ym myd creu delweddau yn sefyllfa *one-off* yn aml iawn. Does 'na ddim sicrwydd y byddi di'n gweithio efo un o'r bobl yma byth eto, na hyd yn oed yn eu gweld nhw eto, felly mae manteisio ar yr amser 'dach chi'n ei rannu rŵan hyn, a chael pawb i gynnig y gorau posib ohonyn nhw eu hunain, yn hollbwysig. Ni ddaw'r cyfle yma eto – fel mae Eminem yn 'i ddeud, 'You only get one chance ... you better never let it go ...'

Buodd Marc a fi'n teithio ar draws Ewrop ac yn treulio amser yn y swyddfa gynhyrchu'n trin a thrafod syniadau, yn ogystal â threulio oriau sidêt yn yfed te mewn tŷ bach twt ar arfordir y gorllewin yng nghwmpeini athrylith fel David R. Edwards. Ond fy hoff atgof o weithio gyda Marc oedd pan arhoson ni gyda'n cynhyrchydd, Gethin Scourfield, yn Nwyrain Berlin – Gethin a fi wedi'n lapio'n dwt mewn pâr o wlâu mewn tŷ cwbl gyffredin yn hen ran y DDR o'r ddinas, fel pâr o hogiau drwg, a *Hausfrau* famol yn ffysian drosom fel y basai'n ei wneud gyda'i meibion ei hun – meibion a oedd wedi hen adael strydoedd tawel y Dwyrain a chroesi'r wal er mwyn ffeindio'r lle 'arall' yna – y Gorllewin. Roedd y *Mütterlein* bellach wedi gorfod

troi'r cartref yn lle gwely a brecwast cyntefig er mwyn
trio dygymod â'r oes a'r byd newydd oedd wedi glanio ar
stepan ei drws ar ôl i'r wal ddechrau cael ei dymchwel. Yn y
bore, roedd yn deimlad od iawn cerdded drwy'r strydoedd
gwag, yn syllu ar dyllau bwledi yn waliau'r adeiladau, a neb
na dim i'w weld yn digwydd yn unman – fel set *spaghetti
Western*. Roedd yn fwy od fyth o gofio ein bod lai na hanner
milltir i ffwrdd o'r Gorllewin – blydi Sodom a Gomora 24/7
o dan y glaw neon!

Roedd yn deimlad ac amser breintiedig, bythgofiadwy
ac yn brentisiaeth fer, ond cwbl ffurfiannol, i mi – dysgu
a derbyn unwaith ac am byth nad oes dim o'i le ar dy roi
dy hun yng nghanol pethau, nac ar ddefnyddio a newid
dy ddylanwadau chwaith. Mi gymerodd amser hir i mi
sylweddoli bod y ffilm roedd Marc, Gethin a finnau'n
gweithio arni tra oedden ni'n teithio drwy'r Almaen yn
homage gan Marc i un o ffilmiau mwyaf prydferth Wim
Wenders, *Alice in the Cities* (1974), ac mai teithio a chwilio
yw ei phrif themâu. Teithio a chwilio heb fawr o lwyddiant,
a fawr ddim yn digwydd, heblaw fod y byd yn mynd yn ei
flaen. Mae amser yn pasio, a chyfeillgarwch yn tyfu rhwng
y plentyn sy wedi cael ei dympio mewn maes awyr gan ei
mam i ofal ffrind pum munud (awdur blin, hipïaidd sy yng
nghanol rhyw greisus dirfodol a thrafferthion efo merched).
Unwaith i mi wneud y cysylltiad â'r dylanwad cudd y tu ôl
i'r ffilm, ro'n i'n teimlo'n hapusach nag o'n i wedi teimlo
ers amser hir iawn. Dwi'n gobeithio fy mod i wedi dysgu un
neu ddau o bethau gan Marc. Yn sicr, doedd ein llwybrau
ddim yn mynd i fod yn debyg i'w gilydd – mwy o fynd ar
chwâl oedd y cynllun i fi, a dyna sut fuodd hi!

Es i mewn i gerddoriaeth llawn amser efo recordiau
Ankst, a'r *deluge* yn cael ei ddal yn ei le wrth i mi greu

dwsinau o fideos pop efo artistiaid y label. Roedd pob un yn arbrawf bach, yn waith cartref – defnyddio camera gwahanol bob tro, creu mewn rhyddid llwyr, y broses yn un chwareus a hwyliog – dim *angst*! Ar ôl y profiad efo Criw Byw, ro'n i'n medru cynhyrchu delweddau trwy ddilyn y rheolau syml a ddysgais wrth weithio ar y tîm. Dyma nhw: Rwyt ti angen golau – pwysig iawn. Rwyt ti angen criw (mae'n bosib cael criw o un, ond mae'n lot mwy o hwyl efo mwy nag un). Rwyt ti angen rhywbeth sy'n werth ei ffilmio. Mae angen i ti baratoi gymaint â phosib neu ddim o gwbl, ac yn bwysicaf oll, mae angen gwneud yn siŵr fod gen ti rywfaint o lwc wrth gefn.

Mi ddilynais y *schedule* saethu annisgybledig yma drwy'r cyfnod prysur hwnnw yng Nghymru cyn i tsunami 'Cool Cymru' gyrraedd y lan, ac mi gymerodd tan ddiwedd y nawdegau i mi benderfynu fy nhroi fy hun yn gyfarwyddwr ffilmiau sinematig annibynnol yma yng Nghymru, a bod yn rhan uniongyrchol o'r byd sinematig a gafodd gymaint o effaith arna i.

Yr unig ffordd i wneud hyn, yn fy meddwl i, oedd gwylio cynifer o ffilmiau â phosib, a darllen cynifer o lyfrau ac erthyglau am y pwnc ag y gallwn i er mwyn darganfod trwy hanes sut roedd unigolion mewn sefyllfa debyg i mi, y tu allan i'r norm Hollywood / Saesneg ei iaith, wedi llwyddo i greu ffilmiau yn eu gwledydd a'u cymdeithas nhw eu hunain. Roedd yn anorfod, felly, fy mod yn canolbwyntio ar ffilmiau tramor, y rhai *other*, y rhai *foreign*.

Cafodd y broses o ddysgu a gwylio ffilmiau ei hwylsuo gan ddyfodiad y rhyngrwyd ac eBay. Erbyn heddiw, mae'r rhan fwyaf o'r ffilmiau roedd yn anodd i mi gael eu gweld ar y pryd, bellach yn cael eu rhyddhau yn rheolaidd ar ffurf DVD, a'r ffilm dramor yn llwyddo i ddenu cynulleidfa fawr,

newydd sbon drwy'r cyfrwng hwn. Mae'r ffilmiau sy'n
cael eu trafod yn y llyfr hwn ar gael i'r gynulleidfa fodern,
sy'n medru defnyddio Amazon neu eBay, a tydi hi ddim
yn anodd dod o hyd iddyn nhw o gwbl. Cafodd yr hunan-
ddysgu dwys hwn dros y degawd rhwng fy mhenderfyniad
a *première* fy ffilm gyntaf effaith arna i, yn bendant. Mi
newidiodd gwylio cannoedd ar gannoedd o ffilmiau fy
mhersonoliaeth, a llwyddo i greu person oedd yn medru
creu ei ffilmiau ei hunan.

Mi ysgrifennais, cynhyrchu a chyfarwyddo fy ffilm
gyntaf, *Y Lleill* (*The Others*), yn 2005, a llwyddais i ddenu
sylw trwy ennill gwobr BAFTA Cymru am ffilm orau'r
flwyddyn, mynd â'r ffilm ar daith o gwmpas Cymru a chael
residency yn sinema enwog yr ICA ar y Mall yn Llundain.

Wel, pa fath o ffilm wnes i lwyddo i'w chreu? Un yn
llawn plismyn llofruddgar? Ddim cweit. (Dyna fyddai pwnc
y ffilm nesaf, ond hyd yn hyn does dim cefnogaeth wedi
cyrraedd – fel dwi'n licio'i ddeud, ar ôl ennill y BAFTA a
phisio rhai pobl off, wnaeth y ffôn ddim dechrau canu!)
Ffilm sinematig, ddwyieithog yw *Y Lleill*, am gerddoriaeth
a phethau llai pwysig. Mae'n ffilm sy'n cynnwys syniadau
ac obsesiynau a fu'n ffrwtian yn fy ymennydd ers sbel,
a'r rhain i gyd wedi eu trawsnewid yn ddelweddau, yn
sefyllfaoedd ac yn ddarnau gwahanol o stori wedi'u
sgwennu ar gyfer y sinema. Yn ystod y cyfnod saethu o
lai na deg diwrnod ar gyfer awr a hanner o ffilm, des i
ddarganfod be ydi gwir ystyr y geiriau 'hapus yn dy waith'.
Ro'n i'n gwybod o'r cychwyn cyntaf na fyddwn i byth
yn troi fy nghefn ar wneud ffilmiau, dim ots pa mor hir
fyddai'r cyfnod rhwng y tro hwn a'r cyfle nesaf. Wedi'r
cwbl, mae 'na gyfarwyddwyr sy'n gwneud ffilmiau yn eu
nawdegau. Mi gynhyrchais fy ffilm gyntaf innau yn fy

nhridegau – yn hwyr i lawer, ond yn gynnar o'i gymharu ag eraill – jest mewn pryd, yn fy marn i.

Credaf fod ffilmiau'n bethau ysbrydoledig, yn bethau digymell, anodd eu rheoli. Dyna sut roedd hi efo fi ac *Y Lleill* – syniad neu deimlad neu broblem yn pwyso'n drwm ar y dychymyg, yn gwrthod diflannu nes i mi ddechrau sgwennu mewn delweddau. Ro'n i isio gwybod mwy am y berthynas rhwng rhyddid artistig ac iaith. Pob iaith – Cymraeg, Saesneg, cerddoriaeth, sinema, iaith anweddus / rhegi, iaith y corff a sut roedd yr ieithoedd yma'n gweithredu ar fy nghenhedlaeth i. Er mai'r lluniau oedd yr elfen bwysicaf i mi, mae hi'n ffilm sy'n llawn siarad – gormod o eiriau, os dwi'n gwbl onest – ond sgript fel 'na oedd hi: gwahanol leisiau'n torri ar draws ei gilydd, er nad oeddwn i byth isio i'r gynulleidfa roi fawr o sylw i fanylion y geiriau gwag, dim ond defnyddio'u llygaid.

Mae düwch y sinema fel düwch stafell wely plentyn. Yr un dyheadau a'r ysfeydd sydd yn fy meddwl i heddiw wrth sgwennu'r llyfr hwn â'r rhai a oedd yn bodoli ynof pan oeddwn yn blentyn; plentyn yr oedd yn well ganddo eistedd mewn blanced yn y ffenest yn sbio allan ar y byd yn hytrach na chysgu'n glud. Roedden ni'n byw drws nesaf i dafarn y Wynnes Arms, Manod, ac wrth sbio ar y mynd a dod drwy'r ffenestr honno, byddwn yn gweld symudiadau a synau'r byd go iawn. Bwrlwm a hwyl y giangs, ffugbarchusrwydd y cyplau canol oed, y cecru a'r ffraeo rhwng y cyplau ifanc, a'r unigolion trist 'na ar eu ffordd adra ar ôl noson arall allan yn symud heb eu gweld, yn amlwg yn bodoli ar yr eiliad honno yn ddwfn yn eu breuddwydion. Yn nychymyg plentyn, ac yn nychymyg y dyn sy'n sgwennu'r geiriau yma, dim ond meddwl o'n i fod y bobl yma i gyd yn breuddwydio am fod yn berson

gwahanol, yn rhywun arall. Pan wnes i *Y Lleill*, ro'n
i'n teimlo fy mod wedi 'mreuddwydio fy hun i fod yn
berson arall, yn rhywun a oedd yn rhan o symudiadau a
synau'r byd go iawn o'r diwedd – ac adleisio geiriau Arthur
Rimbaud, rhywun a allai lonyddu troelli'r byd.

COC Y GATH

Yn y bennod hon, dwi am sôn am fy hoff ffilm, *Katzelmacher* (1969), a'r athrylith y tu ôl iddi. A bod yn onest, hwn yw fy hoff waith celf mewn unrhyw gyfrwng. Dwi'n teimlo'n agosach at fyd y ffilm hon nag ydw i at y byd sy'n cael ei greu wrth i mi wrando ar gerddoriaeth y Velvet Underground, Suicide, Basic Channel, New Order, Spacemen 3, Aphex Twin, Can, Birthday Party, Kraftwerk, NEU! neu Faust, neu wrth i mi weld y gwirionedd elfennol sy'n dod yn glir wrth sbio ar luniau'r *supremacist* Kasimir Malevich a'i sgwariau coch, gwyn a du. Neu wrth brofi pleser y llonyddwch mewnol sy'n dod wrth sefyll o flaen llun *Christ at the Temple* – y ddelwedd ddiffiniol honno o'r drydedd ganrif ar ddeg o *bad boy* cyntaf *rock'n'roll* gan Simone Martini, sy'n hongian yn y Walker Gallery yn Lerpwl. (Dyna i chi ddau athrylith efo paent, o wahanol begynau hanes celf, sy'n profi unwaith ac am byth mai persbectif oedd y peth gwaethaf a ddigwyddodd i fyd celf erioed.) Mae'r ffilm hon yn byw yn ddyfnach ynof na geiriau caneuon David R. Edwards, testun *The Book of Disquiet* a cherddi Arthur Rimbaud, hyd yn oed.

Mae gan bawb ei ffefryn – dyma fy un i. Gwnewch *straw poll* sydyn ymysg eich ffrindiau, fel y gwnes i, a rhyfeddwch at yr ystod eang sy'n dod i'r amlwg – *Hobson's Choice* (1954), *The Gospel according to Matthew* (1964), *Little Women* (1949), *Zoolander* (2001), *Night of the Hunter* (1955), *The Third Man* (1949), *Some Like it Hot* (1959) heb enwi dim ond rhai. Wrth gwrs, os 'dach chi a'ch ffrindiau i gyd yn dewis *Star Wars* (1977), wel, mae hynny'n ocê hefyd!

Cyfarwyddwr *Katzelmacher* oedd yr Almaenwr Rainer Werner Fassbinder. *Coc y Gath* yw fy newis i o gyfieithiad

Cymraeg o'r teitl. Mae'r gair Almaeneg gwreiddiol yn rhyw fath o slang Bafaraidd sy'n anodd ei gyfieithu – rhywbeth fel *tomcat*. Digon yw deud bod y gair yn cyfeirio'n negyddol at awch rhywiol gweithiwyr tramor, y *Gastarbeiter* (gweithwyr gwadd) a laniodd o wledydd Môr y Canoldir, Arabia ac Affrica i weithio yn y swyddi israddol yna roedd angen eu gwneud yn y gymdeithas geidwadol newydd yng Ngorllewin yr Almaen yn dilyn chwalfa oes y Natsïaid. Ar ddiwedd y 1950au, roedd hanner yr Almaen yn profi rhyw fath o wyrth o dwf economaidd anferth a sydyn lle'r oedd angen pobl i weithio yn eu miloedd am y nesaf peth i ddim. Dyna'n syml oedd y rheswm pam yr estynnwyd y 'gwahoddiad' hwn i'r gweithwyr yma. Mae teitl y ffilm, felly, yn sarhad. Sarhad hiliol, yn bendant, a sarhad ffiaidd sy'n dangos gymaint o ofn oedd gan Almaenwyr o'r 'arall' yn eu mysg.

Mae teitl y ffilm yn feiddgar ac yn ymfflamychol yr un pryd, ac yn creu tensiwn cyn i ni weld unrhyw ddelweddau. Ond – mi allasai fod yn waeth. Dychmygwch am eiliad be fyddai wedi digwydd i'r ffilm arbennig hon tase'r olygfa gyntaf a oedd yn y sgript wreiddiol wedi cael ei saethu. Delwedd gyntaf y ffilm, yn ôl y sgript, oedd *close-up* o ddyn yn wancio ei goc yn syth i'r camera. *Uh?* Ni fasai cynnwys golygfa fel hon wedi ychwanegu unrhyw beth at y campwaith hwn. Yn ei lle, diolch i'r drefn, newidiodd Fassbinder ei feddwl, a dewis cynnwys dyfyniad gan artist arall o'r Almaen, Yaak Karsunke: 'It is better to make new mistakes than to perpetuate the old ones to the point of unconsciousness'. Mae hon yn ddamcaniaeth sy'n fwy perthnasol i Fassbinder a'i yrfa fel cyfarwyddwr ffilmiau dros y dwsin o flynyddoedd oedd i ddod nag yw hi i unrhyw beth 'dan ni'n gweld y cymeriadau rydan ni ar fin eu cwrdd yn ei wneud na'i deimlo yn y ffilm.

Roedd darganfod y ffilm hon yn brofiad corfforol i mi, fel cwympo mewn cariad, a phrydferthwch y lluniau yn fy llorio'n llwyr. Ac yn debyg iawn i fod mewn cariad, mae'r berthynas rhyngof i a'r ffilm yn *all-consuming* a thamaid bach yn *warped*. Pan fydda i'n meddwl am gampweithiau fel y ffilm hon, mae lluniau, syniadau, atgofion, rwtsh neu sgraps od ac amherthnasol yn glanio yn fy nychymyg yn ddiwahoddiad, o Duw a ŵyr lle, ond ddim delweddau na syniadau o'r ffilm wreiddiol o gwbl. Er enghraifft, wrth sgwennu'r frawddeg hon a meddwl am y ffilm, yr hyn sy'n dod i flaen y meddwl yw'r *lyric* bythgofiadwy gan y grŵp Americanaidd, Palace Brothers: 'If I could fuck a mountain, I would fuck a mountain'. Peidiwch â holi am esboniad o hyn – does dim un ar gael.

Rainer Werner Fassbinder sy'n gyfrifol am *Katzelmacher*, a fo, yn fy marn i, yw cyfarwyddwr ffilm mwyaf diddorol yr oes fodern. Mae o hefyd yn esiampl hanfodol i unrhyw un sy'n ysu i greu sinema, ac sy'n ymddiddori yn y posibiliadau o greu ffilmiau annibynnol. Mae o hefyd yn ymgorffori'r syniad clasurol o'r *auteur* – yr awdur ffilm – syniad a damcaniaeth sy wedi bod yn rhan allweddol o hanes sinema Ewropeaidd o'r 1950au ymlaen – *director as superstar*!

Mae hanes ei fywyd yn anhygoel. Cafodd ei eni yn 1945 yn rwbel yr Almaen yn Bad Wörishofen, de'r Almaen, dair wythnos ar ôl i'r Americanwyr lanio yn ei bentref er mwyn dechrau ar y gwaith o ailfformatio'r wlad a'r *Volk*. Bu farw yn 1982, yn 37 mlwydd oed, heb weld y wal yn disgyn, na'r Almaen yn uno, ar ôl creu bron i hanner cant o ffilmiau mewn cyfnod o dair blynedd ar ddeg, cyfraniad sy'n gwbl unigryw yn hanes sinema fodern.

Trist yn wir yw meddwl ei fod yn iau na Martin Scorsese, Terrence Malick, Woody Allen, Jean-Jacques Annaud,

Ken Loach, Mike Leigh, Francis Ford Coppola a llu o gyfarwyddwyr eraill sy'n dal yn brysur heddiw. Mae meddwl am y dwsinau o ffilmiau eraill y gallai Fassbinder fod wedi eu cynhyrchu dros y tri degawd ers ei farwolaeth yn peri tristwch mawr i mi. Ond tra oedd ar y ddaear, llwyddodd i ddilyn gyrfa gwbl unigryw a disglair – yn feiddgar bob amser, a'i ffilmiau'n cyrraedd fel rat-tat-tat i daro'r gwyliwr ag ergyd galed i'r enaid, y galon a'r ymennydd.

Drwy ganolbwyntio ar un ffilm gan Fassbinder, a mynd ymlaen i sôn am hanes, gwaith a bywyd y cyfarwyddwr unigol hwn, mi ddaw cyfle i ni drafod yr holl syniad o'r *auteur*. Dyma'r awdur, y rebel hanesyddol, unigryw, sy'n medru bodoli a ffynnu oddi mewn i fyd sinema drwy ddilyn trywydd cwbl unigryw a phersonol yn ei ffilmiau, a thrwy wneud hyn, llwyddo, yn y pen draw, i greu cynulleidfa i'w waith dros y byd i gyd.

Katzelmacher yw'r ffilm berffaith ar gyfer rhywun fel fi – person sy ddim wir yn dallt barddoniaeth yn gyffredinol, ond yn medru teimlo'i heffaith. Mae pob golygfa yn y ffilm hon fel llinell o farddoniaeth, a'r ffilm yn ei chyfanrwydd yn un gerdd epig am bobl sydd heb obaith mul o fod yn rhydd. Trwy farddoniaeth sinematig Fassbinder, 'dan ni'n sylweddoli fod y gymdeithas fodern yn caethiwo'r unigolyn. Yn y ffilm, mae neges glir nad oes dim un ffordd i'r unigolyn fedru mwynhau 'amser rhydd', na manteisio ar y cyfle i greu cysylltiad ystyrlon a gwerthfawr ag unrhyw berson arall. Ar ben hynny, mae'r pwysau afresymol gan y gymdeithas allanol yn ei gwneud yn anochel mai trais fydd canlyniad byw gyda'r pwysau hyn ar ein cyrff sensitif bob tro.

Roedd Fassbinder ei hun yn honni bod y synopsis mae o'n ei gynnig yn darllen yn debycach i gerdd na rhyddiaith. Dyma'i ddisgrifiad o gynnwys *Katzelmacher*:

Mae Marie yn perthyn i Erich. Mae Paul yn cysgu gyda Helga.
Mae Peter yn gadael i Elizabeth edrych ar ei ôl.
Mae Rosie, am bres, yn 'i wneud o efo Franz.
Yn yr iard gefn, yn y dafarn, yn y fflatiau
Maen nhw i gyd yn cwrdd.
Yn unigol, mewn cyplau, fel grŵp,
I rannu barn, dechrau cweryla, diflasu, yfed, chwarae cardiau
A mynd ar nerfau ei gilydd.
Yna, mae Helga, sy'n perthyn i Paul,
Yn mynd gyda'i ffrind Erich,
tra bo Peter, sy'n diflasu ar fod dan y fawd efo Elizabeth,
Yn cam-drin Rosie, sy'n derbyn ei gwmpeini am bres.
Yn achlysurol, mae Paul gyda Klaus olygus,
A Gudrun yn cael ei herio gan y lleill am fethu denu
Unrhyw un.
Dyma'r byd fel y mae o, fel y dylai fod
I'r bobl sy'n byw yn y sefyllfa hon.
Nes i Jorgos, Groegwr o Wlad Groeg, dorri drwodd,
Cyrraedd heb ddim i'w ddeud heblaw 'dwi ddim yn dallt'.
No comprende! No understand!

Ymddangosiad Jorgos sy'n deffro'r dynion.
Senoffobia, amheuon rhywiol, ymddygiad ymosodol,
Tra bod ei wahanolrwydd yn denu Marie i'w freichiau.
Sarhad tuag at y dihiryn sy'n tyfu, a stid yn anochel,
Ffasgaeth yn dangos ei bod yn fyw ac yn iach
Yn haenen fwyaf *humdrum* y gymdeithas.
A chytgan yr un hen gân i'w chlywed unwaith eto:
'Mae'n rhaid i ni sortio'r pethau yma allan.'

Ar ôl y cweir, deuir i ddygymod â'r sefyllfa newydd,
Y drefn yn ein hannog i ecsploetio'r mewnfudwr.

Cymeriadau yn medru teimlo'n falch
Wrth fynnu rhent uchel am rywle i'r gweithwyr fyw,
A chyflog isel am eu cyfraniad at y gymdeithas.

Dyma enghraifft dda o ffilm heb blot, neu heb fawr o
blot yn sicr, jest digwyddiad mewn sefyllfa. Ond yn
nwylo athrylith fel Fassbinder cafodd y stori denau hon, a
ysgrifennodd fel drama fer ar gyfer llwyfan cwmni theatr
yn stafell gefn tafarn yn Munich yn wreiddiol, ei throi'n
ffilm ag apêl heb ffiniau – mae'n berthnasol i unrhyw
gymdeithas, unrhyw wlad ac unrhyw gynulleidfa. Jest
newidiwch ambell enw i Gareth ac Alwen, neu Ali a Deepa,
neu Charles a Piotr, ac mae pwynt ac effaith y ffilm yn
dal i fod yr un fath. Mwy o gerdd nag o naratif clasurol,
hwyrach.

Mae 'na broblem efo galw'r ffilm yn *motion picture*,
hefyd. Dwi erioed wedi gwylio ffilm mor statig yn fy
myw. O fewn y llun, mae symudiad y cymeriadau wedi
cael ei ymwrthod yn llwyr, bron. Mae'r symudiadau sy'n
weddill yn rhai go iawn, nid y rhai rwyt ti wedi arfer gweld
actorion yn eu gwneud ar y sgrin. Mae rhywun yn dewis
eistedd mewn sedd, a bron yn syth yn dewis symud i sedd
arall; yn cribo'i wallt yn hytrach na chynnal sgwrs; yn
dawnsio ar ei ben ei hun i record yn ei stafell; mae dyn yn
rhoi clatsh i'w gariad; mae merch yn derbyn cael ei bwrw
dros ei phen heb gwyno – dyma symudiadau sy'n llawn
rhwystredigaeth, rhyw fath o adlais o'r wanc goll yna oedd i
f(dd)od ar gychwyn y ffilm.

Mae stori'r ffilm, felly, yn un eithaf syml am *lowlifes*,
nobodies, yn ddameg am gymeriadau sy'n bodoli mewn byd
a chymdeithas gyfyng, gaeth. Yr hyn sy'n gwneud y ffilm
yn un ryfeddol yw fod hyn yn wir am gymeriad, ymateb,

ymddygiad a golwg y ffilm ei hun, hefyd. Mae popeth yn bitw, yn dlawd, yn statig – y ddeialog, y lleoliadau, steil y saethu, y goleuo – popeth. Mae anobaith y sefyllfa, a'r teimlad fod ceisio newid pethau yn dasg ry enfawr i'w chyflawni, yn cael ei adlewyrchu yn y modd mae Fassbinder yn saethu a chyflwyno'r ffilm i ni yn ei iaith sinematig ei hun.

Saethwyd *Katzelmacher* mewn naw diwrnod yn Awst 1969, ar stoc du a gwyn, efo cyllideb bitw o 80,000 o *Deutschmarks*, a chast o ffrindiau oedd yn gweithio gyda Fassbinder ym myd y theatr radicalaidd yn Munich ar ddiwedd y 1960au. Saethwyd y ffilm ar gamera 35mm anferth, a oedd yn rhy fawr a thrwm i'w symud – ffilmio ar y lefel fwyaf elfennol bosib. Tydi'r camera ddim yn symud yn ystod y ffilm chwaith, heblaw am saith siot unigol, union yr un fath, lle mae dau gymeriad yn cerdded tuag at y camera wrth i'r camera dracio am yn ôl, yn cadw'r un pellter o'r cymeriadau drwy'r amser. Trwy wneud hyn, mae'r siots yma'n ymddangos yn statig. (Dwi dal ddim yn siŵr a ydi'r camera'n symud yn y fan hon – ai'r ffocws sy'n ein twyllo?) Mae'r siots yma'n gweithio fel cytgan yn y ffilm. Mae 'na gerddoriaeth ar y trac sain yn y darnau yma, a rhyw chwinc breuddwydiol sy'n awgrymu ei bod yn bosib i'r cymeriadau feddwl am ddechrau cerdded i ffwrdd o'r byd yma, hwyrach. Ond mae'n bwysig peidio darllen gormod i mewn i'w hystyr, gan fod Fassbinder ei hun yn datgan yn bendant nad yw gobaith yn bodoli yn ei ffilmiau. Dim ond yn nychymyg y gwyliwr mae gobaith yn medru byw – dyma ble y dylai fod, nid ar y sgrin. Tydi'r camera ddim yn symud o gwbl mewn unrhyw siot arall yn y ffilm. Hefyd, mae pob siot yn olygfa gyfan ynddi'i hun. Mae pob golygfa yn yr un lleoliad, a does dim amrywiaeth o *medium* neu *long shots,* na *close-ups* na *reaction shots* chwaith. Does 'na ddim siawns i ni fedru camu i mewn i'r ffilm a dechrau teimlo'r byd yma mewn unrhyw ffordd synhwyrol, dri dimensiwn. Mae pob dim yn fflat, a'r golygfeydd i gyd yn cael eu saethu *head on*, neu efo'r cymeriadau ar ongl sgwâr i'w gilydd.

Mae trefn y stori i'w gweld yn fympwyol, hefyd. Mi fasai'n bosib ailstrwythuro'r golygfeydd unigol mewn sawl trefn wahanol. Mae'r llun yn ddu a gwyn a llwyd, yr hogiau mewn siwtiau du, a Marie yn edrych fel Marilyn Monroe mewn ffrog wen. O fewn y golygfeydd, mae'r *action* yn gyfyng iawn. Prin fod yr hyn sy'n digwydd yn y stori yn ddigon i dorri ar draws y llesgedd 'dan ni'n ei wylio o dan haul llachar yr haf. Un ystum, un syniad, un symudiad sy'n cael ei gynnig, a hynny fel arfer dim ond ar ddiwedd yr olygfa, er mwyn rhoi sioc bach i'r sgrin a'n hatgoffa ni ein bod yn dal yn effro. Mae'n bwysig cofio bod ffilmiau cynnar Fassbinder yn araf, yn araf iawn weithiau. Mae rhywbeth mathemategol, neu bensaernïol, am y golygfeydd yn y ffilm hon, sy'n fwy sinematig na llenyddol. Trefnir y cymeriadau i gyd yn eu tro mewn nifer gyfyng o sefyllfaoedd a lleoliadau, fel cyplau, unigolion, merched yn unig, yr hogiau gyda'i gilydd neu fel rhan o'r grŵp cyfan, yn hongian dros y rheiliau tu allan i'r fflatiau, yn y dafarn neu ym myd domestig y gegin neu'r stafell wely.

Prin yw'r ddeialog hefyd, sy'n unsillafog yn aml, yn llawn *clichés*, a'r mynegiant yn gyfyng iawn. Tydi'r cymeriadau ddim yn berchen ar eu llais personol, unigol eu hunain, ac mae'r gallu i resymegu pethau trwy siarad â'i gilydd ar goll, yn bendant. Mae popeth ieithyddol yn dirywio'n siarad rwtsh diystyr, bygythiol. Mae'r ddeialog yn ddiffrwyth, fel cynifer o bethau eraill yn eu bywydau. Mae bywyd rhywiol y cymeriadau yr un mor ddinerth, er bod 'na ddigon yn mynd ymlaen, digon o amrywiaeth a chyfle, ond mae'r profiadau i gyd yr un mor ddiystyr a siomedig â'r gyfathrach gymdeithasol. Mae hyn oll yn bwydo sefyllfa sy'n llawn tensiynau uchel, parhaus.

Dyma gynnwys hanner awr gyntaf y ffilm: *set pieces* yn cael eu hailadrodd – rheiliau, iard gefn, tafarn, stafell wely – a thrwy'r ddawns undonog hon rydan ni'n dysgu am eu bywydau. A'r hyn 'dan ni'n ei ddysgu yw nad oes dim byd o werth yn digwydd ym mywydau'r bobl yma. Maen nhw'n treulio'r diwrnod yn symud yn ddibwrpas o un lleoliad i'r llall, yn shifftio o gwmpas drwy'r amser heb ddim pwrpas, fel epa yn pigo chwain mewn haid yn y jyngl. Tydi'r dynion ddim yn gweithio, ac maen nhw'n treulio'u hamser yn breuddwydio am lwyddiant drwy ddyfeisio gwahanol sgêms. Mae agwedd y dynion at y merched yn gyntefig uffernol, a tydi'r merched ddim yn dangos unrhyw ymwybyddiaeth o ffeministiaeth a hawliau merched chwaith. Mae'r merched i'w gweld yn fodlon derbyn y drefn dreisiol hon heb gwyno. Ymateb cyntaf y dynion yn y ffilm yma yw bwrw'r ferch a deud wrthi am gau ei cheg. Mewn sgwrs rhwng Paul ac Erich am Helga, mae Paul yn cwyno ei bod yn parablu am briodi drwy'r amser, a'i ateb i'r broblem yw rhoi 'dyrnod iddi yn ei hwyneb – digon buan neith hi ddysgu cau ei thrap'. Yn nes ymlaen, clywn fod Helga yn feichiog, ac mae Paul ac Erich yn trafod beth i'w wneud unwaith eto (cofiwn fod y ddau yn ei rhannu hi'n rhywiol erbyn hyn), a'r tro hwn, mae Paul yn cynnig: 'Rho ddwrn yn ei stumog a lluchia hi i mewn i'r afon'.

Tydi pethau ddim llawer gwell rhwng y merched – maen nhw'n cystadlu â'i gilydd byth a beunydd, yn ceisio profi wrth y merched eraill pa mor hapus mae eu bywydau efo'r dynion, neu'n busnesu ac yn lladd ar y lleill. Y munud maen nhw'n dallt fod Rosie'n gofyn am bres am fod gyda'r dynion, maen nhw'n barod i ymosod arni – 'ddylai pobl fel hi ddim cael yr hawl i fyw gyda phobl fel ni'.

Mae'r sgyrsiau a'r tensiwn rhwng y bobl ddienaid yma ar y sgrin yn *depressing* ac yn anodd eu gwylio ar adegau, ond yn araf bach, ti'n dechrau gweld y patrwm yn glir. Mae'r holl rwystredigaethau yma'n dechrau troi'n rhyw ddigwyddiad pendant a symudiad, *action,* ymddygiad ymosodol yn cael ei eni, ac wrth gwrs, cyn pen dim, mae trais yn drech na rhesymeg. Yn amlwg, mae'r trais yma'n cael ei anelu at y bobl sy'r tu allan i'r drefn wrywaidd. Merched sy'n dioddef gyntaf, wedyn y sawl sy'n dewis byw y tu hwnt i reolau'r bywyd o ffugbarchusrwydd (Rosie), cyn cyrraedd canolbwynt y ffilm, wrth i'r sylw a'r casineb gyrraedd y gweithiwr tramor, yr 'arall', Jorgos.

Er bod y ffilm yn dewis stasis fel y norm, mae'n dal i symud yn ei blaen â momentwm unigryw sy'n dy hudo ac yn dy dynnu di i mewn yn llwyr. Mae rhai o'r golygfeydd yn fyr iawn, tra bo eraill yn para rhai munudau, a gydol yr amser, does neb yn sbio ar ei gilydd wrth iddyn nhw fynd trwy'r mosiwns o gyfathrebu. Mae'r holl dechnegau dieithriol mae Fassbinder yn eu defnyddio yn dangos i ni pa mor gynddeiriog yw pawb. Maen nhw'n ddig am fod bywyd wedi cynnig cyn lleied iddyn nhw. Mae eu gallu a'u hunanymwybyddiaeth yn bitw iawn, a phwysau'r systemau gwleidyddol a'r gorthrwm cymdeithasol mor gryf nes eu bod yn cael eu trawsnewid yn greaduriaid unig, plentynnaidd, treisgar a chul. Mae gorfod dilyn a gweithredu'r defodau confensiynol mae cymdeithas 'normal', barchus yn eu mynnu yn dinistrio'u heneidiau, ond mae'r cymeriadau'n gwrthod deffro, ac yn dewis parhau i chwarae'r gêm jest er mwyn peidio meddwl am y düwch, y gwagle sy'n ganolbwynt i fywydau pob un sy'n perthyn i'r ddynol ryw. (Er gwybodaeth, mae barn Fassbinder ar y pwynt yma'n syml ac yn brydferth – 'Y ffaith bwysicaf rwyt ti'n ei dysgu, yn ddyn neu'n blentyn, yw dy fod di am farw a dod i ben, ac mae hyn wedyn yn dy alluogi i brofi rhyddid anhygoel, sy'n golygu dy fod yn medru byw.')

Tydi gwylio ffilm gan Fassbinder byth yn cynnig rhyddhad na phrofiad cathartig, ond yn hytrach, mae'n brofiad llawn tensiwn myglyd a chlawstroffobig. Mae llawer o'i ffilmiau wedi eu saethu mewn dim ond llond dwrn o leoliadau. Tydan ni ddim yn trio dianc wrth wylio ffilmiau Fassbinder – yn hytrach na switsio i ffwrdd a dianc, 'dan ni'n switsio mlaen ac yn synhwyro.

Dyma sut mae Fassbinder yn gweld y byd. Mae'r gyfundrefn gyfalafol yn pydru o'r tu mewn allan, ac yn ein heintio ni i gyd. Dim ond tri opsiwn sydd – ufuddhau, marw neu fynd yn wallgof! Ac yn wir, dyna sy'n digwydd i gymeriadau Fassbinder mewn ffilm ar ôl ffilm. Yndi, mae ei ffilmiau'n *heavy going*, ond fel 'na mae pethau'n gorfod bod. Er bod y testunau'n trin y ffordd mae pobl yn cael eu hecsbloetio ar bob lefel, o'r personol i fyny, mae o, fel technegydd a chyfarwyddwr mentrus, yn defnyddio a chamddefnyddio technegau sefydledig ac arbrofol sinema i greu ffilmiau sy'n herio ac yn aros yn y cof. Doedd o ddim yn gweld unrhyw broblem efo defnyddio technegau a oedd yn mynd â'r ffilm yn bell oddi wrth unrhyw realaeth. Mae o'n gwybod bod pob gweithred greadigol yn artiffisial, ac nad ydi unrhyw awdur neu actor sy'n ceisio ail-greu realiti fel y mae o ddim ond yn llwyddo i wadu a dinistrio effaith ei bersonoliaeth ei hun ar y gwaith gorffenedig. Anodd fyddai dod ar draws artistiaid yn hanes sinema sy'n medru honni bod eu gwaith yn fwy personol na ffilmiau Rainer.

I Fassbinder, yr unig realiti sy'n werth poeni amdano yw'r realiti sy'n cael ei greu wrth i'r ffilm gyrraedd y gynulleidfa. Y ffordd rwyt ti'n cyflwyno'r ffilm i'r gynulleidfa, a'r technegau rwyt ti'n eu defnyddio i'r perwyl hwn, yw'r penderfyniadau sy o dan reolaeth y cyfarwyddwyr. Does 'na ddim dyletswydd i fod yn driw i realiti. Fel y dywedodd Fassbinder ei hun, 'os ydw i wedi cynhyrchu'r ffilmiau yn y modd cywir, mi fydd realiti newydd yn cael ei greu yn nychymyg y gynulleidfa, ac mi fydd y realiti newydd yna, gobeithio, yn ymgymryd â'r dasg o newid realiti yn y stryd y tu allan i'r sinema'.

Mae bron i ddeugain munud yn mynd heibio cyn i Jorgos ymddangos yn y ffilm. Wedi'i wisgo mewn siwt ddu, yn cario cês, mae o'n cyrraedd o ochr chwith y sgrin ac yn sefyll yng nghanol y llun â'i gefn at y gynulleidfa, yn wynebu'r lleill ar y rheiliau. Mae o i'w weld yn pwyso ymlaen, yn wahanol i'r lleill, sy wedi bod yn sefyll yn syth. O'r cychwyn cyntaf, rydan ni'n cael neges gan y cyfarwyddwr fod y person newydd yma'n wahanol, yn bihafio'n wahanol, yn anelu at y dyfodol heb fod yn styc. Mae Jorgos yn torri ar draws holl drefn y ffilm, a 'dan ni'n medru credu, am eiliad o leiaf, fod natur ailadroddus y delweddau a'r ymddygiad am newid. Mae o'n edrych i lygaid y cymeriadau eraill wrth geisio cyfathrebu efo nhw, ond does 'na ddim ffordd fedran nhw gyfathrebu ag o, ac mae Jorgos yn cael ei gyfarwyddo i adael yr iard, y sgrin, y siot trwy ddiflannu i'r dde. Mae ymddangosiad Jorgos yn creu rhwyg yn y ffilm, yn sicr, a phwy yw'r actor sy'n chware rhan y *Gastarbeiter*? Wel, Fassbinder ei hun, wrth gwrs! Cyn i mi sôn am yr hyn sy'n digwydd i'r cymeriad hwn a gweddill y grŵp yn y ffilm, dyma'r lle i olrhain rhywfaint o hanes a chefndir yr unigolyn unigryw hwn,

sy, fel Jorgos, yn ymddangos o nunlle ac yn creu rhwyg
a thrafferth a stŵr efo pob ffilm a digwyddiad y mae'n
gyfrifol am eu cynhyrchu o'r pwynt yma yn ei hanes
ymlaen.

Er y gallai stori *Katzelmacher* ddigwydd mewn unrhyw
gymdeithas, rydan ni'n gwybod mai mewn un wlad
arbennig mae hi wedi ei lleoli. Mae'n ffilm sy'n teimlo'n
real iawn er ei bod yn artiffisial o ran techneg ac arddull, ac
mae hyn yn bwysig iawn. Mae byd y ffilm a'r cymeriadau'n
teimlo fel sefyllfa ac unigolion sy wir yn bodoli yn yr
Almaen ar ddiwedd y 1960au i ni. O holl wledydd y byd,
yr Almaen yw'r wlad sy â'r mwyaf i'w golli os na fedrith
y gymdeithas roi taw ar y prosesau negyddol sy'n cael eu
dangos i ni yn *Katzelmacher*. Dyma sy'n mynd at wraidd apêl
a sefyllfa freintiedig Fassbinder fel artist yn hanes sinema
fodern, wrth iddo ddechrau creu mewn cyfnod hanesyddol
unigryw ac ymfflamychol tu hwnt. Mae'r ofnau sy'n tasgu
o'i ffilmiau yn ofnau sy'n wir, yn hollbwysig. Doedd Rainer
ddim yn *dilettante* nac yn *aesthete* chwaith. Peidiwch
byth ag anghofio mai Natsïaid oedd cenhedlaeth ei rieni.
Gwnaeth Fassbinder ddatganiad enwog yn y 1970au, pan
oedd terfysgwyr Baader-Meinhof yn hawlio'u lle fel bwgan
newydd mwyaf Gorllewin yr Almaen, ac yn codi ofn ar
draws y cyfandir: 'Ideolegydd ydw i. Dwi'n gweld y drwg
ym mhob man a dwi'n saethu ym mhob man – i'r dde, i'r
chwith, i fyny neu i lawr. Dwi'n saethu lle mae pethau'n
drewi. Dwi ddim yn ddyn sy'n lluchio bomiau, dwi'n ddyn
sy'n creu ffilmiau.'

Roedd o'n rhan o'r genhedlaeth gyntaf i gael ei geni ar
ôl diwedd yr Ail Ryfel Byd, ac roedd stori Fassbinder a stori'r
terfysgwyr yn anorfod yn rhannu'r un pwynt hanesyddol,
ond does dim amheuaeth mai artist yw Fassbinder, nid

terfysgwr. Roedd o'n perthyn i genhedlaeth oedd wedi ei weirio i fod yn agored – cenhedlaeth brin mewn hanes, oedd yn medru deud efo pob cyfiawnhad posib, 'Rydan ni am wneud popeth yn wahanol i'n rhieni.' Tydi camera Fassbinder byth yn tynnu 'nôl, nac yn celu nac yn cilio, yn lledaenu propaganda nac yn deud celwydd. Dyma sy'n gwneud i'w ffilmiau deimlo'n fyw ac yn *vital* – mae o'n gweld bod y gymdeithas gyfalafol o'i gwmpas yn breuddwydio unwaith eto. Roedd Almaenwyr yn dal i gerdded yn eu cwsg drwy eu bywydau, yn dal i ddilyn yr hen ffyrdd o feddwl, yn ysu am arweinydd cryf ac awdurdodol i reoli eu bywydau, ac yn ddall i'r byd newydd sy'n cael ei gynnig fel llwybr gwahanol iddynt allan o ddinistr y gorffennol. Damwain hanesyddol yw Fassbinder – artist pryfoclyd dros ben, a fyddai, mewn cyfnod neu gymdeithas wahanol, wedi cael ei rwystro neu ei feirniadu a'i gosbi (ei ladd?) am ei ffilmiau, ei ymddygiad a'i agwedd. Ond yn yr Almaen ar ôl yr Ail Ryfel Byd, roedd angen artistiaid fel Fassbinder ar y gyfundrefn, p'un ai oedd yn ei hoffi ai peidio. Doedd 'na ddim awch gan y rhai oedd mewn grym i ddangos eu bod am ddechrau sensro artistiaid fel Fassbinder, rhag ofn i bobl y tu allan i'r Almaen ddechrau meddwl bod y gyfundrefn yn bihafio fel y Sosialwyr Cenedlaethol 'nôl yn y 1930au cynnar, â'u hobsesiwn *quaint* â dinistrio a gwahardd *degenerate art*.

Mae pob un o'i ffilmiau'n feirniadol, yn gwrthwynebu agweddau cul a hiliol cenhedlaeth y Natsïaid, ac yn bleidiol i'r rhai sy'n dioddef, y rhai mwyaf tlawd ac anweladwy, gan gynnwys lleiafrifoedd o ran hil, rhywioldeb neu oed. Ar un lefel, doedd Fassbinder ddim yn ddyn oedd yn medru anghofio bod y gwersylloedd wedi cael eu creu gan Almaenwyr oedd yn dal i gerdded strydoedd ei wlad.

Ond peidiwch â meddwl am eiliad nad ydi o'n feirniadol o'r lleiafrifoedd, chwaith. Mi ypsetiodd bawb yn eu tro – merched gyda *Martha* (1973), lle mae masocistiaeth naturiol y prif gymeriad yn golygu ei bod yn hapus i gael ei gorthrymu gan ei gŵr ffiaidd, yn ysu amdano, hyd yn oed. Neu *The Bitter Tears of Petra Von Kant* (1972), lle mae'r berthynas lesbiaidd rhwng y cynllunydd ffasiwn a'r fodel ifanc yn *hysterical* dros ben – lot o grio a *diva strops* plentynnaidd – a heb wir ddyfnder emosiynol o gwbl. Neu *Fox* (1975), lle mae'r byd hoyw yn cael ei feirniadu am fod yr un mor ecsbloetiol â'r byd strêt. Tydi Fassbinder ddim yn gweld arwyr yn ei ddychymyg, dim ond pobl go iawn. *In yer face* yw'r term modern. Doedd ei fywyd personol byth allan o'r colofnau clecs tabloid, chwaith. Roedd yn ddyn agored hoyw oedd hefyd yn cael rhyw gyda merched. Bu'n briod ag Ingrid Caven ar ddechrau'r 1970au, a chafodd gyfres o berthnasau gyda dynion (mi laddodd dau o'r rhai pwysicaf eu hunain – Armin Meier ac El Hedi ben Salem).

Os wyt ti'n darllen y llyfrau sy wedi cael eu cyhoeddi ers ei farwolaeth, mae'n anodd credu weithiau nad oedd wedi cysgu efo pob un o'i actorion a'i gyd-weithwyr. Ddim yn ffôl am foi mor hyll (ei uchelgais, tua diwedd ei fywyd, oedd ymddangos ar flaen y cylchgrawn byd-enwog *Time*, yn edrych mor hyll â phosib). Ond yn ei fywyd artistig, does yna ddim byd sy'n *trashy*, neu'n anfoesol, neu'n anghyfrifol, na dim byd sy'n ddiangen chwaith. Roedd yn adnabyddus am saethu dim ond un neu ddau *take* o unrhyw olygfa drwy gydol ei yrfa broffesiynol. Roedd yn feistr ar y busnes cynhyrchu ffilmiau yma, ymhell o flaen unrhyw un arall. Yn debyg i arloeswyr dyddiau cynnar sinema, roedd yn dallt be oedd yn bosib ei wneud efo'r arf hwn – y camera! Yn eironig, fo oedd *poster-boy* y byd cyfalafol, yn medru cynhyrchu ffilmiau'n gynt, yn rhatach ac yn well na neb arall. 'Does gen i ddim diddordeb mewn perffeithrwydd,' meddai. Fo ydi'r unig artist yn hanes sinema i gael cynnig mwy o bres i beidio â gwneud ffilmiau nag i wneud ffilmiau. Mi drechodd y system. Jest economeg syml oedd o – oherwydd ei fod, fel cyfarwyddwr, yn cynhyrchu pedair neu bump ffilm y flwyddyn, roedd gwerth y ffilmiau'n isel am fod cynifer ohonynt yn bodoli, ac un newydd jest rownd y gornel drwy'r adeg. Doedd neb yn medru dal i fyny, neb yn medru gwneud pres mawr o ddosbarthu'r ffilmiau. Mae'n ymddangos i mi fod Fassbinder yn rhedeg rhyw fath o ras ddieflig i drio stopio'r byd rhag ei ecsbloetio fel unigolyn (yn wahanol i'r cymeriadau sy'n dioddef trwy'r amser yn ei ffilmiau). Un ffilm y flwyddyn ydi'r ffordd orau o wneud pres efo talent fel un Fassbinder, ond doedd 'na ddim sens iddo fo mewn bod fel hyn. Doedd o ddim yn gweld gwerth arwyddo cytundeb am ffortiwn i wneud un ffilm y flwyddyn – 'Be wna i efo'r un mis ar ddeg arall?'

Yr hyn sy'n bwysig am ei yrfa yw ei bod yn bosib clywed llais yr *auteur* mewn ffilm ar ôl ffilm, yn gwawdio'i gymdogion (a ninnau hefyd, wrth gwrs). ''Dach chi'n dal i fod yn Natsïaid!' Yn sicr, does neb yn hapus i dderbyn y fath feirniadaeth, ond i Fassbinder, doedd llwyddiant ei yrfa a'i fywyd byth yn mynd i gael eu barnu yn ôl llinyn mesur *popularity contest* y papurau newydd, nac edmygedd y dyn ar y stryd. 'Y ffilmiau sy'n bwysig – dwi ddim yn teimlo fy mod i wedi gwir brofi rhywbeth nes i mi ei brosesu'n rhywbeth sinematig.' Cyfaddefiad trist iddo fo ar lefel bersonol, ond un angenrheidiol ar gyfer creu'r ffilmiau 'dan ni'n medru eu profi ymhell ar ôl ei ymadawiad. 'Wnes i dyfu i fyny heb rieni – neb i ddeud mai dyma'r ffordd o wneud pethau, dyma sut rwyt ti i fod i fyw. Mewn gwirionedd, wnes i dyfu i fyny fel blodyn gwyllt.'

Cafodd Rainer ei eni ar 31 Mai 1945, reit ar ddiwedd yr Ail Ryfel Byd, yn fab i ddoctor a chyfieithydd yn Bad Wörishofen. Pan oedd yn chwe blwydd oed, gwahanodd ei rieni, a symudodd Rainer i fyw yn ninas Munich gyda'i fam, yn ardal boblog y tenementau ymysg yr hwrod, y pimps, y mewnfudwyr a thrigolion byd y farchnad ddu. Fel y rhan fwyaf o'r Almaen, roedd Munich yn deilchion, yn llanast llwyr. Roedd bwyd yn brin, a thrafnidiaeth a gweinyddiaeth ar chwâl. Dyma'r bobl a gafodd eu gorfodi i ailadeiladu gwlad a fu unwaith yn binacl moesol, yn gawr ar y cyfandir, yn rhagori ac yn arwain ym myd llenyddiaeth, celf, gwyddoniaeth, athroniaeth, crefydd a ffilm – gwlad a welodd farbariaeth lwyr y Natsïaid yn troi'r hanes cyfoethog yma'n lludw.

Doedd 'na ddim llawer o le yn y tŷ newydd, gan fod Nain a Taid, wncwls ac antis a lojars yn ei rannu gyda Rainer a'i fam. Dyma'r profiad a ffurfiodd bersonoliaeth yr artist. Roedd ei fam yn dioddef o TB, a threuliai'r hogyn ifanc oriau hir yn y sinema. Ffilmiau Americanaidd oedd y rhai a wyliai i gyd, bron. Ar ôl y rhyfel, dympiodd Hollywood werth ugain mlynedd o ffilmiau nad oedd neb wedi eu gweld (heblaw am Goebbels a Hitler) ar y farchnad. Aeth y stiwdios ati i ailadeiladu sinemâu a chreu system ddosbarthu er mwyn defnyddio sinema, a neges y ffilmiau yma o oes aur Hollywood, fel arf i goloneiddio isymwybod yr Almaenwyr. Roedd miliynau o Almaenwyr cyffredin yn heidio i wylio breuddwydion dinas yr angylion yn eu holl ogoniant cyn teithio adra i gysgu yn y *bombsites* a'r rwbel. Mae hyn yn esbonio pam fod y diwydiant sinematig cynhenid wedi diflannu nes i genhedlaeth Rainer ailgydio yn yr awenau ar ddiwedd y 1960au. Dyma'r mudiad a flodeuodd i mewn i *New German Cinema* a fu'n hudo'r byd yn y 1970au, a chyfarwyddwyr fel Werner Herzog, Wim Wenders, Volker Schlöndorff, Alexander Kluge, Margarethe von Trotta, Hans-Jürgen Syberberg a Jean-Marie Straub yn creu ffilmiau gwefreiddiol yn yr Almaen unwaith eto.

Roedd yn amhosib rheoli'r Rainer ifanc yn yr ysgol, a bu'n rhaid ffeindio lle iddo mewn ysgol Steiner. Penderfynodd fod yn gyfarwyddwr ffilm pan oedd yn 12 oed pan ddywedodd un athro wrth ei fam, 'Dwi ddim yn siŵr os ydi'r hogyn yn wallgof neu'n athrylith'. Gadawodd yr ysgol yn 16 oed heb unrhyw gymwysterau academaidd, ond â chefndir artistig yr *autodidact*, yn cynnwys diddordeb mewn barddoniaeth a llenyddiaeth glasurol (dylanwad ei dad) a sinema, wrth gwrs, ynghyd â greddf wrthsefydliadol a gawsai ei ffurfio gan ei gefndir yn tyfu i fyny mewn dinas a gwlad oedd ar eu pengliniau. Gwyddai Rainer o brofiad personol ei bod yn bosib prynu a gwerthu emosiynau, cyrff ac eneidiau.

Yn 1963, daeth oes Adenauer i ben, a Rainer yn cyrraedd 18 oed. Konrad Adenauer oedd Canghellor cyntaf Gorllewin yr Almaen. O dan ei arweinyddiaeth o, mi enillodd yr Almaen Gwpan y Byd, ailarfogi, ymuno â NATO, mabwysiadu democratiaeth a ffynnu yn economaidd. Digwyddodd hyn i gyd yn unol â dymuniadau'r Americanwyr (heblaw am y pêl-droed). Cafodd yr Almaen ei hailadeiladu fel gwlad ffederal, yn gryf yn erbyn y Gomiwnyddiaeth a ddaethai o Rwsia, ac yn wlad newydd oedd ar fin canfod grym economaidd drwy greu diwylliant cyfalafol a fyddai'n dibynnu ar dechnoleg ac ufudd-dod – cymdeithas a dderbyniodd brynu a gwerthu fel ffordd newydd o fyw a hynny'n ddigon bodlon. Yn

sgil oes Adenauer yn y 1960au, aeth gwleidyddiaeth yn
bellach i'r chwith, ac yn iau. Erbyn diwedd y degawd,
roedd rhyddid yn dechrau disodli natur geidwadol reddfol
y wlad, wrth i bornograffi, erthyliad ac ysgaru beidio â
bod yn anghyfreithlon. Ond hyd yn oed a gwleidyddion
fel Willy Brandt and Helmut Schmidt yn cynnig trywydd
mwy agored i'r Almaen, doedd hyn ddim yn ddigon i
reoli gofynion cenhedlaeth Fassbinder. Roedd bodolaeth
terfysgaeth yn y 1970au yn profi hyn. Roedd y genhedlaeth
hon yn gaeth i Iwtopia – dyma oedd y nam, y *fatal flaw*,
ond hyn a wnaeth waith artistig y genhedlaeth hon mor
gryf ac mor berthnasol i ni i gyd. Wedi'r cyfan, mae'n
bwysig fod artistiaid yn breuddwydio. Be arall ydan ni am
eu gweld yn ei wneud? Credai'r genhedlaeth hon fod hawl
ganddi i fynnu'r amhosib, ac mai hwn oedd yr unig ymateb
synhwyrol i gymunrodd eu rhieni. Ar lefel bersonol, mae
gennyf gysylltiad cryf â rhai o unigolion y genhedlaeth hon
trwy fy ngwaith gyda Faust, grŵp byd-enwog, chwedlonol
o ddechrau'r 1970au. Yn ogystal â chynhyrchu ffilm am y
grŵp – *Nobody Knows If It Ever Happened* (2006) – dwi wedi
byw yn eu byd nhw, a does gen i ddim amheuaeth fod y
genhedlaeth unigryw hon wedi mentro popeth, ac wedi
trysori rhyddid personol llawer mwy na fy nghenhedlaeth i
yma ym Mhrydain.

Ym myd sinema, dechreuodd y genhedlaeth hon droi yn
erbyn *Papa's Cinema*. Yng ngŵyl ffilmiau Oberhausen yn
1962, cyflwynwyd deiseb yn galw am greu diwylliant ffilm
Almaeneg, llawn bywyd a gwreiddioldeb – 'mae dyfodol
ffilmiau Almaeneg yn nwylo pobl sy'n siarad iaith newydd
sinematig. Gyda'n gilydd, 'dan ni'n fodlon mentro i'r eithaf.
Mae oes y ffilm gonfensiynol ar ben. Rydan ni'n credu yn
y ffilm newydd'. Deud mawr, didwyll gan y sawl oedd am

dorri cwys newydd, a'r cam cyntaf mewn proses a welodd ysgolion ffilm cenedlaethol yn cael eu sefydlu a'u hariannu gan y llywodraeth o fewn tair blynedd.

Yng nghanol hyn oll, doedd bywyd Rainer ddim i'w weld yn mynd i nunlle. Yn 1964, ymunodd ag un o ysgolion actio preifat Munich, a chwrdd â Hanna Schygulla, actores ifanc a fyddai'n perfformio yn ei ffilmiau dros y degawd nesaf. Hi yw'r actores unigryw honno sy'n chwarae rhan Marie yn *Katzelmacher*, a dwi'n siŵr fod Rainer, fel pawb arall a'i gwelodd, wedi dioddef crysh mawr arni. Er, yn driw i'w gymeriad pryfoclyd, pan ddaeth Hanna'n enwog drwy'r byd trwy ymddangos yn ei ffilmiau (yn fwy enwog na fo! Wps!), ysgrifennodd erthygl amdani hi â'r teitl: 'Tydi hi ddim yn seren, jest yn berson gwan fel ti a fi'.

Gwnaeth Rainer gais am le yn yr ysgolion ffilm newydd, a chael ei wrthod ddwywaith. Taro'n ôl ar ei ben ei hun oedd ei ymateb bron yn syth. Mae'n od meddwl i gyfarwyddwr ffilmiau Almaeneg mwyaf disglair ail hanner yr ugeinfed ganrif gael ei wrthod gan sefydliadau oedd yn bodoli er mwyn darganfod a helpu pobl fel fo. Mae stori Fassbinder, ar sawl lefel, yn wers syml mewn peidio byth â digalonni (nid bod 'na unrhyw ffordd y gallai Rainer fod wedi rheoli'r tân sinematig oedd yn llosgi yn ei gorff a'i ymennydd). Mae ei fywyd yn dangos i ni'n glir pa wersi sy'n bwysig, a dyma un o'r rhai pwysicaf, dalier sylw! Wnaiff neb dy helpu di. Paid ag ymddiried byth mewn unrhyw sefydliad na llywodraeth i gynnig cymorth a dealltwriaeth – wnaiff o byth ddigwydd. Wedi ei frifo i'r byw gan y gwrthodiadau yma, aeth ati i gynhyrchu dwy ffilm fer. Dyma ddyn heb ddim profiad o gynhyrchu sinema, ond llwyddodd i gynhyrchu dwy ffilm chwarter awr sy'n bryfoclyd ac yn llawn teimlad, syniadau a bywyd – *The*

City Tramp (1966) ac *A Little Chaos* (1967), ffilm sy'n gorffen
â'r tri *protagonist* ifanc, gwrthryfelgar, tlawd sydd newydd
ddechrau lladrata, yn rhannu'r ysbail yn eu llety. Pan fod
un cymeriad yn gofyn i un arall, sy'n cael ei chware gan
Fassbinder (sy'n edrych yn ifanc iawn, ac yn *pissed off* efo'r
byd), be mae o am ei wneud efo'r pres, ei ateb yn syml yw:
'Dwi am fynd i'r sinema.'

Arwydd o'r hyn oedd i ddod, yn sicr, a neges glir i bawb
allan yna nad oedd dim yn mynd i stopio'r bachgen ifanc
hwn. Ond unwaith eto, ni fu unrhyw ymateb i ymdrechion
Rainer – cafodd y ffilmiau eu hanwybyddu'n llwyr. Yn groes
i'r cymeriad roedd yn ei bortreadu, camodd Rainer i ffwrdd
o fyd sinema, a throi ei sylw at fyd y theatr danddaearol
fywiog oedd yn ffynnu yng nghlybiau a thafarndai
strydoedd cefn Munich, a dechrau gyrfa fel dramodydd,
actor a chyfarwyddwr theatr.

Digwyddodd hyn yng nghanol un o'r cyfnodau mwyaf
cythryblus i bobl ifanc ar draws Ewrop (gan gynnwys
Cymru). Cafodd Fassbinder ei arestio ym Mharis yn 1968 –
wrth gwrs, pwy na wnaeth?! Yn ystod y blynyddoedd yma
y trodd y genhedlaeth ifanc yng Ngorllewin yr Almaen
at brotestio sifil, a mabwysiadu agwedd wrthsefydliadol
a ddiffiniwyd gan y digwyddiadau ym Merlin yn 1967.
Cynhaliwyd protest anferth yn erbyn ymweliad y Shah o
Iran, a achosodd derfysg ar strydoedd y ddinas ranedig,
a'r heddlu'n saethu'n farw fyfyriwr ifanc o'r enw Benno
Ohnesorg. Ysgogodd hyn ymosodiadau gan y wasg adain
dde ar y protestwyr ifanc, a bu Rudi Dutschke, arweinydd
y myfyrwyr, bron â chael ei ladd gan asasin oedd yn ddyn
cyffredin, gwan, hawdd dylanwadu arno, a gafodd ei
gymell gan y papurau i wneud rhywbeth am y bobl yma
– 'Mae'n rhaid i ni sortio'r pethau yma allan'. Roedd 'na

wleidyddiaeth newydd yn yr awyr, ac roedd y digwyddiadau yma'n bwysig iawn i bawb yn y genhedlaeth ifanc hon.

Yn 1967, ac yntau'n 21 oed, mentrodd Rainer i'r llwyfan yn lle actor oedd wedi'i anafu, ac ymuno'n ddiseremoni â'r Action Theater, cwmni bach oedd yn cael ei redeg gan gwpl siambolig, Ursula Strätz a Horst Söhnlein. Roedd Hanna Schygulla gydag o, a chyn hir, byddai'n dod ar draws yr unigolion a fyddai'n ffurfio cnewyllyn ei yrfa sinematig dros y blynyddoedd nesaf; pobl fel Peer Raben, Irm Hermann, Ulli Lommel a Kurt Raab. Cydnabyddodd Fassbinder mai'r theatr a gynigiodd yr hyn y dylai ysgol ffilm fod wedi ei gynnig iddo, sef dealltwriaeth o sut i drin actorion a deud storïau.

Roedd yr Action Theater yn perfformio mewn gofod bach o flaen cynulleidfaoedd o ddim mwy na 50 o bobl mewn stafell lai nag 20 medr sgwâr. Fel pob cwmni theatr tebyg, roedden nhw'n ymateb i ddigwyddiadau'r dydd trwy lwyfannu cynyrchiadau herfeiddiol. Prif atyniad y lle oedd fod y bar yn y man perfformio, a'r cwsmeriaid / y gynulleidfa yn cael eu hannog i yfed a smocio heb boeni am gael eu beirniadu gan yr actorion na'r staff. Cyn pen dim, dechreuodd y stŵr roedd y cwmni a Rainer yn ei greu yn stafell gefn tafarn y Witwe Bolte ddenu sylw o fewn y sin fewnblyg hon yn Munich. Nododd un beirniad am berfformiad cynnar gan Rainer: 'yr unig beth sydd ganddo i'w fynegi ydi'r plorod ar ei wyneb'.

Mae 'na ddadl dros ddeud bod y mudiad terfysgol Almaenig oedd yn brawychu ac yn hawlio sylw'r byd yn y 1970au wedi cael ei eni yn stafell gefn y dafarn lle perfformiai cwmni Fassbinder a'r cwmni theatr. Un o gwsmeriaid mwyaf selog y theatr oedd Andreas Baader, a chafodd y stafell gefn ei defnyddio fel ffatri fomiau gan

Baader a Horst Söhnlein. Un noson, dinistriodd Horst y
theatr mewn ffit angerddol, feddw (yn ôl y sôn, am ei fod
yn genfigennus o'r sylw roedd Ursula'n ei dalu i Rainer).
Wedyn, gadawodd Söhnlein y theatr gyda Baader, Gudrun
Ensslin a Thorwald Proll, a theithio i Frankfurt i losgi'r
archfarchnadoedd newydd oedd yn dechrau agor ar draws
y wlad yn demlau i gyfalafiaeth. Hon oedd gweithred
gyntaf y Baader-Meinhof Gang. Cafodd yr hanes i gyd ei
bortreadu mewn ffilm gymharol ddiweddar – *The Baader-
Meinhof Complex* (2008) – a ffilm ddifyr iawn yw hi hefyd,
yn enwedig y wigs amheus o'r '70au – son am hŵt! Mae'n
cyfuno elfennau o *Carry on Terrorism* ag arddull saethu *verité*
mewn ffordd sy'n anodd ei chredu ar adegau, ond rhywsut,
rwyt ti'n gwybod ei bod yn dod yn agos at wirionedd y
cyfnod a'r bobl yma. (Oedd! Roedd terfysgwyr Almaenig
mor *hot* â hynny!) Yn nes at adra, bu sôn hefyd fod Baader
wedi cael lloches gan y grŵp Faust yn eu stiwdio / comiwn
yn Wümme tra oedd yn ffoadur. Fasai Fassbinder byth wedi
gwneud ffilm fel hon. Gwnaeth ffilm am derfysgaeth yn
1979 – *The Third Generation*. Y drydedd genhedlaeth yw'r
un sy'n gweithredu heb gofio pam maen nhw'n gwneud
y pethau yma, gan fod y delfrydwyr a'r realwyr wedi hen
ddiflannu. Ac ni phlesiodd y ffilm unrhyw un. Mi lwyddodd
i fynd dan groen pawb. Mae'r ffilm ei hun yn trio gwneud
i ti ei chasáu, gan fod y trac sain yn swnllyd trwy gydol
y ffilm, a dau neu dri signal yn creu cacoffoni uffernol
drwyddi draw. Mi oedd yn rhaid i Fassbinder ariannu'r
ffilm ei hun, a gweithio fel y dyn camera yn ogystal â
sgwennu a chyfarwyddo'r ffilm ddychanol hon am yr holl
sefyllfa druenus. Saethodd y ffilm ar yr union adeg pan
oedd o yn ei anterth yn broffesiynol, ac yn medru hawlio
unrhyw job cyfarwyddo yn Ewrop a gweddill y byd ffilm,

oherwydd bu ei ffilm flaenorol, *The Marriage of Maria Braun* (1978), â Hanna Schygulla yn ei rôl fwyaf adnabyddus, yn *mega hit*! O'r diwedd, roedd Rainer wedi cynhyrchu ffilm (rhif 30-rhywbeth), a lwyddodd i gyrraedd y gynulleidfa gyffredin yn yr Almaen yn ogystal â'r Americanwyr. Yn *The Third Generation*, tydi terfysgwyr Rainer ddim yn *hot*. Mae'n bortread anffafriol iawn o ddilynwyr y chwyldro. Mae syniad craidd y ffilm yn un syml – mae'n dangos i ni fod y terfysgwyr yn cael eu rheoli (heb yn wybod iddynt) gan ddynion busnes adain dde sy angen iddynt fodoli er mwyn iddyn nhw fedru gwerthu systemau diogelwch a *surveillance* proffidiol i'r llywodraeth. Hynny yw, mae terfysgaeth o les i fusnes. Unwaith eto, mae'r *élite* yn trin y byd fel plentyn i'w dwyllo a'i reibio er mwyn gwneud ceiniog. Mae'r dyn busnes yn dyfeisio cynllun lle mae'r terfysgwyr yn ei herwgipio, ond ar ddiwedd y ffilm, rydan ni'n synhwyro efallai nad ydi o mor glyfar ag mae o'n ei feddwl, a bod dewis bod yn farchog ar y teigr cyfalafol a delio efo idiots ideolegol yn ormod i un dyn, ac mai dinistr fydd diwedd y gân i'w gynllun busnes.

Pan gafodd y ffilm ei dangos am y tro cyntaf yn 1979, torrodd criw o thygs yn gwisgo balaclafas i mewn i'r stafell daflunio, ymosod ar y tafluniwr a dinistrio'r ffilm a'r peiriant. Hyd heddiw, does neb yn siŵr ai neo-Natsïaid adain dde oedden nhw, ynte sosialwyr eithafol adain chwith! Dyna sut mae pethau efo artist fel Fassbinder. A chredwch chi fyth, ond roedd ymateb y cyfryngau yn yr Almaen i'r digwyddiad treisgar hwn yn taflu'r bai ar Rainer – 'Be mae o'n ei ddisgwyl ar ôl gwneud y fath ffilm?' Anhygoel, 'de? Pobl gyfrifol yn y cyfryngau'n gwrthod amddiffyn yr artist, yn gwrthod y cyfle i ddeud wrth bawb yn y gymdeithas, 'Tyfwch i fyny! Calliwch! Ti ddim yn cael dinistrio celf! Nac ymosod yn dreisgar ar artistiaid a'u gwaith!'

Nod Fassbinder bob tro oedd denu cynulleidfa a bod yn llwyddiannus. Doedd o ddim am yrru pobl allan o'r sinema. Roedd o jest yn berson oedd yn gaeth i'w reddf ac yn ddyn heb ofn, felly roedd yn fodlon mentro, dro ar ôl tro, gan wybod bod derbyn methiant ffilm yn rhan o'r daith honno at lwyddiant – gwers arall sy'n werth ei dysgu. Mae ffilmiau Fassbinder yn deud fod pethau'n annelwig. Does 'na fawr ddim pwynt diffinio pethau rhwng y dde a'r chwith pan wyt ti'n trio sôn am un peth yn unig, sef y ffordd 'dan ni'n byhafio, a'r hyn 'dan ni'n ei wneud, yn ei deimlo ac yn ei feddwl. Dim pregethu na propagandeiddio chwaith.

Yn ôl at yr Action Theater – ar ôl i'r theatr gael ei dinistrio, ailgydiwyd mewn pethau, a symud mlaen at y cynhyrchiad nesaf. *Katzelmacher* oedd y ddrama nesaf ar y rhestr – fersiwn wahanol i'r ffilm oedd i ddod, ac ugain munud o hyd yn unig oedd y stori ar lwyfan. Hon oedd y ddrama gyntaf gan Rainer i gael ei pherfformio. Cynhaliwyd y perfformiad cyntaf yn Ebrill 1968 ar lwyfan wag, â dyfyniad gan Hegel wedi'i beintio ar y wal y tu ôl i'r actorion: 'Rhyddid yw'r realiti mae ein hymwybyddiaeth yn fodlon gadael i ni ei dderbyn'. Ar flaen rhaglen swyddogol y cynhyrchiad, gosododd Rainer y geiriau yma: 'Does 'na ddim hawliau ynghlwm wrth y ddrama hon. Mae hi ar gael, yn rhad ac am ddim, i bawb'.

Ond cyn hir, caeodd yr heddlu yr Action Theater am byth (gormod o wleidyddiaeth, dim digon o gelf). Gwelodd Rainer ei gyfle, a chreu ei gwmni theatr ei hun, yr Anti-Theater. Mewn dim o dro, roedd y cwmni newydd hwn yn ennill parch am ei waith theatrig trwy weithgarwch, personoliaeth, cymeriad ac egni creadigol anhygoel Rainer.

Doedd 'na ddim ymwybyddiaeth fawr fod pethau'n newid, ond heb yn wybod i'r *troupe*, bron, roedd y cwmni theatr, dan ddylanwad Rainer, yn troi'n gwmni cynhyrchu ffilmiau.

Ffilm gyntaf y cwmni oedd *Love is Colder Than Death* (1969), a ariannwyd gan rai o ffrindiau dirgel Rainer, ac a saethwyd yn Ionawr 1969. Roedd yn gyfnod saethu estynedig i Rainer – roedd angen 24 diwrnod oherwydd rhwystredigaethau technegol a phroblemau efo trefnu'r amserlen. Dwi'n sicr fod y profiad yma wedi cyfrannu at *mania* a chred *now or never* Rainer wrth weithio ar frys wrth gynhyrchu ffilmiau. Mae'r ffilm gyntaf yn rhoi darlun clir i ti o'r hyn sy'n bosib, ac nad yw'n bosib, a rhaid derbyn bod aros o gwmpas yn rhan annatod o fyd creu ffilmiau. Ond, o'r cychwyn cyntaf, nid fel 'na fu efo Rainer. Dros y 24 mis nesaf, bu Rainer yn sgwennu, cyfarwyddo, cynhyrchu, ac actio mewn dwsin o ffilmiau sy'n ffilmiau'r *auteur*, Rainer Werner Fassbinder. Fel y dywedodd o, 'Yn 24 oed, pam na ddylet ti weithio'n galed? Mae pawb arall yn gorfod gweithio'n galed, bob dydd.'

Cafodd *Love is Colder Than Death première* swyddogol o bwys yng Ngŵyl Ffilm Berlin yn 1969. Roedd pawb isio gweld be oedd yr actorion swnllyd yma o'r theatr am ei gynnig. Mewn rhaglen ddogfen a saethwyd gan gwmni teledu WDR ar ddiwedd y 1960au – *The End of the Commune* – dilynwyd yr actorion a Rainer wrth iddyn nhw fynd i'r dangosiad cyhoeddus yma, a gwelwn nhw'n teithio draw i'r ŵyl mewn *sports cars* cwbl anymarferol. Doedd dim lle yng nghist y car i ddim byd, a phrin fod Rainer ei hun yn medru ffitio i'r sedd ffrynt (nac i mewn i'w ddillad tyn – dyn oedd yn amlwg yn gaeth i'w wahanol chwantau!). Rydan ni'n gweld Rainer a'i ffrindiau yn lobi'r sinema fwyaf yn Berlin,

ar goll, yn sylweddoli fod 'na 'fwy o *stills* o'r ffilm i fyny
ar y waliau nag sy o olygfeydd yn y ffilm 'dan ni newydd
ei saethu'. Ar ôl y dangosiad, dechreuodd y gynulleidfa
enfawr fwio ag un llais, a daeth Rainer i'r llwyfan. Cododd
ei ddyrnau i'r awyr fel paffiwr yn derbyn clod am stido
dyn yn ddim. Ymateb y gynulleidfa, wrth reswm, oedd
bwio'n uwch, yn amlwg yn casáu Rainer bron gymaint ag
roedden nhw'n casáu'r ffilm roedden nhw newydd orfod
ei gwylio. Mae hi'n ffilm berffaith – *horrible*, hyd yn oed.
Ond yng nghanol yr holl oerni sy'n rhewi'r cymeriadau, eu
hemosiynau ac isfyd afreal, araf y ffilm, roedd Hanna yno,
yn creu ei phersona arbennig am y tro cyntaf, a Rainer yn
ymddangos fel fo'i hun, fwy neu lai – tincer blin, *chain-
smoker*, yn fudr, yn pwdu ac yn effro. Mae'n ffilm sy mor
bur, afresymegol a prydferth, a chanddi ei bywyd ei hun.
Yn syth ar ôl ffiasgo'r ffilm gyntaf hon, penderfynodd
Fassbinder ddechrau gweithio go iawn i greu ym myd
sinema. *Katzelmacher* oedd y ffilm nesaf. Saethodd hi brin
bedwar mis ar ôl ffars Gŵyl Ffilm Berlin, a chyn diwedd y
flwyddyn honno, roedd *Katzelmacher* allan yn y sinemâu
ac yn ennill clod, parch a gwobrau. Dyna ddechrau gyrfa a
fyddai'n mynd o un eithaf i'r llall heb stop tan ei farwolaeth
yn 1982.

Yn ôl at stori *Katzelmacher*, felly – 'dach chi'n cofio bod y
Groegwr, Jorgos, newydd lanio yn y tenement a'r ffilm. Mae
Elizabeth yn rhoi stafell ar rent iddo. Tra bo'n aros i'w stafell
gael ei phaentio, mae Elizabeth yn gorfodi Peter i rannu ei
stafell efo'r dyn diarth. Un noson, mae Peter yn gweld Jorgos
yn noeth, ac yn deud wrth yr hogiau ei fod yn well na nhw
– lle mae'n cyfri! Mae hyn yn achosi i'r hogiau deimlo'n
annigonol ac yn gandryll efo'r sefyllfa; ac mae'r newyddion
yn ennyn diddordeb y merched hefyd, yn enwedig Marie.

Un diwrnod, mae Gudrun yn dod ar draws Jorgos ac yn
ceisio sgwrsio ag o. Mae hi'n sôn am gariad a rhyw – mae'n
amlwg yn ceisio darganfod a oes cariad gan Jorgos. Prin fod
Jorgos yn dallt ei chwestiynau, ond yn sydyn mae o'n dallt
be sy ganddi, ac fel jôc mae o'n mynd yn syth at wraidd
yr holl holi – *fucky fuck*? Na, yn drist iawn, does gan Jorgos
ddim cymar. Maen nhw'n gwahanu'n ddi-ffŷs. Mae Gudrun
yn rhedeg yn syth 'nôl at y grŵp ac yn honni bod Jorgos
wedi gweiddi yn ei hwyneb *'fucky fuck'*, ac wedi'i lluchio
hi ar lawr, a dim ond trwy lwc roedd hi wedi medru dianc
o'i afael. O fewn dim, mae'r stori'n dechrau tyfu, a'r gair
yn mynd ar led fod Jorgos wedi treisio Gudrun ym marc
chwarae'r plant (*nice touch*, Rainer!).

Tydi Elizabeth, meistres y llety, ddim yn dianc rhag
y gwenwyn chwaith. Mae storïau'n dechrau lledu am ei
hymddygiad yn y tŷ gyda Jorgos. Mae'n debyg ei bod hi'n
dadwisgo ac yn arddangos ei hun bob nos, ac yn galw Jorgos
i'w stafell wely hi cyn gadael iddo fynd 'nôl i'w stafell ei
hun oriau'n ddiweddarach, wedi blino'n lân. Mae'r grŵp
yn bwydo ar y celwydd yma. Mae Jorgos yn cael ei weld fel
sex maniac yn gyntaf, ac wedyn fel *pinko* peryglus. Mae'n
debyg fod pawb o Wlad Groeg yn Gomiwnydd rhonc. Yr
hoelen olaf yn yr arch yw'r ffaith fod Marie yn dechrau
closio at Jorgos. Yn wahanol i'r lleill, dydi Marie ddim yn
gweld Jorgos fel cartŵn, ond yn hytrach, mae hi'n clywed
barddoniaeth wrth wrando ar ei fratiaith, ac yn wahanol i
weddill y criw, mae Jorgos yn edrych i fyw ei llygaid wrth
siarad – mae hyn yn bwysig i Marie.

Tydi *Katzelmacher* ddim yn ffilm am *Gastarbeiter* yn
benodol, er bod dros dair miliwn ohonynt yn byw yn
yr Almaen adeg saethu'r ffilm (tua phump y cant o'r
boblogaeth). Ac er mai ffilm Fassbinder oedd y gyntaf i fynd

i'r afael â sefyllfa'r lleiafrif economaidd yma a oedd, wrth gwrs, yn destun trafod i bob Almaenwr, y gwir syml yw mai ffilm am rywbeth llawer mwy na hyn yw *Katzelmacher*. Mae'r giang yn troi'r *Gastarbeiter* yn fwystfil er mwyn iddynt gyduno â'i gilydd am unwaith. Tydi'r trais sy'n cael ei anelu at Jorgos yn ddim i'w wneud efo'i bersonoliaeth nac unrhyw beth mae o wedi'i wneud. Mae'r grŵp yn medru esgus eu bod yn perthyn i'w gilydd trwy uno yn erbyn Jorgos. Does 'na ddim bai ar Jorgos o gwbl. Dim ond catalydd ydi o – y ffocws sy'n peri i'r holl deimladau o rwystredigaeth sydd wedi tyfu tu mewn i'r cymeriadau eraill gael eu rhyddhau. Mae o'n cael ei gosbi am y problemau oedd yn bodoli ymhell cyn iddo fo lanio yn yr Almaen.

Mae'r trais yn digwydd ar ddiwrnod braf, a'r haul yn llachar, yn union fel pob diwrnod arall yn y ffilm. Mae Erich yn galw Jorgos yn ddiawl bach Comiwnyddol, ac mae'r giang yn ymosod arno, ei guro a'i adael yn anymwybodol ar y llawr. Dim ond Marie sy'n aros yn ffyddlon. Mae pawb yn gobeithio y bydd Jorgos yn penderfynu gadael, ond ddim dyna sy'n digwydd. Mae'r ymosodiad wedi lleihau rhywfaint ar y tensiwn yn gyffredinol, ac mae'r grŵp yn dechrau gweld fod 'na werth mewn cael gweithwyr o dramor yn gwneud y swyddi cachu ac yn byw yno – fel hyn mae'r pres yn aros yn y wlad. Cyhyd â bod y grŵp yn medru ecsploetio a theimlo'n uwchraddol i Jorgos, gall pethau symud yn eu blaen.

Yn sicr, mae cymeriadau'r ffilm yn bobl ffiaidd sy'n byw bywyd annymunol iawn. Ond mae Fassbinder yn defnyddio'i dalent naturiol i'w gwneud yn glir mai'r drefn sydd ar fai am y sefyllfa. Mae'r cymeriadau'n cael eu plygu bob siâp gan ewyllys gadarn y byd, yn celu ac yn ofni barn a golwg feirniadol y gymdeithas ffugbarchus o'u cwmpas – ac mae holl reolau a rhagfarnau'r mwyafrif mud yn eu llethu a'u dinistrio.

Gan fod Fassbinder mor onest (mae'n anodd meddwl am artist mwy gonest sydd wedi gweithio ym myd sinema), tydi o byth yn ei roi ei hun ar wahân i'r bobl yma. Mae o hefyd, yn amlwg, yn dioddef o dan yr union bwysau ar ei system nerfol â'r cymeriadau yn ei ffilm. Oherwydd ei fod yn dallt ac yn derbyn hyn, tydi o byth yn nawddoglyd tuag at ei gymeriadau. Mae'n cyfaddef efo pob ffilm mae o'n ei chynhyrchu ei fod o ei hun hefyd yn methu (er ei fod yn trio) codi ei hun uwchben y cawlach yma. Ond, fel artist, mae o'n medru dangos i ni mewn ffordd glir fod y sefyllfa hon yn bodoli, ac mae hyn yn fan cychwyn.

Mae'r llif o ffilmiau a greodd i gyd yn dangos yn eglur sut mae pŵer o fewn unrhyw berthynas (lle mae'n anorfod fod un ochr o'r berthynas yn gryfach na'r llall) yn creu tensiwn a gorthrwm. Mewn ffilm iasoer uffernol a saethwyd gan Rainer yn 1977, yng nghanol panig cyhoeddus am derfysgaeth, a pharanoia rhemp yn dechrau rheoli Fassbinder ei hun (a'r wlad gyfan), mae problemau i'w gweld yn gwbl glir. Ffilm anhygoel yw *Germany in Autumn*. Dim ond hanner awr o hyd yw hi, wedi'i lleoli yn gyfan gwbl yn fflat tywyll y cyfarwyddwr yn Munich. Yn y ffilm, mae Rainer yn actio rhan 'Fassbinder', mae ei gariad Armin Meier yn actio rhan 'Armin' ac mae ei fam yn actio rhan y fam, 'Lisolette'. Mae Fassbinder yn dangos ei gymeriad ar y foment dyngedfennol hon yn hanes ei famwlad mewn arddull fforensig. Mae o'n ddiawl annioddefol, yn fwli rhonc sy'n pigo ar ei gariad a'i fam yn gyson ac yn ddidrugaredd. Mae'n cyfathrebu trwy rantio fel plentyn ysgol feithrin. Mae o'n dreisgar yn ei berthynas efo Armin, ac yn mynnu ypsetio'i fam wrth y bwrdd bwyd. Hefyd, mae'n cael ei weld yn crio fel baban bach, yn noethlymun, yn gafael yn dynn yn ei geilliau, yn unig, ar ei ben ei hun, yn crwydro o stafell i stafell. Un munud mae'n lluchio'i gocên i lawr y tŷ bach am ei fod yn clywed seiren heddlu'r tu allan i'r fflat, a'r munud nesaf mae'n gyrru pawb allan o'r fflat ac yn crio wedyn am ei fod ar ei ben ei hun. Mae'n ddyn cwbl afreolus, paranoid, *fucked-up*, *unlovable*. Mae Ffasgaeth yn fyw ac yn iach yn ei fflat, yn nythu yng nghanol pob perthynas bwysig yn ei fywyd personol ac yn stelcian ar hyd stafelloedd ei fflat hyll, anghynnes. Os mai dyma sut mae pethau i artist mwyaf gonest ei genhedlaeth, mae gwylio'r ymddygiad hwn yn ddigon i dorri dy galon. Roedd ei benderfyniad i wneud y ffilm hon yn syfrdanol, yn wirioneddol unigryw yn hanes sinema. Tra bo'r gymdeithas wâr yn dechrau disgyn yn ddarnau tu hwnt i ddrws ei fflat hunllefus (dychmygwch y darlun *Porte Fenêtre à Collioure, 1914* gan Matisse), mae'r artist yn penderfynu troi'r camera o gyfeiriad y strydoedd, oddi wrth bawb arall, a'i bwyntio'n syth at ei wyneb ei hun. Pa artist arall erioed sy wedi ceisio dangos ochr mor ffiaidd i'w bersonoliaeth? Gan fod hyn yn bodoli, roedd Fassbinder yn gorfod ei ddangos. Tydi o ddim yn medru celu dim – mae'n amhosib iddo beidio troi'r camera yna ymlaen, waeth pa mor anodd yw hi weithiau i ni fel gwylwyr eistedd o flaen y delweddau yma.

Plentyn oes y Natsïaid oedd Rainer, ac roedd yn gwybod yn iawn be oedd angen iddo'i wneud a'i ddeud a'i ddangos. Yn wleidyddol, doedd o ddim yn ffitio o fewn unrhyw batrwm adain dde neu chwith, ond yn hytrach, roedd yn rhannu elfennau o anarchiaeth Mikhail Bakunin, sylfaenydd anarchiaeth gymundodaidd, oedd yn gweld y byd fel rhywbeth i'w rannu rhwng y bobl i gyd yn hytrach na'i fod yn bodoli at ddefnydd yr *élite* yn unig. Mae anarchwyr isio i ni gwestiynu pam mae'r gymdeithas yn cynnig y swyddi gorau i filiwnêrs dro ar ôl tro. Pam mae'r system yn gwobrwyo'r bobl gyfoethog, y bwlis, y rhyfelgwn o un genhedlaeth i'r nesaf? I Fassbinder, tydi Ffasgaeth ddim yn cael ei threchu ar ddiwedd yr Ail Ryfel Byd: dim ond Hitler sy'n cael ei drechu. Tydi gynnau a thanciau ddim yn medru dinistrio Ffasgaeth. Mae Ffasgaeth yn dal i fod, mae'n fyw o hyd ac yn ffynnu yn y cartref, yn y gweithle – ym mhob man lle mae strwythur hierarchaidd yn bodoli, a dyma oedd yn gwneud Fassbinder mor flin. Roedd gweld pobl o'i gwmpas oedd yn fodlon derbyn y sefyllfa heb gwyno a heb geisio newid pethau yn tanio pob ffilm a phrosiect. Doedd hi ddim yn normal nac yn naturiol i bobl dderbyn y sefyllfa fel yr oedd. Tydi ecsbloetio pobl ddim o fudd i neb yn y pen draw. Mae derbyn a chredu bod systemau fel hyn o fudd i'r gymdeithas gyfan jest yn galluogi i Ffasgaeth fodoli yn ein bywydau bob dydd. Dyma thema fawr Fassbinder – y pethau anfaddeuol yna 'dan ni'n eu gwneud i'n cyd-ddyn ddydd ar ôl dydd, a'r ffordd rydan ni'n ecsbloetio teimladau pobl eraill heb feddwl ddwywaith am yr hyn 'dan ni'n ei wneud i'n gilydd.

I mi, mae Fassbinder yn gawr ym myd sinema. Tydi hi ddim yn hawdd cynhesu at y dyn na'i waith, ond yn sicr, bydd unrhyw un sy'n ysu i greu sinema'n cael ei ysbrydoli wrth wylio'i waith. Cafodd o a chawr arall o fyd sinema ail hanner yr ugeinfed ganrif, Jean-Luc Godard, eu beirniadu am yr un pethau – gweithio'n rhy gyflym, bod yn esgeulus, byth yn berffaith, gormod o syniadau'n mynd drwy bennau'r ddau drwy'r amser, a'u hagwedd tuag at y broses o greu yn rhy arw i greu campweithiau sinematig 'go iawn'. Mae unrhyw un sy'n honni hyn yn dwpsyn llwyr. Jest sbïwch ar unrhyw un o ffilmiau'r ddau yma ac ymfalchïwch yn yr holl brydferthwch sydd ar y sgrin. Rhowch unrhyw ddelwedd o unrhyw un o'u ffilmiau ochr yn ochr ag unrhyw ffilm gan y technegwyr perffaith, dienaid hynny sy'n cael clod jest am fod yn rhy ofnus i wneud camgymeriadau (h.y. hanner Hollywood erbyn heddiw, efo'i ffilmgomics swnllyd a phlentynnaidd), a phenderfynwch chi pa un sy'n creu celfyddyd werthfawr a pherthnasol i ni fel pobl.

Y prydferthwch hwn sydd i'w weld yn glir yn *Katzelmacher*. Bob tro dwi'n ei gwylio, dwi'n medru yfed y lluniau du a gwyn yn syth i mewn i fy enaid. Mae 'na sawl moment anhygoel yn y ffilm hon – pan ddaw'r olygfa lle mae Hanna Schygulla a Margarethe von Trotta yn cerdded tuag at y camera law yn llaw, mae'r wefr erotig yn ddigon i wneud i mi stopio anadlu, wrth i'r haul sgleinio dros eu cluniau gwyn yn union fel breuddwyd. Mae gwybod bod y ddwy yma'n *unknowns* pan saethwyd y ffilm, ac o fewn prin ddegawd bod Hanna wedi dod yn un o sêr mwyaf sinema, a Margarethe wedi dechrau creu ei sinema anhygoel ei hun, a chyfarwyddo ffilmiau fel *The Lost Honour of Katharina Blum* (1975), *Sheer Madness* (1982) a *Two German Sisters* (1979), yn dangos ochr arall Fassbinder i chi – ochr gwbl bositif, sef y gallu i ysbrydoli'r bobl o'i gwmpas.

Hefyd, credwch neu beidio, mae Fassbinder yn medru bod yn gomedïwr. Mi wnaeth un ffilm gomedi, *Satan's Brew* (1976). Wel, dwi'n deud comedi, ond dwi ddim wir yn siŵr sut i ddechrau disgrifio'r ffilm hon, er fy mod yn meddwl ei bod yn *hilarious*. Yn bendant, nid hon ydi'r ffilm gyntaf y dylech chi ei gwylio os ydach chi am wybod am etifeddiaeth sinematig Fassbinder. Well i chi ddechrau efo rhywbeth fel *Ali: Fear Eats the Soul*, *Petra von Kant*, *Maria Braun*, *Effi Briest* neu *The Merchant of Four Seasons* cyn gwylio *Satan's Brew*, ffilm od iawn a saethwyd mewn cyfnod ym mywyd Fassbinder pan oedd rhai pobl yn credu ei fod wedi mynd o'i gof – tua 1976–77. Dwi wedi'ch rhybuddio chi! Ond dwi'n llawn edmygedd o'r ffilm *sick* hon. Mae'n bortread o artist sy'n colli gafael ar realiti, rhyw fath o hunanbortread o'r twrw sydd i'w glywed ym mhen Rainer pan mae pethau ar eu gwaethaf, a'r düwch yn cau i mewn amdano. Anghofiwch *Johnny come latelies* fel Charlie Kaufman a Spike Jonze – mae'r ffilm yma'n *meta-head-fuck* go iawn.

Er hynny, mi lwyddodd Fassbinder i ffeindio lle i rywfaint o hiwmor o fewn byd *Katzelmacher*, pan mae Peter, y cymeriad *hen-pecked*, di-wên yn cymryd trip – yr unig achlysur pan mae'r ffilm yn gadael y tenementau. Daw'r olygfa ar ddiwedd y ffilm, a Peter ar ei ben ei hun mewn caffi. Mae merch ddel yn dod i eistedd gydag o ac yn deud ei bod yn gweld dynion moel yn rhywiol iawn. *Know what I mean, nudge nudge, wink wink?* Mae'r actor sy'n chwarae rhan Peter yn foel, wrth gwrs, ac mae 'na le i ddeud bod hon yn jôc breifat yn ogystal â bod yn jôc yn y ffilm. Mae ochr greulon iawn yn bodoli o fewn byd Fassbinder a'i actorion. Mae 'na sôn fod Rainer, yn y blynyddoedd cynnar, yn pimpio rhai o'r actoresau o gwmpas y parciau lorris yn Munich i gael pres! Ond mae ei storïau a'r actorion sy'n gweithio gydag o'n gwneud i ti feddwl am bethau mewn ffordd wahanol i wylio ffilmiau pobl eraill. Yn sicr, mae Hanna'n seren yn ei ffilmiau, ond mae'r lleill yn aml iawn yn portreadu pobl hyll a ffrîci. Mae Irm Hermann a Kurt Raab yn actorion anhygoel o fyd Fassbinder, sy'n creu cymeriadau bythgofiadwy, ond fedra i ddim dychmygu neb heblaw Rainer yn cynnig prif rannau i'r bobl fregus yma. Maen nhw'n fwy na *hired professionals* – weithiau, bydden nhw'n gadael gwely Fassbinder a mynd yn syth i'r set, fel un cam yn y broses o ddilyn ei gyfarwyddiadau yn y ddau fan. Hefyd, mae'r criw hwn o actorion yn gwneud i ti feddwl am system stiwdio glasurol byd Hollywood, a'r un actorion yn ymddangos mewn ffilm ar ôl ffilm mewn pob math o rannau gwahanol, mawr a bach.

Yn *Katzelmacher*, mae'r actorion dibrofiad mae Rainer yn eu castio o blith ei ffrindiau a'i gyfoedion yn gwneud i ti feddwl mai pobl ifanc mewn dillad hen bobl ydan nhw. Rwyt ti'n dod i ddallt mai plant ydan ni i gyd yn y bôn, ac mai cymdeithas sy'n ceisio gwneud i ni dyfu i fyny drwy wneud i ni wisgo'r dillad stiff, di-liw sy'n perthyn i'r genhedlaeth hŷn mewn gwirionedd, a bihafio.

Mae'r ffordd mae ei ffilmiau'n gwneud hyn yn agosach at arddull ffilm ddogfen, wrth i ti sylweddoli weithiau dy fod yn gwylio pobl go iawn yn actio, yn hytrach na chymeriadau. Mae gwybod bod rhai o'r bobl yma'n gariadon i Fassbinder, neu ddim yn actorion o gwbl, yn creu lefelau i'w ffilmiau sy'n peri gwefr i'r gwyliwr heb i ni wybod yn union pam mae'r pethau ar y sgrin mor ddiddorol. Pobl go iawn yn 'actio' mewn ffilm – rhywbeth anghyffredin iawn. Wrth gwrs, mae'n bosib gwneud hyn a chreu ffilmiau sy'n gwbl amhosib i unrhyw un eu gwylio na'u mwynhau, ond mae Fassbinder yn artist, yn athrylith gyda'r camera. Does 'na ddim un llyfr na chofiant gan unrhyw un o'r actorion na'r technegwyr a weithiodd efo fo yn deud bod Fassbinder ar goll ar y set. Byth. Mae pob un yn deud ei fod yn gwbl sicr o bob un siot, pob golygfa, pob ffilm a phob penderfyniad artistig. Roedd o'n feistr ar reoli grŵp o bobl wrth iddyn nhw gynhyrchu ffilm, ond wrth gwrs, roedd ei fywyd personol yn llanast llwyr.

Pan saethais fy ffilm gyntaf, *Y Lleill*, o'r diwedd yn 2005, ffilm am grŵp oedd hi – dwi'n glynu at y ffilm hon fel craig. Mi gopïais y gyllideb, y dyddiau saethu, a hyd yn oed cynllun y poster! Mae steil *Y Lleill* yn perthyn i fi yn llwyr, a fuaswn i byth yn ei chymharu â gwaith Fassbinder, ond mae hi cystal ffilm ag yw hi am fy mod wedi gwrando ar ei lais, wedi talu sylw i'r ffordd yr oedd pethau iddo fo. Dyna'r pwynt, ynde? Os wyt ti'n rhywun sy'n gwneud ffilmiau, rwyt ti wastad isio cysylltu efo'r gynulleidfa, a tydi Rainer byth yn stopio meddwl am y broblem honno – sut i ddefnyddio dy bersonoliaeth a dy ddicter, a'u trawsnewid i greu celf sy'n medru cynnig rhywbeth gwerthfawr i'r person sy'n prynu tocyn. 'Dwi'n berson diddorol, ond dwi'n credu bod y ffilmiau'n fwy diddorol' – dyna sut roedd o'n gweld pethau, a dyna sut mae pethau'n gorfod bod os wyt ti isio cynhyrchu sinema.

Yn sicr, mi fydd 'na ddigonedd ohonoch chi'n meddwl bod ei ffilmiau'n chwerthinllyd, yn araf, yn llawn hunandosturi, a hwyrach eich bod yn iawn. *So what*? Maen nhw hefyd yn sinematig.

Un campwaith yw *Katzelmacher* o blith llwyth o ffilmiau gwych a greodd Fassbinder mewn cyfnod byr iawn, iawn, ac mae 'na ddigon o ddeunydd yn ei yrfa i ddiddori unrhyw *cineaste*. Petai'n rhaid i mi gyfyngu fy newis o'i waith, yn null *Desert Island Discs*, mi fasai *Katzelmacher* a *Berlin Alexanderplatz* (1980) fel pâr yn ddigon i mi. Mae'r olaf yn bymtheg awr a hanner o hyd, ac ar gyfer hon, cafodd Fassbinder ei gyllideb fwyaf erioed, a 150 o ddiwrnodau saethu er mwyn addasu nofel Alfred Döblin am ei arwr, Franz Biberkopf, i fod yn ffilm deledu. Daw'r naill ffilm o ddechrau ei yrfa, cyn ei ddyfodiad meteorig, pan oedd adnoddau'n brin, a'r llall oedd ei brosiect mwyaf uchelgeisiol, ar ddiwedd ei yrfa. Mae stamp unigryw Fassbinder ar y ddwy ffilm, heb os. Yn y ddwy, mae'r llais yr un mor alluog, mor gandryll ac mor dyner, a'r thema'r un fath – y gwirionedd a grisialwyd gan Thoreau ganrif a hanner ynghynt: 'the mass of men lead lives of quiet desperation.'

Daeth bywyd (a *desperation*) y dyn unigryw hwn i ben yn 1982, yn llawer rhy gynnar. Yn ôl pobl roedd o'n eu hadnabod, roedd o'n teimlo ei fod yn un o sêr Hollywood, er ei fod yn edrych fel llabwst gwerinol Bafaraidd. Roedd yn ddyn oedd mor flin nes ei fod yn gorfod trio gwneud i bawb arall yn y byd deimlo'r un mor ddig am bopeth oedd yn ei gythruddo fo. Roedd yn *workaholic* a fu farw'n ifanc am ei fod yn gweithio'n rhy galed, neu, os liciwch chi, yn gweithio'n rhy galed am ei fod yn gwybod ei fod yn mynd i farw'n ifanc. Yn oriau mân bore 10 Mehefin 1982, dychwelodd partner Rainer a golygydd ei ffilmiau, Juliane Lorenz (ei ail wraig honedig, er na lwyddodd neb i berswadio Juliane i ddangos y dystysgrif briodas erioed), i'w fflat. Roedd Rainer yn y stafell wely, sigarét rhwng ei fysedd, hanner llinell o gocên ar y bwrdd, y teledu ymlaen a'i ben yn gorffwys ar y nodiadau roedd yn eu sgwennu ar gyfer ei ffilm nesaf – stori Rosa Luxemburg. Doedd Rainer ddim yn chwyrnu'n uchel, a gwyddai Juliane ei fod o wedi marw.

Mewn ffordd od, mae'r stori dwi'n ceisio'i hadrodd yn y llyfr hwn yn cwmpasu ystod bywyd Rainer i'r dim. Cafodd ei eni yn 1945, a gallet ti honni mai hwn oedd dyddiad geni'r ffilm gelf Ewropeaidd hefyd. O'r dyddiad hwnnw ymlaen, daeth y gallu i gynhyrchu ffilmiau'n nes at y bobl. Datblygodd technoleg newydd yn ystod yr Ail Ryfel Byd, yn cynnwys camerâu oedd yn haws i'w symud a'u defnyddio er mwyn ffilmio yn y ffosydd, ac roedd bod ar leoliad yng nghanol realiti yn hanfodol, yn hytrach nag yn rhwystr i greu celf sinematig. Ac yn hollbwysig, newidiodd y gynulleidfa. Roedd pawb yn *shellshocked*, ond byth yn dwp.

Dechreuodd y gynulleidfa chwilio am y bobl a'r profiadau emosiynol newydd a gafodd eu ffurfio gan brofiad y rhyfel ar y sgrin, yn hytrach na mynd i weld ffilm er mwyn ymgolli mewn storïau oedd yn mygu eu teimladau ... A dyna'r awydd newydd a fwydodd fyd y sinema dwi'n ei charu gymaint, ac a fydd yn un o brif themâu'r bennod nesaf.

REALTÀ, neu: YR EFENGYL YN ÔL VISCONTI, ROSSELLINI, DE SICA, FELLINI, ANTONIONI A PASOLINI

Cynnig cyfres o ddelweddau i ni mae hanes yn ei wneud, yn hytrach na chyfres o storïau, a dyma pam fod rôl sinema mor bwysig. Ers canrif a mwy, mae'r dechnoleg a'r cysyniad cymharol ddiweddar yma wedi bod yn cystadlu â drama, cerfluniaeth, y gair ysgrifenedig a darluniau'r oesoedd a fu mewn brwydr barhaus i greu fersiynau sefydlog o ffeithiau hanesyddol (neu gelwyddau, os liciwch chi!). Daeth unigolion, llywodraethau, gwledydd a chyfandiroedd cyfan i ddeall arwyddocâd y pŵer newydd hwn, a cheisio eu hadlewyrchu eu hunain a'u hanes (hanes unochrog lawer o'r amser) yn nrych delweddau byd sinema.

Yn y bennod hon, dwi am drafod cysyniad sinema 'genedlaethol' un wlad gyfan a'i hartistiaid ffilm, sef yr Eidal. Tydi camera ddim yn foesol ynddo'i hun. Y bobl sy'n trin y peiriant sy'n ei ddefnyddio at bwrpas moesol neu anfoesol. Dwi am sôn am gelf sinematig genedlaethol yn hytrach na phropaganda, ac mi fydd yn rhaid i chi fod yn ffyddiog fy mod yn gwybod y gwahaniaeth. Byth ers yr Ail Ryfel Byd, tyfodd mudiadau ym myd sinema gwahanol wledydd a ddiffiniodd y gwledydd estron yma i ni trwy'r ffilmiau gafodd eu cynhyrchu a'u hallforio i'n sinemâu lleol ni – y *Nouvelle Vague* yn Ffrainc, *New German Cinema* yn yr Almaen a *Dogme* yn Nenmarc.

Ond yn wahanol i'r rhain i gyd, bu datblygiad y sinema yn yr Eidal yn y cyfnod hwn yn fwy cyson, ac yn fwy cymhleth, o ran gwleidyddiaeth a hanes. Datblygodd dros gyfnod hirach na'r mudiadau eraill, a digwyddodd y broses law yn llaw ag ymdrech i ddenu cynulleidfaoedd sylweddol i wylio'r ffilmiau 'artistig', sinematig, pwysig a gynhyrchwyd. Oherwydd hyn, daeth ffilmiau i fod yn rhan o fywyd 'go iawn' y wlad, yn hytrach na rhyw fath o arbrawf a fyddai'n apelio at gynulleidfa *niche* a breintiedig yn unig, ac na fyddai wedi cael effaith uniongyrchol ar fywyd trwch y boblogaeth.

Mae taith hanesyddol a chymdeithasol yr Eidal yn cael ei hadlewyrchu yn nhaith artistiaid sinematig y cyfnod. Mae'n bosib olrhain hanes y wlad drwy drafod cynnyrch ei sinema, o ddyddiau hyderus dechrau'r ugeinfed ganrif i bydew Ffasgaeth; o drychineb a thlodi diwedd yr Ail Ryfel Byd i rwystredigaethau ac ailddyfodiad sensoriaeth yr Eglwys Gatholig yn y 1950au, yna'r wyrth economaidd ar ddiwedd y degawd hwnnw yn hebrwng oes newydd i mewn yn y 1960au, a chreu'r gymdeithas soffistigedig, *La Dolce Vita*, gyfandirol a ddaeth i fodoli ar y pryd. Roedd ffrwyth sinema Eidalaidd yn ennill cynulleidfaoedd enfawr ar draws y byd, ond crebachu wnaeth y cyfan unwaith eto wrth i rymoedd y gyfundrefn gyfalafol newid y byd ffilm unwaith ac am byth yn y 1970au, a Hollywood â'i *blockbusters* a'i ffilmiau *high-concept* yn teyrnasu unwaith eto dros ddiwylliant sinematig byd-eang, a dal ei afael yn dynn ar gynulleidfaoedd gweddill y byd.

Pam dewis yr Eidal? Wel, yn un peth, mae dylanwad sinema Eidalaidd ym mhob man. Mae'r ffilmiau Eidalaidd pwysicaf, o'r 1940au hyd ddiwedd y 1960au, wedi cael eu defnyddio, eu haddasu a'u hailddiffinio drosodd a thro gan fyd sinema America ac Ewrop – Ken Loach a'i ffilmiau *kitchen sink* sosialaidd; Jean-Luc Godard yn saethu'n rhydd ar strydoedd Paris; a gwaith Francis Ford Coppola a Martin Scorsese yn yr UDA yn amlwg yn dilyn y traddodiad Eidalaidd mewn ffilmiau fel *The Godfather* (1970) a *Goodfellas* (1990). Gwastraff amser fyddai ceisio rhestru'r dwsinau o gyfarwyddwyr llai talentog sy wedi ceisio adlewyrchu

arddull ac ystod y ffilmiau arbennig yma heb lwyddo i
ddal owns o'r hud sy'n perthyn i gampweithiau'r cewri
sy'n rhoi teitl y bennod hon i ni, ac a fydd yn cael sylw
dros y tudalennau nesaf. Hefyd, mae sinema'r Eidal wedi
bod yn gyson arloesol, wedi torri tir newydd a bod yn
gyfrifol am ymestyn athroniaeth a phwrpas delwedd ffilm.
Mewn sinema Eidalaidd, 'dan ni'n gweld cyfarwyddwyr
yn pendroni ac yn ceisio holi be yn union yw'r 'realiti'
sy'n bodoli yn y wlad ar adeg benodol, er enghraifft, ar ôl
yr Ail Ryfel Byd. Beth yw'r teimladau newydd sy'n bodoli
oddi mewn i drigolion y wlad, a sut mae hi wedyn yn bosib
adlewyrchu hyn i gyd trwy ddefnyddio sinema?

Hon oedd y thema bwysicaf i'r genhedlaeth dalentog,
ysbrydoledig a ffrwydrodd allan o'r Eidal o'r 1940au ymlaen.
Gan fod y cyfarwyddwyr yma i gyd wedi profi oes Ffasgaidd
Mussolini a'i *goons*, a'i bolisïau o greu celf sinematig afreal
a phropagandaidd, roedd materion oedd yn ymwneud â sut
i ddangos y gwir ar y sgrin yn amlwg yn pwyso'n drwm ar
eu cydwybod artistig. Creodd cyfarwyddwyr y genhedlaeth
unigryw hon ffilmiau lle mae'r dyn ar y stryd yn ei ddillad
cyffredin yn ganolbwynt i storïau sy'n troi ar y digwyddiad
lleiaf – oes rhywun wedi dwyn dy feic? Neu gymeriad unigol
yn ceisio dygymod ag oes fodern lle mae Eros yn ddioddef,
ac yn sâl i'r carn, ac obsesiynau rhywiol yn cymryd lle
cariad naturiol fel testun i'r ffilm. Ymddangosodd ffilmiau
epig, operatig hefyd, a phroblemau'r teulu cyffredin yn
ganolbwynt naratif mawreddog. Mewn ffilmiau eraill,
cyfeillgarwch, brawdgarwch a theyrngarwch sy'n rheoli'r
naratif, ac mae'r llinell amwys a hylifol rhwng y bywyd
normal a'r bywyd anghyfreithlon yn dod i'r amlwg. Mae'r
rhain yn ffilmiau sy'n adlewyrchu natur anghyfreithlon
y byd cyfalafol yn ogystal â'r frwydr barhaol honno

sy'n digwydd ym maes moesoldeb, lle mae'r Eidalwr cyffredin, druan, yn ceisio cydbwyso byw yn hapus rhwng temtasiynau a rhyddid yr oes fodern a'r caethiwo crefyddol sy'n cael ei gynnig gan yr Eglwys Gatholig.

Bob tro dwi'n meddwl am yr Eidal, dwi'n meddwl am ddiwylliant a gwlad sy'n llawn bywyd, bywyd sy'n gorlifo dros y lle i gyd, am mai dyma'r rhinwedd sydd i'w weld a'i deimlo yn ei sinema genedlaethol. Mae'r bobl yn y ffilmiau yn fyw, yn llawn egni, yn dallt ei bod yn bwysig credu mai byw ydan ni, ddim jest bodoli. Trwy'r ffilmiau, dwi'n cael teimlad pendant fod byw'r bywyd moesol yn dod yn ail i'r penderfyniad i fyw unrhyw fath o fywyd o gwbl. Y 'gwneud' sy'n bwysig – nid gwneud y pethau yn ôl rheolau unrhyw un arall, ond byw yn ôl dymuniadau emosiynol ac oesol y natur ddynol. Mae'r gwneud yn fwy pwysig na'r ymwrthod – byw dy fywyd *di*, byw *unrhyw* fywyd, nid byw'r bywyd *rhinweddol*.

Dim ond unwaith dwi wedi bod i'r Eidal, a hynny yn y 1990au. Teithiais o Ulm yn Schwabia gyda Thomas, fy ffrind Almaenig, yn BMW moethus ei dad, i lawr trwy'r eira a'r twneli anhygoel i Milan, i dreulio amser byr yn gweld cariad Thomas, myfyrwraig ifanc a oedd yn byw mewn lleiandy ar gyrion y ddinas efo'r lleianod a llu o genod prydferth eraill â gwallt hir, brown. Roedd y gwanwyn wedi dechrau ym mis Chwefror yn yr Eidal, gynted i ni groesi'r ffin. Mi gyrhaeddon ni ganol pnawn, a llwyddo i osgoi cael ein gweld gan y lleianod oedd yn stelcian o gwmpas iard y lleiandy. Cyn pen dim, roedden ni'n paratoi i fynd allan am noson wyllt yng nghanol y ddinas. Gorfod i ni rannu bws mini gyda chriw o hogiau ifanc Eidalaidd oedd wedi trefnu dod i weld rhai o'r merched eraill, er mwyn cynnig noson allan draddodiadol iddynt. Hogiau llond eu croen,

wedi ymbincio a gwisgo'n daclus yn eu dillad ffasiynol,
drud ac yn drewi o bersawr – yn wahanol iawn i Thomas a
fi (ac, erbyn meddwl, y merched hefyd). Mi oedd y merched
ar y bws mini yn edrych hyd yn oed yn fwy prydferth yn
eu dillad llac, syml, *convent-friendly*, a'u cyrff dibersawr yn
gwneud i'r hogiau druan ymddangos yn greaduriaid hynod
narsisaidd (heb sôn am y cwyno parhaus gydol y siwrne am
fân broblemau bod yn *piccoli principi*). Gadawson ni nhw
allan o'r bws ar y sgwâr yn Milan, ond nid dyna oedd pen y
daith i'n criw ni am y noson. Roedden ni am ddianc o olwg y
straights, a dyma fentro i ardal ôl-ddiwydiannol, bensaernïol
hyll dros ben, yn bell o ganol pethau, a lorris wedi eu parcio
ym mhob man (a hwrod yn crwydro o gwmpas yn eu sodlau
uchel, rhai yn edrych yn swreal o anferth, ymhell dros chwe
throedfedd. Y bore wedyn, dros frecwast gyda'r lleianod,
cefais wybod mai *transvestites* oedd y rhai 'anferth' yma!). Y
lleoliad – adeilad enfawr, gwag oedd yn cynnal *full-on rave*
ar bob llawr yn yr adeilad (a dan ddaear hefyd), a thanau
yn llosgi ym mhob man tu allan i gynhesu'r *ravers*. Noson
fythgofiadwy. Mae Milan yn bendant wedi aros yn y cof fel
lle sy'n newid drwy'r amser, a'r sefydliadol, wedi'i leoli yng
nghanol y dre, yn edrych yn undonog iawn o'i gymharu â
diwylliant newydd y sin ddawns a oedd yn mynnu sylw'r
genhedlaeth newydd ar y cyrion.

Wedyn, amser cinio drannoeth, aethon ni'n syth yn
ôl i'r Almaen (roedd tad Thomas am gael y car yn ôl – ar
unwaith!). Ychydig iawn o brofiad oedd o, felly – fawr o
gyfle i werthfawrogi'r dirwedd, hyd yn oed, heblaw drwy
ffenest car am awr neu ddwy. A'r unig berson Eidalaidd ro'n
i'n ei nabod cyn hynny oedd Pina, mam un o fy ffrindiau
ysgol gynradd. Y disgrifiad mwyaf cyffredin i mi ei glywed
yn blentyn gan genhedlaeth fy rhieni wrth gyfeiro at Pina

oedd 'larger than life'. Felly cadwch mewn cof nad wyf yn arbenigwr ar ein brodyr a'n chwiorydd Eidalaidd.

Hwyrach fy mod i'n unllygeidiog uffernol, a dwi erioed wedi honni 'mod i'n hanesydd nac yn wyddonydd cymdeithasol, ond i mi, mae'r cymeriadau mae'r Eidal yn eu cynhyrchu yn rhai lliwgar a deinamig, sy'n llawn gwrthgyferbyniadau a chyfaredd. Yn ddiweddar, mae'r wlad wedi cael ei rheoli a'i diffinio ar lwyfan byd-eang gan Silvio Berlusconi, gwleidydd sy'n ymddwyn yn debycach i *rock star*, a merched darllen y tywydd yn rhan o'r cabinet. Mae'n ddyn erchyll ar sawl lefel, sydd i'w weld yn cael ei faddau a'i oddef gan y bobl i ryw raddau, er cymaint o goc oen ydi o, gan ei fod yn amlwg yn llawn bywyd. Mae'n ddyn llwyddiannus dros ben, sydd heb os mewn cariad efo menywod, ac yn ymfalchïo yn y ffaith, yn hytrach na'u casáu nhw (yn wahanol i'r systemau crefyddol sy'n teyrnasu ym mhob man). Hefyd, jest fel cyd-ddyn, mae'n anorfod dy fod ti'n dangos tamaid bach o oddefgarwch at ddyn sy'n medru ymateb i'r beirniaid sy'n ymosod arno am ddewis merched prydferth i weithio yn ei lywodraeth efo'r neges yma: 'Tydi Silvio ddim yn gweld pam fod yn rhaid iddo ddewis pobl oddi ar restr sy'n cynnwys dim ond pobl hyll'. Ai diffiniad eithaf teg o wleidyddion a'u systemau artiffisial gor-seriws ydi hwn, neu dystiolaeth bellach o wallgofrwydd y *media mogul* â'r pen o wallt artiffisial a'r llais *crooner*, wrth iddo bing-pongio o un parti *bunga bunga* i'r llall. Penderfynwch chi.

Gwlad ifanc iawn yw'r Eidal. Unwyd ei thaleithiau'n wladwriaeth yn 1871, ond ni ddaeth rhai o'i thiriogaethau ymylol o dan ei hadain tan ddiwedd y Rhyfel Byd Cyntaf yn 1918. Mae'n wlad, felly, sy'n iau na'r Unol Daleithiau, hyd yn oed, ond wrth gwrs, mae'n wlad ifanc a etifeddodd ddiwylliant hynafol heb ei ail. Dyma, dybiwn i, oedd yr amgylchiadau unigryw a greodd y ddeinameg sy'n perthyn iddi drwyddi draw, ac sy'n creu'r tensiynau parhaus rhwng y rhaniadau hanesyddol a'r byd fel y mae. Mae'r teimladau a'r tensiynau yma i gyd yn cael eu hadlewyrchu, eu gweld, eu hadnabod a'u trin mewn cyfres o ffilmiau gan rai o gewri'r byd ffilm Eidalaidd o'r 1940au ymlaen. Yn eu plith mae *Ossessione* a *Rocco and his Brothers* (Luchino Visconti), *Rome, Open City*, *Paisan* a *Journey to Italy* (Roberto Rossellini), *The Bicycle Thieves* ac *Umberto D.* (Vittorio de Sica), *La Strada, La Dolce Vita* a *8½* (Federico Fellini*)*, *L'Avventura*, *La Notte* a *L'Eclisse* (Michelangelo Antonioni*)*, *Accattone*, *The Gospel According to St. Matthew*, *Theorem* a *Salò* (Pier Paolo Pasolini), *Fists in the Pocket* (Marco Bellocchio*)* a *Il Conformista* (Bernardo Bertolucci).

Roedd pethau'n argoeli'n dda ym myd sinema ar ddechrau'r ugeinfed ganrif yn y wlad ifanc hon, wrth i un o gampweithiau mwyaf epig oes y *silents* – *Cabiria* (1914) gan Giovanni Pastrone – weld golau dydd (oes y Rhufeiniad sydd i'w gweld yn y ffilm – wel, mi oedd y lleoliadau yn gyfleus!). Ni fu Hollywood yn hir yn dynwared a meistroli'r *genre* sinematig yma o ffilmiau epig, hir, dros ben llestri, efo *Birth of a Nation* (1915) ac *Intolerance* (1916) gan D. W. Griffith. Parhaodd y datblygiad drwodd i ffilmiau *swords and sandals* y 1950au fel *Ben Hur* (1959) a *The Ten Commandments* (1956), ac fe'i gwelir hyd heddiw mewn ffilmiau fel *Gladiator* (2000) a hyd yn oed *Transformers* (2007) – lluniau anhygoel o fawreddog, a miloedd o ecstras ac eliffantod a setiau anferth, a phawb yn rhedeg o gwmpas mewn costiwms.

Erbyn y 1920au, roedd pethau ar i lawr yn y diwydiant wrth i ffilmiau o weddill y byd foddi'r farchnad leol. Ar ddiwedd y 1920au, daeth y Ffasgwyr i rym o dan arweiniad

Mussolini, a daeth sinema o dan reolaeth y llywodraeth. Yn y 1930au, roedd ffilmiau'n cael eu cynhyrchu o fewn cyfundrefn Ffasgaeth. Roedd y cynyrchiadau yma'n osgoi dangos realiti bywyd y rhan fwyaf o bobl y wlad. Yn ei le, cafwyd comedïau ysgafn, *musicals* mawreddog a ffilmiau 'teleffon gwyn' (symbol o gyfoeth y *bourgeoisie*), oedd yn adlewyrchu dosbarth cyfoethog a breintiedig cymdeithas, mewn storïau oedd yn siwtio damcaniaethau'r Ffasgwyr – yn y bôn, ffilmiau oedd yn cael eu defnyddio i hyrwyddo daliadau ceidwadol. Roedd y daliadau'n rhai oedd yn cael eu rhannu gyda'r Eglwys, ac yn anochel, felly, gwelwyd y biwrocratiaid a'r offeiriaid yn uno i ormesu bywydau pobl trwy reoli cynnwys ffilmiau'r cyfnod. Cyn hir, roedd y ddau yn defnyddio sinema i afael yn dynn yn y pŵer, a rheoli cymdeithas trwy hyrwyddo'r syniad ceidwadol o'r teulu – y tad yn unben pwerus sy'n mynnu parch ac ufudd-dod, merched yn israddol iddo ac yno i'w wasanaethu, law yn llaw â phob math o gyfyngiadau ar ryddid rhywioldeb greddfol. Gan fod yr Eglwys ei hun yn berchen ar fusnes dosbarthu ffilmiau dros y wlad, roedd y portreadau hyn yn bwydo dychymyg y boblogaeth dan sêl bendith y Pab. Nod y polisi hwn oedd paratoi'r werin ar gyfer bywyd o dan Ffasgaeth, er mwyn iddynt gyfarwyddo ag obsesiynau'r Ffasgwyr â phŵer a grym, a'u polisïau militaraidd hurt o geisio creu ymerodraeth Eidalaidd newydd yn Affrica a gweldydd y Balcan. Roedd hyn yn digwydd law yn llaw â diddymu'r syniad o ddemocratiaeth seneddol. Mae ffilmiau'r cyfnod yma'n gorffen gyda diweddglo hapus bob tro, sy'n atgyfnerthu'r syniad fod hapusrwydd i'w gael trwy ufuddhau a derbyn dy le priodol yn y drefn, a pheidio â meddwl am unrhyw beth – gwell gadael i'r Ffasgwyr boeni sut i reoli'r gymdeithas.

Ar lefel ymarferol, roedd polisïau'r Ffasgwyr (fel y Natsïaid yn yr Almaen) yn fodd o gryfhau'r diwydiant sinematig Eidalaidd, a chynyddodd y nifer o ffilmiau a gynhyrchwyd yn sylweddol. Mae'n wir deud fod yr Eidal yn ail i'r Unol Daleithiau'n unig o ran profiad proffesiynol a safon uchel eu technegwyr, ysgrifenwyr, perfformwyr a chyfarwyddwyr. Yn wahanol i sinema'r Natsïaid, doedd y Ffasgwyr Eidalaidd ddim yn defnyddio sinema fel propaganda uniongyrchol i annog y bobl i gredu'n benodol mewn Ffasgaeth na bod yn wrth- Iddewig. Yn hytrach, bu ymgais i wneud ffilmiau yn arddull Hollywood, heb ddychryn na thrio addysgu'r gwylwyr, ond yn hytrach, cynnig rhywbeth proffesiynol a llawn steil, dihangfa ar y sgrin. Heddiw, mae'n anodd gweld unrhyw elfen o ffilmiau'r cyfnod sy'n dal i dderbyn unrhyw glod na sylw – ni lwyddodd unrhyw ddelweddau sinematig i oroesi cyfnod y Ffasgwyr. Yn 1945, dywedodd Cesare Zavattini, ysgrifennwr pwysicaf oes y neorealwyr, ac awdur sgript *The Bicycle Thieves*, 'Tydi ugain mlynedd o reolaeth gan y Ffasgwyr ddim wedi cynhyrchu hyd yn oed un ffilm sy'n werth ei thrafod, hynny yw, ddim hyd yn oed tair mil troedfedd o ffilm o'r tri deg miliwn troedfedd a saethwyd'.

Yn 1942, o dan arweiniad a chefnogaeth frwd y Ffasgwyr, esgynnodd yr Eidal i bump uchaf diwydiannau mwyaf cyfoethog byd sinema. Hefyd, yn eironig iawn, yn y flwyddyn hon y saethwyd y ffilm *Ossessione*, ar dir y Ffasgwyr. Syrthiodd y llywodraeth Ffasgaidd yn 1943, ond brwydrodd ymlaen â chefnogaeth gan y Natsïaid fel llywodraeth alltud yn Salò, yng ngogledd y wlad. Bu rhyfel cartref yn yr Eidal am ddwy flynedd wedyn, nes i'r Cynghreiriaid drechu Ffasgaeth o'r tu allan yn 1945. Roedd y Ffasgwyr wedi rheoli sinema yn gyfan gwbl er 1939. Nid welwyd ffilmiau o America ar y sgrin, na dim byd roedd yr Eglwys yn ei wrthwynebu, nes i'r byd sinematig newydd wawrio yn 1945. Ganwyd mudiad neo-realaeth, oedd yn gwbl groes i Ffasgaeth. Ond cyn sôn am yr enedigaeth hon, rhaid mynd yn ôl i 1942, pan saethodd Luchino Visconti y ffilm *Ossessione*, ffilm a greodd don seismig yn hanes ffilm Eidalaidd.

Hwn oedd y tro cyntaf i sinema ymosod ar y drefn Ffasgaidd, ar y ddelwedd bositif, y ddelwedd ffals. Roedd dosbarthu'r ffilm yn 1943, a hithau'n amlwg yn ffilm wrth-Ffasgaeth mewn cyfnod pan oedd y Ffasgwyr yn dal mewn grym, yn weithred syfrdanol, anhygoel a llawn dewrder. Mae ymateb y Ffasgwyr a'r Eglwys Gatholig i'r ffilm yn chwedlonol hyd heddiw. Neges Vittorio Mussolini (mab Il Duce ac unben sinema'r Ffasgwyr) yn y *première*, a'r gorchymyn o'r pulpud i'r gwylwyr a oedd am fentro i'r sinema i wylio'r ffilm, oedd 'nid yr Eidal mo hyn'. Cludwyd negatif gwreiddiol yr ffilm dan warchae gan y Ffasgwyr i Salò, ond yn rhy hwyr. Cyn i Ffasgaeth adael corff yr Eidal, roedd sinema eisoes yn ymosod arni efo'r ffilm hon.

Mi ddywedodd Visconti cyn dechrau saethu *Ossessione* fod angen i'r ffilm ddrewi o 'sberm a marwolaeth', disgrifiad sy'n gweddu'n well i *Salò*, ffilm erchyll olaf Pasolini o 1975, pan oedd y byd sinematig wedi newid unwaith eto. Ond 'nôl yn 1942, roedd 'sberm a marwolaeth' Visconti yn rhan o'r patrwm, yn rhan o natur, yn rhan o 'fywyd' yr un mor 'real' â'r caneuon 'dan ni'n eu canu a'r bwyd 'dan ni'n ei dyfu a'i fwyta a'i rannu. Yn *Ossessione*, mae Visconti yn deud yn blwmp ac yn blaen fod yn rhaid i ni ddechrau delio â realiti ein bodolaeth os ydan ni am greu delweddau sinematig. Rhaid i ni edrych i fyw llygaid ein gilydd, a dallt yn union pa fath o greaduriaid ydan ni, a be 'dan ni'n medru ei wneud pan mae'r emosiynau naturiol, dynol yna'n rhedeg yn wyllt ac yn cymryd drosodd.

Cafodd Visconti ei eni yn 1906, i deulu mawr, cyfoethog. Roedd yn fab i ddug o Milan, a phrofodd fywyd ifanc breintiedig dros ben yn y 1930au. Teithiodd drwy'r byd, a gweithio fel prentis ar ffilmiau gyda phobl fel Jean Renoir, a medru byw yn agored heb guddio'i wrywgydiaeth. Llwyddodd i ffeindio gwaith ym myd sinema o dan y Ffasgwyr, hyd yn oed, trwy ei gysylltiadau â rhai o artistiaid mwyaf Ewrop, yn ogystal â chael ei dderbyn gan fab Mussolini. O'r ffilm gyntaf hon ymlaen, roedd ei ddiddordeb ym mywyd pobl dlawd a difreintiedig yn gwbl amlwg. Roedd y ffordd mae pobl ar y cyrion yn cael eu diystyru a'u gorthrymu gan y sawl sy mewn grym yn rhywbeth y byddai'n ei brofi ei hun pan gâi ei erlid am ei wrywgydiaeth ymhen ychydig gan y drefn Ffasgaidd a'r Eglwys.

Seiliwyd plot *Ossessione* ar y llyfr Americanaidd *The Postman Always Rings Twice*, nofel *pulpy* James M. Cain, sy'n cynnwys digonedd o ryw, troseddu, cops a llofruddiaeth. Mae'r ffaith fod y stori'n dod o'r Unol Daleithiau yn wreiddiol yn bwysig, gan fod sinema a llenyddiaeth y wlad honno'n cael eu hystyried gan artistiaid ffilm yr Eidal ar y pryd fel *'the land of the free'* a *'the great laboratory'*, ac yn enghraifft o gelf 'real' o wlad a chymdeithas wrth-Ffasgaidd. Ac er i Visconti newid y stori ar gyfer ei oes a'i wlad ei hun, roedd yr elfen Americanaidd, *gritty* yna'n dal i fodoli yn y ffilm orffenedig. Yn y bôn, mae *Ossessione* yn bwysig oherwydd ei bod wedi ymosod yn ddigyfaddawd ar y delweddau o bobl a chymdeithas yr Eidal y dymunai'r Ffasgwyr eu gweld ar y sgrin.

Mae'r ffilm yn olrhain hanes perthynas odinebus Gino a Giovanna. Trempyn di-waith, golygus, sy'n crwydro ar gyrion cymdeithas ydi Gino, a merch dlawd ydi Giovanna, sy wedi gorfod priodi perchennog y bar yng nghanol nunlle lle ma hi'n gweithio – dyn tew, annymunol, di-fflach. Mae Gino'n troi fyny yn y bar un diwrnod, a bron ar unwaith, *they get it on!* Tydan nhw ddim yn arwrol, nac yn gyfoethog nac yn byw bywyd moesol. Mae'n well gan Gino beidio gweithio, ac mae'n dewis yn hytrach drampio o un lle i'r llall, yn profi pleserau heb dderbyn cyfrifoldeb am unrhyw beth. Ar un lefel, mae Giovanna'n ei phuteinio ei hun trwy briodi'r bòs er mwyn diogelu ei gwaith. Mae'r lleoliad yn un diffaith yn anialwch Dyffryn Po, allan o'r ffordd, heb neb na dim o bwys yn byw yno. Mae Visconti yn creu lluniau newydd, sy'n gweld prydferthwch gwahanol yn y lleoliad hyll, a'r cymeriadau annymunol, anghynnes, anfoesol, modern yma. Cyn hir, mae'r cwpl yn penderfynu lladd y gŵr, ac yn llwyddo i beidio â chael eu dal! Tydi Visconti ddim am ddangos yr heddlu wrth eu gwaith yn defnyddio eu grym a'u hadnoddau i ddatrys y llofruddiaeth a dal a chosbi'r cwpl. Tydi Visconti ddim yn rhoi ei ffydd yn yr awdurdodau am resymau amlwg. Mae'r ddwy farwolaeth yn y ffilm yn digwydd ar hyd lôn lychlyd sy'n rhedeg rhwng y wlad a'r ddinas, ac mae hyn yn creu teimlad i ni fod popeth yn symud, yn ansefydlog yn y byd hwn. Ar yr adeg y saethodd Visconti'r ffilm, roedd y Ffasgwyr yn dechrau colli gafael ar bethau. Mae Gino'n mynd i'r ddinas ar ei ben ei hun ar ôl dechrau perthynas â Giovanna, ac yn cael gweld y posibiliadau newydd sydd yn dod i'r amlwg. Ond, yn anochel, mae chwant Gino am gorff Giovanna'n ei dynnu o'n ôl unwaith eto i'r bar. Teimladau personol y ddau yma sy'n gyrru'r stori yn ei blaen – y berthynas rywiol, y llofruddiaeth, trasiedi marwolaeth Giovanna a'r babi sy yn ei chroth. Yn y munudau olaf, mae'r ddau'n gadael y bar ar frys i ddechrau bywyd newydd, wrth i'r heddlu agosáu. Mae Gino'n gyrru'r lorri ar hyd y lôn at ryddid, dim ond i weld Giovanna'n cael ei lladd mewn damwain, a'r heddlu'n ei gosbi am farwolaeth y ddynes hon dydi o prin yn ei hadnabod. Nid diweddglo hapus nodweddiadol o'r Ffasgwyr.

Yr hyn mae Visconti'n ei wneud yn y ffilm yw dilyn perthynas dau berson sy'n cael rhyw gyda'i gilydd, a dim llawer mwy, mewn cyfnod lle mae pethau'n dechrau datod o'u cwmpas. Does ganddo fawr ddim diddordeb mewn dangos sut mae'r gyfundrefn yn mynd ati i ddal y bobl ddrwg yma, na chwaith mewn beirniadu ymddygiad y ddau gymeriad ar lefel foesol. Yn hytrach, mae Visconti'n dilyn ac yn dangos realiti eu stori. Roedd hon yn weithred ddewr uffernol, ac mae'n bwysig cofio fod Visconti ei hun yn ddyn dewr y tu allan i fyd sinema hefyd. Yn 1944, bu'n cwffio gyda'r Fyddin Gêl yn erbyn y Ffasgwyr yn Salò a'r Natsïaid a oedd wedi goresgyn Rhufain. Cafodd ei garcharu gan y Natsïaid, a dim ond o drwch blewyn y llwyddodd i ddianc yn fyw.

Roedd ei ffilmiau o hyn hyd ei farwolaeth yn 1976 yn gymysgedd o storïau am bobl ar waelod y domen, fel *La Terra Trema* (1948), a rhai am bobl ar y brig, fel *The Damned* (1969 – ffilm wallgo am deulu busnes sy'n cael eu llygru gan y gyfundrefn Natsïaidd); rhai hanesyddol fel *Senso* (1954) a *The Leopard* (1963), ac iddynt elfennau rhamantus, a fy ffefryn personol i, *Rocco and his Brothers* (1960). Mae'r ffilm hon yn dilyn hanes teulu tlawd o dde'r Eidal, sy'n ailsefydlu yng ngogledd y wlad, ym Milan, wrth iddyn nhw geisio gwella eu bywydau, neu a bod yn fanwl gywir, jest byw eu bywydau mewn lle gwahanol. Mae hon yn saga sinematig go iawn, opera sebon o ffilm Eidalaidd, efo actorion gwych fel Claudia Cardinale, Alain Delon, Renato Salvatori ac

Annie Girardot mewn stori sy'n adloniadol tu hwnt ac yn llawn perfformiadau emosiynol sy'n eich tynnu chi i mewn a'ch cario drwy'r stori. Mae'n ffilm sy'n *blueprint* amlwg ar gyfer steil ffilmio Martin Scorcese yn y 1980au a'r 1990au, yn enwedig ffilmiau fel *Raging Bull* (1980) a *Goodfellas* (1990).

Daeth rhyddid – *Liberazione* – i'r Eidal ac i sinema Eidalaidd yn 1945, gyda diwedd y gorchfygiad, diflaniad yr Almaenwyr a rhyddhau'r ffilm *Rome, Open City* (1945) gan Roberto Rossellini. Ymddangosodd y ffilm hon ar yr union adeg pan oedd y wlad – a'i thrigolion – yn profi trawma a rhyddhad, hapusrwydd ecstatig ac euogrwydd llym. Heidiodd pobl yn eu cannoedd o filoedd i weld y ffilm, sy'n dangos, mewn arddull naturiol, gwbl newydd, bortread o'r bobl gyffredin yn brwydro yn erbyn cael eu meddiannu gan y Natsïaid. Gyda'r ffilm hon y cafodd mudiad neo-realaeth ei eni. Ar y pryd, mi oedd rhai o gyfarwyddwyr y diwydiant ffilm wedi cael eu hudo i fyny i Salò i gadw cwmpeini i Mussolini, ac wrth gwrs, ni chlywyd dim am unrhyw waith sinematig pellach gan yr unigolion yma. Ond aros yn Rhufain wnaeth Rossellini, ymuno â'r Fyddin Gêl, a gweld ei waith sinematig yn digwydd heb i neb sylwi beth roedd o'n ei wneud. Trwy wneud dewisiadau fel hyn y gallodd pobl fel Rossellini adael eu cefndir 'proffesiynol' yn sinema oes y Ffasgwyr yn bell y tu ôl iddyn nhw.

Cafodd ei eni yn 1906 i deulu cyfoethog yn Rhufain, ac roedd pethau'n argoeli'n dda i blentyn fel Roberto Rossellini. Yn fuan iawn ar ôl iddo dyfu i fyny, cafodd Roberto ei hun wrth galon y gymdeithas freintiedig trwy gysylltiadau personol (ac economaidd) ei rieni. Roedd popeth ar gael i'r hogyn talentog, golygus. Bywyd *playboy* fase rôl naturiol dyn fel hwn yn y gymdeithas hon, ac a bod yn onest, ar un lefel, roedd ei fywyd yn gyfres o garwriaethau, priodasau, plant (yn cynnwys Isabella, seren *Blue Velvet* [1986], ffilm ddylanwadol David Lynch o'r 1980au) a sgandalau, law yn llaw â chreu sinema bwysig dros ben. Ymddiddorodd mewn sinema yn y 1930au er mwyn denu merched ar y dechrau, ond cyn hir, rhedodd allan o bres, a gorfu iddo ystyried gweithio er mwyn ennill bywoliaeth. Sinema oedd yr unig ddiwydiant fase'n croesawu ci fel fo. Bu'n gymharol lwyddiannus ym myd sinema dan y Ffasgwyr, yn rhannol oherwydd ei allu naturiol i swyno, a'i gyfeillgarwch â Vittorio Mussolini, mab Benito. Ond yn y pen draw, trwy wrthod mynd i Salò, daeth Rossellini yn artist newydd; unigolyn oedd yn wynebu'r dyfodol yn llawn gweledigaeth, egni a phwrpas.

Gynted y cafodd Rhufain ei rhyddhau, dechreuodd Roberto weithio o ddifri ar ffilm oedd yn trin y goresgyniad oedd newydd ddod i ben o dan yr amodau technegol ac economaidd gwaethaf posib ar gyfer trio saethu ffilm. Mi gafodd Rhufain ei rhyddhau ym mis Mehefin 1944, ond mi fase hi'n naw mis arall cyn i weddill yr Eidal gael ei rhyddhau gan y Cynghreiriaid. Cafodd y rhan fwyaf o *Rome, Open City* ei saethu ym mis Ionawr 1945, ond mae'r ffilm orffenedig hefyd yn cynnwys siots a saethwyd yn nyddiau olaf trefn y Natsïaid yng ngwanwyn 1944 – *stormtroopers* go iawn sy'n cerdded y strydoedd, nid actorion mewn costiwms! Roedd y gyllideb yn bitw, a'r ffilm wedi ei saethu ar stoc ffilm wedi ei brynu ar y farchnad ddu. Bu Roberto a'i griw yn saethu ar leoliad, yn gweithio yn yr awyr agored, yn symud ar goesau dynol yn hytrach na choesau treipod. I'r gynulleidfa gyntaf honno, roedd y rhwystredigaethau yma i gyd yn gwneud i'r ffilm edrych fel cyfres o ddelweddau enbyd, gorgredadwy, uniongyrchol – y profiad sinematig yn ei ffurf fwyaf pwerus – chdi a fi a'r erchylltra ar y sgrin, y stryd yn symud i'r sgrin, heddiw, rŵan, nawr!

Mae plot y ffilm yn dilyn hanes dau ddigwyddiad go iawn, sef dienyddiad un o offeiriaid y *Resistenza*, a saethu Pina, dynes feichiog, gan y Natsïaid ar Viale Giulio Cesare. Mae llofruddiaeth Pina wrth iddi redeg ar ôl cerbyd y Natsïaid, sy newydd gipio'i chariad, yn boenus o realistig, hyd yn oed heddiw. Mae bron yn amhosib trio dyfalu pa fath o ymateb a gafwyd i'r darn yma ar y pryd. Mae'r elfennau technegol, fel yr amseru a'r rhythm sy'n rheoli'r olygfa hon, mor anhygoel o real – ddim fel drama, na ffuglen, ond yn union fel realiti. Mae'r portread o'r cymeriad gan yr actores chwedlonol Anna Magnani yn dod â realiti yn syth i mewn i ganol ffilm sy ar adegau mewn peryg o fod yn rhy ddidactig, neu yn bropaganda, bron – ochr arall y geiniog. Mae llofruddiaeth Pina'n digwydd yn yr awyr agored, sy'n wrthgyferbyniad llwyr i olygfeydd mwy confensiynol gweddill y ffilm, sy wedi eu saethu mewn stiwdio, a'r Natsïaid yn cael eu portreadu mewn ffordd dros ben llestri, *'Allo 'Allo*-aidd – *drunk, gay sadists, anyone*? Tydi cymeriad Pina ddim yn ffigwr gwleidyddol, yn hytrach mae'n cynrychioli'r person cyffredin sy'n ymwrthod â gormes ac yn cwffio yn ei erbyn. Mae'n medru cwffio am ei bod yn berson da, mamol, a chanddi ffydd Gristnogol naturiol, yn hytrach na damcaniaethau cul, gwleidyddol. Mae hi'n cael ei thrawsnewid yn symbol o holl fenywod yr Eidal, ac mae ei chorff celain yn un o gyrff marw mwyaf syfrdanol sinema – corff meddal, real, a oedd eiliadau ynghynt ar dân, ond sy nawr yn ddisymud. Yn sicr, esgorodd dyfodiad y neorealwyr ar sefyllfa lle gallai sinema bortreadu menywod fel pobl 'go iawn' unwaith eto. Bu'r ffilm yn llwyddiannus ym mhob man, ar draws

y byd. Ddim stori am yr Eidal yn unig ydi hi, felly, ond
un sy'n perthyn i ni i gyd. Yn sicr, creodd ei llwyddiant
fytholeg newydd i wlad oedd yn cael ei geni o'r newydd
allan o'r rwbel. Pobl gyffredin oedd cymeriadau'r ffilmiau
newydd yma, oedd yn gorfod byw eu bywydau mewn rhyw
fyd a chymdeithas oedd yn ei hanfod yn lled-droseddol,
bywyd oedd yn cael ei fyw ar y stryd, yn gyhoeddus. Fel y
dywedodd Federico Fellini am y cyfnod, 'Mi oedd y pynciau
ar gyfer y ffilmiau yno yn barod. Mi oedden nhw wedi cael
eu creu gan y rhyfel – sut i oroesi, i aros yn fyw, a sut i fyw
efo rhyfel a heddwch'.

Aeth Rossellini ati i gynhyrchu ffilm newydd bron yn
syth – *Paisan* (1946) – ffilm fwy gwreiddiol a dylanwadol
na *Rome, Open City*, hyd yn oed, sy'n dilyn ymosodiad y
Cynghreiriaid trwy'r wlad. Dyma ffilm sy'n gweithio fel
hanes byw, yn-y-fan-a'r-lle, yn cymryd digwyddiadau sydd
ddim ond newydd, newydd ddigwydd, ac yn eu bwydo
nhw yn ôl bron yn syth i'r boblogaeth lawn trawma trwy
ddefnyddio dim ond sgrin y sinema fel pont. Eto, yn ôl
Fellini, a oedd yn gynorthwyydd i Rossellini ar y ffilm
Paisan, ac yn dalent a fyddai'n profi cyn hir ei fod yn fwy o
feistr ar y sinema na'i brif noddwr, a ddylanwadodd gymaint
arno:

> Mi deithiais ar hyd a lled yr Eidal gyda Rossellini, ac mi
> oedd yr holl beth yn ddarganfyddiad cwbl drydanol.
> Roedden ni'n dod wyneb yn wyneb â hil o bobl gwbl
> newydd ym mhob man; pobl oedd yn dwyn nerth allan o'r
> amgylchiadau angerddol, desbret o'u cwmpas. Roedd pob
> man yn deilchion, a thrychineb yn bodoli ym mhob pentref,
> ond y prif deimlad pendant oedd gan y bobl oedd yr ysfa
> i ailadeiladu. I mi, roedd byw yng nghanol y fath sefyllfa

anhygoel, yng nghanol profiadau mor eithafol, yng nghanol storïau mor unigryw a byw, yn union fel anadlu ocsygen yn ddwfn i mewn i'm hysgyfaint.

(Mae 'na stori answyddogol sy'n honni i sgript *Rome, Open City* gael ei sgwennu ar fwrdd y gegin yn fflat Fellini yn Rhufain gan y Federico ifanc!)

Yn y 1950au, aeth Rossellini ati i greu sinema mwy agos atoch, fel *Journey to Italy* (1954), gyda'i gariad Ingrid Bergman, seren *Casablanca* (1942). Roedd y ffilmiau yma'n ymddiddori mwy mewn dangos realiti'r unigolyn yn hytrach na gwlad a chymdeithas gyfan mewn trybini – profiad sy'n mynd â ni'n agosach at fyd ysbrydol y tu mewn yn hytrach na realiti'r tu allan. Roedd dylanwad sinematig Rossellini yn anferthol. Teithiodd ei ffilmiau neorealaidd y byd, a diffinio'r syniad o sinema genedlaethol ar bob cyfandir, a chafodd arddull ffilmiau'r 1950au ddylanwad pendant ar ddyfodiad y *Nouvelle Vague* Ffrengig ar ddiwedd y degawd. Daeth y mudiad hwn i deithio'r byd unwaith eto, ac ailddiffinio sut mae sinema'n medru adrodd ein stori ni, pwy bynnag ydan ni, a lle bynnag rydan ni'n byw.

Roedd *Rome, Open City* a *Paisan* yn diffinio rhinweddau'r neorealwyr, a dilynwyd nhw gan ffilm enwocaf y mudiad, *The Bicycle Thieves* (*Ladri di biciclette*, 1948). Mae'r ffilm hon gan Vittorio De Sica yn glasur oesol. Mae'n ffilm sy mor enwog nes ei bod yn anodd gwybod be sy ar ôl i'w ddeud amdani. Mae'r stori'n un syml dros ben: ar ddechrau'r ffilm, mae Antonio'n ddyn sy'n chwilio am waith. Mae swydd ar gael, dim ond iddo fedru dod o hyd i'w feic ei hun. Mae'n broses anodd i ddyn mor dlawd efo teulu ifanc, ond trwy werthu blancedi, mae o'n medru cael ei feic yn ôl o'r *pawn shop*. Ar ei ddiwrnod cyntaf yn y swydd newydd, ac yntau wrth ei waith yn rhoi posteri sinema i fyny ar furiau strydoedd Rhufain, mae rhywun yn dwyn ei feic, a dyma yw hanfod y stori, sef y daith mae Antonio a'i fab ifanc, Bruno, yn mynd arni i geisio cael y beic yn ôl. Tydi'r heddlu, na'r bobl o'i gwmpas, na'r Eglwys, fawr o gymorth yn y dasg. Mae'r cymeriadau hyd yn oed yn troi at ofergoelion a *fortune-tellers* er mwyn datrys y broblem, ond does 'na ddim ffordd allan i ddyn 'bach' fel Antonio. Mae'r ffilm yn dangos i ni fod 'realiti' y byd yn galed, a'r gymdeithas yn rhy brysur i dalu sylw i un dyn a'i fab wrth iddyn nhw frwydro am gyfle i fedru byw ac ennill cyflog gonest. Mae 'na gymorth ar gael bob hyn a hyn, ond tydi'r ymdrechion ddim yn llwyddo. Ar ddiwedd y ffilm, mae Antonio'n disgyn i'r gwaelodion ac yn cael ei 'orfodi' i ddwyn beic – y cylch dieflig yn troi, yn union fel olwyn beic. Mae ei fab yn gweld y weithred, ac yn gweld y dorf yn ei ddal a'i geryddu a'i lambastio am fod yn lleidr cyffredin. Mae'r trawma yma'n dorcalonnus i ni fel cynulleidfa ei wylio, ond mae 'na obaith ar ddiwedd y ffilm wrth i berchennog y beic adael i Antonio fynd yn rhydd, gan fod presenoldeb Bruno yn ei gwneud hi'n glir fod y dyn yma wedi cael ei yrru i'r eithaf gan dlodi ac anobaith ei sefyllfa. Rydan ni'n gadael Antonio a Bruno wrth i Antonio ddechrau crio a Bruno'n cynnig gafael yn ei law. Y siot olaf a welwn yw'r ddau yn cerdded i ffwrdd law yn llaw, yng nghanol torf o bobl go iawn, a stori'r ddau'n parhau y tu hwnt i ffiniau'r ffilm. Unwaith eto, mae sinema'n ein hatgoffa ni nad ydi 'realiti' yn chwarae gêm deg, na chwaith yn ochri â'r arwyr a'r rhai diniwed.Ond eto, rhaid i ni i gyd gymryd rhan a chwarae'r gêm unigryw hon (ac mae'n hanfodol fod sinema yn ei chwarae hi hefyd).

Fel y soniais, awdur y sgript oedd Cesare Zavattini, ac mae'r sgript yn un wyrthiol. Mae'r teitl gwreiddiol yn gampwaith ynddo'i hun – mwy nag un beic yn cael eu dwyn; natur y beic yn cynrychioli symud ymlaen – gobaith am waith, cyflog, dyfodol i'r teulu, a'r olwynion yn symboleiddio'r ffordd mae ffawd a realiti'n troi trwy'r amser, yn gyson, o'r uchelfannau i lawr i'r pydew ac yn ôl. Ac mae'r ddwy olwyn hefyd yn adlewyrchu'r ddau ladrad a'r ddau ddyn – Antonio a Bruno bach – yn cyd-dynnu. Mae'r sgript yn rhyw fath o *anti-drama*. Dim ond y ddau feic yn cael eu dwyn sy'n ddramatig, yn ôl hen reolau sinema. Mae gweddill y ffilm yn broses o chwilio a methu darganfod y beic, jest pethau'n digwydd un ar ôl y llall, fel bywyd go iawn, ond wrth gwrs, dim ond crefft yr awdur sydd yn gwneud i'r ffilm ymddangos fel hyn. Y sgriptiwr sy'n gyfrifol am greu cymeriad fel Bruno, y plentyn angylaidd sy'n arwydd o'r dyfodol, cymeriad sy'n ddyfeisgar, yn gefnogol ac yn gadarn, a'i allu i gofio rhif cofrestru'r beic, cael gwaith neu fynd i nôl yr heddlu, yn ogystal â bod yn gefn emosiynol i'w dad. Mae'r ysgrifennu gwych yma'n dangos yn glir i ni fod yr unigolyn yn beth bregus, a'i bod yn anorfod ein bod yn colli gafael ar ein hunaniaeth wrth i ni frwydro am ein tamaid. Er bod y beic yn dal ar goll ar ddiwedd y ffilm, a phesimistiaeth yn teyrnasu, rydan ni o leiaf wedi gweld dyn yn agosáu at ei fab bach trwy i'r ddau gydgerdded trwy fywyd gyda'i gilydd, a dyma yw'r neges sy'n dod allan yn glir yn nhrefniant y ddeialog a'r golygfeydd. A thrwy wyrth sinema, mae stori blwyfol *The Bicycle Thieves* yn ddealladwy gan bob cynulleidfa ar draws y byd am un rheswm syml yn y bôn – tydi tlodi a brwydro i fyw ddim yn rhywbeth sy ddim ond yn bodoli yn yr Eidal ar ddiwedd y 1940au. Maen nhw efo ni ym mhob man, drwy'r amser.

Erbyn llwyddiant *The Bicycle Thieves*, roedd mudiad neorealeth yn dirwyn i ben. Yn wleidyddol, roedd y

consensws a gafwyd ar ddiwedd y rhyfel wedi dechrau
gwahanu, ac roedd y byd newydd yn dechrau symud i mewn
i oes y Rhyfel Oer. Roedd ffilmiau Hollywood yn ôl ar y sgrin,
ac er bod selogion yr Eglwys Gatholig yn ofni rhai o ffilmiau
mwyaf sgandalaidd yr Americanwyr, roedd arnyn nhw fwy
o ofn gweld effaith ffilmiau Comiwnyddol y neorealiaid ar
y gynulleidfa. Doedden nhw ddim isio i weddill y byd weld
yr Eidal fel gwlad dlawd, llawn problemau a phobl yn byw
bywydau anfoesol a desbret. Roedd yr Unol Daleithiau'n
talu am ailadeiladu'r wlad, wrth gwrs, felly doedd fawr ddim
gwrthwynebiad i ddiwylliant yr *Yankee*. Mae'n wir hefyd fod
y bobl gyffredin, y gynulleidfa sinematig, ddim o reidrwydd
isio gweld eu bywydau nhw ar y sgrin mwyach – ddim isio
cael eu hatgoffa o realiti eu sefyllfa.

Mae'n bwysig talu sylw i'r mynd a dod yma. Mae byd
sinema'n medru bod yn lle arbennig ar adegau trawsnewidiol,
hanesyddol. Mae'n bosib i sinema lwyddo, yn enwedig drwy
bortreadu realiti sefyllfa, lle mae'r celfyddydau eraill yn
methu. Mae poblogrwydd naturiol sinema'n berffaith ar gyfer
dod â phobl wyneb yn wyneb â phethau, a chreu lle i brofi
syniadau newydd, syniadau artistig, syniadau gwleidyddol
pwerus a pheryglus. Dim ond weithiau mae sinema'n medru
torri'n rhydd fel hyn. O gofio mai busnes yw sinema, nid
noddfa ysbrydol, cyn hir, roedd yn anorfod y byddai'r *vested
interests* yn dal eu gafael unwaith eto, a dyna ddigwyddodd
yn yr Eidal.

Erbyn dechrau'r 1950au, roedd y rhwydwaith wrth-
Ffasgaeth wedi dadebru, a dechreuodd pethau symud i
wahanol gyfeiriadau. Yn y degawd hwn yn yr Eidal, roedd
gwyrth sinema'n bodoli yn nwylo nifer fach o gyfarwyddwyr
oedd yn medru parhau â gwaith yr arloeswyr drwy dorri tir
newydd yn eu portread o realiti. Cewri fel Fellini, Antonioni

a Pasolini fyddai'n mynd â sinema'r wlad ar draws y byd trwy'r 1950au a'r 1960au, a thrwy ddamwain yn creu'r syniad ystrydebol o'r cyfarwyddwr ffilm dramor *arty* – unigolyn ymhongar, deallusol a *sex-obsessed*, sy hefyd yn oeraidd ac yn bell o gyrraedd profiadau'r dyn cyffredin – perffeithydd, teyrn, siowman. Nonsens ydi hyn gan mwyaf, ond mae'r ystrydeb yn un ddoniol, a hawdd gweld pam y daeth yn boblogaidd. Yn sicr, ddim *clichéd* nac ystrydebol fyddai'r geiriau i ddisgrifio ffilmiau'r tri yma – yn hytrach, maen nhw'n wyrthiau artistig yng nghanol chyffredinedd y sin fasnachol ar y pryd. Mae ynddynt gymeriadau mwy anesboniadwy, a chynnwys ac arddull fwy cymhleth nag o'r blaen. Mae mwy o amwysedd yn y ffordd mae'r stori'n cael ei hadrodd, mae elfennau o ffantasi, ac mae'r lluniau a'r arddull yn fwy haniaethol o ran y golygu a'r lliwiau ar y sgrin. Mi ellid dadlau fod ffilm fel *La Dolce Vita* yn ffilm wahanol iawn i *The Bicycle Thieves*, er enghraifft, ond dim ond am eiliad mae'n rhaid i ti feddwl cyn sylweddoli fod y ddwy ffilm ar yr un llwybr artistig. Mae'r ddwy yn ffilmiau modern am eu bod yn adrodd stori mewn ffordd wahanol i'r ffordd mae llyfrau neu ddramâu wedi bod yn eu hadrodd ers canrifoedd, hynny yw, trwy ddefnyddio crefft sinema.

> Dwi'n credu mewn gweddïo a gwyrthiau, dwi'n credu fod y gwir i'w ddarganfod gan bob un yn ei ffordd ei hun; mae hi'n anfoesol deud stori sy'n dod i ben. Sinema yw'r unig gyfle i mi fyw gan fy mod i fel ydw i – yn fusneslyd ac yn eithaf diog – felly mae'r busnes artistig o wneud ffilmiau'n fy siwtio i i'r dim
>
> *(Federico Fellini)*

Federico Fellini yw'r unigolyn sy fwyaf ar fai am ddyfodiad a pharhad y syniadau ystrydebol yna am gyfarwyddwyr ffilmiau tramor. Ond, serch y sarhad yma, dwi'n dal yn argyhoeddedig mai Fellini yw'r cyfarwyddwr enwocaf ac uchaf ei barch ymysg cyfarwyddwyr ffilm eraill, ysgwydd yn ysgwydd ag unigolion fel Hitchcock, Orson Welles a Jean-Luc Godard o ran dylanwad, effaith ac, wrth gwrs, poblogrwydd. Roedd Fellini yn 'bersonoliaeth', yn artist, yn rhywun oedd, mewn sawl ffordd, yn fwy na'r diwydiant roedd yn gweithio ynddo, ac felly yn unigolyn oedd yn medru newid popeth. Mi weithiodd o mewn ffordd wahanol, a thrwy astudio unigolion fel Fellini rydan ni'n medru gweld be yn union yw rhinweddau sinema fodern.

Wrth drafod ffilmiau, mae 'na lot o bwyslais yn cael ei roi ar y stori fel un peth, a'r ffordd mae'r stori'n cael ei thrin gan y cyfarwyddwr – yr arddull – fel rhywbeth arall, ar wahân, i gynnwys y stori. Yn achos Fellini, tydi hi ddim yn bosib rhannu na gwahanu'r ddau beth. Fo sy'n cynrychioli'r syniad yna o awdur y lluniau fel awdur y ffilm. Personoliaeth a gweledigaeth Fellini yw'r hyn 'dan ni'n ei gael yn ei ffilmiau, law yn llaw â'r naratif (os ydi o'n dewis cynnig naratif i ni, hynny yw!).

La Strada (1954) oedd y ffilm gyntaf a greodd enw iddo ar draws y byd. Dyma ffilm sy'n dangos olion neorealaeth, ond trwy ffilter un dyn, nid drwy fudiad cenedlaethol. Mae'r stori'n dilyn siwrne dau gymeriad: Zampano, y dyn cyhyrog o'r syrcas, a Gelsomina, merch syml ag anghenion arbennig, sy'n ei ddilyn o gwmpas fel cynorthwyydd. Mae Zampano'n gweld Gelsomina fel creadur twp, hyll, bron, ac mae o'n ei cham-drin hi. Ar ôl iddyn nhw wahanu, mae o'n clywed ei bod hi wedi marw, ac mae'r golled yn ei daro'n ddwfn. Mi fuodd 'na gariad rhwng y ddau drwy'r amser, ond roedd wedi ei gelu o fewn ei gorff cryf a'i agwedd ystyfnig. Yn y ffilm, mae Fellini'n dangos i ni ei fod o'n caru'r bobl yma, y bobl ar y cyrion, y bobl fach. Mae'r ffilm hefyd yn ei gwneud yn berffaith glir ei fod yn ddyn sy'n caru rhyddid ac egni'r syrcas a'i pherfformwyr a hiwmor naturiol yr enaid, ac yn dangos pwysigrwydd pethau ysbrydol fel y môr, a dirgelwch mawr realiti'r bywyd o'n cwmpas.

Mae Fellini'n deud ei bod yn bwysig i ni edrych ar y ffordd mae Gelsomina'n profi'r byd, gan fod hyn, mewn un ffordd, yn fwy real na'r ffordd rydan ni, y bobl soffistigedig yn y gynulleidfa, yn ei brofi. Gan fod Gelsomina'n greadur sy'n profi, yn hytrach nag yn meddwl rhyw lawer, mae hi'n ddelfrydol ar gyfer sinema. Mewn un olygfa, mae Gelsomina'n dod wyneb yn wyneb â phlentyn ag anabledd. Trwy wneud hyn, mae hi'n dod ar draws darn o realiti sydd wedi cael ei gelu o olwg pawb arall (ac o olwg camerâu sinema fasnachol hefyd, wrth gwrs), ac mae'r olygfa hon yn gwneud i mi feddwl am y gân 'The Eternal' gan Joy Division. Mae Fellini'n creu cymeriad (ei wraig, Giulietta Masina, oedd yn chwarae rhan Gelsomina) sy'n medru gweld y pethau cudd a medru bod yn dyst sy wir yn dallt teimladau a'r grymoedd anweledig, rhywun sy'n gweld ei fersiwn unigryw ei hun o 'realiti'. Dydan ni ddim yn ymyrryd ym mywyd Gelsomina, nac yn ei dadansoddi hi yn ôl rheolau Marcsaidd, neu gymdeithasegol, yn yr un ffordd ag rydan ni'n dadansoddi byd a chymeriadau *The Bicycle Thieves*. Dynes yw hi, a dydi hi ddim yn weithiwr nac yn ddeallusyn. Rydan ni jest yn ei gwylio hi'n symud, y ffordd mae hi'n cerdded ac yn gwenu. Gallen ni feddwl weithiau ei bod yn debyg i Charlie Chaplin, damaid bach ar wahân i'r lleill. Mae rhythm bywyd Gelsomina'n wahanol i rythmau'r bobl o'i chwmpas, a dyna i gyd mae Fellini'n ei ddangos i ni. Mae hi'n gyffyrddus â phleserau syml y byd – anifeiliaid, dŵr y môr, alaw yn hedfan allan o ffenest ar noson wlyb.

Fel cynulleidfa, rydan ni'n medru gweld a theimlo fod
Gelsomina'n cadw gafael ar ei natur a'i hiwmor cynhenid, ac
yn medru gwenu. Mae hefyd yn amlwg i ni fod Zampano'n
ddyn creulon, sy'n gwneud dim ond dinistrio (dyna yw'r
act, wedi'r cyfan, y dyn cyhyrog yn plygu bariau haearn
o flaen cynulleidfaoedd yn sgwâr y dref am geiniogau, a
Gelsomina fel haul cryf yn codi Zampano allan o'r cysgod
gyda'i natur hoffus a'i gallu i wneud i'r gynulleidfa gynhesu
tuag ati hi – a fo). Rydan ni hefyd yn gweld fod Zampano
ar goll ar y daith hon, a hwyrach mai dim ond creadur fel
Gelsomina all lwyddo i'w achub. Mae 'na deimlad yn tyfu
wrth wylio sy'n deud hwyrach y byddai bodolaeth cariad
yn y berthynas yn medru achub y ddau ohonyn nhw, dim
ond i'r teimladau gael cyfle i dyfu rhyngddynt. Ond tydi hyn
ddim yn digwydd yn y ffilm. Dyma'r elfen drasig sy'n rhedeg
trwy'r stori, ac er ei bod yn stori drist, 'dan ni'n sylweddoli ei
bod yn wir fod cariad ac addfwynder Gelsomina'n arf llawer
cryfach na difaterwch a thrais Zampano.

Cyfeiriodd Fellini yn gyson at y ffaith mai ei berthynas
efo'i wraig, Giulietta Masina, oedd wrth wraidd lot o'r storïau
y bu'n eu creu. Roedd o'n gweld rhyw fath o ddirgelwch yn
un rhan o'i phersonoliaeth, a'i atyniad at y person hwn yn
un cryf uffernol, yn rhywbeth atafistaidd oedd, yn y bôn,
yn atyniad anesboniadwy. Ond cafodd Federico ei orfodi i
bendroni am yr atyniad hwn, a phwyso a mesur pethau trwy
greu ffilmiau, ac fel pobl sy'n caru sinema, mae'n rhaid i ni i
gyd fod yn ddiolchgar i'r ddau yma brofi perthynas o'r fath.

Yn ffilmiau Fellini, mae'r symud parhaus yn hollbwysig.
Tydi pethau ddim yn cychwyn nac yn dirwyn i ben,
ond yn hytrach, y broses o ddal i symud drwy bethau yn
gyson sy'n nodweddiadol. Ni chafodd yr arddull unigryw
hwn yn ffilmiau Fellini o'r 1950au ymlaen gefnogaeth y

gwybodusion yn yr Eidal (er ei fod yn denu cynulleidfaoedd anferth dros y byd i gyd). Mi fuodd cwyno mawr nad oedd y ffilmiau'n neorealaidd oherwydd bod y cyfarwyddwr yn mynnu dod â ffantasi a delweddau cyfriniol, llawn dirgelwch, i'w canol. Doedd y ffaith fod y ffilmiau'n canolbwyntio ar unigolion a phroblemau personol ddim yn plesio chwaith. Symudodd Fellini ymhellach oddi wrth sylfaen sosialaidd y mudiad neorealaidd, a gadael y syniad arwynebol o ddelio efo'r byd 'fel y mae'n ymddangos' i gyfarwyddwyr llai talentog a llai rhydd. Yn wir, doedd 'na ddim modd i Federico fihafio mewn unrhyw ffordd arall. Roedd yr atyniad at ei wraig yn dangos hyn yn glir – mae'r broses o fyw yn un ddirgel, lawn llanast, sy byth yn cydymffurfio â chyfres o reolau a gorchmynion moesol, crefyddol neu wleidyddol mae pobl yn medru dewis eu dilyn neu beidio eu dilyn, a rhaid i hyn gael ei weld ar y sgrin fawr. Fel y dywedodd Fellini: 'Pam gofyn i bobl fynd i'r sinema os nad ydi'r ffilmiau yna'n dangos dim ond fersiwn oer a gwrthrychol o realiti iddyn nhw? Byddai'n llawer gwell iddyn nhw fynd i gerdded ar hyd y strydoedd o gwmpas y sinema â'u llygaid yn agored.'

Ar ddechrau'r 1960au, gollyngodd Fellini ddau fom sinematig a newidiodd bopeth oedd yn ymwneud â chreu ffilmiau, yn ogystal â'r ffordd y bydden ni'n gweld ac yn dadansoddi 'realiti' mewn ffilm o hynny ymlaen – y naill yn dangos y byd i gyd, a'r llall yn dangos y tu mewn i un pen.

I Fellini, roedd bod yn unigolyn, yn berson, yn anodd derbyn a byw efo fo – *too many contradictions, too much temptation*! Wrth i ni ddod at ein gilydd, mae pethau'n gwella i ni i gyd. Yn *La Dolce Vita* (1960) a *8½* (1963), mae 'na ddealltwriaeth mai bod yn 'unigolyn' yw'r gosb am gael profi bywyd. Felly pan mae pawb yn dod at ei gilydd mewn syrcas fawr yn ffilmiau Fellini, mae'r waliau'n dymchwel, a phopeth yn troi'n ddydd Nadolig cyhyd ag y bo'r prysurdeb yn parhau. Mae pethau'n tyfu i fod yn epig iawn yn ei ffilmiau, ac o hynny allan, gwnaeth ei orau i ffitio'r byd i gyd yn grwn (y byd go iawn a byd y dychymyg) o fewn byd sinema, gan ddechrau gyda *La Dolce Vita*.

Be sy 'na i'w ddeud am *La Dolce Vita*? Os nad ydach chi wedi'i gweld hi – gwyliwch hi! Wedyn rhyfeddwch at y ffordd mae rhywun yn medru lluchio cynifer o bethau at ei gilydd mewn un ffilm – yr holl fywydau gwahanol, gymaint o egni – cyfres o wyrthiau ffug, lle mae plant diniwed cefn gwlad yn gweld Mair yn y diffeithwch cyn i law Duw ein gwlychu ni i gyd. Neu Fair wahanol, sef Anita Ekberg, yn glanio allan o'r awyr yng nghanol y ddinas fel rhyw fath o *proto*-Jordan. A gydol yr amser, mae'r *paparazzo* a Marcello, y *gossip columnist* a'r prif gymeriad, yn ei dilyn hi fel cŵn ffyddlon ac ufudd. Teimlwch dristwch wrth wylio'r hen genhedlaeth yn troedio dŵr, a ffrind gorau ac arwr Marcello yn dinistrio ei deulu ar y naill law a thad Marcello, ar y llall, yn gwywo wrth brofi pleserau'r ddinas ddrwg llawn sŵn a chynnwrf ac yn dod â'r parti i ben (am un noson o leiaf). Ac wrth gwrs, sut fedrwch chi anwybyddu ffilm sy'n dechrau efo Iesu Grist yn hedfan dros y ddinas fel y wyrth honno 'dan ni i gyd fel planed yn ysu i'w gweld, a phan mae o'n cyrraedd, rydan ni'n syfrdan, fel cymdeithas yn sbio i gyfeiriad gwahanol i edrych ar ferch hardd neu gar newydd sbon. Mae hi'n ffilm ar gyfer pob oes, gan ei bod yn dangos pobl (fel ti a fi, pethau sydd wedi profi esblygu cyntefig), yn symud yn y byd modern, yn symud yn rhy gyflym. Rydan ni am fentro i oes yr *accelerated culture* – be ddaw ohonon ni?

Mewn termau sinematig mae'r ffilmiau yma hefyd yn torri tir newydd trwy greu math newydd o neorealaeth, neo neorealaeth, hwyrach. Sut arall fedrwch chi esbonio'r olygfa lle mae Fellini yn dangos i ni fam yn wynebu'r *paparazzi* sy'n gwybod fod ei gŵr wedi lladd ei phlant? Does 'na ddim ffordd fedrith unrhyw un deithio a symud yn ddigon cyflym i osgoi profiadau 'real' fel y rhain. Mae Fellini yn medru gweld be sy ar fin cyrraedd, nid trwy lygaid gwyddonydd neu anthropolegydd ond trwy lygaid artist. Dyma farn Fellini am y ffilm:

> Mi o'n i'n teimlo'n anniddig ac ar goll wrth feddwl am gymdeithas, a sut roedd pethau yn fy mywyd personol i. Doedd y storïau unigol yn y ffilm o ddim diddordeb; be oedd yn bwysig oedd steil y ffilm. Lleoliadau, wynebau, dillad, mwclis, casys sigaréts – roedd y dewis yn bendant ar gyfer y pethau yna i gyd. Dyma oedd y ffordd i mi ddangos y gymdeithas yma sy o'm cwmpas, cymdeithas sy wastad yn tynnu stumiau, sy'n ei gwneud yn amhosib i ti ddarganfod yn union be 'di be. Mae popeth yn *pose*. Felly, i mi, steil y ffilm yw union gynnwys y ffilm, a chynnwys y ffilm yw steil y ffilm.

Wel! I mi, mae hyn yn swnio fel diffiniad proffwydol o'r mudiad a'r oes 'ôl-fodern' a fyddai'n glanio'n swyddogol ar ddechrau'r 1970au, ac sy'n ein rheoli ni hyd heddiw. Does 'na neb erioed wedi cyhuddo Fellini o fod yn athronydd nac yn broffwyd, dim ond yn artist sinematig, ond hwyrach ei bod yn bryd i ni ailasesu'r dyn a'i waith ar lefel fwy haeddiannol.

Gyda'r ffilmiau *La Dolce Vita* a *8½*, creodd Fellini ddwy o epigau pwysicaf yr oes fodern. Tydan nhw ddim yn epig yn yr un ystyr â *Ben Hur*, er bod 'na anifeiliaid syrcas yn y ddwy (dwi'n meddwl!), ond epig o ran niferoedd y bobl ac amrywiaeth y mathau o fywyd sy'n cael eu cynnig fel *spectacle* i'r gynulleidfa yn y ddwy ffilm hon. Mae *8½* yn cynnig 'realiti' o'r tu fewn i'w ymennydd yn uniongyrchol i mewn i'n dychymyg ni fel aelodau'r gynulleidfa. Realiti cwbl afreal yn y bôn, ond trwy ddilyn y prif gymeriad, Guido, wrth iddo drio popeth i beidio gorfod gwneud ffilm, llwyddodd Fellini i wneud ffilm sy'n creu paradocs ar ben paradocs, a lefelau ar ben lefelau. Fel cynulleidfa, rydan ni'n medru profi realiti wedi ei droi wyneb i waered. A'r bonws efo'r ffilm hon yw'r ffaith ein bod ni, yn ogystal â chael ffordd newydd o wylio 'realiti' ar y sgrin, hefyd yn cael mwynhau'r ffilm orau sy wedi ei gwneud erioed am y bobl a'r prosesau sydd ynghlwm â chynhyrchu ffilm. Yn *8½*, mae realiti a ffantasi yn dod at ei gilydd, gan mai dyma sut mae Fellini yn profi realiti'r byd (dwi'n credu ein bod ni i gyd yn profi realiti ar y lefel hon hefyd, p'un ai ydan ni'n gwneud ffilmiau neu beidio!). Mewn un olygfa tua diwedd y ffilm, mae Guido mewn sinema yn gwylio *screen tests* ar gyfer y ffilm mae o ar fin dechrau ei saethu. Ar y sgrin, rydan ni'n gwylio actorion yn trio portreadu cymeriadau sydd eisoes wedi ymddangos i ni yn gynharach yn y ffilm, ac rydan ni wedi dod i'w hadnabod.

Mae'n sioc gweld pa mor anobeithiol yw ceisio cyfleu realiti trwy ddefnyddio actorion a chamerâu – mae'r *screen tests* yn gysgod gwael o'r realiti 'dan ni wedi'i brofi eisoes. Neges yr olygfa ydi fod unrhyw ymgais i ail-greu'r ysbrydoliaeth sydd wedi dod oddi wrth 'realiti' yn siŵr o fethu, ond mae'n gwbl amlwg fod hyn i gyd i fod yn eironig ac yn rhywbeth bwriadol ar ran cyfarwyddwr y ffilm. Mae'n amlwg fod Fellini'n medru creu'r delweddau yma gan ein bod ni eisoes wedi bod yn gwylio cyfres o olygfeydd sy'n anhygoel o ran techneg ac effaith yn y ffilm cyn cyrraedd yr olygfa yn y *screen tests*, ac wedi gadael i Fellini ein hudo er mwyn cyflwyno cymysgedd o gymeriadau, atgofion a digwyddiadau real a ffantasïol efo'r stoc ffilm du a gwyn yn cael ei ddefnyddio i'r eithaf – *over-exposure* – yn ogystal â lot o saethu hwyr y nos. Mae Fellini, wrth gwrs, yn medru trawsnewid profiadau real yn gelf sinematig, a'r un pryd, mae o'n creu prif gymeriad sydd yn methu gwneud hyn! (Sôn am ei chael hi bob ffordd.) Thema'r ffilm yw'r brwydro yna sy'n digwydd dros yr enaid creadigol. Sut mae defnyddio'r egni yma, pwy yw'r person go iawn, y person real 'ta'r person creadigol, be sy orau, realiti neu ffantasi, 'ta cymysgedd o'r ddau?

Os ydach chi o ddifri am wneud ffilmiau, mae'n hanfodol eich bod chi'n gwylio'r ffilm hon. Os 'dach chi ar frys, jest gwyliwch yr olygfa gyntaf, lle mae Fellini'n creu teimlad o banic llethol er mwyn dangos i ni'r gynulleidfa sut mae'n teimlo i fod yn berson sy'n gwneud ffilmiau. Dangos y stres a'r *nausea* sy'n rhan annatod o dy fywyd y munud rwyt ti'n derbyn cyfrifoldeb dros greu ffilm; y pwysau artistig a'r pwysau ymarferol yn bwysau aruthrol ar y bersonoliaeth a'r system nerfol. Os 'dach chi'n cael trafferth deall a chydymdeimlo â hyn, hwyrach nad byd sinema ydi'r un i chi. Mae 'na hiwmor cynnes yn perthyn i'r ffilm hefyd. Y jôc trwy'r cyfan yw nad oes dim byd yn bodoli heblaw am y llanast, ac yn y llanast hwn, mae'r ffilm yn dangos fersiwn o Fellini sy'n methu cwblhau ffilm ar bob lefel. Pan oedd newyddiadurwyr yn gofyn a oedd tebygrwydd rhwng Fellini a'r prif gymeriad yn y ffilm, byddai Fellini'n deud, 'Wrth gwrs, mae'r ddau yn gwbl wahanol, tydi Guido ddim yn gwneud ffilm, Fellini sy'n gwneud ffilm.' Hwyrach nad ydi'r ffilm, sy'n ymddangos ar adegau fel bywgraffiad gonest iawn yn y bôn, yn cynnig unrhyw wirionedd o gwbl am y person arbennig hwn, ei bod yn amhersonol, hyd yn oed, tric clyfar, y celwydd sy'n datgelu'r gwir.

Beth bynnag ydi'r 'gwirionedd', mae'n ffilm wyrthiol. Roedd Fellini yn anrheg wych i'r byd, a dylen ni drysori ei ffilmiau a'i fywyd. Bu'n ddylanwad cwbl bositif ar fyd sinema, ac mae'n werth cofio'r hyn dwi newydd ei ddarllen yn *The Guardian* – dyma ddyn a oedd yn ddigon o atyniad wedi iddo ymddeol i ddenu Germaine Greer 'to hunt him down for a shag' wrth iddi basio trwy Rufain yng nghanol y 1970au – *result*!

Roedd tair ffilm fwyaf poblogaidd a dadleuol yr Eidal yn y flwyddyn 1960 yn diffinio *annus mirabilis* dyfodiad sinema Eidalaidd. Nid dewis beirniaid oeddent, ond dewis y cyhoedd – y ffilmiau roedd pobl gyffredin yn y wlad yn ysu i'w gwylio yn y sinema. Mae'r tair yn diffinio lot o obsesiynau sinema dramor – rhyw, cymdeithas yn dirywio, trais ac emosiynau tanllyd law yn llaw â thechnegau sinematig newydd oedd yn cael eu defnyddio am y tro cyntaf i geisio delio efo'r broblem oesol o sut i gyfleu bywyd ar y sgrin – a *box office gold*, hefyd! Dyma nhw: *Rocco and his brothers* gan Luchino Visconti (*Ossessione*), *La Dolce Vita* Fellini, ac yn olaf, *L'Avventura*, ffilm arall mewn du a gwyn, a stori am gariad a rhyw gan Michelangelo Antonioni. Profodd y genhedlaeth hon o'r Eidal mai du a gwyn yw lliwiau mwyaf prydferth sinema. Mae'r drydedd ffilm yn cyflwyno dyn newydd yn hanes y ffilm Eidalaidd, ac unwaith eto, llwyddodd rhywun o'r Eidal i greu ffordd wahanol, newydd o gyfleu realiti ar y sgrin. Doedd yr artist hwn ddim yn ddyn breuddwydiol, nwydus fel Fellini, nac yn wleidyddol fel Rossellini, na chwaith yn sefyll yn *flamboyant* yng nghanol cymdeithas fel Visconti. Yn hytrach, dyma ddyn sy damaid bach ar wahân, i'w weld yn sefyll, gan amlaf, *off-centre*.

Cafodd Michelangelo Antonioni ei eni yn Ferrara yn 1912 – dyn o'r gogledd, sidêt, hapus i gael ei weld yn y rhes gefn, ond hefyd yn mynnu ei ffordd ei hun gymaint ag unrhyw un o'r *maestros* Eidalaidd eraill. Roedd yn ofalus be roedd yn ei ddeud, a doedd o ddim yn ddyn a fyddai'n esgeulus wrth drafod na datgelu ei emosiynau personol. Roedd ei gefndir cynnar yn cwmpasu astudio economeg a diddordeb mewn pensaernïaeth a dylunio. Dechreuodd ei yrfa sinematig drwy sgwennu adolygiadau beirniadol yn oes y Ffasgwyr. Erbyn diwedd yr Ail Ryfel Byd, roedd yn un o'r unigolion a gafodd gynnig mynd i Salò, ond gwrthod a wnaeth. Yn y 1950au, dechreuodd ei yrfa gynhyrchu efo cyfres o ffilmiau a'i harweiniodd fel llinell syth at *L'Avventura*, ffilmiau lle bu'n arbrofi â threfn y naratif a hanfod amser. Roedd y saethu'n digwydd yn lleol yn y gogledd, gan ei fod yn honni ei fod yn ansicr sut i drin pobl y de, pobl oedd yn wahanol iddo fo, yn rhy fywiog. Hefyd, roedd haul clir y de yn creu problem iddo, gan fod gormod o gysgodion pendant yn gorfodi Antonioni i saethu i un cyfeiriad yn unig, ac felly dewisodd ffilmio o dan awyr lwyd y gogledd.

I rai, mae Antonioni yn artist sy'n 'anodd' ei ddallt a'i fwynhau. Yn fy marn i, dydi hynny ddim yn wir – mae o jest yn wahanol. Mae 'na emosiwn yn ei ffilmiau, ond rywsut, tydi'r actorion ddim yn emosiynol. Mae o'n dangos trwy fanylder sut mae cymeriad yn bihafio, a chyda'r un manylder, mae o'n dangos y lleoliad lle mae hyn yn digwydd hefyd. Oherwydd hyn, mae ystyr y ddrama a'r stori'n llifo o'r sgrin. Tydi ei ffilmiau ddim wir yn dilyn patrwm yr arwr confensiynol, er bod prif gymeriad ei ffilm enwocaf, *Blow-Up* (1966), sef Thomas y ffotograffydd, yn arwr o ryw fath – gwrtharwr o bosib – ac ymddangosodd sêr Hollywood fel Jack Nicholson yn ei ffilmiau.

Nid yw Michelangelo am farnu'r cymeriadau na thrio esbonio be maen nhw'n ei wneud, jest eu dangos nhw, eu disgrifio nhw, dyna ei arddull. Tydi'r gwleidyddol ddim yn rhan o'i ffilmiau chwaith: 'Dwi'n disgrifio problemau heb gynnig unrhyw atebion,' meddai. Mae ei ffilmiau'n enwog am fod yn esiamplau gwreiddiol o'r ffilm gelf, rhywbeth sy wedi dioddef degawdau o ddychanu, y ffilmiau yna lle ma pethau'n bodoli ar lefel symbolaeth, yn symud yn araf, yn fetaffisegol, diflas, amwys ac weithiau jest yn rhy ddryslyd iddi fod yn bleser eu gwylio.

Gydag Antonioni, mae'r pethau pendant, y pethau 'sicr', yn gwbl ansicr. Fedri di ddim disgwyl i wrth-Ffasgydd fel Michelangelo gytuno fod portreadu 'sicrwydd' mewn ffilm yn rhywbeth gwerthfawr. Tydi pethau ddim fel 'na yn y byd, felly pam cynnig hynny mewn ffilm – dyna farn Antonioni. A phan mae'r teimlad 'ansicr' yna'n cael ei greu yn ei ffilmiau, 'dan ni'n teimlo'n anesmwyth ac yn wedi'n dieithrio, yn union fel y cymeriadau sy'n crwydro trwy'r storïau yma, yn edrych yn ddiflas neu'n drist neu'n anobeithiol. Anghofiwch y dychan a'r *clichés* – i mi, mae Antonioni yn gyfarwyddwr cyffrous dros ben, ac yn *L'Avventura* 'dan ni'n profi ei ddawn arbennig am y tro cyntaf. Yn 1960, roedden ni ar drothwy oes newydd, *the age of anxiety*, a 'dan ni'n gweld y dyfodol hwn yn cyrraedd yn y ffilm hon. Mae 'ystyr' yn diflannu, mae 'syniadau cadarn' yn diflannu, 'traddodiad' yn cael ei anghofio ac yn diflannu, y gymdeithas eang yn diflannu. Mae'r cymeriadau jest yn byw un peth ar ôl y llall yn y presennol; o hyn allan, hwn fydd tynged dynoliaeth.

'Stori dditectif o chwith' – dyna oedd disgrifiad Michelangelo o'r ffilm. Mae'r stori'n un syml – mae criw o bobl gefnog o Rufain yn ymgynnull i gael gwyliau glan môr ar Fôr y Canoldir mewn cwch sy'n teithio oddi ar arfordir ynys Sisili. Yn eu plith mae pensaer o'r enw Sandro a'i gariad ysbeidiol Anna, merch gyfoethog eithaf *spoiled*, a Claudia, ffrind dosbarth gweithiol Anna. Mae'r cwch yn angori ar ynys greigiog, a heb yn wybod i ni sut, mae Anna'n diflannu. Mae'r criw yn treulio amser yn chwilio amdani heb lwyddiant. Mae Sandro a Claudia'n dewis aros ar yr ynys er mwyn parhau i chwilio, a thrwy wneud hyn, maen nhw'n dechrau ar berthynas newydd, betrusgar, anwadal – 'mae pob dydd, pob cyffyrddiad emosiynol, yn creu antur newydd' – dyma'r 'antur' sy'n rhoi ei theitl i'r ffilm.

Ar sawl lefel, mae'r ffilm yn un syfrdanol a gwahanol. Y peth mwyaf hynod amdani yw'r ffaith ei bod yn gwrthod cynnig unrhyw ddiweddglo i ni fel cynulleidfa. Tydan ni byth yn darganfod be ddigwyddodd i Anna. Pan ofynnwyd i Antonioni ei hun be oedd ei thynged, doedd o ddim yn gwybod chwaith. Dyma'r tric newydd mae'r ffilm yn ei chwarae. Gan nad ydi'r cymeriadau'n gwybod be ddigwyddodd, 'dan ni ddim yn cael gwybod chwaith – rydan ni'n bodoli ac yn bihafio fel y cymeriadau.

Wrth i'r cymeriadau golli diddordeb yn y chwilio, a chanolbwyntio mwy ar y berthynas newydd sy'n tyfu, rydan ni a'r ffilm yn gwneud hynny hefyd. I Antonioni, mae'n fwy diddorol dilyn be sy'n digwydd rhwng Sandro a Claudia na phendroni sut mae gwaith yr heddlu'n dod yn ei flaen. Tydan ni byth yn gwybod mwy na'r cymeriadau am bethau – nid Hitchcock mo hwn.

Yn sicr, mae'r diflaniad yn creu dirgelwch pwerus sy'n galon gref i hanner cyntaf y ffilm, a thrwy arddull Antonioni, mae'r awyrgylch a'r lleoliadau 'dan ni'n eu profi i gyd yn atgyfnerthu'r dirgelwch yma, yn atseinio'r gwagle mewn ffordd sy'n ein hanesmwytho'n llwyr. Mae

Antonioni'n gosod unigolion, a grwpiau o bobl, yng nghanol
y lleoliadau diffrwyth yma ar y creigiau, a rhywsut, maen
nhw'n ymdoddi'n rhyw wead neu sylwedd arall sy jest yn
rhan o'r lleoliadau a'r byd. Tydi'r ffilm ddim yn cynnig
cymeriadau sy'n weithredol yn hen ystyr y naratif sinematig,
ond mae'n dal i greu naratif wrth i'r bobl doddi i mewn i'r
lleoliadau marwaidd – yr ynys garreg, y pentref gwag, y trên,
y gwesty cysglyd ben bore. Mae'r lleoliadau'n rhan o'r naratif
yn ôl rheolau newydd Antonioni:

> Dwi'n gwneud ffilm am emosiynau ansefydlog, felly mae
> dangos y lleoliadau yna'n atgyfnerthu'r cynllun hwnnw. Trwy
> ddangos pethau ansefydlog fel y môr, stormydd, adeiladau
> heb bobl, mae elfennau'r stori'n cael eu hatgyfnerthu. Dwi'n
> medru deud i sicrwydd fy mod i'n credu os wyt ti'n saethu
> mewn lleoliad naturiol yn hytrach nag mewn stiwdio, mi wyt
> ti'n dal i sgwennu'r ffilm wrth ffilmio tu allan.

Chwaraeodd cyfnod saethu *L'Avventura* ran bwysig yn hanes
y ffilm. Mi oedd hi'n *shoot* anodd uffernol, yn para misoedd,
problemau di-ri wrth geisio saethu ar y môr ar ynysoedd
anghysbell, a'r sefyllfa ariannol yn drychinebus. Aeth y
cwmni y tu ôl i'r ffilm yn fethdalwyr, ag Antonioni'n gorfod
brwydro yn erbyn y criw a'r cast, oedd am ei heglu hi o 'na,
er mwyn medru gorffen y ffilm erbyn dechrau 1960. Ffilm
haf gafodd ei saethu yn y gaeaf oedd hi, sefyllfa oedd yn
galluogi Antonioni i ddefnyddio golau'r awyr lwyd, a phan
gymerodd cwmni cynhyrchu newydd yr awenau ariannol er
mwyn gorffen y ffilm, medrodd Antonioni sicrhau ei ryddid
artistig i ddilyn y stori roedd o am ei dilyn. Fel hyn, roedd yn
bosib iddo anwybyddu unrhyw bwysau gan y cynhyrchwyr
newydd i fod yn gonfensiynol ac esbonio diflaniad Anna.

Bedwar mis ar ôl gorffen saethu, cafodd y ffilm ei gweld am y tro cyntaf yng Ngŵyl Ffilm Cannes, a llwyddo i ddenu ymateb ffyrnig – pobl yn cerdded allan, bwian uchel a chwibanu. Yn sicr, mi fase ymateb o'r fath wedi lladd unrhyw ffilm arall yn syth, ond fe ddaeth y beirniaid a'i gydgyfarwyddwyr allan i amddiffyn y ffilm ar unwaith, ac i honni fod 'na wawr newydd wedi cyrraedd, a bod ffilm ddadleuol Antonioni yn cynnig ffordd newydd o adrodd stori. Dwi'n hoffi ffilmiau Antonioni am wahanol resymau. Weithiau, dwi'n teimlo nad ydw i'n dallt yr hyn sy'n digwydd ar y sgrin, a'r rheswm am hyn yw nid achos 'mod i'n Gymro yn hytrach nag yn Eidalwr, ond achos mai dymuniad Antonioni yw creu'r teimlad yna ynof fi. Mae'n arddull sy'n *acquired taste*, yn sicr – nid pawb fyddai isio gwylio *anti-action movies* Michelangelo. Mae ganddo wrthwynebwyr hyd heddiw, sy'n galw ei effaith ar fyd sinema yn 'the cold, dead hand of Antonioni'. Maen nhw'n gweld bai arno am ei fod yn penderfynu cymryd pethau sy'n bodoli eisoes, fel drama, cyffro, cynnwrf a chyflymdra, a'u ffeirio nhw am rywbeth llai *glamorous*, mwy annelwig, mwy fflat, niwlog, mwy diflas a llai dramatig. Ond i mi, mae o jest yn chwilio am ffordd newydd i ddangos y byd, ac yn ymfalchïo yn y rhyddid o fedru cael gwared â'r hen ffordd o wneud petha – onid dyma hanfod elfennol pob artist? Mae Antonioni yn gwbl glir am yr hyn mae'n ei wneud efo'r arddull bersonol hon. Mewn datganiad a wnaeth i amddiffyn *L'Avventura* yn syth ar ol y *première* chwedlonol yna yn Cannes yn 1960, dywedodd:

> Yn oes y Dadeni, roedd dyn yn medru teimlo rhyddid, ac ymfalchïo mewn bod yn fyw, gan ei fod yn credu mai'r ddynoliaeth oedd canolbwynt pob peth. Ond mae'r dyn

modern yn gwybod nad yw'r ddaear yn ganolbwynt
unrhyw beth, dim ond yn sbecyn di-nod ar ben draw
bydysawd anferthol, dienaid. Mae'r dyn modern wedi colli'r
teimlad yna o fod yn bwysig, o fod yn ganolbwynt pethau,
felly mae'n byw bywyd sy'n llawn teimladau o ofn ac
ansicrwydd.

Canlyniad pwysicaf y newid hwn, yn ôl Antonioni, oedd
y pwyslais a'r amlygrwydd oedd yn cael eu rhoi ar ryw
a rhywioldeb yn yr oes fodern, ac sy'n dal i fod heddiw.
Mae ffwcio yn fodd i lenwi'r gwacter dirfodol. Dyna pam
mae rhyw yn llifo i mewn i bob agwedd ar fywyd modern.
Symptom yw'r ddibyniaeth yma ar ryw, wrth gwrs, nid
y broblem elfennol. Yn y bôn, mae'r ddynoliaeth yn
anhapus, a phan mae dyn yn anhapus, mae o'n ymateb
i hyn mewn ffordd sy'n achosi mwy o niwed iddo'i hun,
druan.

Yn *L'Avventura*, tydi Antonioni ddim yn barnu Sandro
am fynd ar ôl cysur perthynas rywiol gyda Claudia tra bod
ei gariad, Anna, ar goll. Dyna sy'n digwydd mewn natur –
mae'r gofod yn cael ei lenwi bron yn syth. Tydi hyn ddim
yn *shocking* nac yn sgandal yn yr oes hon. Mae Antonioni
hefyd yn gwneud y pwynt pwysig fod dyn yn barod
iawn i ddiystyru a lluchio i'r bin unrhyw ddamcaniaeth
neu reolau technolegol neu wyddonol sydd wedi cael eu
profi'n ddiwerth i'r oes newydd heb unrhyw broblem o
gwbl. Ond ym myd yr emosiynau, 'dan ni'n glwm wrth yr
hen ffordd o feddwl am bethau. Hen reolau, hen fythau,
hen ddefodau. Rydan ni'n gwybod eu bod yn anaddas, ac
yn anghymwys bellach, ond 'dan ni ddim yn eu hepgor.
Erbyn heddiw, mae cariad a'r gyfraith yn llai o elynion (yn
y DU, o leiaf), ond tydi godinebu na bod yn *promiscuous*

yn dal ddim yn mynd i fod yn dderbyniol dros nos. O ganlyniad, mae'r dyn modern yn ei rwymo ei hun mewn rhaffau moesol sy jest yn gwneud i bethau fynd o ddrwg i waeth.

Mae'r ffilm yn awyddus i drafod rhyw, sy'n bwnc masnachol, wrth gwrs. I gynulleidfa'r 1960au, roedd gweld Antonioni yn gwrthod beirniadu'r ffordd mae Sandro yn bihafio yn chwa o awyr iach. Mae o'n derbyn fod gan ddynion obsesiwn efo rhyw, weithiau mewn ffordd sy'n gwbl anaddas i'r sefyllfa maen nhw ynddi. Mae Antonioni'n deud ei bod yn bwysig i ni ddallt fod yr ysfa am ryw yn diffinio person gymaint ag unrhyw elfen arall, fel gyrfa, mamwlad, a statws cymdeithasol yr unigolyn. Mae *Vertigo* (1958), ffilm Hitchcock o'r un cyfnod, yn delio efo thema debyg. Sut mae dyn yn mynd o un cariad i'r cariad nesaf, be ydi'r broses, be ydi'r pethau sy'n ein gyrru at obsesiynau rhywiol? Yn syml, does 'na ddim ffordd o ddatod y cwlwm rhwng obsesiynau erotig a bywyd cyhoeddus, ac yn yr oes fodern hon, fedrith y cyfarwyddwr ffilmiau sinematig ddim fforddio cadw'r pethau yma ar wahân. Rhaid dilyn, neu ystyried o ddifri, ddamcaniaethau rhywun fel Sigmund Freud am effaith yr awch rhywiol ar gyfeiriad ein penderfyniadau.

Mae'r ffilm yn dal i gael ei beirniadu hyd heddiw am fod yn rhy araf ac anemosiynol. Tydi hyn ddim yn deg. Dydi hi ddim ond yn ffilm araf os wyt ti'n disgwyl i'r plot symud yn ei flaen mewn ffordd draddodiadol. Os nad wyt ti'n disgwyl hynny, mae'r ffilm yn medru hudo gyda'r gorau. O ran emosiynau, eto, mae hyn yn annheg. Mae arddull arbennig y ffilm yn ein galluogi ni i weld Claudia fel prif gymeriad dim ond ar ôl i ni weld Anna'n mynnu'r sylw cyn diflannu. Mae Claudia'n cael ei chreu allan o gysgod Anna, ac mae'r dyfodiad annisgwyl hwn yn creu atyniad cryf rhwng y cymeriad a'r gynulleidfa. Hefyd, mae'r ffaith fod Claudia'n gymeriad sy ddim yn gyfoethog nac yn *bored* chwaith, yn help mawr i greu cysylltiad emosiynol gyda'r gynulleidfa. Yn sicr, mae 'na emosiwn cryf iawn yn bodoli pan mae Claudia'n deud tua diwedd y ffilm: 'I ddechrau, roedd meddwl fod Anna wedi marw yn ddigon i fy lladd i. Rŵan, dwi 'di stopio crio, ac mae gen i ofn clywed ei bod hi'n dal yn fyw.'

Erbyn dechrau'r 1960au, felly, roedd yr Eidalwyr yn teyrnasu dros y byd ffilm. Bu'n daith anodd, ond roedd y byd bellach yn tyrru i wylio'r ffilmiau newydd yma, oedd yn trin rhyw, hanes, rhyfel, gwrwgydiaeth, cymdeithas, technoleg a natur crefft y storïwr a'i berthynas â realiti, a'i gyfrifoldeb amdano, mewn arddulliau modern, gweledol gyffrous. Roedd ffilmiau'r degawd newydd i gyd yn rhan o'r ddeialog gymdeithasol, yn bersonol ac yn wleidyddol mewn ffordd oedd yn sbarduno'r awch i frwydro dros ryddid. Nid mater o sut i bortreadu realiti oedd hi bellach, ond proses o dynnu realiti yn ddarnau, law yn llaw â dangos diddordeb yn y ffordd rydan ni'n profi realiti, yn ogystal â sut i newid pethau, wrth gwrs (gwell peidio anghofio Marx!). Ac i mewn i'r cyd-destun hwn y daeth y cyfarwyddwr Eidalaidd olaf dwi isio sôn amdano yn y bennod hon, a wnaeth ei ffilm gyntaf yn 1961 – Pier Paolo Pasolini.

Erbyn i *Salò*, ffilm olaf Pasolini, gael ei saethu yn 1975, roedd y diwylliant sinematig wedi llyncu Fellini, Antonioni, Visconti, De Sica, Rossellini, Bertolucci, Bellocchio a'r lleill, ac roedd yn eu prysur boeri nhw'n ôl allan mewn parodïau a chopïau ail-law a diwerth o'r syniadau gwreiddiol a fu unwaith yn newydd a gwerthfawr. Mae *Salò*, yn ôl pob llinyn mesur synhwyrol, yn haeddu teitl y ffilm waethaf

i gael ei chynhyrchu erioed. Mae 'na le i ddeud ei bod
yn ceisio lladd sinema a'i grym masnachol. Ni laddwyd
sinema – yn hytrach, dyna fu hanes Pasolini, ac mae'r stori
drasig hon yn ddiweddglo brawychus i benderfyniad un
cyfarwyddwr Eidalaidd i ildio, a mentro i Salò.

Os oedd Antonioni'n ddyn a oedd yn gweld y presennol
fel y prif brofiad o realiti, a Fellini'n nofio'n ddwfn ym myd
breuddwydion, tra oedd Rossellini'n glir ei arddull – 'mae
realiti yna yn barod, pam ceisio ei newid?' – roedd athrylith
olaf sinema Eidalaidd yn ddyn a oedd yn teimlo'n reddfol
fod 'na wirionedd a realiti yn ein gorffennol yn ogystal
â nawr, yn y cyflwr oesol fytholegol. Trwy ei ffilmiau,
tynnodd y gorffennol yn ôl i mewn i'r presennol, i greu
cysylltiadau yn y presennol oedd yn rhedeg yn ôl a blaen
rhwng heddiw a ddoe. Mae hon yn arddull artiffisial, ond
mae'n creu synnwyr perffaith yn nüwch y sinema. Dyma'r
tric i chi ei gofio, bobl – tydi system nerfol y ddynoliaeth
ddim wedi newid na thyfu o gwbl ers cannoedd o filoedd o
flynyddoedd. Dydw i'n ddim mwy sensitif na dyn a oedd yn
byw yn Oes y Cerrig neu'r Oes Efydd. Efallai fod gen i fwy
o brofiadau a dealltwriaeth, ond yr un fioleg a'r un *circuits*
sydd yn y ddau berson. Mae'r teimlo yn teimlo'r un fath.

Fel tasech chi heb ddyfalu, bardd oedd Pier Paolo. Nid
pensaer oedd o, a doedd o ddim yn rhedeg syrcas; doedd
o yn bendant ddim yn wleidydd nac yn *aesthete* chwaith,
ond heb os, roedd yn feistr ar grefft sinema. Roedd ei
arddull sinematig yn dangos ei fod yn craffu ar fanylion
realiti mewn ffordd obsesiynol – y corff, y person oedd yn
bwysig. Defnyddiai wynebau a chwinciau pobl go iawn er
mwyn gwneud pethau yn 'real' – arddull debyg i'r arlunwyr
clasurol, fel Caravaggio neu Leonardo da Vinci, a oedd yn
defnyddio'r werin dlawd fel modelau ar gyfer eu lluniau

mawreddog. Arddull Pier Paolo oedd byw yn y gwter er
mwyn meistroli iaith y bobl ar waelod y domen, a chymysgu
hyn efo hen storïau dramâu'r Groegwyr, y Beibl, Chaucer
ac *Arabian Nights*. Arweiniodd ei obsesiwn â llenyddiaeth
ac ysgrifennu yn naturiol at ei gred sylfaenol: 'sinema yw
iaith ysgrifenedig realiti. Mae sinema yn ysgrifennu realiti
trwy ddefnyddio realiti'. Cyn i'w ffilm gyntaf, *Accattone*, gael
ei rhyddhau yn 1961, roedd o wedi creu argraff ar yr Eidal
trwy ei ysgrifau barddonol a beirniadol. Roedd Pasolini yn
workaholic, yn hynod ddeallus, ac yn bersonoliaeth unigryw
– yn wrthsefydliadol i'r carn ac yn hybu, drwy ei ysgrifau,
fuddiannau'r Trydydd Byd. Ar ben hynny, fo ydi'r unig
gyfarwyddwr enwog i gael ei lofruddio erioed (ac mae'n
hysbys ei fod yn un o arwyr y pêl-droediwr a'r actor Eric
Cantona).

Cafodd Pier Paolo ei eni yn 1922, wrth i'r Ffasgwyr
ddod i rym. Roedd ei dad yn Ffasgydd rhonc, a'i fam yn
fwy diwylliedig a chrefyddol. Yn nyddiau ei ieuenctid, ei
fam gafodd y dylanwad mwyaf arno, ac ymddiddorodd
mewn barddoniaeth ac yng nghefndir gwledig tlawd a
diwylliedig teulu ei fam yn ardal Friuli, yng ngogledd y
wlad. Yr ochr farddonol hon, hwyrach, yw'r rhinwedd
fwyaf nodweddiadol sy'n perthyn i'r dyn ei hun. Roedd
barddoni'n cynnig rhyw fath o ryddid iddo, a chyfrwng i
fynegi ei bersonoliaeth. Ac wrth gwrs, fel 'dan ni wedi'i weld
eisoes, roedd diwylliant ac iaith yn chwarae rhan bwysig
ar faes y gad o dan y Ffasgwyr yn y 1930au. Yn y cyfnod
hwn, roedd y Ffasgwyr yn benderfynol o geisio uno'r
wlad o dan un iaith – Eidaleg – ac yn ceisio cael gwared ar
dafodieithoedd amrywiol a chyfoethog y rhanbarthau. Yn
wahanol i rywle fel Prydain, lle diflannodd diwylliant y
werin yn sgil y Chwyldro Diwydiannol, roedd yr Eidal yn

frith o ddiwylliannau unigryw a ymddangosai'n gyntefig i'r
Ffasgwyr.

Penderfynodd Pasolini ddysgu tafodiaith teulu eu fam,
Friulieg, a chyhoeddodd ei gasgliad cyntaf o gerddi yn 1942
yn y dafodiaith gymharol leiafrifol hon. Ar y pryd, roedd
o'n byw yn Casarsa gyda'i fam, yn ceisio osgoi erchyllterau'r
rhyfel. Ffynnodd yng nghanol diwylliant a oedd, yn ôl
y Ffasgwyr, yn rhyw fath o *non-culture*. Dywedodd: 'Mi
ddysgais Friulieg i fynegi teimlad o undod a chariad. Yn sicr,
roedd yn weithred ddelfrydgar o fath, yn un ymylol, ond
gwyddwn ar unwaith fy mod i wedi camu i fyd yr wrthblaid
drwy wneud hyn'. Roedd y weithred hon yn nodweddiadol
o agwedd Pasolini – uniaethu â'r *underdog* fyddai ei *modus
operandi* gydol ei fywyd. Fel artist talentog, uchelgeisiol,
roedd ganddo ego anferthol, ac ystyriai ei hun yn unigolyn
a fyddai'n llwyddo trwy gael ei erlyn. Doedd o ddim yn
poeni'n ormodol am ennill pob dadl oedd yn codi, yn
hytrach, roedd yn bwysicach iddo ei fod yn sefyll ar ochr
gywir y ddadl bob tro, hynny yw, yn groes i'r bobl mewn
grym ac awdurdod. Roedd defnyddio Friulieg yn weithred
ddigyfaddawd a direidus o ran dewis gwleidyddol, a hefyd yn
rhywbeth y tu hwnt i fywyd normal, bob dydd. Yn lle agosáu
at weddill y byd, symudodd yn bellach oddi wrtho drwy
ddefnyddio iaith oedd prin yn medru bodoli'n effeithiol
yn y byd modern, ond a oedd yn gweddu'n berffaith i
farddoniaeth. Swnio'n gyfarwydd? Mae'r darn hwn o hanes
Pasolini yn fy atgoffa o hanes yr iaith Gymraeg, a'i natur
amwys yn hanes hynafol Prydain. Yn sicr, mae 'na elfennau
o'r *awkward squad* yn perthyn i Pasolini yn yr un modd â'r
hyn a welwyd yn y rhan fwyaf o'r diwylliant Cymraeg ei
iaith dros y blynyddoedd. Mae brwydro yn erbyn y drefn yn
un ffordd o fyw realiti – fersiwn benodol o realiti ydi hon,

ond mae'n realiti sy'n sicr yn bodoli yn y frwydr dros y
Gymraeg, yn ogystal ag wrth galon gweithgareddau Pasolini
fel artist unigryw ym myd sinema.

Yn ystod yr Ail Ryfel Byd, cafodd ei ddal gan y Natsïaid,
dianc, a mynd i guddio gyda'i fam a'r Friuliani yn y gogledd.
Cafodd ei frawd, Guido, ei ladd yn y cyfnod hwn tra oedd
yn brwydro yn erbyn y Ffasgwyr o amgylch Salò. Er ei bod
yn debyg mai'r Comiwnyddion fu'n gyfrifol am ladd Guido,
ni allai Pier Paolo weld unrhyw elyn heblaw'r Natsïaid a'r
Ffasgwyr. Ymunodd â'r Blaid Gomiwnyddol yn syth ar ôl
y rhyfel, ac ennill dylanwad yn fuan iawn wrth weithio fel
athro ysgol yn ogystal â bod yn ysgrifennydd y blaid yn
Casarsa. Ond collodd bopeth pan fu'n rhaid iddo adael a'i
heglu hi i Rufain oherwydd ei fod yn or-hoff o gael rhyw
efo rhai o'r bechgyn yn y Blaid Goch. Erbyn 1949, roedd o
a'i fam yn byw yn Rhufain, yn un o'r *borgate* (trefi sianti) ar
gyrion y ddinas. Yma, cafodd ei hudo a'i ddenu gan is-fyd
ei gartref newydd, y tlawd a'r balch a'r troseddwyr a gafodd
eu portreadu ganddo fel cymeriadau cofiadwy yn ei nofel
gyntaf *Ragazzi di Vita* (*Hustlers*), a gyhoeddwyd yn 1955.

Bron yn syth, cafodd y llyfr ei feirniadu'n hallt am fod
yn ymosodiad ar weddustra cyhoeddus. Dyma oedd y
cam artistig cyhoeddus cyntaf a olygai y byddai Pasolini'n
gwisgo mantell *bête noire* mwyaf diwylliant yr Eidal. Roedd
yr holl sgandal yn handi i ddenu sylw'r byd ffilm, fodd
bynnag. Gan fod sinema'n barod iawn i estyn croeso i
bobl sy'n medru corddi'r dyfroedd, cyn hir, cafodd waith
sgwennu deialog ar ffilm Fellini, *Nights of Cabiria* (1957), a
dechrau ei yrfa sinematig ei hun yn 1961 gydag *Accattone*,
stori a ddaeth yn syth allan o'r slyms.

Mae'r farn gyffredinol yn gweld fod dwy elfen bendant
yn rhan o arddull sinematig Pasolini. Ar y naill law, mae

'na awydd cryf iawn i ddefnyddio realaeth, a etifeddwyd gan y neorealiaid, ac sy hefyd yn tarddu o'i gred mewn Marcsiaeth. Ac ar y llaw arall, mae yma olion o'i gefndir Catholig, sy'n barod i ddefnyddio mytholeg, ffurfiau ac arddull weledol crefydd er mwyn ceisio torri trwodd, a thyllu i lawr trwy ddefnyddio delweddau i gyrraedd rhyw realiti mwy 'real' sy'n bodoli'n ddwfn o dan yr wyneb.'Dwi'n credu mai fi yw'r cyfarwyddwr Eidalaidd lleiaf Catholig, ond yn sicr ni all unrhyw artist o'r Eidal honni nad ydi o'n Gristion, yn ddiwylliannol.'

Dyma'r elfen a welir yn glir yn *Accattone*, lle mae'r stori'n boenus o real, ac o'i gwylio drwy brism Pasolini, mae'n brofiad sy'n debyg i farddoniaeth. Mae'r ffilm yn olrhain hanes trasig pimp o slymiau Rhufain, ac mae'r arddull yn defnyddio delweddau a ysbrydolwyd gan gampweithiau'r Dadeni, law yn llaw â thechnegau rhaglenni dogfen.

Mae'r enw 'Accattone' yn wyrdroad hefyd, gan mai Vittorio (buddugoliaeth) yw enw gwreiddiol y pimp. Ond, fel mae o'n ei ddeud wrth ferch yn y ffilm, mae 'na ddigon o'r rheini o gwmpas, ac mae'n well ganddo gael ei alw'n *accattone* – cardotyn, *scrounger*. Tydi'r ffilm ddim yn ei farnu, ond yn hytrach, mae'n dangos ei fywyd dibwrpas, ac yn barnu'r byd sydd o'i gwmpas. Mae Pasolini yn rhoi'r *pimp* wrth galon y ffilm, ac yn ei gyflwyno i ni fel person sanctaidd. Mae o'n gweld Accattone fel rhyw fath o gymeriad y tu allan i drywydd y byd modern, yn greadur cynoesol, efo'i iaith gyntefig a'i fodolaeth bathetig. Mae ei fywyd yn rhywbeth hollol ddiwerth, sydd hefyd yn brydferth oherwydd ei fod mor ddiwerth.

Mae'r ffordd mae Pasolini'n defnyddio arddull 'sanctaidd' i ffilmio'i gymeriad yn gwneud i'r fodolaeth ddiwerth hon ymddangos fel rhyw fath o arddull sinematig newydd, farddonol ar y sgrin. Mi oedd Pasolini yn credu ei bod yn anorfod i'r ffilm fabwysiadu'r arddull newydd hon, gan fod neorealaeth, yn ei dyb o, wedi dod i ben, wedi hen farw yn yr Eidal (er ei bod yn fyw ac yn iach yn Ffrainc gyda Godard, ac ym Mhrydain), a bod y teimlad hwnnw o obaith a fu'n rhan o'r mudiad ar y cychwyn wedi marw hefyd. Mae o'n gwneud ffilmiau sy'n realistig, ond ddim yn ôl eu rheolau nhw. Mae Pasolini yn casáu 'naturioliaeth'. Mae ei ffilmiau'n llawn golygfeydd byr, a thorri cyson yn ôl a mlaen, heb unrhyw ymdrech i roi teimlad i'r gynulleidfa o un digwyddiad hir sy'n cael ei ddal gan y camera. Iddo fo, mae arddull naturiol yn ffals. Yn ffals gan fod y neorealiaid yn credu rhywsut fod bod yn naturiol yn gyfystyr â bod yn wir. I Pasolini, mae hyn yn gwbl anghywir. Yn y ffilm hon, mae o'n saethu o'r tu blaen fel peintiadau clasurol, a'r camera'n symud dros wynebau'r cymeriadau yn union fel llygaid yn symud dros gynfas. 'Gyda'r ffilm hon,' meddai, 'dwi'n cerdded y llinell yna rhwng y ddelwedd grefyddol, epig ac arddull naturiol. I mi, mae'n bwysig gwneud y cysylltiad rhwng pŵer y ddelwedd grefyddol a bywyd *scummy* pimp modern o'r slymiau. Dydw i ddim yn ceisio bod yn gableddus – yn hytrach, dwi'n ceisio agosáu at y gwirionedd.' Mae hi'n ffilm gignoeth ac, wrth gwrs, bu trafferth gyda'r awdurdodau cyn gynted ag y cafodd ei rhyddhau. Ond tyfu wnaeth enw ac enwogrwydd Pasolini yn sgil yr holl sylw.

Ddwy flynedd yn ddiweddarach, cafodd ei hun mewn cawlach go iawn pan ddygwyd achos yn erbyn ei ffilm fer, *La ricotta*, yn 1963. Yn y ffilm hon, mae Orson Welles yn chwarae rhan cyfarwyddwyr sy'n trio saethu golygfa'r croeshoelio. Mae'r cymeriad Iesu-aidd yn cael ei chwarae gan bwdryn sy'n meddwl am ddim ond stwffio'i fol ac sy'n

marw, go iawn yn y ffilm, ar y Groes. Dedfryd o bedwar
mis o garchar (wedi eu gohirio) oedd cosb Pasolini am
ddyfeisio'r fath ffieiddra. Er i Pasolini honni nad oedd yn
fwriad ganddo greu ffilm gableddus (unwaith eto), prin
fyddai unrhyw un yn ei goelio nes iddo gynhyrchu ei ffilm
nesaf. Hon yw'r ffilm leiaf gableddus erioed, a'r ffilm orau
hyd yn hyn ym myd sinema am yr unigolyn cymhleth
hwnnw, Iesu Grist.

    The Gospel According to Matthew (1964) yw fy hoff
ffilm gan Pasolini, yn enwedig am ei bod yn defnyddio
cerddoriaeth mewn ffordd mor syfrdanol. Roedd *Accattone*
yn cynnwys miwsig clasurol, crefyddol yn gefndir i stori am
fywyd sgymbag, tra cafodd Iesu gerddoriaeth Blind Willie
Johnson yn drac sain. Yn fy marn, gan Blind Willie mae'r
llais canu *blues* gorau erioed. Does dim byd arall yn dod
yn agos at gyfleu'r profiad dynol o fodoli ar graig unig yng
nghanol bydysawd digariad, heb ddim yn gymorth heblaw
ffydd syml, o'i gymharu â llais a chaneuon Blind Willie.
Mae ei gerddoriaeth mor dda, mor bwerus, mor elfennol,
mor reddfol ac mor ddynol nes i NASA ei saethu i'r gofod
ar long ofod y *Voyager* er mwyn i *aliens* fedru mwynhau
gwrando arni. A be fyddan nhw'n ei glywed pan ddaw
Voyager dros y gorwel? 'Dark was the night', sy ar drac sain
y ffilm ac ar y llong ofod – cân ddieiriau, sy'n cyfleu mewn
ffordd anhygoel o bwerus brofiad bywyd y dyn du, a'i
unigrwydd o fod yn ddihiryn, ar ei ben ei hun o dan y sêr,
yn dioddef. Mae'r gân yn rhyw adlais o'r dyfodol, lle bydd
bywyd Pasolini ei hun, druan, yn dod i ben o dan y sêr ar y
ddaear oer.

    Mae cân arall gan Blind Willie sydd, i mi, yn rhyw fath
o fersiwn gerddorol o ffilm Pasolini, sef 'Soul of a Man' –
'Won't somebody tell me / What's the soul of a man'. Mae

Willie yn llais 'go iawn', un o'r lleisiau mwyaf 'go iawn' i gael ei recordio erioed, llais Pasolinaidd, yn wir. Rhy 'real', o bosib. Yn real yn yr un ffordd â'r wynebau mae Pasolini yn dewis eu dangos i ni yn ei ffilmiau. Hefyd, wrth gwrs, mae'r syniad o fod yn ddall a dod i weld y goleuni'n hanfodol i'r gred Gristnogol, ac yn wraidd i'r ffydd sy'n cynnal y grefydd yn ei symlrwydd mwyaf elfennol. Mae'r golau llachar ar y sgrin hefyd yn cynrychioli'r enaid dynol – 'I read the Bible often, / I tries to read it right, / As far as I can understand, / It ain't nothing but a burning light'.

Ar yr olwg gyntaf, roedd ffilm am fywyd Iesu i'w gweld yn ddewis annisgwyl i rywun fel Pasolini, ond yn y bôn, roedd hwn yn ddyn oedd yn ochri â phobl y cyrion yn reddfol, ac yn dewis byw a chymysgu â phobl dlawd tin domen. Roedd stori Iesu yn galluogi Pier Paolo i chwarae â thros ddwy fil o flynyddoedd o draddodiad Cristnogol, yn ogystal â lleoli'r stori yng nghanol profiad byw heddiw. Gan fod enw drwg gan Pasolini erbyn hyn, doedd hi ddim yn hawdd iddo hel yr arian i wneud y ffilm hon. Yn wreiddiol, chwiliodd am leoliadau ym Mhalestina, ond gwyddai fod y rhain yn anaddas (er eu bod yn gywir o ran hanes). Penderfynodd, felly, y byddai de'r Eidal yn fwy addas i'r fersiwn hon o hanes Crist. Daeth o hyd i holl leoliadau ffantastig y ffilm ei hun trwy yrru o gwmpas yr ardal. Ar yr un trip, dewisodd unigolion a wynebau o blith y bobl gyffredin a welodd i ymddangos o flaen ei gamera. Trwy wneud hyn, daeth â'r 'real' i mewn i'r hen stori hon. O ddewis y lleoliadau a'r cast fel hyn, cafodd cyllideb y cyfnod saethu ei chadw yn isel, am nad oedd angen adeiladu setiau drud na gwario ffortiwn ar golur a gwisgoedd. Hefyd, mae 'na symlrwydd yn y ffordd mae o'n adrodd y stori. Dim ond geiriau o'r Efengyl ei hun sy'n cael eu defnyddio yn y ffilm, ac mewn un ffordd, dyna sy'n galluogi i'r gerddoriaeth a'r tawelwch sy'n britho'r ffilm gael gymaint o effaith ar y gwyliwr.

Tydi'r ffilm hon am Grist ddim yn rhannu unrhyw DNA gyda'r epigau sy'n dod allan o beiriant Hollywood fel arfer, a cheir gwefr arbennig iawn o wylio Iesu fel cymeriad sy'n dy gorddi ac yn mynd dan dy groen di. Mae'n anodd cynhesu at Iesu Pasolini, ond yn sicr 'dan ni'n medru credu ynddo fel ffigwr chwyldroadol, os nad fel ffigwr dwyfol. Doedd Pasolini ddim yn credu mai mab Duw yw Iesu, ond roedd o'n driw iawn i gynnwys yr Efengyl. Cyfaddefodd fod y ffilm yn cyffwrdd â'r hyn oedd yn bodoli oddi mewn iddo fo fel person: 'O ran fy natur, dwi'n gweld y sanctaidd, y mythig a'r epig ym mhopeth, mewn pethau di-nod a distadl, hyd yn oed. Fedri di ddeud fy mod i'n gweld y byd mewn ffordd grefyddol, er nad ydw i'n credu yn Nuw o gwbl.'

Roedd arddull y ffilm yn wahanol iawn i *Accattone*. Ar y cychwyn, ceisiodd Pasolini ddefnyddio'r un arddull, ond digalonnodd, a cholli hyder yn y ffilm. Doedd ceisio portreadu'r sanctaidd trwy ddefnyddio arddull sinematig sanctaidd ddim yn tycio wrth drio adrodd stori Crist, a dim ond pan sylweddolodd hynny y cafodd Pasolini ei ryddhau i ddefnyddio pob math o arddulliau a thechnegau sinematig gwahanol i ddilyn Crist trwy'r ffilm. Pethau fel *zoom lenses*, miwsig modern, arddull ddogfen, fframio annisgwyl, *cinema verité* – cymysgedd o ddulliau a greodd arddull newydd, a'i galluogodd i bortreadu Crist fel cymeriad cymhleth, ag agweddau gwahanol yn perthyn i'w bersonoliaeth a'i ymddygiad. Un munud mae o'n destun embaras, y munud nesaf mae o ar dân yn areithio a bygwth y bobl; un munud mae'n dawel ac yn gyffredin, y munud nesaf mae'n cyflawni gwyrthiau. Bu'r campwaith hwn o ffilm yn llwyddiannus

dros y byd i gyd, ac er bod Pasolini'n dal i gael ei weld
fel poen yn din, bu canmoliaeth i'r ffilm gan yr Eglwys
Gatholig yn yr Eidal, hyd yn oed.

Mae'r ffilm yn cydio o'r olygfa gyntaf, lle 'dan ni'n gweld
merch ifanc – Mair – ac yn cael ein syfrdanu o weld mor
gyffredin ydi hi, ac mae'r un peth yn wir pan 'dan ni'n
gweld Joseff. Mae'r ddau yn bendant yn bobl 'go iawn', pobl
sydd wedi cael eu drysu gan yr hyn sy'n digwydd iddyn
nhw. Dyma bobl 'real', yn ei chanol hi, yn profi rhywbeth
arallfydol sydd ymhell y tu hwnt i'r profiad cyffredin, ac
mae hyn yn ein tynnu ni fel cynulleidfa yn syth i mewn i
stori o oes arall.

Ar ôl i'r ffilm hon gael ei rhyddhau, ffynnu wnaeth
gyrfa sinematig Pasolini. Mae'n deg deud mai fo oedd prif
gyfarwyddwr ifanc hanes sinema yn yr Eidal o hynny allan.
Cafodd cyfarwyddwyr eraill sylw, fel Bernardo Bertolucci
(a oedd yn gyd-weithiwr ar *Accattone*), a Marco Bellocchio,
am eu ffilmiau *Fists in the Pocket* (1965) a *The Conformist*
(1970), ond fel artist sinematig, Pier Paolo oedd ar flaen y
gad. Ar ddiwedd y 1960au a dechrau'r 1970au, cynhyrchodd
gyfres o ffilmiau a fwyngloddiai fytholeg yr oesoedd gynt er
mwyn ymosod ar y drefn grefyddol a phatriarchaidd a welai
o'i gwmpas. Cymerodd storïau Chaucher (*Canterbury Tales*
[1972]), Boccaccio (*The Decameron* [1971]) a'r Dwyrain Canol
(*Arabian Nights* [1974]), a'u taflunio ar y sgrin er mwyn
dangos i bobl beth roedden nhw ar fin ei golli o fyw yn ôl y
drefn honno. Bu'r ffilmiau'n llwyddiannus ledled y byd gan
eu bod yn canolbwyntio ar y pethau naturiol, corfforol, sy'n
rhan o fywyd, fel rhyw, blasu, teimlo, a phrofi pleserau syml
ein bodolaeth. Mae'r tair ffilm yn cael eu gweld fel trioleg –
'trioleg bywyd' – ffilmiau sy'n hawdd iawn i'r gynulleidfa eu
llyncu.

Er bod safiadau gwleidyddol a beirniadol y ffilmiau yma'n rhai y byddai llawer o artistiaid eraill yn eu harddel, mae'n bwysig cofio nad oedd Pasolini'n ofni gwneud penderfyniadau annisgwyl. Er enghraifft, yn ystod protestiadau mis Mai 1968, pan fu myfyrwyr yn cefnogi streiciau gweithwyr yn erbyn gorthrwm biwrocratiaeth a'r *élite*, roedd y rhan fwyaf o artistiaid y byd ffilm yn eu cefnogi. Ond ddim Pier Paolo. Roedd ei ymateb iddyn nhw yn glir. Fel roedd o'n ei gweld hi, plant y bobl gyfoethog, freintiedig oedd y myfyrwyr, ac roedden nhw'n ymosod ar heddweision a oedd yn blant i'r bobl dlawd.

Gydol ei oes, y prif bwnc llosg gwleidyddol, a'r broblem fwyaf i Pasolini, oedd y ffordd roedd y system gyfalafol yn rhedeg economi'r blaned, ac yn enwedig sut roedd pobl yr Eidal yn colli eu dynoliaeth yng nghanol hyn i gyd. I Pasolini, roedd y systemau dinistriol yma'n diystyru bywydau pobl dlotaf a mwyaf cyntefig cymdeithas, yn ogystal â chael gwared â'r pethau sanctaidd a barddonol yn eu bywydau bob dydd, ac yn eu ffeirio am fywyd oedd yn cael ei reoli a'i ddiffinio yn ôl pa mor effeithiol a defnyddiol yw pethau ariannol yn hytrach nag yn ôl unrhyw linyn mesur arall – 'Dwi'n casáu popeth i'w wneud â *consumerism*, dwi'n ei gasáu mewn ffordd gorfforol, real'.

Yna, yn 1975, dechreuodd saethu ei ffilm olaf – ffilm a fyddai'n wrthgyferbyniad pendant i ffilmiau'r drioleg. Roedd y ffilm yn ddatganiad artistig, unwaith mewn oes, a fyddai'n llwyddo i drosglwyddo'r atgasedd at gymdeithas y defnyddwyr a gorddai'r tu mewn i'r cyfarwyddwr yn syth i mewn i ddychymyg y gynulleidfa trwy'r delweddau ar y sgrin. Dyma'r ffilm sy'n dangos i ni beth roedd Pasolini yn credu oedd yn digwydd i'n bywydau a'n heneidiau.

Dyma oedd y ffilm fyddai'n dangos be sy'n digwydd pan mae'r math hwn o gymdeithas yn ffynnu heb reolaeth. Dyma'r ffilm sy'n deud: unwaith i ti gael dy ddiraddio gan y system, fydd dim terfyn ar yr hyn rwyt ti'n fodlon ei lyncu.

Enw'r ffilm yw *Salò*, a hon yw'r ffilm fwyaf dadleuol yn hanes sinema. Nid wyf yn eich annog i'w gwylio *per se* – ddim o gwbl – dwi ddim ond isio nodi fod i'r ffilm hon ddrewdod uffernol sy'n anodd ei anghofio. Mae'n ffilm am y pethau gwaethaf sy'n bodoli ynom ni fel pobl, a thrwy gyfuno mwy nag un dylanwad a thestun hanesyddol, creodd Pasolini fyd hunllefus, oesol, sy ar adegau yn gwbl amhosib ei stumogi. Yn wahanol i'r cyfarwyddwyr eraill yn y bennod hon, bu'n rhaid i Pasolini fynd i Salò, ac roedd o am wneud yn siŵr ein bod ni'n ei ddilyn.

Salò – lle'r aeth breuddwydion y Ffasgwyr i farw; Salò – lle cafodd brawd Pasolini ei ladd; Salò – lle byddwn ni fel cynulleidfa'n gorfod derbyn hwyrach fod 'na gyfyngiadau ar faint o realiti 'dan ni'n fodlon ei dderbyn i fyny ar y sgrin yna. Dim ond ffilm yw *Salò*, wedi'r cyfan, ond mae'n ffilm anodd ar bob lefel. Yn gyntaf, mae'n anodd cynnig synopsis ohoni. Tydi'r ffilm ddim yn cynnig unrhyw brotagonist i ni, neb sy'n arwr neu'n brif gymeriad. Yr hyn a welwn ydi pedwar dyn pwerus, sy'n cynrychioli'r gyfraith, yr eglwys, y gyfundrefn a'r banciau, wedi ymgartrefu mewn *villa* anghysbell gyda chriw o gaethweision ifanc a fydd yn cael eu harteithio a'u llofruddio ganddynt yn ystod y ffilm (a chyn i chi ofyn, na, tydi'r ffilm yn ddim byd tebyg i *Hostel*!).

Dwi'n credu fod Pasolini wedi trio ein dychryn ni er mwyn gwneud i ni sylweddoli fod pobl go iawn yn medru bihafio fel hyn yn y byd o'n cwmpas ni. Ac mae o'n iawn,

wrth gwrs – does dim ond angen i chi feddwl am garchar
Abu Ghraib, neu ddwsinau o enghreifftiau eraill (heddiw yn
y papur, mae'na stori am garchar yn Tiblisi, yn Georgia, lle
mae'r carcharorion yn cael eu treisio gan y gwarchodlu gyda
ffyn a choesau cadeiriau a byrddau).

Daw stori'r ffilm o nofel gan y Marquis de Sade, *The
120 Days of Sodom.* Os nad ydych chi wedi darllen unrhyw
beth gan y Marquis, mae'n deg deud fod ei arddull yn gwbl
unigryw – gormodedd geiriol hanner gwallgof ynghyd â
dychymyg anhygoel ar gyfer dyfeisio pob math o brofiadau
rhywiol eithafol. Mae darllen ei waith yn *exhausting*, nid
achos ei fod yn eich troi chi mlaen (tydi hyn ddim yn bosib,
credwch chi fi!) ond yn hytrach, am ei fod o'n manic, yn
methu canolbwyntio ar ddim heblaw rhyw a phrofiadau
rhywiol. Yn hanesyddol, mae'r Marquis wedi bodoli'r tu
hwnt i unrhyw realiti, ond ers i'r rhyngrwyd gyrraedd, ac
i'r holl fyd ddechrau nofio mewn porn, mae mwy a mwy o
nodweddion y dyn a'i waith yn ymddangos yn gyhoeddus
yn sgil dyfodiad pethau fel rhyw rhithwir a rhyw ar-lein. Ond
yn 1700, fo oedd yr unig un i weithredu fel hyn, yn llosgi â
budreddi. Mae ei ddylanwad wedi cael ei gydnabod ar waith
pobl fel Sigmund Freud, a'r pwyslais mae seiciatryddion
yn ei roi ar y bywyd rhywiol, a hefyd ar fudiadau celf
fel Swrealaeth, gan fod ei storïau am ryw mor grotésg ac
annhebygol. Dewisodd Pasolini storïau'r Marquis fel sylfaen,
a'u lleoli mewn lle go iawn, rhywle roedd y Pasolini ifanc yn
ei gofio o'i blentyndod fel lle prydferth, dilychwin, a'r man
lle lladdwyd ei frawd bach ar ddiwedd y rhyfel. Mae Pasolini
yn cymryd *piggy-back* ar gefn y Marquis de Sade, ac yn mynd
ati i ladd ac i arteithio heb unrhyw gydwybod, er mwyn
dangos gymaint o hunllef yw cymynrodd Ffasgaeth.

Cyn i ni ddigalonni'n llwyr â'r ffilm hon, mae 'na dinc

chwareus ym mhenderfyniad Pasolini i greu a saethu'r delweddau erchyll yma reit yng nghanol stiwdios enwocaf yr Eidal – Cinecittà, a adeiladwyd gan Mussolini 'nôl yn 1937 – er mwyn lledaenu negeseuon propaganda'r Ffasgwyr trwy ddelweddau sinematig.

Y rhan sy'n ein hypsetio fwyaf yn y ffilm yw'r 'cylch cachu'. Rydan ni'n gweld pobl yn bwyta cachu mewn golygfeydd hir – yn wir, mae hyn yn fwy o ypset na gweld pobl yn cael eu lladd. Mae 'na wledd lle mae pawb yn bwyta cachu (siocled, wrth gwrs!); y rhai mewn grym yn mwynhau'r profiad blasus, a'r rhai ar y gwaelod yn cael eu gorfodi i'w lyncu. Yn sicr, mae 'na bŵer yn perthyn i'r delweddau yma sy'n atgyfnerthu cred Pasolini fod y byd yn dirywio gymaint nes ein bod ni i gyd yn bwyta pethau ac yn byw bywydau sy wedi cael eu prosesu i'r eithaf. Yn y diwedd, mi fyddwn ni'n hapus i brosesu ein gwastraff, gan fod y syniad o ryddid, a gwerthfawrogi holl wychder amrywiol bywyd, wedi cael ei golli. Bwyta'i gachu yw pen y siwrnai mae dyn wedi ei gyrraedd ar ddiwedd yr ugeinfed ganrif, wrth i'r *multi-nationals* reibio'r blaned a'n heneidiau. Prif lwyddiant y campwaith hwn yw'r ffordd mae Pasolini yn ei gwneud yn glir trwy'r ddelwedd hon sut yn union mae pŵer yn cael ei ddefnyddio yn erbyn y corff dynol – ni sy'n cael ein rheibio, ein cyrff ni sy'n dioddef.

Ni chyrhaeddodd Pasolini *première* y ffilm orffenedig. Cafodd ei lofruddio bythefnos ynghynt. Yn ôl y naratif swyddogol, *rent boy* o'r slyms yn Rhufain oedd yn gyfrifol am ei ladd, er bod 'na sôn hyd heddiw fod Pasolini wedi creu gormod o elynion yn ei fywyd, a bod stori sordid y *rent boy* yn rhy debyg i waith Pasolini ei hun i fod yn gredadwy. Pwy a ŵyr – ond mae'n deg deud y buasai Pasolini ar ochr y llofrudd (*if he hadn't been the victim*!).

The atmosphere of scandal that mired *Salò* when it appeared was an aerosol of semen, excrement and blood. *Salò* was awash in come and shit; the blood was Pasolini's, his murder a gruesome affair, involving a nail-studded fence picket and his own sports car, which was repeatedly run over his body, [which] struck many as all of a piece with the sadomasochism of his last movie, and with a lifetime's pattern of patronising rough trade. One French reviewer urged that *Salò* be shown as a defence exhibit at the murder trial of defendant Pelosi, on the assumption that anybody capable of directing this film was practically begging to be murdered.

(Gary Indiana)

Penderfynais ddyfynnu geiriau'r nofelydd Gary Indiana am y ffilm a marwolaeth Pasolini yn eu cyfanrwydd, heb eu cyfieithu, er mwyn ei gwneud yn glir ei bod yn hollbwysig i ni i gyd ddallt pwynt difrifol iawn am y bobl arbennig sy'n gyfrifol am gyflwyno realiti i ni yn y sinema. Tydan nhw ddim yn gyfrifol am y realiti sy'n cael ei ddangos. Mae'r realiti hwn i gyd yn bodoli o'n cwmpas eisoes – dim ond yr artist sy'n medru ei gyfleu i ni weithiau. Fedri di ddim beio'r *Richter scale* am y daeargryn. Mae'n frawychus iawn meddwl fod rhai pobl yn gweld lladd yr artist fel cosb deg am stwffio ein hwynebau yn y cachu – dyna yw dyletswydd yr artist, ynde?

Doedd Pasolini ddim yn ddihiryn nac yn *victim* chwaith, ond yn fardd yn hytrach; bardd a oedd yn credu fod sinema, celf, bywyd a realiti yn rhan o'r un peth yn y bôn. Mae geiriau bardd arall, T. S. Eliot, yn esbonio'n well pam fod yr arbrawf rhwng realiti a'r sgrin wedi cyrraedd pwynt fel *Salò*: 'Humankind cannot bear very much reality'. Ble oedd 'na i fynd ar ôl *Salò*? Wel, yng nghyd-destun yr Eidal,

dwi'n ffan mawr o ffilmiau gwyllt, treisgar a gwirion Dario
Argento, cyfarwyddwr gwahanol iawn i ddilynwyr *realtà*.
Mae ei ffilmiau *Giallo* (*thrillers*) ac arswyd ymhell o fod yn
realistig ar unrhyw lefel o gwbl, a dydan nhw ddim chwaith
yn cael eu trin fel celf, ond eto, maen nhw'n sinema bur, a
gwefreiddiol, ac Eidalaidd, yn enwedig *Suspiria* (1977), *The
Bird with the Crystal Plumage* (1970), *Deep Red* (1975) ac *Opera*
(1987).

Mae hanes yr Eidal yn y cyfnod hwn yn un cythryblus,
ac mae'r un peth yn wir am hanes ei sinema genedlaethol.
Gobeithio fod y bennod hon wedi'ch darbwyllo fod stori a
hanes amgen yn medru dod i'r wyneb wrth wylio ffilmiau
pwysicaf unrhyw wlad. Allwn ni ddim gwneud hyn yng
Nghymru, gan fod ein hetifeddiaeth sinematig mor bitw o'i
chymharu ag un yr Eidal. Rydan ni wedi profi traddodiad
gwahanol, sy wedi dibynnu llai ar fynd allan gyda'n gilydd
i chwilio am ein hunaniaeth a'n hanes fyny yna ar y sgrin,
a mwy ar chwilio am ystyr pethau trwy farddoniaeth,
llenyddiaeth a cherddoriaeth.

Ond, i mi, does 'na ddim o'i le ar ddechrau symud allan
o'r *comfort zone* hwn, a mynnu ein lle ar y sgrin fawr, fel
gwlad ac fel pobl. Wedi'r cyfan, mae'r Eidal, a fu unwaith
mor anobeithiol am greu cerddoriaeth roc, wedi dechrau
rhagori yn ddiweddar mewn cerddoriaeth *indie* ddymunol
dros ben – *check out* Trans Upper Egypt, band *ramshackle*
o slymiau Rhufain. Felly, mae unrhyw beth yn bosib ...
sinema genedlaethol Gymraeg, hyd yn oed?

PENNOD PUMP

GWYLIO'R SÊR
AC ANGYLION WONG KAR WAI

Mae gofyn y cwestiwn 'Beth yw natur elfennol sinema?' wedi rhoi pwyslais mawr ar system y sêr fel un o'r atebion posib – yr actorion arbennig yna sy'n creu'r cysylltiad personol rhwng y ffilm a'r gwyliwr. Gwelwn hanes y ffilm dramor yn symud y pwyslais traddodiadol hwn oddi ar y sêr i ganolbwyntio'n fwy ar y cyfarwyddwyr – y *superstar directors*. O ganlyniad, mewn ffilmiau celf o'r 1950au ymlaen, datblygodd ymdeimlad a welodd yr actor yn elfen lai pwysig nag rydan ni'n arfer ei weld mewn ffilmiau o America. Yn hytrach na gofyn 'Pwy sy ynddi?', newidiodd y cwestiwn i: 'Pwy wnaeth hi?'.

Mae'r newid pwyslais yma'n bodoli, yn sicr, ond a bod yn onest, roedd yr effaith ymarferol yn fwy symbolaidd, gan fod y gynulleidfa, pa bynnag ffilm sy'n cael ei chynhyrchu, yn dal i fynnu cael y cysylltiad hwnnw â pherson arall (bydol) ar y sgrin, boed yn seren enwog, yn wyneb cyfarwydd neu hyd yn oed yn anhysbys iddynt. Felly, er bod y sawl oedd yn creu'r tu ôl i'r camera am weld dylanwad y sêr yn dirywio, doedd y gynulleidfa ddim wir am weld hyn yn digwydd.

Mae systemau'r sêr yn bodoli y tu allan i sinema Hollywood hefyd, ac mae 'na wefr arbennig iawn i'w chael pan wyt ti'n dechrau dod i gysylltiad â system oddi mewn i ddiwylliant sy'n estron i ti fel gwyliwr. Dyma sy'n digwydd efo ffilmiau'r artist o Hong Kong, Wong Kar Wai. Yn ogystal â thalent arbennig ac amlwg Wong Kar Wai wrth iddo drafod y syniad o amser, cariad, a hap a damwain yn ei ffilmiau, mae'r ffaith ei fod wedi defnyddio criw o actorion adnabyddus sy'n sêr anferth ym myd y ffilm Asiaidd, yn creu byd cwbl ddifyr a llawn hud i ni fel gwylwyr, sy'n gweld dim o'i le mewn cael sêr ar y sgrin yn chwarae cymeriadau cyffredin. Yn y bennod hon, mi fydda i'n trafod ffilmiau fel *Chungking Expresss, Happy Together, In the Mood for Love, 2046* a *Days of Being Wild*, a sêr sy'n swyno, fel Tony Leung, Leslie Cheung, Maggie Cheung, Brigitte Lin, Andy Lau, Carina Lau a Faye Wong. Cyn i mi lithro i mewn i fyd *woozy* ffilmiau Wong Kar Wai, dwi am edrych ar yr holl syniad o actorion sy'n bodoli ar wahân fel sêr er mwyn ceisio pwyso a mesur sut mae ffilmiau Wai yn ymestyn, cyfoethogi ac adnewyddu'r cysylltiad rhyngddyn nhw a ni yn y gynulleidfa. Byddaf yn edrych ar y ffordd mae ei waith yn llwyddo i barhau ac ehangu effaith a hud sinema yn gyffredinol, ac yn cynnig ffresni newydd i'r berthynas arbennig hon yr un pryd.

Be ydan ni'n ei olygu wrth ddefnyddio'r term 'seren'? Actorion enwog byd sinema, wrth gwrs, ond erbyn heddiw, mae gwleidyddion, pobl sy ar y teli, pencampwyr chwaraeon, a'r teulu blydi brenhinol – fforgodsêcs! – i gyd yn hapus i geisio meddiannu'r term. Ond mae'r seren fel creadur unigryw sinematig yn llawer mwy anodd i'w diffinio na'r sêr pum munud sy ddim ond yn sgleinio cyhyd ag y bo'r amgylchiadau gwleidyddol neu gymdeithasol yn parhau i fod o ddiddordeb beunyddiol i'r dorf. Wedi'r cyfan, tydi'r rhan fwyaf o bobl ddim am fod yn chwaraewyr pêl-droed fel David Beckham, neu'n brif weinidog neu'n arlywydd fel Margaret Thatcher neu Bill Clinton, nac yn dywysogesau fel Ledi Di neu Gaga, ond rydan ni i gyd yn chwilio a gwylio'r sgrin er mwyn gweld adlewyrchiad o'n bywydau a'n breuddwydion.

Mae gwir sêr sinema yn gyfrifol am wneud pethau sydd o ddiddordeb i ni fel pobl ar lefel elfennol iawn. A phan mae'r sêr yma'n denu digon o bobl i ymddiddori yn y ffordd maen

nhw'n gwneud y pethau yma, wedyn maen nhw'n cael eu
diffinio gan y gynulleidfa fel unigolion arbennig sy'n sefyll
ar wahân.

Beth yw'r pethau arbennig maen nhw'n eu gwneud?
Wel, pethau syml, dynol. Syrthio mewn cariad, gwrthryfela,
breuddwydio, dygymod a goroesi, methu. Y pethau yna
'dan ni i gyd yn eu gwneud a'u profi o ddydd i ddydd yn ein
bywydau, ond ar lefel lot llai *glamorous* a dramatig. Dyma
mae'r actorion yn ffilmiau Wong Kar Wai yn ei wneud hefyd
– nid y pethau arwrol, tyngedfennol, ond y pethau bach
di-nod sy'n gyffredin i'r ddynoliaeth ar draws y blaned.

Wrth sôn am ffenomen y sêr, rhaid cofio ei bod yn
cwmpasu nid yn unig y ffilmiau unigol sy'n cael eu
cynhyrchu, ond hefyd y bywyd personol a chyhoeddus, a'r
holl rigmarôl a'r *hoopla* sy'n tyfu o gwmpas yr unigolyn.
Rhaid i ni ychwanegu'r elfennau hanesyddol, gwleidyddol
a daearyddol at y diffiniad. Daeth sêr byd-enwog allan o
beiriant breuddwydion Hollywood rhwng y 1930au a'r
1950au, gan fod yr Unol Daleithiau'n teyrnasu, nid yn unig
ym myd sinema (yn enwedig ar ôl yr Ail Ryfel Byd). Well i
ni beidio ag anghofio mai ffenomen dros dro yw dylanwad,
ac fel y gwyddom, mae'r byd yn newid trwy'r amser – newid
ydi'r unig beth cyson – ac mae pethau'n lot mwy ansefydlog
yn yr unfed ganrif ar hugain. Wrth i wledydd fel Tsieina
dyfu mewn dylanwad (yn ariannol yn fwy na dim!), mae
hi'n amlwg i mi mai dyma lle fydd sêr ein dyfodol yn cael
eu creu. Ond o ddiystyru am foment pa wlad sydd ar basbort
y seren, beth am ddechrau manylu ar rinweddau clasurol yr
actorion arbennig yma?

Yn gyntaf, tydi'r sêr ddim fel ni bobl gyffredin. Rydan
ni'n derbyn heb gwyno fod hyn yn wirionedd. Does a ŵyr
sut mae'r arwahanrwydd hwn yn dangos ei hun, felly gan ei

fod y tu hwnt i allu'r dyn cyffredin i'w ddiffinio, beth am ei alw'n 'it' ffactor?

Yn ail, mae cymeriad seren yn eithaf cadarn a sefydlog, a ddim wir yn newid o ffilm i ffilm. Tydi hyblygrwydd a'r gallu i fod yn amryddawn ddim o fudd mawr iddo. Fydd y gynulleidfa ddim yn disgwyl yr annisgwyl gan seren. Mae John Wayne yn gowboi, mae Clint Eastwood a Humphrey Bogart yn ddynion caled, ac mae Marilyn Monroe yn rhywiol ac yn *ditzy*. Yn anffodus, mae safon sêr y sgrin fawr o'r ffatri freuddwydion wreiddiol draw yn LA wedi dirywio'n arw erbyn heddiw yn gartŵns trychinebus o ddiflas. Fedrith unrhyw un (unrhyw beth!) chwarae rhan Batman mewn ffilm y dyddiau yma. Oes ots o gwbl pwy sy tu ôl i'r mwgwd?

Os wyt ti'n ystyried gwerth economaidd fel llinyn mesur, mae'r rhesymau dros fodolaeth system y sêr yn dod yn amlwg iawn – maen nhw'n werthfawr! Ddim cweit yr un pris ag aur, bwys am bwys, ond ddim yn bell ohoni. Yn hanesyddol, mae'r stiwdios mawr wedi gweld gwerth mewn creu, datblygu a hyrwyddo sêr er mwyn gwneud pres, nid gwneud celfyddyd. Menter beryglus ydi gwneud ffilmiau, ac mae sêr yn cynnig sicrwydd o ryw fath o lwyddiant i'r fenter o'r cychwyn.

Mi allech chi ddeud, felly, nad ydi'r sêr yn cael eu creu o ganlyniad i unrhyw broses naturiol sy'n dibynnu ar eu talentau yn unig. Yn hytrach, cyfuniad yw'r sêr o ddeunydd crai wedi'i gymysgu â phwerau economeg gymdeithasol sy'r tu hwnt i reolaeth yr unigolyn. Mae 'na ddeunydd crai yn sicr – yn y person, y corff, y bersonoliaeth, yr wyneb a'r dalent actio. Mae'n bwysig peidio anghofio mai pobl go iawn yw'r sêr yma, dim ots pa mor uchel mae'r gynulleidfa yn eu codi i fod yn dduwiau. Trwy gydol hanes sinema, mae'r unigolion yma wedi gorfod dioddef wrth iddynt ei chael hi'n anodd iawn derbyn ac ufuddhau i'r syniad o fod yn ddim ond nwyddau, sydd ar gael yn y farchnad i'w prynu a'u gwerthu. Pwy fase isio cael eu gweld fel dim mwy nag uned economaidd ddienaid? Mae bodoli fel hyn yn annioddefol i rai o'r unigolion yma, ac mae bywyd a marwolaeth drist sêr enwog fel Marilyn Monroe, James Dean, Frances Farmer, Elvis Presley, Judy Garland a.y.b. yn dystiolaeth amlwg o'r peryglon.

Mae pris uchel i'w dalu am gyrraedd y ffurfafen, ond yr hyn mae'r seren yn ei ennill o dderbyn y gymwynas Ffawstaidd yma yw'r fraint, y rhyddid a'r cyfle i bortreadu enaid y person cyffredin trwy greu perfformiad ar ffilm. Rydan ni'n eu hannog nhw i fod fel hyn, gan ein bod ni angen credu'r pethau mae'r sêr yma'n eu gwneud a'u deud yn eu perfformiadau. Ni sydd angen i hyn ddigwydd!

Rhwng oes aur Hollywood y 1940au a'r 1950au a heddiw, mae newid mawr iawn wedi digwydd i fyd y sêr. I mi, does neb wedi newid system y sêr yn fwy tyngedfennol na'r artist pop o America, Andy Warhol. Ers y 1960au cynnar, 'dan ni wedi dysgu dygymod â'r sêr eraill yna sy'n ymddangos yn ffilmiau Andy a'i Factory yn Efrog Newydd – fersiwn rad fel baw o ffatri freuddwydion Hollywood. Gyda *superstars* Warhol, prin ei bod yn deg deud fod gan yr unigolion yma unrhyw dalentau unigryw o gwbl. I rai, dim ond *freaks* y gwter yw pobl fel Candy Darling, Edie Sedgwick, Joe Dallesandro, Viva, Holly Woodlawn ac Ondine, a dim ond sothach yw ffilmiau fel *Chelsea Girls* (1966), *Vinyl* (1965), *Blowjob* (1964), *Heat* (1972), *Couch* (1964) a *Flesh* (1968). Beth bynnag oedd barn y beirniaid am werth artistig y ffilmiau yma (*unwatchable*, meddai rhai!), roedd y ffaith fod Warhol wedi dewis cynnwys y bobl yma yn ei ffilmiau yn ddigon i greu bydysawd llawn sêr newydd. Roedd y tric

a ddefnyddiodd Warhol yn un syml, ac yn un sy bellach
yn cael ei ddefnyddio bob eiliad o bob dydd yn ein hoes
ddigidol. Roedd yn ddigon craff (ac yn ddigon o athrylith) i
sylweddoli y byddai'r cymeriadau amheus yma o ddiddordeb
i'r gynulleidfa am un rheswm syml – eu bod yn bodoli
mewn ffilm. Yng ngeiriau Lou Reed a John Cale, 'I'll turn the
camera on and I won't even be there, / A portrait that moves.
/ You look great … I think.' ('Style it Takes'). Mae troi'r camera
ymlaen yn ddigon i greu'r berthynas hon. Dyna pa mor
bwerus yw'r ddelwedd sinematig, a hefyd yr awch voyeuraidd
sy'n rhan o gymeriad pob un ohonom. Os nad yw *Sleep*,
ffilm Warhol o 1963 – dros bum awr o ddyn yn cysgu – yn
proffwydo bodolaeth y gyfres *Big Brother*, wn i ddim be sydd.

Roedd Warhol hefyd yn deall fod ochr bersonol bywydau'r
sêr yma'n gymaint o atyniad â'r storïau yn y ffilmiau. Gan ei
fod o'n credu hyn, dyna ddewisodd ei ddangos yn y ffilmiau
– ochr bersonol, boenus, drasig y llanast dynol, noethni
corfforol, noethni emosiynol ac ymddygiad ac ymddangosiad
fel y maen nhw ar y pryd; dim golygu o gwbl, dim sensro.
Mae o hyd yn oed yn dangos pobl yn trio (a methu) bod
yn sêr, efo ffugenwau pathetig. Roedd Andy'n gwybod mai
dyma sy'n denu sylw'r gynulleidfa – y person 'real' y tu ôl i'r
cymeriad, nid y stori mae'r sgriptiwr wedi ei llunio'n grefftus.

Fel y soniais gynnau, mae biliynau o sêr yn bodoli yn y
ffurfafen ddigidol nawr, i gyd yn profi eu pymtheg munud o
enwogrwydd yn unol â phroffwydoliaeth Warhol. Ond allwn
ni ddim â'i feio fo am y sefyllfa – mi fase hynna'r un fath â
beio'r dyn tywydd am y storm.

Sut mae hyn i gyd yn berthnasol i'r diwylliant Cymreig?
Wel, *no-one is immune*. Mae'r gynulleidfa yma yng Nghymru
yr un mor driw i'r sêr ag unrhyw wlad arall yn y byd. Dros
y blynyddoedd, rydan ni wedi rhagori ar greu sêr, o Richard

Burton i Anthony Hopkins, ac o Rachel Roberts i Catherine
Zeta-Jones. Mae'r cwestiwn ynglŷn â beth i'w wneud yn
ymarferol â'n sêr, a beth sy'n bosib yn y sector gynhyrchu
sinema yma wedyn, yn ddau gwestiwn gwahanol. Tydi'r
diwylliant jest ddim yn bodoli yma yng Nghymru, a'r sêr
ddim ar stepan y drws i'w defnyddio yn ein storïau. Os ydych
chi'n dod o Gymru, a bod ganddoch chi awydd pendant i greu
ym myd sinema, mae'r dyhead yn cael ei ddargyfeirio oddi ar
y seren draddodiadol.

Ar lefel bersonol, mae chwilio am y sêr, neu *star quality*,
wedi digwydd i mi yn y sin roc, a Warhol yn athro arna i,
a'i *screen tests* chwyldroadol yn batrymlun i'w ddilyn, yn
hytrach nag MGM a'r *Technicolour* gogoneddus. Dros gyfnod
o ddegawd, bues i'n ffilmio pob un artist roc a oedd yn camu
dros riniog swyddfa Ankst. Detholiad o'r gwaith hwn oedd
sylfaen y ffilm *Saunders Lewis v Andy Warhol (a film found on
the stockroom floor* [1989–1998]), cyfres o bortreadau unigol sy
at ei gilydd yn creu *group portrait*, os liciwch chi. Mae'n ffilm
synhwyrus am gyfnod arbennig yn ein hanes fel cenedl, y
degawd olaf cyn datganoli. Nid creu ffilm oedd y bwriad wrth
wneud hyn yn y lle cyntaf, dim ond ceisio agosáu at sêr y
gymdogaeth a oedd yn bodoli yn fy mywyd proffesiynol o
ddydd i ddydd. Wrth feddwl yn ôl, dwi'n credu fod yr holl
gofnodi yma ar ffilm yn weithred batholegol ar fy rhan i, bron.
Ro'n i wir yn gweld cantorion fel Cerys Matthews, Gruff Rhys,
Euros Childs, Marc Roberts, Geraint Jarman, Ann Matthews,
Marc Lugg a Gareth Potter a'r lleill fel sêr – pobl garismatig,
unigol, a dyfnderoedd cudd a phŵer anesboniadwy yn celu'r
tu ôl i'r wynebau cyhoeddus. Ro'n i'n credu, trwy ffilmio, y
buaswn yn medru darganfod pethau newydd a rhannu hyn
gyda'r gynulleidfa – mynd ar ôl be mae Mick Jagger yn ei alw'n
'the singer, not the song'. Rwtsh llwyr, dwi'n siŵr.

Gan fy mod i wedi dewis bod yn ymarferol a cheisio cyflawni'r dasg hon drwy ddefnyddio arddull y fideo pop – *the most reviled art form ever*! – doedd 'na fawr o obaith y byddwn yn medru ysgwyd y gynulleidfa a chreu celf bwerus, drawsnewidiol. Dwi'n gwybod rŵan nad ydi fideos yn gwerthu cerddoriaeth, ag un eithriad. Mi gyfrannodd y fideos wnes i gyda Gorky's Zygotic Mynci at benderfyniad cwmni recordiau o Japan i gynnig *deal* gwych iddyn nhw, a meithrin cynulleidfa frwdfrydig i'r grŵp cyn iddyn nhw lanio yn Tokyo i brofi Gorkymania yn 1996. Os ydw i'n onest, doedd 'na ddim ymateb na gwerth economaidd i'r gwaith yma ar fy nhomen fy hun ar y pryd. Does 'na ddim lot o hygrededd sinematig na hunan-barch chwaith yn perthyn i'r cyfarwyddwr fideos pop fel proffesiwn (er bod cyfarwyddwyr sinematig gwych fel Spike Jonze, Chris Cunningham a Michel Gondry wedi cymryd camau cyntaf syfrdanol ym maes y *promo clip*). Ond ro'n i'n credu, am gyfnod o leiaf, fod gweithio'n gydwybodol, ddiddiwedd fel hyn yn rhan o brentisiaeth a fyddai'n werthfawr iawn i mi ryw ddydd, unwaith y buaswn yn cael cyfle i weithio gydag actorion a sêr go iawn.

Arbrofi gyda chamerâu a stoc ffilm gwahanol bob cyfle posib oedd y *modus operandi*, a goleuo'r wynebau arbennig yna *in close-up*, mewn ffyrdd gwahanol bob tro, i weld be oedd yr effaith. Trio gweld be oedd y camera'n medru ei ddal nad oedd ddim wir i'w weld yn y realiti normal o mlaen trwy ddefnyddio fy llygaid yn unig. Prentisiaeth oedd hi, felly, a phan ddaeth y cyfle i wneud ffilm 'go iawn', roedd hi'n anochel mai cantorion fyddai'r cymeriadau yn fy ffilm, ond efo un newid sylfaenol – actorion fyddai o flaen y camera, yn cael tâl am weithio, yn hytrach na'r *real deal*. Ac ro'n i'n rhydd i weithio ar greu'r ddelwedd sinematig law yn llaw â chyrff a phersonoliaeth a pherfformiad yr actorion proffesiynol am y tro cyntaf. (A gwneud y darganfyddiad pwysicaf am weithio fel hyn – sylweddoli fod actorion yn wahanol i bobl fel ti a fi!)

Tydi ffilmio pethau go iawn, fel dogfen, neu weithio fel newyddiadurwr – cofnodi er mwyn gyrru'r gwir i mewn i'r dyfodol – erioed wedi bod yn uchel iawn ar fy agenda. Wedi deud hynny, roedd fy ffilm *CRYMI* (2000) yn ymateb uniongyrchol i'r bywyd 'go iawn' o 'nghwmpas wrth i mi gofnodi digwyddiadau celfyddydol, cymdeithasol a gwleidyddol blwyddyn gyntaf y mileniwm o bersbectif yr isddiwylliant Cymraeg ar ffurf dyddiadur / ffansin ar DVD (taith o fy stafell wely yr holl ffordd i strydoedd peryglus *downtown* Belgrade, yn Serbia). Mae'r pŵer i drawsnewid trwy ddefnyddio camera wedi bod yn ormod o ysgogiad i fi erioed, a dyna oedd nod yr holl arbrofi efo fideos pop yn y cyfnod hwnnw. Dal delweddau o'r seren ar ffilm i ddechrau, ac wedyn mynd ati i olygu a chwarae o gwmpas, ailbrojectio'r rôls Super-8, a'u hailffilmio â thechnoleg ddigidol oddi ar wal wen, sgwennu a pheintio ar y ffilm, rwbio llwch ar y cellwloid – unrhyw beth i weld be oedd yn digwydd i'r ddelwedd. Mi oedd 'na hefyd ochr ramantus i'r holl fenter yn yr oes gyn-ddigidol. Gorfod prynu'r stoc o siopau arbenigol yn Llundain fel The Widescreen Centre, wedyn aros i'r ffilm ddod yn ôl o'r cyfandir wedi'i datblygu. Neu gael gafael ar gamera ffilm idiosyncratic Bell + Howell o'r *car booty* am bumpunt, a mynd ati i saethu heb wybod a oedd yna unrhyw ddelweddau o gwbl yn cael eu dal ar y ffilm – llawn risg, ond rhamantus yr un fath.

Fel y dywedais, yn debyg i lot fawr o waith creadigol mewn unrhyw faes, mae hwn yn ymddygiad patholegol a thamaid bach yn drist – trist o feddwl i mi wneud yr holl

175

waith yma ar fy mhen fy hun, fwy neu lai. Dim ond ar ôl y cyfnod hwn ro'n i'n defnyddio golygyddion a chriw yn rheolaidd (a medru eu talu nhw!). Roedd yn grwsâd personol, ac mae'n siŵr gen i fod y bobl oedd o 'nghwmpas ar y pryd yn nyddiau Ankst o bosib yn ei ddrwgdybio a'i ddiystyru fel ymddygiad *cranky* ac od. Ond dyna'r unig ffordd o'n i'n medru gweithio a chanolbwyntio – doedd 'na ddim dewis arall.

Serch yr amheuon yma, dwi wrth fy modd rŵan â'r gwaith sy 'di goroesi o'r cyfnod, ac yn falch iawn fy mod i'n sylweddoli faint fedri di ei greu ag adnoddau prin, a dim ond syniadau munud olaf a breuddwydion. Credaf fy mod wedi llwyddo i ddal rhywbeth o flas y cyfnod a'i bobl – nid trwy fod yn broffesiynol, ond gan fy mod i'n *starstruck*. Dyna fy stori i, ond dwi'n credu fod cyfarwyddwyr ffilm i gyd yn eu hanfod damaid bach yn *starstruck*. Sut fedrith hi fod fel arall, a mân ystumiau'r wyneb a symudiadau'r corff dynol yn rhywbeth sy'n rhan annatod o DNA sinema? Yn yr oes fodern, yn fy marn i, does neb sy'n defnyddio sêr mewn ffordd fwy diddorol, newydd, effeithiol ac unigryw na Wong Kar Wai. Dyma fy nghyfle i drafod y technegau a'r syniadau mae o'n eu defnyddio mewn cyfres o ffilmiau, a chynnig barn bersonol am ei waith.

Cafodd Wong Kar Wai ei eni yn Shanghai yn 1958. Pan oedd yn bum mlwydd oed, symudodd ei deulu i Hong Kong, ac roedd ei flynyddoedd cyntaf yn rhai rhwystredig, ac yntau'n teimlo fel rhywun ar y tu allan, yn ieithyddol ac yn ddiwylliannol. Ond, fel pawb sy'n ei gael ei hun ar yr ynys amwys hwnnw, hidlodd hunaniaeth Hong Kong i mewn i'w esgyrn, a chyn hir, jest un teulu arall yn y *melting pot* oedd teulu Wai. Byddai ei waith fel oedolyn yn cael ei ddiffinio a'i hawlio bron yn llwyr gan y berthynas hon â

Hong Kong, gan gynnwys teimladau cryf o'i blentyndod, sy'n dal i ddod i'r wyneb bob hyn a hyn yn ei ffilmiau. Yma mae ei ffilmiau pwysig wedi eu lleoli, ac mae meddylfryd a synau a symudiadau'r lle yn rhan annatod o arwyddnod artistig Wai.

Mae Hong Kong yn un o'r llefydd mwyaf unigryw ar y blaned. Mae hunaniaeth ansefydlog yn perthyn iddo fel ffwlcrwm hanesyddol a chroesffordd ar y daith i'r oes sydd i ddod wrth i'r eiddo (os nad yr enaid hefyd), symud o ddwylo Prydain i ofal y Tsieineaid, o'r Gorllewin i'r Dwyrain. Yng nghanol hyn, brwydrodd yr ynys ei hun i gadw'i hunaniaeth yn wyneb pwysau cyson gan y gwleidyddion a'r haneswyr i'w mygu.

Erbyn 1982, ar ôl iddo raddio fel dylunydd, dechreuodd Wai weithio fel awdur sgriptiau teledu – rhai rhamantus, storïau arswyd, *thrillers*, *gangsters*, sioeau ditectif a chyfresi am bobl ifanc yn eu harddegau – cyn cael cyfle i gynhyrchu ei ffilm gyntaf, *As Tears Go By*, yn 1988. Gyda'i ail ffilm, *Days Of Being Wild* yn 1990, roedd stamp arddull diffiniol Wong Kar Wai yn dechrau ymddangos. Dechreuodd flino ar sgwennu a dilyn sgriptiau confensiynol – rhy ddiflas, meddai o – ac yn sicr, daeth hyn yn boen i'w actorion, a sgriptiau a golygfeydd ei ffilmiau yn eu cyrraedd ddim ond oriau cyn y cyfnod saethu. Roedd y strategaeth yma'n fentrus ond yn gyffrous, a rhywsut yn medru dal egni bywyd dinesig byrlymus, annisgwyl Hong Kong i'r dim.

Mae Wai yn creu cymeriadau sy'n bihafio fel y ddinas ansefydlog sy'n gartref iddynt. Dyma hefyd sy'n ei alluogi i osgoi gorfod saethu storïau â threfn a diweddglo confensiynol. Tydi hi ddim yn orfodaeth arno i gynnig stori dwt a thaclus i ni. Amser a'r cof yw themâu mawr yr artist hwn. Mae'n ffilmio yn y presennol (*Chungking Express* / *Happy Together* / *Fallen Angels*) yn ogystal ag ymestyn yn ôl i'w blentyndod (*In the Mood for Love / Days of Being Wild*) ac ymlaen wedyn i'r dyfodol (*2046*) i geisio canfod nodweddion y ddau bwnc allweddol yma. Dro ar ôl tro, mae Wai yn clymu'r ddau beth at ei gilydd – amser ei hun, a'r ffordd mae'r cymeriadau'n cofio digwyddiadau a theimladau, ac yn creu atgofion o gwrdd â pherson arall. Allan o hyn, daw delweddau sy'n llwyddo i ysgogi ein synhwyrau i gyd, wrth i Wai osgoi dibynnu ar y stori neu'r digwyddiadau i'n denu ni i mewn. Yn hytrach, mae o'n dibynnu ar yr actorion ffantastig a'r delweddau rhyfedd mae'n eu creu i'n hudo ni.

Mi allwn i, mewn gwirionedd, ddeud fod y stori ym mhob un o'r ffilmiau dwi wedi eu rhestru uchod bron yn amhosib ei dilyn a'i dallt fel stori gonfensiynol, gan fod elfennau pwysig o'r naratif, a manylion pwysig am y prif gymeriadau, yn diflannu'n rheolaidd. Heb ei ddefnydd helaeth o drosleisio, mi fasai'r gynulleidfa ar goll yng nghanol y delweddau disglair. Mae'r troslais yn rhoi cyfle i ni gamu i mewn i fyd y cymeriadau, ac ymlwybro drwy eu hisymwybod a'u bywyd emosiynol. Mae'r ffordd mae'r ffilmiau'n edrych wedi cael ei beirniadu'n llym gan bobl sy'n eu gweld yn llawn lluniau gloyw, sgleiniog dros ben, tebyg i hysbysebion neu fideos pop; hynny yw, yn ddelweddau ffuantus, heb emosiwn, yn bodoli am resymau arwynebol, ystrydebol yn unig – mae'n edrych yn cŵl! Er bod y delweddau yma'n byw ar yr wyneb, yn dilyn y golau neon, stŵr y ddinas, olion pethau, bwyd ar blât neu stêm yn y nos, tydan nhw ddim yn bitw nac yn ddibwys. Mae ffocws Wong Kar Wai yn dynn drwy'r amser. Emosiynau'r cymeriadau ydi blaenoriaeth absoliwt y cyfarwyddwr hwn. Y tric sy'n twyllo'r sawl sy ddim wedi gweld y goleuni efo'r athrylith hwn yw'r ffaith ei fod o'n defnyddio actorion ffantastig i ddangos yr emosiynau yma – sêr mwyaf anferthol y diwylliant Asiaidd; sêr sy'n hawlio canol y llun, a'n llygaid ninnau'n medru dawnsio ar hyd yr wyneb, yn yfed y lliwiau a'r dirgryniadau heb ofni dim am ble mae'r stori yn mynd â ni – profiad dedwydd.

Mae'r arddull hon yn llwyddo i greu 'lle' arallfydol i'r actorion fyw ynddo, wrth i lensys y camera ymestyn a chwtogi ar y gorwelion, a'n tynnu ni yma a thraw. Mae ein canfyddiadau'n cael eu hailasesu trwy'r amser gyda Wai. Mae'n rhaid i ni ollwng gafael ar sicrwydd y stori a synnwyr llinyn syth. Rydan ni'n gwybod ei fod o'n ffilmio mewn dinas go iawn, ond mae amser yn pylu ac yn ymestyn yr un fath â'r elfen weledol, tra bo'r ochr emosiynol yn cicio i mewn ac yn cymryd y ffilm drosodd wrth i ni wylio cymeriadau Wong Kar Wai yn methu cysylltu â'i gilydd, ac yn brwydro yn erbyn unigrwydd a hunanystyriaeth unwaith eto. Wastad yn gariadon coll. Yn ysu am gorff y person arall, a byth yn llwyddo i greu cysylltiad digon arwyddocaol. Dyma mae Wong yn medru ei ffilmio'n well na neb arall. Mae o'n medru cymryd ei amser i greu'r ffilmiau perffaith yma, gan ei fod wedi meithrin cynulleidfa fyd-eang ar eu cyfer, a hefyd gan ei fod yn berchen ar ei gwmni cynhyrchu annibynnol ei hun. Ond pwysicach na hyn oll yw darn olaf y cynllun – fod actorion arallfydol y byd Asiaidd yn fwy na pharod i ymddangos yn ei ffilmiau.

'There are some people you can never get close to.'
(Fallen Angels, 1995)

'What we observe is not nature itself, but nature exposed to our method of questioning; the reality we can put into words is never reality itself.'
(Werner Heisenberg, 1901–1976)

Dyma ddau ddyfyniad sy'n mynd â ni'n nes at fyd y ffilmiau y bydda i'n eu trafod maes o law. Mae'r naill o un o ffilmiau Wai, gan ferch sydd isio cael perthynas efo'r prif gymeriad, ei phartner proffesiynol, llofrudd dirfodol sy'n pendroni gormod i sylwi ar ei chwant hi. Mae'r llall gan Heisenberg, y ffisegydd enwog o'r Almaen (neb llai na'r gwyddonydd a gipiodd Wobr Nobel yn 1932 am greu *quantum mechanics*). Dyma fy namcaniaeth bersonol i am yr hyn sy'n mynd ymlaen yn ffilmiau Wong Kar Wai. Peidiwch â meddwl bod yn rhaid i chi dderbyn yr hyn dwi am ei ddeud, ond mae'r holl gyffelybu yn gwneud perffaith synnwyr i mi. Mae Heisenberg yn enwog am ei waith ym myd arallfydol mecaneg cwantwm, ac wrth drafod sinema, does 'na ddim o'i le ar ymgyfuno â gwyddonwyr sy'n ceisio dallt natur golau yn ei hanfod ar y lefel fwyaf elfennol, a defnyddio'i nodweddion fel arf i archwilio effaith y gelfyddyd sy'n cael ei hadeiladu o olau'r ffoton ddi-fàs chwim yna ar lefel sylfaenol, sef sinema. Heisenberg a ddarganfu'r *uncertainty principle*. Yn ôl Heisenberg, mae'r ffaith ein bod ni'n ceisio arsylwi ar bethau'n cael effaith ar yr hyn 'dan ni'n ceisio arsylwi arno (ar y lefel gwantwm). Mae taflunio goleuni ar y sefyllfa yn newid y sefyllfa. Yn y tywyllwch mae'r ystyr, ond fel y gwyddom, tydi'r ddynol ryw ddim am fynd yn ôl i fyw yn y tywyllwch, *not any day soon*. Does dim angen i ni dyrchu gormod i mewn i fanylion mecaneg cwantwm, gan fod pennau mwyaf disglair y maes yn credu fod neb yn ei ddallt beth bynnag. Yr hyn sy'n bwysig ei nodi yma yw fod Heisenberg yn ei gwneud yn glir i'r gwyddonwyr ym maes mwyaf anhygoel a phwysicaf ein hoes fod 'na un egwyddor glir: os wyt ti am ddarganfod gwybodaeth fanwl am un egwyddor, sef canfod grym un rhinwedd sy'n perthyn i ronyn elfennol, rhaid i ti dderbyn mai llai fydd dy wybodaeth am rinwedd arall y gronyn hwnnw. Mae'n rhaid dewis. Pa un wyt ti am ei wybod – ymhle mae'r gronyn, ynteu pa mor gyflym mae o'n symud? Mae ein dyhead i wybod y ddau beth yn creu problem yn y system ei hun, sy wedyn yn gwrthod datgelu'r wybodaeth. Tydi natur ar y lefel cwantwm jest ddim yn medru cynnig y wybodaeth hon i ni. Does dim ots faint 'dan ni'n ceisio datrys y broblem – mae'r sefyllfa'n rhan annatod o 'natur' natur, fel petai.

I mi, mae'r darganfyddiad hwn yn esbonio i'r dim yr effaith mae'r sêr ar y sgrin yn ei chael ar y ffilmiau maen nhw ymddangos ynddynt. Yn achos Wong Kar Wai yn benodol, medrwn fod yn hollol fanwl, a deud, mwyaf i gyd rydan ni'n craffu ar y sêr sy'n actio yn y ffilm, lleiaf i gyd rydan ni'n ei wybod am y stori. A mwyaf rydan ni'n ceisio dilyn y stori, lleiaf rydan ni'n gwerthfawrogi'r hyn mae'r sêr yn medru ei gynnig i ni. Y gwir ydi na fedrith y ddau beth fodoli gyda'i gilydd ar lefel deallusrwydd confensiynol – mae'n rhaid i rywbeth ildio – ac yn ffilmiau Wai, yr awydd i ddilyn y sêr sy'n mynd â hi bob tro. Hwyl fawr, stori!

Ym myd sinema, mae 'na sawl arddull actio. Gallwn eu rhannu'n ddau brif ffrwd yn ddigon hawdd. Yr un fwyaf poblogaidd gan sêr Hollywood y dyddiau yma, a nhwythau'n ystyried eu crefft actio fel anrheg gan y duwiau, bron, yw'r arddull sy'n gweld yr actorion yn ceisio dadansoddi'r sgript a chreu'r cymeriad trwy lenwi'r bylchau ym mywyd ehangach y ffug-berson, a chreu cefndir a hanes iddo trwy waith ymchwil. Creu trwy fanylion a smicio er mwyn gwneud i ni gredu yn y person sy'n cael ei weld yng nghyd-destun y stori o'n blaen.

Mae'r brif arddull arall yn bodoli ym myd ffilm erioed, ac mae'n gwneud rhywbeth cwbl wahanol, lle mae'r sêr yn aros yn sêr, beth bynnag yw'r stori. Mae'r cyfarwyddwyr synhwyrol yn dilyn ac yn dallt rhinwedd naturiol y sêr yn hytrach na phwyso arnynt i fod yn driw ac yn realistig o ran y cymeriad yn y sgript. Mae hyn yn gwbl gyfarwydd i ni yn ffilmiau pobl fel John Wayne, Marlene Dietrich a Humphrey Bogart, er enghraifft. Nid cymeriadau cig a gwaed ydan nhw yn eu ffilmiau, ond yn hytrach, The Duke, Marlene a Bogie, waeth pa ffilm sy'n cael ei gwisgo fel gwregys o'u cwmpas. Does 'na ddim ymgais i guddio trwy ddefnyddio techneg neu chwinc diddorol efo'r actorion yma. Er bod y dull hwn o weithio'n dod o Oes y Cerrig yn nhermau hanes sinema, dyna sy'n digwydd gydag actorion a ffilmiau cyfoes Wong Kar Wai hefyd. Mae o'n mynd ati i weithio fel hyn er ei fod o'n dod o ddiwylliant gwahanol, ac yn blentyn yr oes fodern, ond yn ddamweiniol, o bosib, mae Wai yn gwneud pethau fel roedd rhai o'r cyfarwyddwyr mentrus fel Von Sternberg a John Ford yn arfer ei wneud yn nyddiau cynnar oes aur Hollywood. Dydi Wai ddim yn poeni o gwbl am ein dyhead fel cynulleidfa i gael y realaeth seicolegol sy wedi bod yn ffasiynol ers dyddiau Marlon Brando a *method actors* eraill o'r 1950au ymlaen (er bod hyn yn eironig ynddo'i hun erbyn heddiw, gan fod Brando yn un o'r sêr unigryw yna sy wedi goroesi unrhyw system neu dechneg actio ar gyfer y sgrin – *you can try fighting star power, but …!*). Yr hyn sy'n bwysig yw creu cysylltiad emosiynol, yn hytrach na chael dy weld yn deud stori mewn ffordd effeithiol.

Days of Being Wild, 1990

> 'I used to think that a minute could pass so quickly. But actually it can take forever.'
>
> *(Su Li-zhen)*

Hon ydi'r ffilm gyntaf gan Wong Kar Wai sy'n gweithredu fel hyn. Maggie Cheung, Carina Lau, Andy Lau a Leslie Cheung sy'n chwarae'r prif rannau. Mae 'na brif seren arall yn rhan o'r cast – Tony Leung, sy'n chwarae cymeriad dienw, enigmatig yn siot enwog olaf y ffilm. Gwelwn Tony yn ymddangos o nunlle, yn cynrychioli person newydd o fyd newydd, efo agwedd ac emosiynau newydd. Maggie, Leslie a Tony yw'r drindod sanctaidd ym myd ffilmiau Wong Kar Wai, a nhw yw cewri poblogaidd byd sinema Asiaidd hefyd. Byddai *Days of Being Wild* yn cyfateb i ffilm orllewinol lle byddai Elvis Presley, Clark Gable ac Elizabeth Taylor yn ymddangos gyda'i gilydd yn yr un ffilm.

Themâu'r ffilm, fel y buasech yn ei ddisgwyl, yw cariad ac amser. Mae Leslie Cheung yn chwarae Yuddy – hogyn drwg sy'n cam-drin ei gariadon, Su Li-zhen (Maggie Cheung) a Mimi (Carina Lau). Y prif actor arall yw Andy Lau, sy'n chwarae rhan heddwas (Tide) sy'n ceisio closio at Maggie drwy ei helpu i drio dygymod â thorcalon chwalfa ei pherthynas â Yuddy. Mae'r ffilm yn portreadu cariad fel salwch, bron. Fedri di ddeud fod Andy'n dal y salwch yma wrth gerdded y strydoedd yn y glaw gyda Maggie. Mae'r ffilm yn portreadu cariad fel rhywbeth obsesiynol, a'r merched yn gymeriadau bywiog sy'n teimlo colled a'r awch am gariad i'r carn, tra bo'r bechgyn yn swrth ac yn ddiynni. Yn sicr, mae'r cariad hwn yn creu dinistr i emosiynau'r cymeriadau i gyd, ac mae'r boen sy'n dod yn ei sgil yn medru para ar hyd eu hoes. Mae neges y ffilm yn glir ar y pwynt yma – mae munud o gariad yn medru para am byth.

Llwydda Wong Kar Wai i gyfleu hyn trwy siot*s* diffiniol ar ddechrau'r ffilm. Mae perthynas cymeriadau Leslie a Maggie yn dechrau am dri o'r gloch – wel, a bod yn fanwl gywir, am un munud i dri. Mae Leslie yn cerdded i lawr coridor hir i gwrdd â Maggie, sy'n gweithio o dan y stadiwm bêl-droed, gyda'r bwriad o'i gyflwyno ei hun a'i swyno hi. Rydan ni'n synhwyro nad oes unrhyw amheuaeth yn ei feddwl y bydd o'n llwyddiannus. Tydi o ddim yn gymeriad sy'n amau ei allu gyda'r merched. Mae o'n hogyn golygus dros ben – *and doesn't he know it*! Mae'r amser yn hollbwysig – munud i fynd cyn tri o'r gloch ar 16 Ebrill 1960. Mae'r ddau gymeriad yn cytuno i fod yn ffrindiau am y munud yma, ac mae *killer chat-up line* Leslie yn effeithiol dros ben: 'Mi wna i gofio'r munud yma am byth rŵan o dy achos di' – a dyna ni. Rydan ni'n gwybod heb ddim amheuaeth ei bod hi nawr yn gaeth iddo fo am byth.

Dyma'r syniad sy'n hanfodol i holl ffilmiau Wai – fod amser yn cael ei ymestyn wrth iddo gael ei drawsnewid yn atgof. Mae'n cymryd mwy na munud i'r cymeriadau feddwl am y munud yma – mi fydd angen awr ar gyfer munud, dydd ar gyfer awr, ac yn y blaen. Dyma'r darganfyddiad perffaith mae Wong Kar Wai yn ei ddatgelu i ni – y ffordd mae pobl yn prosesu bywyd. Mae'n syniad sinematig gwreiddiol sy'n dal ac yn disgrifio natur cariad. Mae'n dechneg sinematig sydd hefyd yn ategu pa mor amhosib yw hi i ddal gafael ar y foment gariadus honno; pa mor amhosib yw hi i fod yn wir bresennol yn y presennol cariadus gwreiddiol hwn. Ac mae'n ddisgrifiad addas iawn o fodolaeth y boen sanctaidd sy ym mywyd pawb wrth gofio'n diddiwedd tan y diwedd– proses sy'n medru ein rhewi ni, ein gyrru'n ddwfn i mewn i ni'n hunain ac yn bell o afael gweddill y byd. Dyma mae'r cymeriadau yn ei wneud yn ei ffilmiau yn y bôn – teimlo'r pethau yma drosodd a throsodd – cymeriadau sy'n byw yn ôl syniadaeth Rousseau, 'Dwi'n bodoli gan fy mod i'n teimlo', yn hytrach nag un Descartes, 'Dwi'n bodoli gan fy mod i'n meddwl'. Mae'r actorion, y sêr yma, yn teimlo pethau'n ddwfn y tu mewn, a 'dan ni'n eu gwylio nhw i geisio gweld olion a bodolaeth y teimladau yma ar eu hwynebau.

Ci rhemp ydi Yuddy, cymeriad Leslie Cheung – hogyn del sy'n methu dewis rhwng y cariadon sy'n glanio yn ei wely. Ond mae ei gefndir yn gymhleth. Cafodd ei fagu gan ei fodryb, a thyfodd i fyny gyda bywyd emosiynol a ddiffiniwyd gan y ffaith syml ei fod wedi cael ei wrthod gan ei fam. Mae ei ymddygiad tuag at ferched ynghlwm â'r ffaith hon, ac mae ei ymddygiad narsisaidd – yr hwrio, y difaterwch tuag at y dyfodol, at ei waith, at deimladau'r bobl o'i gwmpas – wedi eu gwreiddio'n ddwfn yn y ffaith deuluol hon. Mae perfformiad gwych Leslie Cheung yn dangos y cymhlethdod a'r boen yma yn glir i ni. Mae Leslie Cheung yn actor hynod adnabyddus, efo talent naturiol ar y naill law, a hanes personol ar y llaw arall sy'r un mor ddisglair a thrasig ag unrhyw un o sêr mawr y byd gorllewinol, o Jimmy Dean i Kurt Cobain.

Cafodd ei eni yn 1956 yn Hong Kong i deulu mawr. Yn groes i'r disgwyl, cafodd Leslie ei addysg gynnar ym Mhrydain – yn Chelmsford gyntaf, ac wedyn ym Mhrifysgol Leeds yn astudio tecstilau (teiliwr oedd ei dad). Ond unwaith yr aeth 'nôl adref, buan iawn y tyfodd i fod yn brif seren y diwydiant canu *Cantopop*. Roedd yn ddigon enwog i gael ei enwi'n drydydd ar restr MTV Asia o eiconau mwyaf y byd cerddorol, ar ôl Michael Jackson a'r Beatles. Datblygodd ei yrfa actio yn sgil yr enwogrwydd pop, ac unwaith eto, profodd lwyddiant ysgubol yn y maes yn syth. Cafodd ei enwi fel yr hoff actor erioed mewn pôl piniwn i ddathlu can mlynedd gyntaf hanes sinema yn Tsieina.

Dechreuodd ei yrfa actio'n chwarae rebel mewn ffilmiau ar gyfer cynulleidfa'r arddegau. Rhannodd sgrin yn aml â Maggie Cheung, a oedd yn ffigwr benywaidd cyfartal a chyfystyr â Leslie o ran ei hapêl anferth at yr un gynulleidfa, a hithau fel Leslie yn brif actores Tsieina. Lledaenodd enwogrwydd ac wyneb Leslie ar draws y byd trwy ffilmiau fel *Farewell My Concubine* (1993), gan Chen Kaige, lle chwaraeodd ran Cheng Dieyi, y dynwaredwr menywod enwog (caniataodd y perfformiad hwn iddo fyw bywyd agored fel dyn hoyw a chadw'r gynulleidfa'n driw iddo). Ar y sgrin, câi Leslie ei weld bron bob tro fel person ag apêl fagnetig, pŵer rhywiol a gwedd olygus, er ei fod yn bresenoldeb peryglus ac annibynadwy hefyd. Dyma rinweddau sy'n taro deuddeg gyda'r *box office* ym mhob gwlad.

Ond doedd 'na ddim byd yn ei fywyd na'i yrfa i'w gymharu â'r ffordd y dewisodd ein gadael ni a'r byd yn 2003, pan neidiodd o bedwerydd llawr ar hugain gwesty'r Mandarin Oriental yn Hong Kong. Aeth iselder yn drech nag o, ac yntau'n ddim ond 46 mlwydd oed. Roedd yn sioc anferth i fywyd diwylliannol Tsieina, a bu'n destun galar ar raddfa anhygoel.

Fel y dywedais uchod, Leslie sy bia *Days of Being Wild*, sy'n uffarn o gamp pan 'dach chi'n ystyried ei fod yn rhannu'r sgrin â Maggie a Carina – actoresau prydferth tu hwnt sy'n hawlio eu lle yn rhwydd ar y sgrin fawr. Yn *Days*, mae Leslie yn prowlan o gwmpas y lle, yn dawnsio o flaen ei adlewyrchiad yn ei stafell wely wrth drin ei gariadon fel baw, ond maen nhw'n mynnu dod yn ôl i fod wrth ei ochr ac yn ei wely. Ond pan mae'n dod o hyd i'w fam o'r diwedd, yn byw yn y Ynysoedd y Philipinau, mae hi'n gwrthod ei weld. Dyma'r gwirionedd, fel slap ar y foch. Tydi pawb ddim yn gweld Yuddy'n *irresistible*. Pa fath o swyn sy'n perthyn i fachgen sydd ddim hyd yn oed yn medru ennill cariad gan ei fam naturiol? Mae'r ffilm yn troi'n drasiedi o hynny allan. Pan mae Leslie'n cwrdd â chymeriad Andy Lau yn y Philipinau ar ddiwedd y ffilm (morwr ydi o bellach, nid heddwas), ac yn siarad am gymeriad Maggie, rydan ni'n gwybod fod ei fywyd ar fin dod i ben. 'Dwi ddim yn cofio, a pheidiwch chi â fy nghofio innau chwaith' yw'r unig ffordd y gall o ymateb i'r sefyllfa.

Wrth i Leslie ddiflannu o'r ffilm, mae Tony Leung yn ymddangos o nunlle mewn cameo tri munud cyn i'r ffilm orffen. Dyma'r actor fydd yn seren ffilm nesaf Wong Kar Wai, *Chungking Express*, ffilm a fydd yn delio â rhai o'r un themâu â *Days*, ond y tro hwn mewn arddull fwy chwareus – ffilm sy'n llawer mwy ysgafn a modern.

Chungking Express, 1994

> 'If memories could be canned, would they too have expiry dates?'
>
> *(Heddwas 233)*

Cafodd y ffilm hon ei saethu gan Wong Kar Wai yng nghanol hoe fach yn amserlen saethu'r ffilm epig *Ashes of Time* (dyna deitl addas ar gyfer gyrfa Wai, neu ddisgrifiad perffaith o'r fan lle mae'n lleoli ei ffilmiau). Trodd *Ashes* allan i fod yn ffilm hir ac araf, mewn arddull *martial arts*, a gymerodd ddwy flynedd i'w saethu a'i golygu. Tri mis yn unig gymerodd hi i saethu a golygu *Chungking*, a'i rhyddhau mewn sinemâu – amserlen gyflym i unrhyw gyfarwyddwr, ond mae'n anodd credu'r fath frys gan rywun fel Wong Kar Wai. Yn ôl Wai, mi oedd y ffilm yn brosiect tebyg i ffilm myfyriwr coleg – camera llaw, saethu ar strydoedd Hong Kong, *verité*, golau naturiol, rhyw fath o feddylfryd *road movie*, lle mae'r stori'n ymddangos wrth i'r criw ddechrau saethu a symud o gwmpas y lleoliad.

Dwy stori wahanol sydd yn *Chungking Express*, a'r naill yn dilyn y llall. Mae dau hanner y ffilm yn olrhain hanes heddwas sy'n ceisio dygymod â'i emosiynau ar ôl cael ei 'ddympio' gan ei gariad, cymeriadau craidd sy'n dioddef o boen torcalon. Mae Wong Kar Wai yn uniaethu â'r dynion yma, yn amlwg! Heddwas rhif 233 (Takeshi Kaneshiro) sydd yn stori *Chungking*, ardal yn Tsim Sha Tsui lle mae'r bobl Tsieineaidd yn cwrdd ac yn cyd-fyw â'r dieithryn. Mae hon yn ardal swnllyd, brysur, llawn busnesau bach, rhent rhad a thorcyfraith, a bu'n gartref i Wong Kar Wai pan oedd yn fachgen ifanc. Heddwas 633 (Tony Leung) sy yn yr hanner *Express*, sy'n cyfeirio at dŷ bwyta'r Midnight Express.

Mae stori 233 yn dilyn hanes cyffrous smyglwr cyffuriau mewn wig *blonde* (Brigitte Lin), tra bo 633 yng nghanol triongl serch sy'n cynnwys merch sy'n gweini mewn caffi *fast food* (Faye Wong) a *trolley dolly* (Valerie Chow). Mae'r cymeriadau i gyd yn ysu am hen gariad coll, neu yn galaru nad ydi'r cariad newydd ar gael – pob un heblaw cymeriad Brigitte Lin, sy'n gorwynt llwyr trwy gydol ei rhan hi o'r ffilm, yn rhedeg ar garlam trwy Chungking yn ceisio cadw'n fyw, yn llythrennol, gan fod yr *heroin mules* mae hi wedi eu trefnu ar ddechrau'r ffilm wedi diflannu, ac mae hi'n synhwyro ei bod yng nghanol *double-cross* difrifol a pheryglus dros ben. Mae hi'n rhy brysur yn ceisio byw i dreulio amser yn meddwl am ei theimladau.

Mae'n amlwg fod y lleill yn methu'n llwyr â gwneud y cysylltiad pwysig, elfennol a syml hwnnw gyda'r person arall sy am fod yn noddfa emosiynol. Yn hytrach na chysylltu â'i gilydd, mae'r cymeriadau'n troi at y byd anorganig. Mae Tony yn siarad â'r sebon sy yn ei sinc, ac yn poeni fod y gacen sebon yn colli pwysau, ac â thedi-bêr sy'n gorwedd ac yn tyfu yn ei wely. Mae Faye yn torri i mewn i apartment Tony, ac yn glanhau ac aildrefnu'r dodrefn yn hytrach na bod gyda'r dyn ei hun. Chwinc Takeshi yw'r orfodaeth i brynu tuniau pinafal sy ar fin mynd heibio i'w gorau ar 1 Mai (dyddiad ei ben-blwydd, a mis yn union ers i May, ei gariad, dod â'r berthynas â 233 i ben).

Mae'r cloc yn ymddangos fel cymeriad yn y ffilm hon, ac mae lot fawr o sylw yn cael ei roi i fwyd a bwyta. Mae 'na arddull newydd yn y steil ffilmio hefyd – proses newydd o ddatblygu'r ffilm ei hun, sef *step printing*, arddull sy'n gwneud i'r llun ymddangos yn herciog ac yn llawn cyffro. Rhywsut, mae'r tric technolegol yma'n llwyddo i roi cic ymlaen i'r holl ffilm bob tro mae'n cael ei ddefnyddio, ac yn dal naws y ddinas fawr ddrwg i'r dim.

Stori Tony a Faye yn y Midnight Express ydi calon y ffilm yma. Maen nhw'n gwpl serennog dros ben, ac os na fydd Faye Wong yn ymddangos mewn cystal ffilm byth eto, mae ei lle hi yn hanes sinema wedi cael ei sicrhau yn hon, ei ffilm ryngwladol gyntaf. Roedd Faye Wong yn gantores bop enwog (meddyliwch am Madonna, ond â mwy o lawer o dalent actio), ac roedd ffilm yn gam i'r ochr o ran disgwyliadau ei chynulleidfa ar gyfer ei gyrfa. Ond roedd ei pherfformiad yn llwyddiant ysgubol, yn ymddangos, i'r llygaid yma, bron fel rhywun yn dawnsio ei pherfformiad, fel rhyw dylwythen deg. Mae ei pherfformiadau hi a Tony yn asio i'r dim, yn gredadwy er eu bod yn gwbl boncyrs yn y bôn. Mae'r darnau lle mae Faye yn torri i mewn i fflat Tony ar ôl cael y goriad gan ei gyn-gariad yn ddiléit llwyr. Wrth iddi roi trefn ar fywyd Tony trwy ofalu am ei gartref, 'dan ni'n gweld cymeriad ifanc, hyfryd, llawn bywyd, penderfynol, sy'n weithiwr caled iawn, ac yn ddyfeisgar a chwareus.

Mae cymeriad Tony, ar y llaw arall, yn naïf iawn, ac yn go debyg, felly, i'r heddwas yn y rhan gyntaf, rhif 233, sydd â chymaint o obsesiwn â'r syniad o fod mewn cariad nes nad ydi o'n sylweddoli y basa hi'n llawer gwell iddo arestio cymeriad Brigitte Lin yn hytrach na chwantu ar ei hôl. Buaswn i'n licio meddwl fod gweddill heddweision Hong Kong yn fwy o gwmpas eu pethau na'r ddau yma. Mae Tony yn meddwl fod y fflat yn teimlo ei anhapusrwydd ac yn ymateb ac yn newid i siwtio'i bersonoliaeth. Mae'r heddwas druan yn credu fod y fflat ei hun yn crio dagrau go iawn mewn cydymdeimlad â sefyllfa druenus bywyd carwriaethol 633.

Mae'r busnes yma efo'r fflat yn syniad sinematig gwych, a hynod ramantus hefyd, sy'n gweithio ar sawl lefel. Yn gyntaf, mae'r ymddygiad od yma'n cynnig sylwebaeth ffraeth ar gyplau modern, sy'n brwydro i wahaniaethu rhwng y real a'r afreal wrth i ni boeni a ffysian yn ddiddiwedd am *interior design*. Hefyd, mae'r mân newidiadau yn y fflat yn rhyw fath o adlais o'r ffordd rydan ni'n byw yn y ddinas fawr. Mae'r newidiadau bach yna'n digwydd trwy'r amser ac, fel Tony, 'dan ni ddim yn ymwybodol o bwy na be sy'n achosi neu'n rheoli'r newidiadau yma. Y munud mae Faye yn cael ei dal yn potsian yn y fflat gan Tony, mae o'n mynnu cael dêt ffurfiol ac, wrth gwrs, tydi hi ddim yn troi i fyny. Mae hi eisoes wedi cael swydd yn gweithio ar awyren (yn union fel ei gyn-gariad) ac mae hi ar ei ffordd i California.

Drwy gydol y ffilm, mae Faye wedi bod yn gwrando

ar y gân 'California Dreaming' gan The Mamas and the Papas, ac mae'n ei gwisgo fel blanced gysurus sy'n cadw ei breuddwydion hi'n fyw ac mewn ffocws. Mae'r person modern, yn ôl Wai, yn dewis byw trwy gyfrwng rhywbeth arall – mae Faye wedi dewis record bop Americanaidd o oes *flower power*, a ninnau wedi dewis y sinema.

Mae 'na lai fyth yn digwydd yn rhamantus rhwng y cymeriadau yn y stori gyntaf. Mae 233 yn pasio Brigitte Lin ar y stryd brysur yng ngolygfa gyntaf y ffilm, ac yn ein gadael efo'r troslais yma: 'Bob dydd, 'dan ni'n pasio cymaint o bobl, pobl wnawn ni byth gwrdd â nhw, neu berson a fydd ryw ddydd yn ffrind agos. Dyma oedd ein moment ni – dim ond 0.01 centimedr rhyngom ni'n dau.' Ond ar ddiwedd y stori, pan mae'r ddau yn bwcio stafell mewn gwesty, does dim yn digwydd. Yn gynharach yn y noson, mae 233 wedi bwyta ei holl duniau o binafal ac yna chwydu. Yn nes ymlaen, ac yntau'n yfed mewn bar ac yn teimlo hunandosturi enbyd, mae'n gwneud adduned – mi fydda i'n disgyn mewn cariad efo'r ddynes nesaf sy'n cerdded i mewn. Wrth gwrs, Brigitte Lin sy'n dod at y bar. Ond fel y soniais eisoes, unwaith maen nhw'n cyrraedd y gwesty, mae hi'n syrthio i gysgu, ac mae 233 yn cael llond ei fol o fwyd yn unig!

Ar y pryd, Brigitte Lin oedd actores fwyaf adnabyddus diwylliant sinema Hong Kong, a bu'n rhaid i Wong Kar Wai ei pherswadio hi i ohirio ei hymddeoliad o'r sgrin er mwyn chwarae'r *hoodlum*. Mae hi'n weledol annelwig, yn cuddio ei *star quality* o dan wig felen a sbectol dywyll fawr, ond mae'r perfformiad yn un ffantastig ac yn *swansong* effeithiol iawn – lladd ei gelyn, lluchio ei wig i'r gwter, rhoi un cipolwg sydyn o'r wyneb enwog yna i ni'r gynulleidfa, a bant â hi i lawr y lon yn y glaw i ebargofiant. *Class.*

Serch hynny, Tony Leung yw seren y ffilm yma. Fel heddwas 633, mae o'n effeithiol iawn fel *leading man* – ifanc, hoffus, ambell waith yn ymateb yn ddryslyd, ac, fel ni, yn ymateb i Faye â syndod naturiol fod creadur mor arbennig yn bodoli mewn tŷ bwyta bach, di-nod mewn stryd gefn dinas gythryblus. Mae Tony'n cynnig perfformiad seren i'r ffilm, y cyntaf o gyfres o berfformiadau a fyddai'n uno'r perfformiwr hwn unwaith ac am byth â gwaith a mytholeg y cyfarwyddwr. Cafodd Tony ei eni yn 1962 yn Hong Kong, a mynd o weithio mewn teledu plant i fod yn seren y *cop shows* di-ri sy'n cael eu cynhyrchu yn Hong Kong (gyda Maggie Cheung fel *co-star*, wrth gwrs). Dechreuodd wedyn ar ei yrfa sinematig, a rhoi dwsinau o berfformiadau poblogaidd ar gyfer pob un o gyfarwyddwyr pwysig y diwylliant, ond fel *stand-in* mwyaf adnabyddus a naturiol Wong Kar Wai bydd y byd sinema'n ei gofio. Cyn i Tony Leung a Leslie Cheung wneud eu ffilm nesaf i Wong Kar Wai, fel cwpl hoyw ar chwâl ar ochr arall y byd, saethodd y cyfarwyddwr y ffilm *Fallen Angels* heb ei sêr arferol, ond unwaith eto yn Hong Kong.

Fallen Angels, 1995

> 'We've maintained a distance because human emotion is difficult to control.'
>
> *(Wong Chi-Ming)*

Mae'r ffilm hon yn rhyw fath o ddilyniant i fyd *Chungking Express* – mae'n edrych yn wych, ac mae rhai o'r themâu a'r sefyllfaoedd yn ein hatgoffa ni o'r ffilm gynharaf. Ond i mi, does 'na ddim o'r un sbarc yn perthyn i'r ffilm hon. Hwyrach mai'r rheswm am hyn yw'r ffaith fod y prif rannau – yr asasin a'i bartner – yn cael eu chwarae gan actorion digon 'tebol, ond rhai sy ddim yn sêr tebyg i Tony, Faye neu Maggie, ac felly'n methu hoelio sylw'r gynulleidfa yn yr un ffordd. Mae digonedd yma i'w fwynhau, a'r thema o dorri i mewn i fflatiau gwag o *Chungking* yn cael ei hadfywio a'i datblygu, a chymeriad heddwas 233 (sy nawr yn *ex-con*) yn torri i mewn i gyfres o fân fusnesau yng nghanol y nos, agor siop a mynnu fod yr unigolion druan sy'n ddigon anlwcus i fod yn pasio heibio ar y pryd yn prynu'r cynnyrch. Syniad doniol iawn, sy'n chwarae efo natur cyfalafiaeth yn rhedeg yn rhemp, a thactegau marchnata ymosodol.

Yn y ffilm, cawn yr hiwmor yma law yn llaw â golygfeydd mwy treisgar a *gangster-ish*, ac mae'r busnes efo *sell-by dates* tuniau pinafal yn ymddangos eto, ond ar ddiwedd y dydd, bu'r ffilm yn llai o lwyddiant na *Chungking*. Efallai ei bod yn ffilm a roddodd dystiolaeth bellach i'r beirniaid a welai waith Wong Kar Wai yn fwy o steil yn hytrach na sylwedd na sinema unigolyddol, werthfawr.

Happy Together, 1997

> 'I can't see me lovin' nobody but you
> For all my life.'
>
> ('Happy Together', The Turtles)

Tydi obsesiwn Wong Kar Wai efo amser ac atgofion ddim yn un cwbl solipsistig. Mae 'na fanylu a chwilota ar y pynciau yma'n digwydd yn y byd o gwmpas y dyn. Roedd yn artist a'i cafodd ei hun yn gweithio yng nghanol newidiadau mawr a hanesyddol bwysig, wedi eu rheoli gan ddedleins pendant – fel y tuniau pinafal yn y ffilmiau. Bu cloc cenedlaethol a daearyddol yn tician trwy ei fyd a'i fywyd.

Dwi'n cyfeirio at y trosglwyddiad yn 1997, pan adawodd Hong Kong reolaeth Prydain Fawr a dechrau cyfnod o hunanreoli, gydag addewid gan Margaret Thatcher a Deng Xiaoping nad oedd 'na ddim newid sylfaenol am ddigwydd i drigolion yr ynys am hanner can mlynedd cyn i lywodraeth Tsieina gymryd drosodd am byth (mi fyddai Wong yn gwneud ffilm yn y degawd nesaf – *2046* – sy'n symud 'nôl a mlaen drwy hanes Hong Kong, ac yn cyfeirio'n benodol at y dyddiad arbennig hwn).

Ond y ffilm y dewisodd ei chynhyrchu, yn bell o Hong Kong, yng nghanol cyfnod cythryblus y trosglwyddiad oedd *Happy Together* – teitl eironig, o bosib, sy'n cyfeirio at y Prydeinwyr a'r Tsieineaid, neu hwyrach bobl Hong Kong a phobl tir mawr Tsieina, neu, yn syml, at berthynas y cwpl hoyw yn y ffilm, sef You Fai, cymeriad Tony Leung, a Po Wing, cymeriad Leslie Cheung.

Mae'n anodd pwyso a mesur a ydi'r ffilm hon yn un sy'n cynnwys negeseuon personol neu wleidyddol, yn wahanol i'r ffilmiau eraill. Er mai dyn heterorywiol ydi Wong Kar Wai, tydi dewis defnyddio cwpl hoyw yn y ffilm ddim yn benderfyniad arwyddocaol, yn fy marn i. Yn hytrach, dwi'n credu fod y cyfarwyddwr yn gweld nad ydi cariad a phroblemau cynnal perthynas, sef y pethau sy'n mynd â'i fryd, yn dibynnu ar rywioldeb. Ond, ar lefel wleidyddol, mae'n bosib gweld rhyw fath o ymdrech gan Wai i gynnig ei farn am y sefyllfa ehangach. I ddechrau, cafodd y ffilm ei saethu ar ochr arall y byd, yn yr Ariannin. Dywedodd Wong Kar Wai ar y pryd fod natur y trin a thrafod o gwmpas y trosglwyddiad 'nôl adra'n ddigon o reswm ynddo'i hun i adael Hong Kong a mynd dramor i drio anghofio am yr holl beth. I mi, mae 'na'n bendant elfen o feirniadu'r sefyllfa sydd ar fin dod yn realiti o dan y Tsieineaid. Mae hyn yn gwbl amlwg yn nwy olygfa gyntaf y ffilm. Yn y gyntaf, 'dan ni'n gweld pasborts y ddau gymeriad, ac yn nodi eu bod yn ddinasyddion Prydeinig, ac yn yr ail, rydan ni'n gweld y ddau ddyn yn cael rhyw hoyw *explicit*, a hynny gan gyfarwyddwr sy fel arfer yn osgoi dangos cymeriadau'n cael rhyw o gwbl. Tydi'r dacteg wrthdrawiadol yma ddim yn un arferol i Wai, ond i mi, mae'n dangos ei fod am ei gwneud hi'n glir o'r cychwyn i ni nad yw'r sefyllfa'n un arferol chwaith. Negeseuon cynnar y ffilm ydi mai hon ydi'r genhedlaeth olaf fydd â pherthynas uniongyrchol â Phrydain, ac yn ail, mae'r rhyw *explicit* yn groes i'r norm Tsieineaidd, a fyddai'n mynd i'r afael â gweithredu sensoriaeth lem ymhen ychydig. Dyma rybudd clir gan Wai ar gyfer rhyddid artistig y dyfodol. Ond hefyd, rhaid i ni beidio ag anghofio nad ydi Wai yn gwneud ffilmiau gwleidyddol na rhai personol, ond yn hytrach, ffilmiau sy'n emosiynol, yn freuddwydiol ac yn plygu ac ymestyn realiti. Ffilmiau sy'n deffro ein synhwyrau yn hytrach na'n cydwybod gwleidyddol neu unrhyw foesoldeb mewnol ydan nhw.

Mae *Happy Together* wedi ei lleoli yn Buenos Aires, ac mae'n portreadu dau unigolyn sy'n gadael eu cartref er mwyn adfywio'u perthynas mewn lle newydd. Ar ddechrau'r ffilm, mae'r cwpl yn ceisio trefnu trip rhamantus i raeadr Iguazu, ar y ffin â Brazil, ond yn ffraeo ac yn gwahanu cyn medru cyrraedd y lleoliad delfrydol hwn. Cyn hir, 'nôl yn y ddinas, maen nhw'n ôl gyda'i gilydd. Mae Leslie'n *gigolo* erbyn hyn, a Tony'n gweithio fel bownsar mewn clwb dawnsio tango. Mae Leslie'n troi i fyny ar ôl cael cweir gan un o'i gwsmeriaid, ac mae Tony'n cytuno i edrych ar ei ôl. Maen nhw'n gwpl unwaith eto, felly, ond yn wahanol y tro hwn, mae'r berthynas rywiol ar ben.

Mae'r ffilm wedi ei lleoli mewn rhyw fath o nunlle – lleoliad rhyfedd ac estron, lle gall unrhyw beth ddigwydd, yn ôl Wai. Ar un lefel, mae'n od gweld cymeriadau Tsieineaidd yn Ne America, ond tydi'r ffilm byth yn gwneud y lle yn rhan o'r problemau, yn rhwystr nac yn orthrwm. Mae'r problemau i gyd yn bodoli rhwng y cymeriadau yn y berthynas; tydan nhw ddim yn profi problemau cenedlaethol neu ddaearyddol, dim ond rhai personol.

Yn ogystal â'r lleoliad estron, mae'r ffilm hefyd yn cynnwys lleoliad mwy chwedlonol, sef rhaeadr Iguazu. Tydi'r cwpl byth yn cyrraedd y lle, ond 'dan ni'n gweld y wyrth naturiol hon ddwywaith – ar ddechrau a diwedd y ffilm. Mae Tony'n llwyddo i gyrraedd yno ar ei ben ei hun. Mae gweld y dŵr yn tasgu – siot allan o awyren uwchben y rhaeadr – yn anhygoel o bwerus, ac mae'n ein tynnu ni i mewn i'r sgrin trwy bŵer y symudiadau anferth, naturiol, nwydus yma. Rwyt ti'n teimlo dy hun yn disgyn i mewn i'r dyfnderoedd, fel disgyn mewn cariad, neu ddisgyn i mewn i'r gwagle (symudiad sy'n atgoffa rhywun o daith olaf Leslie Cheung, hefyd). Delwedd ganolog arall gan Wai ydi'r llun o'r rhaeadr ar lamp sy'n byw ar gwpwrdd gwely'r cwpl, lamp sy'n cael ei gweld yn rheolaidd drwy gydol y ffilm. Mae'n amhosib i ni osgoi'r ddelfryd sy'n cyd-fyw â realiti siomedig bywyd bob dydd y ddau ddyn anhapus yma.

Mae'r ddau gymeriad yn *misfits* diddorol. Mae cymeriad Tony'n teimlo'n euog am ddwyn pres gan ei deulu i brynu'r tocyn awyren. Mae'n isel ac yn rhwystredig, yn geidwadol ac yn ddyn eithaf difrifol, sy'n meddwl 'fy mod i'n wahanol, ond dwi'n gwybod rŵan fod pob person unig, yn y bôn, yr un fath'. Roedd cymeriad Leslie, ar y llaw arall, yn fy atgoffa o ddyfyniad gan Marilyn Monroe: 'If you can't handle my worst, you don't deserve my best.' Mae Leslie'n chwarae cymeriad hunanol, narsisaidd, afreolus, a daw'n amlwg yn fuan iawn fod y berthynas rhwng y ddau yma'n garwriaeth drychinebus.

Unwaith eto, mae naratif y ffilm yn bytiog, ond y tro hwn mae hyn oherwydd nad ydi Wai yn delio â chyrff actoresau, nac yn manylu ar eu prydferthwch benywaidd, felly mae'r ffilm yn fwy parod i ddangos glo mân perthynas ddomestig, ddiflas i ni. Yn sicr, mae'n llai rhamantus na'r hyn 'dan ni wedi arfer ei weld yn ei ffilmiau. Mae 'na ddewrder mawr ar ran yr actorion o chwarae cwpl mor anghydnaws, heb sôn am chwarae cwpl hoyw, a'r ddau yn sêr ffilmiau *martial arts* gartref yn y diwydiant yn Hong Kong. Ond, o ymddiried mewn cyfarwyddwr dawnus fel Wai, does dim rhaid i sêr mawr y *box office* boeni am ddim byd – does 'na ddim byd syfrdanol na dros ben llestri am y portreadu yn y ffilm hon. Fel ei ffilmiau gorau i gyd, mae'r holl beth yn *star-driven*. Mae'r actorion yn cael penrhyddid i greu cymeriadau pwerus a 'real' i ni yn y düwch. Maen nhw'n amlwg yn ymddiried yn Wai i ddal yr emosiynau 'real' yn eu perfformiadau.

Er bod y ffilmio'n digwydd ym mhen arall y byd, ar yr wyneb mae'r ffilm yn edrych fel ffilm nodweddiadol gan Wong Kar Wai, a Christopher Doyle, y dewin tu ôl i'r camera, yn defnyddio stoc ffilm wahanol am yn ail trwy gydol y stori, er mwyn cyfleu stadau emosiynol gwahanol y naratif. O newid o ddu a gwyn i liw ac yn ôl, mae o'n medru rhyddhau gwirionedd i ni am yr atyniad a'r gwrthdaro o fewn stori'r cwpl yma.

In The Mood For Love, 2000

'I wonder how it began.'

(Su Li-Zhen)

Gyda'i ffilm nesaf, llwyddod Wai i greu campwaith sydd wedi ennill ei blwyf ar binacl rhestrau goreuon beirniaid sinema dramor, yn ogystal â thorri drwodd i'r farchnad Saesneg ei hiaith heb unrhyw rwystr na thrafferth o gwbl. Yr hyn 'dan ni'n ei gael yn *In The Mood For Love*, yn syml iawn, yw teyrnged ar *celluloid* i berfformiadau ac wynebau'r ddau actor anhygoel, Maggie Cheung a Tony Leung. Gan nad oes fawr o ddim yn digwydd yn nhermau arferol stori neu ddrama am gariad, rydan ni'n treulio awr a hanner yng nghwmni'r ddwy seren, ac weithiau, mae hynny ynddo'i hun yn ddigon i hudo'r byd. Does dim angen holi na phoeni am gefndir na thras y perfformwyr yma o gwbl. A does 'na ddim ots lle cafodd y ddau eu geni – maen nhw'n byw ar y sgrin, a dyna i gyd sy'n bwysig. Mae'r ffilm hon yn llwyddo lle mae cynifer o ffilmiau Hollywood yn methu'n llwyr. Yn swyddfeydd y stiwdios mawr, maen nhw'n defnyddio pob math o ystadegau, polau piniwn a logarithmau i geisio dod â gwahanol sêr at ei gilydd er mwyn creu *screen couples* sy'n medru tanio dychymyg y gynulleidfa ac agor y waled. Gan amlaf, dim ond cymeriadau a ffilmiau diflas tu hwnt sy'n cael eu geni o'r broses hon.

Mae Maggie Cheung ar ei hanterth yn y ffilm hon, a does 'na ddim pwynt trio osgoi syrthio mewn cariad efo hi. Hi yw actores fwyaf hudolus sinema Asiaidd, ac mae'n gartrefol mewn epics *martial arts* fel *Hero* (y ffilm fwyaf llwyddiannus i ddod allan o Tsieina erioed), neu fel *sidekick* i Jackie Chan, neu fel menyw lawn dirgelwch ar gyfer cyfarwyddwyr mawr sinema Ewropeaidd mewn ffilmiau fel *Irma Vep* (1996) a *Clean*

(2004). Ond mae hi'n fwyaf adnabyddus am ei pherfformiad yn y ffilm hon, sy'n uchafbwynt i yrfa unrhyw un, hyd yn oed rhywun â gyrfa mor ddisglair ag un Maggie.

Ar hyn o bryd, mae hi wedi ymddeol o'r sinema. Yn enedigol o Hong Kong, treuliodd gyfnod ei hieuenctid ym Mhrydain cyn dychwelyd adra ar ddechrau'r 1980au. Bu ei phrydferthwch naturiol yn ddigon i sicrhau gyrfa fel model iddi, a chyn hir, dechreuodd actio ar y sgrin fawr, a hynny'n cynnwys ffilm gyntaf Wong Kar Wai, *As Tears Go By*.

Gallet ti ddadlau fod *In the Mood* yn ffilm am syrthio mewn cariad â'r seren ar y sgrin yn hytrach na ffilm sy'n ceisio portreadu'n realistig y teimladau godinebus sy'n tyfu rhwng Tony a Maggie. Yn wahanol iawn i ffilm fel *Brief Encounter* (1945, David Lean), lle mae'r boen o ddewis yn llawer mwy real a llawn cywilydd, ac yn wirioneddol annioddefol i Trevor Howard a Celia Johnson, mae'r ffilm hon yn hoelio'n sylw ar yr union bwynt emosiynol yna lle mae person yn syrthio mewn cariad ac yn aros yn y fan yna tan ddiwedd y ffilm. Tydan nhw ddim i'w gweld yn dod at ei gilydd yn gorfforol o gwbl, ac ar ddiwedd y ffilm, gwelwn Tony'n sibrwd cyfrinach ei berthynas i mewn i dwll yn y wal, cyn stwffio pridd i mewn i'w chadw yno am byth, yn anhysbys. Liciwn i feddwl ei fod o'n sibrwd ei ddyheadau budr, nwydus i mewn i'r twll yma (fel geiriau cân Prince, 'Gett Off', '23 positions in a one-night stand').

Mae perfformiad Tony'n cyfleu person dynol iawn i ni, sydd yn bendant yn gobeithio am fywyd rhywiol gyda Maggie, ond nad ydi'r dyhead isel yma jest ddim yn dod i'r wyneb. Mae'r ffilm yn llithro bron yn chwil o bŵer atyniad cariad corfforol, heb roi cyfle iddyn nhw neidio ar ei gilydd. Ond er bod y cwpl yn amlwg yn dioddef, nid fel 'na mae hi i ni yn y gynulleidfa – mae'r ffilm yn ysblennydd drwyddi draw.

Ar lefel artistig, mae'r ffilm yn berffaith, yn hudolus, yn ffilm lle dydi'r nos byth yn dod i ben, a ninnau'n cael ein hatgoffa o deimladau 'dan ni i gyd yn medru eu tynnu o'n cof yn syth. Taset ti'n medru potelu hwn, ti fyddai'r dyn cyfoethocaf yn Hollywood! Heb os. Tydi cynnig crynodeb yn fawr o iws. Mae Tony a Maggie'n portreadu tenantiaid sy'n byw drws nesaf i'w gilydd mewn tŷ ar rent prysur ar ddechrau'r 1960au yn Hong Kong. Cyn hir, mae'r ddau yn dod i wybod fod eu partneriaid yn cael *affair* gyda'i gilydd. Dydan ni byth yn cael gweld y partneriaid. Mae Wai yn dewis dangos Tony and Maggie'n mynd trwy broses o ffug-fyw, ac o actio geiriau ac ymddygiad y cwpl arall. Trwy wneud hyn, 'dan ni'n gweld y cwpl yn ceisio darganfod pam a sut maen nhw'n cael eu bradychu. Mae rhannu'r boen hon yn dod â'r ddau'n agosach at ei gilydd, ond mae Maggie'n penderfynu 'na fyddan ni byth yn bihafio fel nhw'. Nid dyma farn Tony yn sicr, yn enwedig ar ôl iddo fynd i'r drafferth o ffeindio stafell mewn gwesty, rhif 2046, sef tteitl ffilm nesaf Wai, er mwyn (hem, hem!) i'r ddau sgwennu comic *kung fu* ar y cyd!

Wrth i ni wylio'r ffilm, rydan ni'n ymwybodol ein bod ni'n gwylio dau gwpl trwy'r amser, a dydan ni byth yn siŵr be sy'n cael ei ddeud rhwng y cariadon mewn gwirionedd. Mae'r berthynas yn un anghonfensiynol, a deud y lleiaf, ac yn llawn emosiynau dirgel a theimladau cudd – perthynas breifat iawn, sy dim ond wir yn hysbys i'r ddau ohonyn nhw, a ni sy'n gwylio, a'r twll yna mewn wal yn Cambodia. Mae'r cwympo mewn cariad yn digwydd yng nghanol prysurdeb y byd o gwmpas y ddau – yn y cartref, yn y gwaith, yn y *noodle bar*. Mae pwysau presenoldeb pobl eraill yn cyfyngu ar eu teimladau, a rhywsut yn eu rhwystro rhag estyn am ei gilydd. Mae'r dal yn ôl yn ormod i Tony, druan, ac mae o'n penderfynu gadael am Singapore. Yn nes ymlaen, mae Maggie'n teithio i'w fflat newydd, ond tydi Tony ddim yno, ac mae gweddill y ffilm yn gyfres o gyfleoedd coll.

Actio gwych – digon da i ennill gwobr prif actor Gŵyl Ffilm Cannes i Tony Leung yn 2000, a gwneud Maggie Cheung yn seren fyd-enwog am fod mor ogoneddus. Aeth dwy flynedd o saethu, oriau o ffilm *in the can* a phob math o syniadau posib yn cael eu hystyried gan Wai i mewn i greu'r fersiwn derfynol hon o stori Chow Mo-wan a Su Li-zhen. Mae'n amlwg i mi i Wai dreulio'i amser gyda'i sêr yn graff iawn, yn wahanol i Stanley Kubrick, a wnaeth ffilm debyg, ond lot llai llwyddiannus, *Eyes Wide Shut* (1999). Bu Kubrick yn gweithio gyda dau o sêr mwyaf y byd ffilm gorllewinol – Tom Cruise a Nicole Kidman – a hynny hefyd am gyfnod o dros ddwy flynedd. Dychmygwch gymaint gwell ffilm fasai *Eyes Wide Shut* wedi bod tasa Stanley wedi trin cymeriad Nicole Kidman yn gydradd ag un Tom Cruise, yn yr un modd ag mae Maggie'n cael ei thrin yn *In the Mood*.

Arddull Wai yn y ffilm unwaith eto yw adeiladu ar batrwm o ailadrodd golygfeydd rhwng y ddau. Lot fawr o fwyd a bwyta, a ffrogiau Maggie yn newid yn gyson, yw'r unig arwydd weithiau fod amser yn pasio wrth i ni fynd o noson i noson heb weld golau dydd o gwbl. Rydan ni hefyd yn cael gweld y ddau wrth eu gwaith, gyda'u cymdogion a'u ffrindiau, ond tydi'r gyfathrach yma ddim yn bwysig iddyn nhw. Mae'r lleoliadau yn cynnig coridorau hir cul a stafelloedd cyfyng i gwrdd, i syllu, i gyffwrdd am eiliad.

Mae ffilm arbennig Wai yn cael ei geni wrth iddo olygu'r holl ddeunydd mae o wedi saethu i lawr i'r bôn, i'r elfennol, i'r pur. Mi oedd hon yn *shoot* hir iawn, a honnodd Wong Kar Wai fod saethu'r ffilm wedi bod fel cyffur iddo. Wrth i amser a phres redeg allan, mi oedd yn rhaid iddo

ddod â phethau i ben (er iddo ddeud bod y stori'n parhau i
ddigwydd yn ei ben). Mae o'n gyfarwyddwr sy'n enwog am
wrthod dod â phethau i ben, a bod yn gyndyn o lacio'i afael
ar y ffilm orffenedig. Mae'n wir mai dim ond pythefnos cyn
y *première* swyddogol y saethodd Wai y golygfeydd cymhleth
yn Cambodia sy'n ddiweddglo i'r ffilm.

Dwi'n caru'r ffilm drist, ogoneddus hon, fel pawb arall
sy wedi ei gweld hi, dybiwn i. Dwi'n caru caneuon Nat
King Cole ar y trac sain, a'r siots diddiwedd yna o gerdded
i fyny ac i lawr y grisiau sy'n cael eu hailadrodd (mae Freud
yn deud, os ti'n breuddwydio am gamu i fyny'r grisiau,
rhyw rwyt ti ei eisiau!). Mae hon yn ffilm ac yn stori garu
annisgwyl ac anghyffredin, ond mae o fewn cyrraedd
unrhyw gynulleidfa. Tydi'r berthynas sy'n cael ei chynnig
i ni ddim wir yn digwydd, ddim yn cydio'n gorfforol, ond
mae'n ddigwyddiad sy'n un o'r profiadau mwyaf emosiynol,
pwysig a phwerus fydd yn digwydd i'r ddau berson yma
byth. Mae cadw'r teimladau cryf yma dan glo'n mynd i greu
problemau yn y dyfodol i'r ddau, yn ddi-os, a dyna'n union
sy'n digwydd i gyfarwyddwr y ffilm hefyd. Ffrwydrodd yr
holl emosiwn pwerus yma dros y lle i gyd yn ffilm nesaf
Wong Kar Wai.

2046, 2004

> '2046 is a place where one can recover lost memories
> because nothing ever changes.'
>
> *(Tak)*

Os wyt ti'n meddwl bod *In The Mood For Love* yn gweld
Wong Kar Wai yn *tipsy*, mae *2046* yn gweld y dyn yn chwil
gaib ar ei obsesiynau ag amser, cof a chariad.

Mae *2046* fel yr *hangover* ar ôl parti noson gynt *In The Mood*. Mae cynnwys y ffilm yn cynnig brith gof o storïau, themâu a chymeriadau o'i ffilmiau cynnar, fel *Days of Being Wild*. Y tro hwn, i mi, mae calon ffilm Wai yn llawer tywyllach a llai cynnes. Mae prydferthwch y delweddau'n merwino, a'r cyfuniad newydd troellog o'r hen obsesiynau'n orthrymus. Tony Leung ydi'r seren unwaith eto, yn chwarae rhan Chow Mo-wan mewn ffilm wedi'i gosod ar ddiwedd y 1960au, rai blynyddoedd ar ôl cyfnod Maggie ac *In The Mood*, ac mae'r menywod yn *2046* i gyd i ryw raddau'n chwarae fersiynau gwahanol o gymeriad Maggie, a Tony bellach yn dipyn o gi, ac yn cael ei *jollies* yn rheolaidd.

Ysgrifennwr yw Tony – dyn sy ar goll, yn byw mewn stafell mewn gwesty, rhif 2047, drws nesaf i hen fflat y cariadon yn *In The Mood*. Mae hon yn ffilm sy'n llawn atgofion o ffilmiau eraill, felly, a rhifau sy'n cynnig persbectif gwleidyddol i bethau. Hefyd, mae Wai yn dangos Tony wrthi'n sgwennu llyfr sy'n dwyn y teitl *2046*, llyfr *sci-fi* sy'n darogan y bydd 'na leoliad yn y dyfodol lle nad ydi atgofion byth yn marw, a phethau byth yn cyrraedd eu *sell-by dates*, rhyw fath o fersiwn oesol o'r cof dynol, dwi'n credu. Os wyt ti am fynd yno, i 2046, fedri di ddim ond ei gyrraedd ar drên *space-agey, techno, sexy*.

Mae'r ffilm yn drewi o deimladau nwydus ac yn llawn golygfeydd o feddwl yn ddwys am atgofion am amseroedd a fu, sy bellach ddim ond yn gadael yr olion mwyaf pitw ar y byd go iawn – pethau fel rhif stafell, er enghraifft. Mae'r *nostalgia* am y 1960au yn gweithio fel glud hefyd, yn cadw ffilm Wai yn gadarn wrth i'r delweddau fynd yn ôl a blaen i'r dyfodol rhyfedd yma sy'n llawn *automatons* rhyw diemosiwn, a llefydd sy'n edrych yn gynaecolegol, a deud y lleiaf.

Os nad ydach chi wedi gweld *Days* na *Mood*, fydd
2046 ddim yn gwneud lot o synnwyr i chi o ran stori a
chymeriadau. Mae'r ailddangos golygfeydd a symudiadau'n
chwinc parhaus gan Wai, ac yn rhywbeth 'dan ni'n ei
ddisgwyl ganddo bellach. Ond, rywsut, yn y ffilm hon, mae
hyn yn hanner pleser ac yn hanner poen. Rhaid cyfaddef
fod y ffilm, siŵr o fod, yn adlewyrchiad teg iawn o'r ffordd
mae unigolion yn troi a throi'r un hen atgofion o gwmpas
yn eu meddyliau ar hyd eu hoes. Mater o farn ydi hi a yw
hyn yn ddigon i greu ffilm sy'n dal ein sylw.

Yn y bôn, mae *2046* yn cynnig elfennau o drip LSD.
Mae pob un o nodweddion Wong Kar Wai wedi mynd dros
ben llestri, fel mae John Lydon a'i bilsen yn ein hatgoffa
ni yn ei gân 'Memories' – 'they go on and on and on ...'.
Fel ymosodiad ar ein synhwyrau, mae'r ffilm yn llwyddo,
ond ydi hi'n ffilm i'w charu? Mae fel cael dy snogio hyd
farwolaeth gan fenyw brydferth – dyna un farn! Hwyrach
nad oes dewis gan Wai. Mae 'na dwtsh o wallgofrwydd
yn perthyn i'r ffilm, ac efallai fod 'na fwy o wirionedd
elfennol yn celu yn y lluniau gogoneddus nag yn y ffilmiau
cynharach, ond eto, mae'n anodd gadael fynd yn llwyr wrth
ei gwylio hi.

Tydi Wong Kar Wai ddim wedi llwyddo i gyrraedd
pinaclau artistig y ffilmiau yma'n ddiweddar, a hwyrach
na fydd ei ddawn yn medru disgleirio eto fel y gwnaeth
gynt. Efallai bydd ei ffilmiau'n troi i mewn i atgofion pur,
fel testun llawer o'r ffilmiau, rhywbeth y byddwn ni, yn y
gynulleidfa, yn ei gadw'n fyw yn ein cydwybod a'n cof –
wynebau'r sêr yn byw yn gyffyrddus yn ein dychymyg. O
bosib mai dyma'r unig le y medrith y sêr yma fodoli, mewn
gwirionedd.

Y MUL, Y SANT A'R LEMBO

Mae pob un person yn gyfarwyddwr ffilm – nes iddyn nhw brofi fod y gwrthwyneb yn wir. Anodd dadlau efo'r gosodiad yma, yn tydi? Rydan ni i gyd yn awduron delweddau. Dyna ydi breuddwydio, wedi'r cyfan (ynghwsg neu'n effro). Ac mae cael cyfle i chwarae Duw a rheoli ffawd (neu fod yn deirant a mynnu dy ffordd dy hun!) yn abwyd melys mae pob unigolyn yn ysu i'w fachu bob hyn a hyn – rheoli'r byd o'n cwmpas, creu realiti newydd. Yn wahanol i fod yn ddyn camera neu'n olygydd, does dim angen cyfnod o brentisiaeth, neu basio unrhyw brawf technegol cyn dechrau cyfarwyddo. Mae'r drws yn cynnig agor, dim ond i ti lwyddo i fod yn y lle iawn ar yr adeg iawn, efo'r awch a'r angerdd a'r lwc! Dim rhyfedd, felly, eu bod nhw wedi dod o nunlle i eistedd ar dop y domen greadigol yn ein hoes ni – yn llawer uwch na'r nofelwyr, y dramodwyr a'r peintwyr hen ffasiwn 'na.

Yn nyddiau cynnar y sgrin fawr, roedd y cyfarwyddwyr yn anhysbys i'r gynulleidfa (oni bai eu bod nhw'n artistiaid unigryw fel Charlie Chaplin, a oedd yn hawlio pob medr o'i ffilmiau trwy berfformio ynddyn nhw). Creodd arloeswyr cynnar cyfarwyddo sinema, unigolion fel D. W. Griffith yn America, gannoedd o ffilmiau ac ailsgwennu iaith sinema cyn mynd ati i greu bwystfilod fel *Birth of a Nation* (1915) ac *Intolerance* (1916). Yn Ewrop, cyflwynodd F. W. Murnau ei brydferthwch barddonol mewn ffilmiau unigryw fel *Nosferatu* (1922), *Faust* (1926) a *Sunrise* (1927); creodd Erich von Stroheim, y *megalomaniac*, ei gampwaith *realist* coll *Greed* (1924) a Fritz Lang ei ddyfodol hunllefus yn *Metropolis* (1927). Maen nhw i gyd, fwy neu lai wedi llwyr ddiflannu o'r cof cymunedol. Dyma'r unigolion a fu'n gyfrifol am roi genedigaeth i gelfyddyd y cyfarwyddwr ffilm, a dangos posibiliadau'r da a'r drwg i ni (er, rhaid gofyn pwy sy isio cyfarwyddwyr talentog a rhydd os mai ffilmiau hiliol ac afiach fel *Birth of a Nation* yw'r canlyniad).

Gydol oes aur Hollywood yn y 1930au a'r 1940au, mi oedd gyrfa cyfarwyddwyr yn fregus iawn, ac yn gaeth i ddymuniadau'r farchnad a'r stiwdio. Yn debyg iawn i'r sêr, roedd y cyfarwyddwyr yn cael eu gweld fel *hired hands*, a'r geiniog oedd y llinyn mesur. Mi oedd hyn yn creu sefyllfa lle roedd cyfarwyddwyr talentog tu hwnt yn gorfod gweithio ar ffilm ar ôl ffilm yn yr un idiom neu *genre* – John Ford a'i *Westerns*, George Cukor a'i *weepies*, Vincente Minnelli a'r *musicals*, neu gomedïau sentimental Frank Capra. Roedd 'na eithriadau – pobl fel John Huston neu Howard Hawks – oedd yn mynnu cael yr hawl i adrodd eu hoff storïau mewn sawl arddull.

Roedd ymddangosiad Orson Welles ar ddechrau'r 1940au gyda'r ffilm *Citizen Kane* (1941), yn gam anhygoel ymlaen yn hanes rôl a dylanwad y cyfarwyddwr ffilm. Cafodd y cyfarwyddwr ifanc hwn ryddid artistig llwyr â'i ffilm gyntaf. Doedd neb wedi profi'r fath ryddid o'r blaen, *and boy, does he run with it*! Fyddai pethau byth yr un fath ar ôl y ffilm hon. Does dim lle yma i drafod *Citizen Kane*, dim ond i ategu fy mod i'n cytuno â'r farn gyffredinol mai hon yw ffilm fwyaf cymhleth a gwerthfawr byd sinema. Ac er ei bod hi'n waith mwy nag un athrylith (sgript gan Herman Mankiewicz a gwaith camera, Gregg Toland), ac er iddi brofi'n fethiant ariannol ac yn llawer rhy ddadleuol i ddenu cynulleidfa eang ar y pryd, mae hi'n cael ei gweld hyd heddiw fel ffilm sy'n llwyddiant artistig anhygoel, a'r llwyddiant hwnnw'n perthyn yn gyfan gwbl i dalent y cyfarwyddwr, Orson Welles, fel yr awdur sinematig hollbwerus. Y cyfarwyddwr sy wedi creu'r campwaith yma ar ei ben ei hun bach, bron – dyna'r naratif newydd a anwyd yn sgil *Citizen Kane*.

Newidiodd sinema unwaith ac am byth. Llwyddodd personoliaeth angerddol a thalent athrylithgar Orson Welles a'i *chutzpah* i ailddiffinio'r cyfarwyddwr ffilm fel artist 'go iawn' o'r diwedd – artist sy'n cynhyrchu rhywbeth sy'n medru sefyll fel darn o gelf, sy cystal ag unrhyw nofel neu ddarlun neu ddrama o'r canrifoedd gynt. Dyma ddarn o waith sy'n bodoli ar ei ben ei hun, uwchben ac ar wahân i unrhyw fân draddodiadau sy'n perthyn i sinema fasnachol, ac sy'n ymestyn ymhell i mewn i ddychymyg y ddynoliaeth. Byddai'n bwysig ac yn berthnasol i'r cenedlaethau i ddod, llawn cymaint ag i bobl sy'n ei gwylio heddiw, neu a fu'n ei gwylio ar y pryd. Mae'n ffilm sy bron yn *critic-proof*, ond rhaid i mi ychwanegu ei bod yn fy atgoffa weithiau o'r hyn ddywedodd Mozart am ei waith ei hun: 'Yndi, mae'n waith bendigedig, ond rywsut, does 'na ddim tlodi ynddi'.

Daeth y cam mawr nesaf yn nyrchafiad y cyfarwyddwr fel artist uwchlaw'r gweddill gydag ymddangosiad beirniaid ifanc y cylchgrawn ffilm *Cahiers du Cinéma* ym Mharis yn y 1950au. Ymhlith y bobl oedd yn sgwennu i'r cylchgrawn, roedd llu o unigolion dylanwadol a fyddai'n gollwng y beiro ymhen tipyn, ac yn codi camera i greu'r *Nouvelle Vague* yn Ffrainc a chwyldro arall yn hanes sinema, yn cynnwys Jean-Luc Godard, François Truffaut, André Bazin, Jacques Rivette a Claude Chabrol. Bu erthyglau'r awduron yn *Cahiers du Cinéma* yn rhannol gyfrifol am greu'r syniad o *auteur* ffilm. Yr *auteur* yw awdur y ffilm, ac yn ôl y dynion ifanc yma o Baris, y cyfarwyddwr yw'r awdur, nid y cynhyrchydd, na'r seren, na'r sgriptiwr. Y cyfarwyddwr fel unben, â'i lais artistig, oedd yn cael ei weld fel yr unig berson oedd yn gymwys i feirniadu neu ddadansoddi ffilm. Mae damcaniaeth yr *auteur* yn creu'r syniad fod artist ffilm yn defnyddio'r camera fel mae awdur llenyddol yn defnyddio beiro neu deipiadur, ac yn troi busnes cydweithredol, amlddisgyblaeth a chymunedol yn weithred unigol a phersonol. Roedden nhw'n addoli cyfarwyddwyr sinema Americanaidd llwyddiannus fel Alfred Hitchcock a Howard Hawks, a hefyd rai o *hacks* y *B movies*, ac fe gawson nhw ddylanwad sylweddol o ran newid agweddau at fytholeg byd sinema o ganol y ganrif ymlaen.

Fel y soniais, dechreuodd y beirniaid ifanc yma wneud eu ffilmiau eu hunain cyn hir, a'r unigolyn ar frig y rhestr, a'r ail athrylith ym maes cyfarwyddo ffilm, ar ôl Orson Welles, oedd Jean-Luc Godard. Does 'na ddim modd edrych ar yrfa Godard mewn un llyfr fel hwn. Mae'r yrfa a'r dylanwad yn rhy eang a sylfaenol. Mae llawer o'i ffilmiau'n haeddu llyfr cyfan yr un. Mae pob un o'i ffilmiau yn drawiadol – o *Breathless* (1959), gyda Jean Seberg a Jean-Paul Belmondo, ffilm *début* bwysicaf sinema ar ôl *Citizen Kan*e, y ffilm cŵl gyntaf erioed a dylanwad anorfod ar bob ffilm a'i dilynodd, hyd at *Film Socialisme* (2010), a Patti Smith ar y *Costa Concordia* (cyn y ddamwain!) ac is-deitlau yn iaith Indiaid Navajo. Dyma ffilm draethawd am Ewrop; diwylliant a chyfandir hen a blinedig yn cael eu portreadu gan long bleser anferth, erchyll. Sori, ond mi oedd y cwch yna'n haeddu suddo. Os ti'n gofyn i fi, byddai'n syniad i rywun holi a oedd Godard ar fwrdd y llong ar noson y ddamwain, yn mwydro'r capten druan. Dwi ddim yn credu'r stori am y genod, y cyffuriau a'r capten yn partïo'n galed, ag un llaw ar y llyw a'r llall Duw a ŵyr ymhle. Mae'n rhy debyg i un o *plotlines* ffilm gan Godard!

Roedd pob un o'i ffilmiau'n cynnal ymchwiliad o'r newydd i natur sylfaenol sinema; er enghraifft, mae *Film*

Socialisme yn amlwg yn ffilm ddigidol, fodern, sy hefyd yn edrych fel copi budr o *pirate DVD* o farchnad Llangefni, yn llawn *jumps* a thoriadau a *glitches*, a phob un yn fwriadol. Mae Godard wedi deud y bydd yn amhosib, ymhen hanner can mlynedd, i unrhyw un edrych ar ddelwedd ddigidol, ac wrth wylio'r ffilm hon, dwi'n dechrau dallt be mae o'n feddwl. Mewn ffilm ar ôl ffilm, mae o'n edrych ar ystyr ac effeithiolrwydd y ddelwedd, law yn llaw ag archwilio ystyr holl fecanics yr hyn 'dan ni'n (trio) ei wneud pan 'dan ni'n gwneud ffilm. Mae o hefyd yn ceisio darganfod be fedrith sinema ei gynnig i'r oes a'r gymdeithas fel y mae hi yn yr union foment mae'r ffilm yn cael ei saethu (basa rhai yn dadlau mai brwydro yn erbyn, a beirniadu, y gymdeithas a'r oes mae'r dyn blin hwn a'i ffilmiau'n ei wneud *ad nauseam*!). Does neb erioed wedi creu dim byd tebyg i waith y dyn yma, ac i mi, fo yw'r un – cyfarwyddwr rhif un. Wrth wylio pob un ffilm gan Godard, dwi'n cael fy nhaflu oddi ar fy echel – dwi'n llythrennol yn *gobsmacked*. Mae o'n torri'r rheolau trwy'r amser, ac yn llenwi pob ffilm â'i syniadau gwreiddiol, o'r teitlau agoriadol hyd at y ffrâm olaf a'r *FIN*.

Mae ffilmiau Godard yn hollol ysgytwol i unrhyw un sy'n breuddwydio am greu sinema, fel ysgrifennwr sy'n gweld geiriau Shakespeare, neu gerddor sy'n clywed cerddoriaeth Beethoven. Ond mae'n rhaid bod yn ofalus: yn sicr, mae'r dyn yn athrylith ac yn artist llwyr, ond mae ganddo bersonoliaeth lletchwith dros ben hefyd. Er enghraifft, mae o'n mynnu fod sinema ar ben, nad oes neb o'i gwmpas yn creu gwaith o unrhyw werth ddim mwy; does neb yn holi a chwilio ar y sgrin. Ac mae o wedi dadlau yn y gorffennol fod sinema wedi marw 'nôl ar ddiwedd yr Ail Ryfel Byd, am iddi fethu â dygymod ag erchyllterau'r rhyfel (na'u rhwystro), yn enwedig y gwersylloedd angau, trwy eu rhoi nhw ar y sgrin ar y pryd. Doedd o ddim yn meddwl llawer chwaith o dued sinema Hollywood i wneud ffilmiau am y rhyfel yn fwy diweddar, a defnyddio oes y Natsïaid i wneud elw yn y *box office*: 'Sut fedra i wneud ffilm am yr Holocost? Be ydw i i fod i'w wneud – llwgu'r actorion i farwolaeth?' Tydi'r dyn yn bendant ddim yn ffan o ffilmiau fel *Schindler's List*, na chyfarwyddwyr fel Steven Spielberg. Ond tydi ochr anghynnes y dyn ddim wedi ei chyfyngu i bobl y tu draw i Fôr Iwerydd yn unig, chwaith. Pan glywodd fod ei gyn-ffrind a'i gyd-gyfarwyddwyr o ddyddiau cynnar y *Nouvelle Vague*, François Truffaut, wedi marw o lid yr ymennydd, dywedodd: 'Wel, dyna sy'n digwydd os wyt ti'n mynnu darllen cymaint o lenyddiaeth wael.' (Er, a bod yn gytbwys, mi oedd Truffaut wedi mynd i'r arfer o gyfeirio at Jean-Luc fel *'the shit'* – *'une merde'*).

Dyna'r peth am Godard – does 'na ddim amwysedd, dim cyfaddawdu, dim cyfarfod y gwyliwr hanner ffordd. O na! Mae ei ffilmiau'n adlewyrchiad o'i bersonoliaeth a'i ddeallusrwydd, ac er bod ei ochr wyllt, angerddol, *in yer face* ddiddiwedd yn medru gwneud i ti gytuno efo'i ddadleuon, rwyt ti'n teimlo fod rhywbeth *crackpot* yn perthyn i'r dyn a'i ffilmiau weithiau. Mae o'n medru bod yn ffiaidd ac yn atyniadol yn yr un ffilm, ac ar adegau eraill, mae ei lais, ei ddadleuon a'i ddelweddau'n cythruddo ac yn pechu. Mae o'n herfeiddiol bob eiliad mae o'n anadlu. Dydi o erioed wedi ceisio cael pobl i gynhesu ato fel person, nac wedi defnyddio sinema i wneud ffrindiau, na denu poblogrwydd a llwyddiant materol – di-flewyn ar dafod a delwedd bob tro. Athrylith mwyaf byd sinema, heb os. Mae'n *workaholic* sy'n medru creu dro ar ôl tro, yn creu delwedd ar ôl delwedd, dadl ar ôl dadl, fel Picasso. Mae'n gwthio pawb arall allan o'r ffordd, ac yn disgwyl i ni i gyd ddal i fyny â'i gamau a'i dactegau diweddaraf, tra mewn gwirionedd, 'dan ni jest yn troedio dŵr yn ei fôr llawn degawdau o *new waves*. A diolch byth am fodolaeth person arbennig fel Godard ym myd cyfarwyddo ffilm. Mae addysg gyflawn yn ei waith. Roedd ei ffilmiau yn y 1960au, fel *Le Mépris, Pierrot le Fou, Weekend, Bande à part, Alphaville* a *Vivre sa vie* yn brydferthach nag unrhyw ffilmiau Hollywood o'r degawd hwn. Yn y 1970au, dewisodd weithio bron yn gyfan gwbl gyda thechnoleg fideo – lluniau budr, rhad a niwlog, a phynciau dadleuol, cyfoes, byd-eang a phersonol, domestig, gwleidyddol bob tro, ond eto, yn ei ddwylo o, mae'r gwaith yn ein taro fel rhywbeth prydferth dros ben.

Fel dwi'n ei gweld hi, Welles a Godard sydd ar ben coeden y cyfarwyddwyr. Ond nid yw'n bosib syllu i mewn i'r ddau haul llachar yma, felly dwi'n dewis symud i'r ochr, fel petai – ddim cweit i mewn i'r cysgodion, ond yn hytrach i edrych ar waith tri chyfarwyddwr gwahanol; un o Ffrainc, un o Rwsia ac un o Ddenmarc: y mul, y sant a'r lembo. Mae'r tri chyfarwyddwr yma'n cynrychioli hanner can mlynedd diwethaf byd y ffilm gelf, ac yn dangos yn glir yr hyn sy'n bosib ei wneud trwy grefft y cyfarwyddwr. Maen nhw wedi creu gwaith personol ac unigryw iawn, gwaith sy'n gwylltio ac yn drysu, ond sy hefyd yn cyffwrdd â'r ysbrydol, ac yn plymio'n ddwfn i mewn i'r natur ddynol. Dwi wedi dewis y tri yma hefyd gan fy mod i'n gwylio'u ffilmiau nhw drosodd a throsodd, ac yn cael mwynhad a dealltwriaeth fawr trwy'r gwylio. Wrth drafod y tri, a manylu ar un ffilm yr un ganddynt, dwi'n gobeithio medru dangos fod rôl y cyfarwyddwr yn fwy na jest cael perfformiad gwych allan o actor, neu greu cyffro a thensiwn yn y gynulleidfa. Mae'r tri chyfarwyddwr yma'n llwyddo i wneud rhywbeth gwahanol dro ar ôl tro, sef dangos y byd i ni mewn ffordd sinematig. Mae'n ffordd sy'n anodd iawn ei disgrifio a'i hesbonio mewn geiriau, ond mae'n bendant yn cael effaith gorfforol arnom. Maen nhw'n chwilio ac yn holi ar ein rhan ni, ac yn rhannu ffrwyth eu llafur cyfarwyddo trwy daflunio delweddau unigryw o'r byd real maen nhw'n eu darganfod yn ôl aton ni yn ein byd plastig.

Y Mul – Robert Bresson

> 'How extraordinary, is it not, that a man should be a man! This is perhaps what camera and tape recorder say to each other.'

Cafodd Robert Bresson ei eni yn Ffrainc yn 1900 (neu yn 1907, does neb wir yn siŵr), a byw trwy'r ganrif yn ei chyfanrwydd cyn ei farwolaeth yn 1999. Fo ydi'r hynaf o'r tri artist ffilm dwi'n eu trafod yn y bennod hon, a fo oedd y cyntaf i wrthod derbyn dulliau arferol, traddodiadol creu sinema. Trodd ei gefn ar y cyfan a ddysgodd wrth weithio yn y diwydiant yn y 1930au a'r 1940au, a dechrau creu ffilmiau yn ei ffordd unigryw ei hun yn y 1950au. Bu'n driw i'r gred weledol newydd hon tan ei ffilm olaf, *L'Argent* (1983), gan adael dwsin o ffilmiau digon trawiadol i gynrychioli a diffinio artist sy bellach yn bresenoldeb mytholegol ymhlith dilynwyr hanes y ffilm gelf. Mi oedd o'n dal i obeithio gwneud un ffilm arall, sef ei fersiwn o Genesis, llyfr cyntaf y Beibl, pan fu farw yn ei nawdegau ar ôl gyrfa a bywyd hir ac anhygoel. Yn ôl Jean Cocteau: 'Mae'r dyn yn glasur – yn rhywbeth arbennig iawn yn y diwydiant uffernol yma o greu ffilmiau.'

Y peth mwyaf nodedig am Bresson yw'r ffaith iddo feithrin a chreu ei steil ei hun, un sy'n amhosib ei

gamgymryd am arddull unrhyw gyfarwyddwr arall.
Llwyddodd i greu ffilmiau mewn ffordd dawel, ddigyffro,
gan ddilyn rheolau esthetig roedd o wedi eu darganfod
drosto'i hun. Doedd dim byd ail-law yn cael bod yn
ei ffilmiau. Ysgrifennodd lyfr gwerthfawr dros ben, a
dylanwadol tu hwnt, sy'n cynnwys 'rheolau' proses Bresson
o gyfarwyddo ffilm. Mae *Notes on the Cinematographer*
yn llyfr bach cynnil sy, yn y bôn, yn ddim ond rhestr o
epigramau sy'n llwyddo i esbonio a chrisialu dirgelwch a
natur annelwig yr artist hwn i'r dim. Mi fydda i'n britho'r
darn yma o'r bennod efo detholiad o ddyfyniadau o'r
llawlyfr hynod hwn.

> 'Make visible what, without you, might perhaps have never
> been seen.'

Hwyrach ei bod yn annheg honni fod Bresson wedi
gwrthod, a rhoi heibio, dylanwad artistiaid eraill o
fyd sinema. Yn hytrach, yr hyn mae o'n ei wneud ydi
penderfynu dilyn ei deimladau greddfol ei hun am natur
swyddogaeth y cyfarwyddwr ffilm.

> 'Be the first to see what you see as you see it.'

Mae 'na rai sy'n hawlio Bresson fel cyfarwyddwr crefyddol.
Wn i ddim – mae 'na deimlad ysbrydol yn y gwaith, ac mae
o'n enwog am y ffilmiau *Diary of a Country Priest* (1951)
a *The Trial of Joan of Arc* (1962). Ond mi ydw i'n ei weld
o fel cyfarwyddwr mwyaf manwl sinema, sy'n cloddio'n
ddyfnach na neb o dan yr wyneb cableddus, dyna i gyd.
Tydi Duw ddim i'w weld yn ei waith. Sinematig yw'r arddull
yma, nid crefyddol. Dydi'r arddull hon ddim ond yn
gweithio ym myd sinema, ddim yn y capel na'r eglwys.

'An "actor" in cinematography might as well be in a foreign country. He does not speak its language. The thing that matters is not what they show me, but what they hide from me and, above all, what they do not suspect is in them.'

Doedd Bresson ddim yn defnyddio actorion proffesiynol, dim ond *models* – pobl gyffredin.

'One should not use the camera as if it were a broom.'

Prin fod Robert yn symud y camera, a mynnai fframio popeth yn y llun yn yr un ffordd ag y byddai llygaid person yn ei weld. Tydi'r olwg hon byth yn dangos pethau oddi uchod, na thrwy *tracking shots* cymhleth, nac o hedfan y camera trwy'r awyr.

'Your creation or invention confines itself to the ties you knot between the various bits of reality caught.'

Mae'r golygu'n syml dros ben – dim torri 'nôl ac ymlaen i greu tensiwn neu ddrama, jest un darn o ffilm ar ôl y llall mewn rhes.

'When a sound can replace an image, cut the image. The noises must become music.'

Roedd o hefyd yn ystyried y trac sain yn gyfartal â'r delweddau. Does 'na ddim byd yn hanes sinema sy'n cyfateb i synau drysau'n agor a chau sy'n digwydd yn dragwyddol yn ei ffilmiau. Dwi'n dal i ryfeddu at gyfoeth y trac sain, wrth i sŵn y byd lifo i mewn ac allan o stafelloedd yn y ffilmiau.

'To be constantly changing lenses whilst photographing is like constantly changing one's glasses.'

Roedd arddull Bresson yn cysoni popeth ar yr un lefel, ac roedd penderfynu defnyddio lens 50mm yn unig yn ategu hyn – mae'n creu llun fflat a *boxy*; does 'na ddim un peth yn cael bod yn bwysicach nag unrhyw beth arall.

> 'There is no absolute value in an image. An image must be transformed by contact with another image, as is a colour by contact with another colour … There is no art without transformation. If an image looked at by itself expresses something sharply, if it involves an interpretation, it will not be transformed on contact with other images. It is unusable.'

Mae'r ffilm, a'r effaith hollbwysig ar y gwyliwr, yn cael ei chreu wrth i Bresson ddewis trefn y siots sydd yn creu'r ffilm orffenedig, a thrwy roi un ddelwedd nesaf at ddelwedd arall.

> 'Your film is not made for a stroll with the eyes, but for going right into.'

Wrth i chi wylio, fe sylwch nad oes dim *suspense* nac *intrigue*; dim *sequences* llawn cyffro sy'n carlamu am yn ail â golygfeydd sy'n cynnig saib. Nid dyma mae Bresson yn ei gynnig i ni. Wrth gwrs, mae 'na lot fawr o bobl yn ei chael yn anodd peidio â beirniadu ei ffilmiau. Mae fel petai lleisio barn wrth eu gwylio yn ymateb greddfol, bron, a gweld dim ond pethau i gwyno amdanynt a'u beirniadu. Ond yr union bethau sy'n cythruddo pobl gymaint yw'r union bethau mae Bresson yn ceisio eu cyflawni. Mae o'n trio cael gwared ar elfennau fel stori, drama, cymeriad a pherfformiad, am ei fod o'n credu fod y pethau yma'n perthyn i gelfyddyd gwbl wahanol i sinema. Os am weld yr elfennau uchod, ewch at lenyddiaeth neu ddrama lwyfan. Mae Bresson ar daith wahanol iawn, un sy, yn ei farn o, yn debyg i un astronot yn darganfod planed gwbl newydd. Ein planed ni yw'r blaned hon, wrth gwrs, ond wedi cael ei hail-greu ar y sgrin ar ôl mynd trwy feddwl a synhwyrau Robert Bresson.

> 'The public does not know what it wants. Impose on it your decisions, your delights. Laugh at a bad reputation. Fear a good one that you could not sustain.'

Yn aml, rydan ni'n cael y teimlad ein bod wedi cael ein carcharu o fewn ffilmiau Bresson. Tydi'r teimlad hwn ddim yn ddamweiniol – mae ei ffilmiau mwyaf adnabyddus, *A Man Escaped* (1956*)*, *The Trial of Joan of Arc* (1962) a *Pickpocket* (1959), yn delio efo realiti bod yn gaeth. Ar lefel bersonol, treuliodd gyfnod fel caethwas o dan y Natsïaid mewn gwersyll carcharorion rhyfel, ac mae'r profad yn amlwg yn ei ddamcaniaeth am natur realiti, a'i gred ein bod ni i gyd mewn carchar, mewn un ffordd neu'i gilydd. Rydan ni'n bobl bathetig, sy'n gaethweision am nad ydan ni fel unigolion yn medru rheoli'r byd o'n cwmpas. Dyma pam mae rhai yn gweld Duw yn ei ffilmiau – y syniad fod popeth yn cael ei gyfarwyddo gan Dduw hollalluog, a bod ewyllys rydd yn syniad diwerth, neu'n jôc wael yn y pen draw.

Yn wahanol i gyfarwyddwyr eraill, doedd arddull Bresson ddim yn dibynnu ar ddefnyddio dulliau seicolegol i wneud i'r cymeriadau ymddangos yn fwy o bobl gig a gwaed. Oherwydd ei benderfyniad i beidio â defnyddio actorion adnabyddus, roedd y gynulleidfa ar gyfer ei waith yn fach, ond mae'r ffilmiau'n elwa o hynny. Maen nhw'n rhyfedd – yn teimlo'n rhyfedd i ni wrth i ni eu gwylio nhw. Mae'r cymeriadau i'w gweld yn symud fel *zombies*, bron, neu bypedau, ac mae naws arallfydol yn perthyn i'r golygfeydd.

Tydi'r ffilmiau ddim yn dod at ei gilydd oherwydd cryfder y plot neu'r stori, ond oherwydd bod y ffilm gyfan, pob elfen ohoni, yn rhannu'r un DNA. I Bresson, dim ond edrych ar realiti'r byd *close-up* mae'r arddull hon yn ceisio'i gyflawni. Mae o'n mynnu hoelio'r sylw ar y pethau bach, unigol, a bod yn fanwl dros ben.

'Master precision. Be a precision instrument myself.'

Dyna pam fod ei ffilmiau'n llawn dwylo, a drysau'n agor a chau. Dwylo ydan ni, yn fwy nag unrhyw beth arall, ac mewn ffilm fel *Pickpocket*, mae'r dwylo yma'n dawnsio trwy'r ffilm gyfan, yn rheoli ffawd y dyn yn llwyr. Mae pob gweithred gyffredin gan y dwylo arbennig yma'n cael ei thrawsnewid yn weithred sy'n llawn ystyr yn ei thro: 'bale ar gyfer y dwylo', fel y dywedodd un sylwebydd.

Mae'r arddull hon yn medru dy hypnoteiddio, a dy dynnu i mewn yn ddwfn wrth i ti ddod i arfer efo pobl yn 'bod', a dyna i gyd – ddim yn perfformio nac yn actio, ond jest yn symud, yn defnyddio'u dwylo i wneud pethau dibwys, dynol. Yn sicr, does neb erioed wedi galw Bresson yn gyfarwyddwr sy'n mynd dros ben llestri. Mae 'na un dyfyniad o *Notes on the Cinematographer* sy'n rheoli'r holl gynllun yma a phrosiect oes Bresson yn fy marn i: 'The true is inimitable, the false untransformable'. Gan ei fod o'n credu hyn i'r carn, mae'r ffilmiau'n fy nharo i fel un broses hir o geisio dal y gwir a diystyru'r ffals. Mae'r ffilmiau'n medru ymddangos yn ddiemosiwn neu yn 'rong', fel mae lot fawr o gerddoriaeth glasurol fodern, neu gelf fodern, yn codi gwrychyn, ond i mi, mae'r arddull hon yn anrheg wych i ni fel gwylwyr ffilmiau, ac yn cynnig profiad sinematig pur iawn.

Mae edmygu Bresson yn un peth. Mae ei gopïo neu ei ddilyn yn rhywbeth cwbl wahanol. Go brin fyddet ti'n meddwl gwneud *musical* neu *romcom* neu gomedi unwaith i ti ddechrau gweithio yn arddull Bresson. Roedd y dyn hwn yn cymryd sinema o ddifrif, ac o'i ddilyn, dylech chi fod yn barod i roi o'r neilltu lawer o bleserau mwyaf naturiol gwylio a chreu delweddau. Mewn byd delfrydol, dim ond Bresson ddylai weithio a chreu yn y ffordd yma. Mae ei arddull a'i ffilmiau gorffenedig yn dangos y byd i ni gyntaf, a'r bobl sy'n byw ynddo'n ail. Dyma'r tric Bresson-aidd. A chan fod y pwyslais hwn yn wahanol iawn i un pawb arall sy'n gwneud ffilmiau, mae'r byd mae o'n ei ddangos i ni'n ein taro fel byd llawn dirgelwch. Mae'n lle damaid bach yn wahanol, a grymoedd anweledig yn rheoli ffawd a digwyddiadau – nid Duw, ond natur oeraidd, ddideimlad, sy'n poeni dim am ddyheadau'r bobl druan sy'n troedio'r tir. Fy hoff ffilm i gan Bresson yw *Au Hasard Balthazar*. Dyma'r ffilm, yn ôl Jean-Luc Godard, y byddai 'pobl yn rhyfeddu wrth ei gwylio, gan fod yr holl fyd yn cael ei ddangos i ni mewn awr a hanner'. Mae hi'n unigryw am un rheswm syml – mul yw'r prif gymeriad.

Au Hasard Balthazar (1966)

Fel prentis-gyfarwyddwr ffilm, y wers bwysicaf rwyt ti'n ei dysgu o wylio ffilm gan Bresson yw hyn: mae'n rhaid i ti lynu'n gadarn at y gred mai'r hyn rwyt ti'n ei wneud ydi dangos y byd fel wyt ti, a ti yn unig, yn ei brofi a'i synhwyro. Dyma dy brif swyddogaeth. Yn eironig, mae'r darganfyddiad hwn yn adleisio sefyllfa Balthazar yn y ffilm i'r dim. Heb Balthazar, does 'na ddim ffilm; dim canol nac angor i ddealltwriaeth. Mae o'n rhan o bopeth 'dan ni'n ei weld yn digwydd ym myd y ffilm, ac yn creu llinell i

ni ei dilyn, ac wrth ddilyn y llinell hon, sef bywyd y mul
druan, mae ein hemosiynau'n ymateb yn ffyrnig i'r hyn sy'n
digwydd ar y sgrin.

Gan fod Bresson yn benderfynol o beidio goddef 'actio'
mewn unrhyw ffordd yn ei ffilm, roedd dewis mul hefyd
yn benderfyniad call iawn ac ymarferol tu hwnt. Mae'r mul
jest yn ful – tydi o ddim yn actio – ac er ein bod ni'n byw
stori'r ffilm trwy ei lygaid o, fedrwn ni ddim dadansoddi
ei berfformiad. Rydan ni yn jest yn teimlo'r artaith, ac yn
derbyn bodolaeth y drygioni yn y byd 'dan ni'n ei rannu efo
Balthazar.

Mae'r mul fel cymeriad, felly, yn bodoli fel tyst i'r ffaith
hon. Tydi o ddim yn creu drama. Dioddef mae o yn bennaf,
a chael ei golbio gan y byd. Mae o'n llwyddo i ddianc gwpl o
weithiau, ond mae'r rhyddid yma'n brin ac yn fyrhoedlog.

Mae Balthazar hefyd yn bodoli fel trosiad – hanes bywyd
mul yn disgrifio hanes bywyd dyn – plentyndod hapus a
ffodus, cael ei orfodi i weithio'n hir ac yn galed mewn swyddi
arteithiol unwaith mae'n oedolyn, cyn cyrraedd cyfnod
o ddoethineb ac arallfydolrwydd wrth i'r diwedd ddod i'r
golwg. Mewn sawl ffordd, mae'r mul yn gymeriad lawer mwy
amlochrog na'r bodau dynol mae Bresson yn eu defnyddio fel
arfer. Yn y ffilm, clywn amrywiaeth o eiriau a disgrifiadau'n
cael eu defnyddio i gyfeirio at Balthazar – 'donkeys are cool,
speedy, modern', 'this donkey is reactionary and ridiculous',
'a lover', 'the most powerful brain of the century' ac 'a saint'.

Tydi hi ddim yn ffilm hawdd ei dilyn. Mae'n rhaid i ti
ymddiried yn dy synhwyrau a chadw'n agos at Balthazar, er
ei fod yn celu yn y cefndir lot o'r amser. Ond wrth i ti wylio'r
ffilm am yr ail neu'r trydydd tro, fe weli di fod y strwythur
yn gwneud synnwyr llwyr – mae poen a difaterwch
bodolaeth yn udo'n berffaith drwyddi.

Mae'r ffilm yn dechrau efo miwsig clasurol am yn ail â sŵn mul yn brefu dros y teitlau. Wedyn, gwelwn ful newydd-anedig yn sugno teth ei fam. Mae plant ar ochr y mynydd wedi sylwi ar y mul bach, ac yn mynnu ei fod o'n dod adra i'r fferm efo nhw, lle maen nhw'n ei fedyddio â'i enw, Balthazar. Mae Jacques, un o'r plant, yn closio at y ferch fach drws nesaf, Marie, ac o hyn allan, mae'r mul yn dyst i'r berthynas blentyndod bwysig rhwng y ddau. Dros y blynyddoedd nesaf, gwelwn Balthazar yn cael ei guro a'i boenydio gan Gérard, *bad boy* mae Marie'n syrthio mewn cariad ag o, Arnold, meddwyn a thramp lleol, ac amryw berchnogion eraill sy'n ei drin fel anifail gwaith. Er bod Marie yn ei garu, dydi hi ddim yn ei amddiffyn rhag y creulondeb a ddaw i'w ran, ac mae'r mul yn dianc mor aml ag y gall o o un sefyllfa dorcalonnus i'r llall. Mae Jean-Luc Godard yn cyfeirio at Marie fel ail ful y ffilm ac mae 'na wirionedd yn y datganiad yma (priododd Godard y 'mul' yna flwyddyn yn ddiweddarach!). Mae'r cysylltiad rhwng y mul a'r ferch yn un anodd iawn i'w greu'n llwyddiannus yn ein meddyliau, ond mae Bresson yn gwneud hynny heb orfod defnyddio unrhyw driciau sentimental, Disney-aidd. Yn y diwedd, mae Balthazar yn dianc i'r syrcas, lle mae'n gwneud triciau mathemategol i ddifyrru'r gynulleidfa.

Yn y syrcas, mae Bresson yn cynnig un o olygfeydd mwyaf anhygoel hanes sinema i ni. Rydan ni'n gweld Balthazar yn dod wyneb yn wyneb â llew, mwnci, arth ac eliffant. Mae'r anifeiliaid yn edrych i fyw llygaid ei gilydd, ond does 'na ddim ffordd o gwbl i ni ddadansoddi beth, os unrhyw beth o gwbl, sy'n digwydd rhyngddynt. Fel dywedais i, nid Disney mohono. Mae'r holl beth yn anesboniadwy, yn ein drysu'n lân, ond fedri di ddim gwadu fod yr olygfa unigryw hon yn dy gyffwrdd fel gwyliwr, p'un ai wyt ti'n ei dallt neu beidio. Gan nad ydan ni'n medru dadansoddi'r hyn sy'n mynd trwy feddyliau'r cymeriadau (maen nhw'n bendant yn gymeriadau yn y ffilm, gymaint â Marie a Gérard – wedi'r cyfan, nid rhaglen ddogfen ydi hon), yn y fan yma, mae'r ffilm yn gadael y byd rhesymol. Hwyrach mai dyma ydi pwynt yr olygfa hon – wrth wylio'r olygfa anghyffredin hon, rydan ni'n sylweddoli beth sydd ar goll. Does 'na ddim symbylu cymeriad, dim emosiwn, dim hierarchaeth, jest yr anifeiliaid sy'n bodoli yn yr eiliad hon, dyna i gyd. Ai dyna mae Bresson yn trio'i ddeud wrthon ni ym mhob un o'i ffilmiau? Rydan ni jest yn bodoli; tydi hi ddim yn bosib dadansoddi'r fodolaeth hon, fedrwn ni ddim synfyfyrio am y pethau yma. Nid meddwl am y sefyllfa sy angen i ni ei wneud, ond sylweddoli mai bodoli yn y foment yw hanfod bywyd. Ond dydi'r dedwyddwch ddim yn para'n hir.

Un dydd, daw Arnold i wylio'r sioe, ac mae'n cipio Balthazar, felly mae'r mul yn ôl yn nwylo meistr creulon. Heb fod yn hir wedyn, mae Arnold yn marw pan mae'n syrthio oddi ar cefn Balthazar yn ei ddiod, ac mae'r meistr nesaf yn fwy creulon byth. Un diwrnod, mae Balthazar wedi cael digon, ac yn penderfynu stopio yfed dŵr. Ar noson stormus, mae Marie yn troi i fyny yn nhŷ'r perchennog newydd ac yn gofyn am loches. Mae'n cynnig ei chorff iddo am bres. Yn y bore, daw rhieni Marie i'w nôl hi, a mynd â Balthazar oddi wrth y masnachwr fel rhyw fath o randaliad am gael defnyddio'u merch. Mae Marie yn penderfynu mynd i weld Gérard am y tro olaf. Mae hi'n cael ei threisio gan y giang, a'i chario'n ôl i'r tŷ gan ei thad yng nghefn cart Balthazar. Mae'r ffilm yn prysur agosáu tuag at y diweddglo. Mewn tro yn y gynffon, daw'r mul yn ôl i ddwylo Gérard, sy'n ei ddefnyddio i smyglo contraband, ac mae'n cael ei yrru allan i'r mynyddoedd gyda'r nos, a'r nwyddau ar ei gefn.

Ond mae Balthazar yn cael ei saethu, ac yn marw'n araf. Pan ddaw golau dydd, mae'r mul yn ei gael ei hun wedi ei amgylchu gan braidd o ddefaid, ac yn derbyn ei fod ar fin marw. Yn ddistaw bach, mae'n disgyn i'r ddaear, ac unwaith mae o ar ei ben ei hun, mae'n marw.

Ar ôl gwylio hanes Balthazar druan, fedrwn ni ddim, mewn difri calon, dderbyn fod Bresson yn gyfarwyddwr oeraidd, diemosiwn, a'i arddull unigryw yn gelyniaethu. Mae'n ymddangos i mi yn ddyn darostyngedig, sy'n prisio'i gyd-ddyn (ac anifeiliaid) yn uchel iawn.

> 'Camera and tape recorder carry me far away from the intelligence which complicates everything.'

Hefyd, yn wahanol i lawer iawn o hen ddynion, roedd Bresson yn ffyddiog fod dyfodol gan fyd sinema.

> 'The future of cinematography belongs to a new race of young solitaries, who will shoot films by putting their last penny into it, and not let themselves be taken in by the material routines of the trade.'

Y Sant – Andrei Tarkovsky

Yng Ngŵyl Ffilm Cannes yn 1983, cafodd y wobr ar gyfer y cyfarwyddwr gorau ei rhannu gan Robert Bresson ac Andrei Tarkovsky, o'r hen Undeb Sofietaidd, am y ffilmiau *L'Argent* (1983) a *Nostalghia* (1983). Cafodd y wobr ei chyflwyno iddynt gan neb llai nag Orson Welles. Roedd yn gwbl amlwg fod Welles yn casáu'r ddau gyfarwyddwr yma (wel, y ffilmiau, yn sicr). Yn y cyfnod hwn, roedd y ffilm gelf ar y brig, ac wedi bod yn datblygu cwrs cwbl groes i arddull Welles, a fu unwaith yn gymaint dylanwad yn ôl yn anterth *Citizen Kane* yn y 1940au. Bellach, doedd neb yn y gynulleidfa yn Cannes yn disgwyl dim gan Welles, heblaw hysbysebion am sieri neu ymddangosiadau ar sioe siarad Michael Parkinson, ond roedd ffilmiau Bresson a Tarkovsky'n ddigwyddiadau artistig hirddisgwyliedig gan y dorf i lawr yn ne Ffrainc.

Dros yr ugain mlynedd blaenorol, roedd y ddau yma, ynghyd ag ambell enw mawr arall, fel Ingmar Bergman a Jean-Luc Godard, wedi ailddiffinio'r cyfarwyddwr ffilm fel artist pur, yn bell o grafangau dynion pres Hollywood a phwysau annioddefol bwystfil y *box office*. Basai'n anodd iawn dod o hyd i ddau ddyn oedd yn fwy o ddifri am y busnes o greu sinema. Roedd Tarkovsky'n cydnabod ei fod yn ffan o waith Bresson; mae'r ffilm *Diary of a Country Priest* ar frig rhestr ei hoff ffilmiau. Doedd Bresson ddim yn adnabyddus am ddilyn ac edmygu gwaith cyfarwyddwyr eraill, a hyd y gwn i, does dim rhestr gyffelyb ar ei gyfer yntau. Yn ôl Andrei: 'Mae Bresson wir yn artist ffilm go iawn – mae o'n dilyn amcanion pwysicaf ei gelf. Bresson yw'r unig berson sydd wedi llwyddo i fod yn driw iddo'i hun fel dyn ac fel artist, a hefyd i oroesi'r holl bwysau a'r enwogrwydd sy'n dod yn sgil cyfarwyddo ffilmiau'. Credai Tarkovsky fod Bresson yn rhannu syniadau hefo fo ynglŷn â datblygiad effaith celf sinema. Soniai Tarkovsky'n aml am y syniad o sinema 'farddonol', a rhoi Bresson yng nghwmni cyfarwyddwyr ac arwyr eraill fel Alexander Dovzhenko, Yasujirō Ozu, Jean Vigo, Michelangelo Antonioni a Federico Fellini. Tasech chi'n dymuno cymharu arddull y ddau, a chwilio am nodweddion sy'n gyffredin rhyngddynt, mae'n glir o'u gwaith fod gan y ddau ddiddordeb yn ochr ysbrydol ac ochr anweledig bywyd (crefyddol neu beidio) – y stwff yna sy'n amhosib ei esbonio, y gwyrthiol, os liciwch chi. Tydi dangos y byd yn union fel y mae'n edrych i ni ddim yn llwybr gafodd ei ddilyn gan yr un o'r ddau. Does 'na ddim lot fawr o optimistiaeth yn y gwaith chwaith. Roedd gan y ddau ddiddordeb mawr mewn ffawd a dyfodol y ddynoliaeth, yn sicr, ond doedden nhw ddim yn credu mewn creu delweddau a fyddai'n cynnig unrhyw ddirnadaeth ffals i'r gynulleidfa. Mae'r besimistiaeth yma'n gryf, ond mae 'na chwilio mawr ac ymdrech anferth gan y ddau hefyd i geisio creu celf sy'n driw i safonau uchaf posib unrhyw artist mewn unrhyw faes – tydi'r meddwl diog na bod yn *slapdash* ddim yn rhywbeth sy'n cael ei oddef gan yr un ohonynt.

Er bod yna debygrwydd arwynebol yn eu diddordebau artistig, dim ond edrych ar y ffilmiau sy raid i ni ei wneud i weld fod eu harddull yn gwbl wahanol i'w gilydd. Roedd Bresson yn torri popeth yn ddarnau bach annibynnol, tra oedd Tarkovsky'n creu darnau hir o amser sy'n cynnwys pob math o rythmau unigol o fewn y 'cerflunio gydag amser' sy'n digwydd ym mhob golygfa yn ei ffilmiau. Roedd Tarkovsky'n creu oddi mewn i'r camera yn hytrach na dibynnu ar y broses olygu ar ôl y cyfnod saethu. Gwnaeth yr arddull hon o ddefnyddio *takes* hir iawn hi'n hawdd i bobl wneud hwyl am ben yr artist ymhongar, ac i ddilynwyr tila honni eu bod yn dilyn a defnyddio arddull a thechnegau Tarkovsky achos bod y *take* yn un maith – peidiwch â chredu hyn am eiliad! Tydi hi ddim yn bosib ailgreu naws ffilmiau Tarkovsky trwy ei gopïo. Gwna dy hun yn Tarkovsky, ac yna gwna ffilm – dyna'r unig ffordd.

Roedd gan yr artist hwn weledigaeth gref, ac roedd ei dechneg, oedd yn bennaf yn ymwneud ag amser, yn amlwg, i fi, yn anelu at greu steil barddonol / breuddwydiol ar y sgrin. Mae'n un o'r arddulliau sy wedi hudo ac wedi cael effaith anhygoel o gryf ar ddatblygiad sinema fel celf fodern a pherthnasol. Petai'n rhaid trio diffinio Tarkovsky yn gryno, digon teg fasai deud ei fod o'n ceisio dangos pa mor wyrthiol yw bodolaeth pob un person, a phwysigrwydd yr enaid o fewn y person, yn ogystal â'r hyn roedd ei gamera'n medru ei ddal o wyneb realiti ar ffilm.

Doedd pleserau sinema fasnachol ddim yn apelio at Andrei (fel gwyliwr nac fel artist). Roedd yn gweld gweithio ym myd sinema fel galwedigaeth bur a oedd yn golygu ymroddiad oes gyfan i'r ysbryd creadigol. Fel unigolyn, roedd yn bihafio fel pregethwr, bron, o ran traethu'n gyhoeddus am le a dylanwad sinema ar ein bywydau a'n heneidiau.

Rhaid bod yn glir ar ambell bwynt o'r cychwyn. Mi oedd cyn-gariad i mi'n cyfeirio at ffilmiau Tarkovsky fel 'the most boring films ever made'. Ac yn sicr, mae digon o bobl sy'n cytuno â'r farn hon. Mae rhywbeth eithaf snobyddlyd, hefyd, am ddyn oedd yn mynd mor groes i natur fasnachol sinema (creadur masnachol yw sinema – mae'n amhosib gwadu hyn). Damwain hanesyddol oedd Tarkovsky, a dwi, fel ffan, yn falch ei fod o wedi cael y rhyddid i greu yn y ffordd y gwnaeth. Yn yr Undeb Sofietaidd ar y pryd, roedd y diwydiant ffilm o dan reolaeth y wladwriaeth yn llwyr – system fiwrocrataidd, Gomiwnyddol. Mi fyddai artist sensitif fel Tarkovsky yn siŵr o gael problemau creu gyda rhwystredigaethau fel hyn, a dyna sut fuodd hi gyda'i yrfa – brwydro diddiwedd i beidio cyfaddawdu na bradychu ei weledigaeth. Efallai mai'r brwydro yma barodd i Tarkovsky fyw tua hanner hyd bywyd Bresson. Mi oedd ambell beth yn rhwyddach yn Rwsia. Mi fyddai'r rhyddid i beidio gorfod gwneud elw ar ffilm yn fantais, yn sicr, ond roedd brwydro ac aberthu cyson dros ryddid artistig yn cael effaith andwyol ar iechyd ac ysbryd pobl cymuned byd sinema. Ychydig iawn o ffilmiau mae enwogrwydd Tarkovsky'n seiliedig arnyn nhw – saith mewn chwarter canrif. Ond roedd pob un ffilm yn anferthol, yn ddwys ac yn unigryw. Eu teitlau ydi: *Ivan's Childhood* (1962), *Andrei Rublev* (1966), *Solaris* (1972), *Mirror* (1975), *Stalker* (1979), *Nostalghia* (1983) a *The Sacrifice* (1986). Mae'n amlwg o'r ffilmiau fod y cyfarwyddwr yn ceisio dyrchafu celf sinema mor uchel â llenyddiaeth, barddoniaeth a pheintio. Mae'r ffilmiau'n ymdrin â phlentyndod a rhyfel, teulu a chartref, hiraeth a *nostalgia*, aberth ac achubiaeth, diwedd y byd, a bodolaeth ac ystyr yr ysbryd a'r enaid; pethau oedd yn hollbwysig i fywyd y dyn ei hun yn ogystal â bod yn themâu i'w ffilmiau.

Yn ôl cofiannau gan actorion a thechnegwyr, roedd gweithio ar set Tarkovsky'n medru bod yn straen. Roedd o'n cyfaddef ei hun nad oedd yn berson a oedd yn medru delio ag emosiynau mewn ffordd normal. 'Does neb yn mynd i weithio efo Andrei ar ddamwain' oedd arwyddair y criw. Roedd ganddo'i wendidau, yn sicr, ac un o'r rhai mwyaf anodd i'r criw oedd ei fod yn mynnu gwneud popeth ei hun, hyd yn oed symud pob blewyn o wair os oedd angen. Ond mi fasai pob cyd-weithiwr yn cytuno'i fod yn gyfarwyddwr a oedd yn credu mewn gwyrthiau – rhinwedd handi os wyt ti'n trio creu sinema, yn fy marn i. (Mae'n debyg fod Bresson yn mwynhau gyrru ceir yn gyflym – anodd dychmygu Andrei yn medru ymlacio digon i fwynhau'r fath bleser.) Talent fawr Tarkovsky oedd ei allu i greu byd breuddwydiol ar y sgrin, a chreu realiti oedd, rywsut, yn dangos yr hyn sy tu fewn i unigolyn gymaint â'r hyn sy o flaen ei lygaid. Fo ydi'r un sy'n dod agosaf at fedru tynnu llun o'r enaid.

Dyna pam dwi wedi dewis galw Andrei yn 'sant sinema'. Ers ei farwolaeth, mae proses o ganoneiddio wedi digwydd yn Rwsia, ac erbyn heddiw, mae ei enw, a'r parch tuag ato fel arwr cenedlaethol, yn ei wneud yn gydradd â chewri artistig cynnar y Chwyldro Comiwnyddol, fel Sergei Eisenstein ac Alexander Dovzhenko.

Mae'n debyg fod y pwysau i fod yn driw i'w weledigaeth wedi creu trafferthion personol diddiwedd iddo, a'i fod yn cweryla'n rheolaidd efo'i gyfoedion a'r rhai a oedd yn agos ato. Ond heb os, dyma ddyn oedd yn agored, yn glir ac yn hael iawn wrth drafod, rhannu a sgwennu am ei syniadau am fyd sinema'n ddi-flewyn ar dafod yn ei ymgais i amddiffyn gweledigaeth pob artist. Rhaid i ni dderbyn nad oedd Andrei'n medru gweithredu mewn unrhyw ffordd wahanol, a fasai o byth yn cytuno i drio gwneud dim a oedd yn groes i'w natur. Mae'r natur ystyfnig, ddigyfaddawd hon i'w gweld yn glir yn y ffilmiau, a bu Andrei'n lwcus iawn i fyw a chreu mewn cyfnod hanesyddol, pan oedd y byd yn ysu am weld sinema'n arwain y celfyddydau i gyd. Roedd yn gyfnod pan nad oedd y cyfarwyddwyr mawr yn teimlo dim cywilydd o gwbl wrth athronyddu am y gwaith o greu ffilm (mae'r oes honno wedi hen fynd heibio erbyn hyn). Gan ei fod o'n ei gael ei hun yn ddi-waith yn aml, ac yn aros o gwmpas yn disgwyl i'w syniadau dderbyn sêl bendith yr awdurdodau, yn ei amser sbâr, mi fyddai'n synfyfyrio ac yn meddwl am yr holl ddyheadau oedd ynddo i greu, a faint o bwynt oedd yna i'r holl aberth a thorcalon er mwyn cyflawni ei weledigaeth. Mae ei ysgrifau wedi cael eu casglu yn y llyfr *Sculpting with Time*, llyfr gwahanol iawn i un bach

cynnil Bresson. Cyn edrych i mewn i ddrych fy hoff
ffilm gan Tarkovsky, *Mirror*, dwi am geisio cyflwyno rhai o
syniadau pwysicaf y llyfr mewn ymgais i wneud fel y byddai
Tarkovsky'n ei wneud yn ei ffilmiau, sef cyflwyno enaid dyn
o'r tu mewn, a'i lusgo allan i'r awyr agored.

Cerflunio gydag Amser – mae'n deitl gwych ac yn
ddelwedd hyfryd iawn, yn tydi? Mae'n cyfleu i'r dim natur
haniaethol delweddau, a'r ffordd mae sinema'n ceisio
delio â chysyniadau fel amser a gofod. Roedd ei syniadau
a'i safbwynt yn eithafol ar adegau, ond mae llawer o
wirionedd a phrydferthwch yng ngeiriau'r llyfr hwn. Roedd
o'n beirniadu celf fodern yn llym iawn, yn gweld fod
hunanfynegiant ynddo'i hun yn *dead end*. I Andrei, doedd
'na ddim gwerth mewn creu er mwyn creu, er mwyn clywed
dy lais artistig yn unig. Pa iws sy 'na mewn aros i glywed
adlais o'ch geiriau eich hun? Ond cyn hir, rydych chi'n
sylweddoli ei fod yn llawer caletach arno'i hun nag ydi o
ar unrhyw unigolyn arall. Ar lefel bersonol, mae'n deimlad
cynnes iawn medru darllen syniadau dyn sy o ddifri am
botensial a swyddogaeth sinema.

Ar yr artist

Darganfod y gwirionedd sy'n perthyn i ti dy hun yn unig
ydi'r pwynt, a nod y chwilio hwn yw darganfod trefn ar
gyfer mynegi dy syniadau di am y gwirionedd unigryw
hwn. Dydw i ddim yn dallt yr holl draethu yma am 'ryddid
artistig'. Tydi artist byth yn rhydd. Does 'na neb mewn
cymdeithas sy'n fwy caeth na'r artist. Mae'r artist wedi ei
gaethiwo i'w dalent a'i alwedigaeth. Yr unig 'ryddid' sydd ar
gael yw'r rhyddid i ymwrthod â'r dasg o ddefnyddio'i dalent
a gwerthu ei enaid am grocbris. Bythol was yw'r artist, ac
mae pob artist heb ffydd fel arlunydd sy wedi'i eni'n ddall.

Celf

Celf yw arf dynoliaeth yn y frwydr yn erbyn yr holl bethau materol sy'n bygwth llyncu ein hysbryd yn llwyr. Mae celf yn cael ei geni ac yn ffynnu mewn unrhyw fan lle mae'r ysu a'r hiraethu oesol am yr ysbrydol yn bodoli. Mae celf yn symbylu'r bydysawd cyfan – mae celf yn gysylltiedig â'r gwirionedd ysbrydol sydd wedi ei gelu'n bell o'n bywydau pragmatig. Mae'r alwedigaeth i greu celf yn mynnu fod yr artist yn cael ei ddifa'n llwyr wrth weithredu nod pwysicaf celf, sef cyfathrebu. Tydi celf ddim yn medru dysgu unrhyw beth i ni. Y cyfan sy'n bosib, trwy sioc a chatharsis, yw siapio'r enaid dynol er lles y pethau da.

Amser

Creu argraff o amser – dyna i mi yw syniad mwyaf gogoneddus celfyddyd sinema. Am y tro cyntaf, mae dyn wedi darganfod modd o ddal argraff o amser. Dyna sylfaen pŵer sinema, nid y sêr na'r storïau. Tydi adloniant yn ddim i'w wneud â hyn o gwbl. Dyma ydi hanfod rôl y cyfarwyddwr ffilm – cerflunio gydag amser. Prif ffactor delwedd ffilm yw rhythm. Fedri di ddim dychmygu ffilm heb amser yn rhedeg trwyddi, ond mae hi'n bosib dychmygu ffilm heb actorion neu stori, miwsig neu olygu. Mae amser yn rhedeg trwy ddelwedd ffilm, dim ots faint o olygu sy'n cael ei wneud.

Y ddelwedd

Y 'sylwi' yw egwyddor bwysicaf creu'r ddelwedd. Mae'r ddelwedd sinematig wedi ei seilio ar allu'r cyfarwyddwr i ddangos rhywbeth mae o neu hi wedi sylwi arno, a'i drawsnewid er mwyn iddo ymddangos fel canfyddiad personol i ni. Tydi hi'n ddim iws o gwbl disgrifio – mae'n rhaid i'r artist gymryd rhan yn y creu. Pwrpas y ddelwedd yw dangos bywyd, nid dangos syniadau neu ddadleuon am fywyd, ond bywyd ei hun. Mae'r ddelwedd, felly, yn ymestyn allan i ebargofiant, a'n tynnu ni tuag at bwynt absoliwt. Tydi'r hyn rwyt ti'n medru ei weld yn ffrâm y sgrin ddim wedi'i gyfyngu i'r hyn sy'n cael ei ddangos yn weledol, ond yn hytrach, mae'r ddelwedd yn ein gyrru ni allan trwy ffiniau ffrâm y sgrin.

Dwi'n gofyn i'r gynulleidfa gredu mai'r un peth mae'r ddynoliaeth wedi ei greu erioed, o fewn cysyniad hunanaberth, yw'r ddelwedd artistig. Hwyrach fod ystyr a holl bwrpas bodolaeth dyn yn bodoli yn y weithred ddibwrpas, anhunanol yma. Yn olaf, gan nad ydw i'n credu fod y gynulleidfa'n ddim twpach na fi, yn fy marn i, os wyt ti isio ateb call, rhaid gofyn cwestiwn call.

Mae pob un o ffilmiau Tarkovsky yn gofyn cwestiynau call i ni fel cynulleidfa. Mae *Mirror*, sef ei ffilm fwyaf personol ac arbrofol, yn gofyn y cwestiynau mawr i gyd.

Mirror (1974)

> Mae'n rhaid i chi wylio'r ffilm hon mewn modd syml iawn, yn yr un ffordd ag y byddech chi'n gwylio'r sêr, y môr neu dirwedd sy'n dal eich sylw. Does 'na ddim damcaniaeth fathemategol yn bodoli yma, gan fod y gwyddorau'n methu esbonio beth yw dyn a beth yw ystyr ei fywyd. Am beth mae'r ffilm, felly? Ffilm am ddyn ydi hi, ddim o reidrwydd y dyn sy'n perthyn i'r llais 'dan ni'n ei glywed ar y sgrin, ond dyn fel ti, fel dy dad, fel dy daid – fel rhywun a fydd byw ar ôl i ti fynd, a dyn sydd yn dal yn 'chdi'.
>
> *(Andrei Tarkovsky)*

Ganed Tarkovsky yn 1932 yn Savrashye ger afon Volga, darn o Rwsia sy nawr yn perthyn i Belarwsia. Boddwyd ei bentref genedigol er mwyn creu argae, ond doedd 'na ddim modd boddi na rhwystro atgofion cynnar Andrei rhag nofio i'r wyneb i ymddangos yn ei ffilmiau, yn enwedig *Mirror*. Treuliodd ran helaeth o'i blentyndod y tu allan i Moscow gyda'i chwaer yn cael ei fagu gan ei fam, oedd yn rhiant sengl. Prawfddarllenydd oedd ei fam, a bardd oedd ei dad. Gwahanodd ei rieni pan oedd Andrei'n ifanc iawn, ac aeth Arseny, ei dad, i ymladd yn y rhyfel yn 1941. Er ei fod yn absennol, roedd effaith ei dad yn drwm ar Andrei, er mai i'w fam yr oedd y diolch am ei lwyddiant, gan ei bod hi'n benderfynol o'i weld yn dilyn gyrfa yn y celfyddydau. Cafodd anhapusrwydd ei sefyllfa fel plentyn ddylanwad ar bersonoliaeth a bywyd Andrei wrth iddo dyfu'n llanc, a bu'n ddyn ifanc trafferthus nes i ffrind i'r teulu drefnu iddo fynd i ysgol ffilm VGIK yn 1954. (Cyn hyn, treuliodd gyfnod fel aelod o dîm daearegol, a threulio misoedd yn cerdded cannoedd o filltiroedd ar ei ben ei hun trwy goedwigoedd Siberia!) Graddiodd yn 1960 fel myfyriwr gorau ei flwyddyn.

Bron yn syth wedyn, cafodd gyfle i wneud ffilm – *Ivan's Childhood*. Etifeddodd hi gan gynhyrchydd arall, ond roedd arddull Tarkovsky i'w gweld ar y sgrin yn syth, a bu'n llwyddiant ysgubol ar draws y byd. Mae'n ffilm am blentyndod a rhyfel, thema a chynnwys oedd yn debyg iawn i ffilm arall y byddai Andrei'n ei chreu ddegawd yn ddiweddarach. Meddai: 'Dwi'n sicr fod ffilm sydd wedi ei chreu o brofiadau personol yn unig yn mynd i fod yn bwysig i bobl. Ffilm amdana i yw *Mirror*.'

Mae *Mirror* yn gweu'r byd real a breuddwydion ac atgofion ddoe a heddiw, a'r hyn sydd i ddod. Mae hyn i gyd o dan reolaeth trefn y freuddwyd a barddoniaeth yn hytrach nag unrhyw reolau drama neu naratif arferol

byd ffilm. I Tarkovsky, roedd y dull barddonol hwn yn
agosach at y ffordd mae'r meddwl dynol yn gweithio, ac yn
rhywbeth y byddai gwyliwr yn ddigon 'tebol i'w ddallt a'i
dderbyn. Yn fwy na dim, mi fedret di ddeud fod strwythur y
ffilm yn debycach i gyfansoddiad cerddorol.

Rydan ni'n cael hanes tair cenhedlaeth o rieni a
phlant. Mae delweddau'r ffilm yn ei gwneud yn glir fod y
cenedlaethau a'r unigolion yma'n gaeth i'w gilydd ar lefel
ysbrydol – mae harmoni'n bodoli, cydbwysedd sy'n rhedeg
trwy amser. Mae'r ffilm yn deud, bron, mai'r un dyn yw'r
tad a'r mab er bod amser yn eu rhannu nhw. Mae'r cysylltu
yma'n digwydd ar lefel yr elfennau naturiol hefyd, wrth
i'r aer, tan a dŵr ymddangos fel cymeriadau annibynnol
o fewn y ffilm. Mae'r defnydd o ddŵr, yn enwedig, sy'n
gysylltiedig â chymeriad y fam, yn effeithiol tu hwnt: glaw
yn tywallt o'i chwmpas, golchi ei gwallt mewn *slo-mo*, yfed
dŵr y pistyll wrth i fflamau coelcerth lyfu'r awyr. Mae'n
werth cofio mai dŵr yw'r 'drych' cyntaf, a hwyrach fod
cysylltu'r fam a'r dŵr yn dangos i ni'r hyn sy wastad i'w
weld, dim ond i ni edrych yn nrych personol Tarkovsky. Yn
ogystal, defnyddiodd Tarkovsky'r un actor ar gyfer y fam
a'r wraig (Margarita Terekhova), a'r bachgen a'r tad (Ignat
Daniltsev), sy'n atgyfnerthu'r cysylltiadau yma i gyd.

Ffilm hunangofiannol sy'n llif ymwybod yw *Mirror* –
drych sy'n dangos atgofion plentyndod, clipiau dogfennol
newsreels, breuddwydion, a golygfeydd cyfoes rhwng aelodau
o deulu ar chwâl. Tydi'r arwr byth yn cael ei weld yn glir,
a medrwn dybio mai cynnwys y ffilm, yn y bôn, yw ei
freuddwyd olaf, ac yntau ar ei wely angau. Mae hi'n dechrau
efo siot o fachgen ifanc yn troi set deledu ymlaen. Wedyn,
yn syth, 'dan ni mewn golygfa yn arddull rhaglen ddogfen
ddu a gwyn (ar y teledu o bosib?), lle gwelwn hogyn ag atal

deud uffernol yn cael ei drin drwy gael ei hypnoteiddio gan feddyg. Mae'r dechrau hynod drawiadol hwn yn gweithio fel disgrifiad o'r hyn mae Tarkovsky'n ceisio'i wneud ag arddull arbrofol y ffilm. Mae'n dangos ei fod o wedi torri trwy'r rhwystredigaethau ac wedi darganfod ei lais, ac fel y bachgen yn trechu ei anabledd yn yr olygfa gyntaf, mae Andrei hefyd yn medru bod yn ffyddiog ac yn glir wrth ddeud wrth y gynulleidfa: 'Dwi'n medru siarad'. Wrth gwrs, medru siarad fel artist yw'r neges yma, fel artist rhydd. Wedyn, daw cyfres o ddelweddau pwerus, breuddwydiol, hyfryd – y gwynt yn rhuo trwy gae o ŷd, to yn dymchwel i'r llawr, beudy ar dân yn y glaw, aderyn yn glanio ar ben bachgen, milwyr yn y mwd, balŵns yn dawnsio yn yr awyr. Prin fod 'na stori gall yn cael ei hadrodd o gwbl yn y lluniau yma, ond mae 'na drefn ac ystyr yma. Mae'r delweddau i gyd yn cael eu cynnwys am eu bod nhw'n rhan annatod o brofiad personol Tarkovsky, a hefyd, mewn cyd-destun ehangach, yn rhan o hanes ei wlad a'i ddiwylliant. Mae'r ffilm yn datgan yn glir mai dyma yw dyn – cyfanswm ei atgofion a'i brofiadau, ei freuddwydion a'i ofnau.

Ar ôl golygfa'r hypnoteiddio, 'dan ni'n teithio'n ôl i gyfnod cyn yr Ail Ryfel Byd i blentyndod y prif gymeriad, Alexei, sy'n byw mewn tŷ pren yng nghanol y wlad. Gwelwn fywyd unig ei fam heb ei gŵr, tad Alexei. Rydan ni wedyn yn clywed y bachgen hwn (prin rydan ni yn ei weld yn y ffilm o gwbl) yn oedolyn yn y presennol, yn siarad â'i fam ar y ffôn. Yna, cawn weld digwyddiad o fywyd y fam, eto cyn y rhyfel, a hithau'n rhedeg yn wyllt trwy'r glaw i mewn i'r argraffdy lle mae hi'n gweithio, yn asesu cywirdeb pamffledi gwleidyddol. Mae hi mewn panic uffernol am ei bod yn ceisio darganfod a yw hi wedi gwneud camgymeriad yn y llyfr mae hi'n gyfrifol am ei olygu. Mae camgymeriad fel hyn yn fwy na phroblem weinyddol. Roedd oes Stalin yn y 1930au yn greulon iawn – teyrnasiad braw – ac roedd camgymeriad yn medru cael ei ddehongli fel gweithred fwriadol, fel brad, yn hytrach na chamgymeriad diniwed. 'Nôl yn y presennol, mae Alexei'n ffraeo â'i wraig. Wedyn, cawn ddetholiad o *newsreels* archif o'r rhyfel cartref yn Sbaen. Mae mab Alexei nawr i'w weld yn y presennol yn y fflat, ac yn cael profiad arallfydol tra mae o yno ar ei ben ei hun.

Yn ôl â ni wedyn i'r gorffennol, lle mae'r Alexei ifanc yn cael ei addysgu mewn coleg milwrol yn yr eira. Mae 'na aduniad byr iawn rhwng y teulu cyfan yng nghanol y rhyfel, cyn i'r ffilm ddychwelyd i'r ffrae yn y presennol rhwng Alexei a'i wraig am ddyfodol eu mab. Mewn breuddwyd, 'dan ni'n mynd yn ôl un waith eto i gyfnod plentyndod Alexei, cyn dychwelyd am y tro olaf i'r presennol, a gweld Alexei ar ei wely angau. Daw'r ffilm i ben yn ôl yn y tŷ pren yn y wlad, a'r cymeriadau'n bodoli yn yr un ffrâm a'r un amser – dychymyg Alexei? Yn y siot olaf, gwelwn fam go iawn Tarkovsky, Maria Ivanova Vishnyakova, sy ddim yn actores, yn ei henaint, yn arwain y plant trwy gae tua'r gorwel, cyn i'r camera ymlwybro'n araf bach i ganol y goedwig dywyll.

> Tydi fy stori ddim yn un bleserus, ddim yn daclus fel straeon ffug. Yn debyg i hanesion dynion eraill sy wedi rhoi'r gorau iddi ar geisio twyllo eu hunain, mae'r stori hon yn gymysgedd o wallgofrwydd, nonsens, anhrefn a breuddwydion. Y cyfan ro'n i'n ceisio'i wneud oedd swyno'r teimladau yma allan o fy nghorff. Pam roedd hi'n broses mor anodd a phoenus? Mae fy ffilmiau i gyd yn ceisio deud

yr un peth – dydan ni ddim yn unig mewn bydysawd oer a dideimlad, mi ydan ni oll yn gysylltiedig â'n gilydd a'r byd o'n cwmpas.

(Andrei Tarkovsky)

Mae hud a lledrith y ffilm *Mirror* yn bodoli yn y gwylio. Tydi hi ddim yn bosib meddwl ar ôl ei gwylio: beth oedd stori'r dyn yma? Dydi'r ffilm ddim yn gwneud synnwyr nac yn creu portread cyflawn a digonol. Ond serch hyn, rwyt ti'n gwybod dy fod wedi gweld realiti yn y ffilm hon; realiti sy'n gyfarwydd i ti er bod y manylion yn bell o dy brofiad a dy amser di. Dawn cyfarwyddo Andrei sy'n creu'r hud hwn. Dim ond tair ffilm arall oedd i ddod ganddo – un yn Rwsia (*Stalker*), un yn yr Eidal (*Nostalghia*) a'r olaf yn Sweden (*The Sacrifice*).

Ar ôl *Mirror*, doedd 'na fawr ddim hapusrwydd yn ei fywyd, ac unwaith iddo ymfudo a gadael Rwsia am byth, heb ei deulu a'i fab ifanc, mi oedd hi ar ben ar Tarkovsky. 'Ymfudwyr gwael ydi'r Rwsiaid' yw'r ddihareb fwyaf addas. Roedd yn enaid sensitif mewn poen, yn bell o'i gartref, a dim byd ganddo heblaw ei barodrwydd i fentro ar ein rhan ni hyd y diwedd.

Bu farw yn 1986 ym Mharis o ganser yr ysgyfaint, a'i deulu wrth ei ochr o'r diwedd, gan fod yr awdurdodau wedi cytuno i adael iddyn nhw deithio i fod gydag ef yn ei ddyddiau olaf. Anodd peidio dwyn i gof yr olygfa tua diwedd *Mirror*, wrth i aderyn bach hedfan yn rhydd o law Andrei am y tro olaf, a geiriau Tarkovsky am y ffilm:

Mae *Mirror* yn ceisio ailadeiladu bywydau unigolion dwi'n eu caru'n angerddol. O'n i am olrhain stori poen un dyn sy'n credu nad ydi o'n medru ad-dalu'r holl gariad teuluol mae wedi ei dderbyn yn ei fywyd. Mae'n gwybod nad ydi o wedi llwyddo i'w caru nhw'n ôl yn ddigon da, ac mae'r ffaith hon yn artaith iddo drwy'r amser.

Y Lembo – Lars von Trier

Y cyfarwyddwr olaf yn y drindod yw Lars von Trier – Lars y lembo. Mae'n deg deud mai fo ydi cyfarwyddwr ffilm enwocaf (neu mwyaf *infamous*) byd sinema'r unfed ganrif ar hugain bellach. Hwyrach y medrwn ni weld Lars von Trier fel cyfuniad o'r ddau gyfarwyddwr 'dan ni eisoes wedi eu trafod – yn gwbl ddidwyll ac o ddifrif, fel Tarkovsky, am bŵer a dylanwad sinema ar y gynulleidfa, a hefyd, fel Bresson, yn ddyn sy'n hoffi rheolau a chreu rhwystrau. I rai o feirniaid ffilm mwyaf dylanwadol ein hoes (yn eu plith Mark Kermode, a gafodd ei dywys allan o *première* y ffilm *The Idiots* am ei fod yn gweiddi 'This is shit, this is shit,' drosodd a throsodd yn y dangosiad), mae'n ffôl dros ben ei alw'n artist difrifol o gwbl, gan fod yr ysgrifenwyr yma'n credu'n gryf fod Lars yn gwneud hwyl am ben y gynulleidfa bob tro mae o'n rhyddhau ffilm newydd. Nid wyf i'n credu hyn am eiliad.

Mae o'n ddyn sy wedi deud yn glir ei fod o'n addoli cyfarwyddwyr mawr fel Tarkovsky a Bresson, a rhai eraill, fel ei gyd-wladwr Carl Dreyer, ond mae o'n bendant wedi torri ei gŵys ei hun dros y tri degawd diwethaf. Dwi'n licio meddwl fod bodolaeth Lars fel cyfarwyddwr yn ganlyniad naturiol datblygiad yr holl ddegawdau o greu sydd wedi digwydd yn barod ym myd y ffilm gelf. Be arall roedden ni wir yn disgwyl ei gael, ar ôl canrif gyfan o adael i'r gwallgofion 'na redeg yn wyllt a chamerâu yn eu meddiant yn cyfarwyddo ffilmiau, heblaw creadur fel Lars?

Mae'n gymeriad cymhleth tu hwnt, ac yn artist sy'n cynnwys y cymhlethdodau yma yn y ffilmiau mae o'n eu cynhyrchu. Mae 'na wendidau amlwg yn ei bersonoliaeth ac yn ei ffilmiau i gyd, ond does dim ots am y rhain, gan fod y profiad o fod mewn sinema'n gwylio ffilm gan Lars yn brofiad mor arbennig. Mae'n brofiad trydanol, unigryw – rwyt ti'n clywed y gynulleidfa'n twt-twtian yn gyson, yn ffraeo'n agored efo'r sgrin, ac yn ymateb yn ffyrnig i olygfeydd ymfflamychol, cyn beichio crio yn y pen draw. Anfarwol. Mae'n atyniad heb ei ail ym myd sinema – *top ticket* – ac mae von Trier cystal artist â Tarkovsky a Bresson ar bob lefel. Mae o'n meddu ar y ddawn yna o fedru gwneud i'r byd golli gafael ar ei synhwyrau a cholli ei limpin yn llwyr, ac mae hyn ynddo'i hun yn ddigon i haeddu lle ar restr cewri'r ffilm gelf. Fo ydi personoliaeth fwyaf disglair yr oes, hwyrach yr unig bersonoliaeth ffilm sydd ar ôl – *last man standing* – yn cadw'r prosiect ar ei draed ac yn fyw yn ein dychymyg.

Dros y blynyddoedd, mae o wedi cael ei ddisgrifio fel person pryfoclyd, anghyson, diystyr, eironig, enigmatig, ansicr, paranoid, seicotig, dibwrpas ac fel dyn sy'n weledydd, yn drefnydd hael, yn gwynwr, yn gythruddwr, yn dwyllwr, yn ffantasïwr, yn siarlatan, yn athrylith, yn arteithiwr ac yn bornograffwr. Mae'n ddigon parod i gydnabod ei hun fod 'na wirionedd yn y disgrifiadau yma i gyd. Yn ogystal â'r nodweddion amheus, mae o hefyd yn ddyn sy'n dioddef o restr faith o ffobias ac ofnau go iawn yn ei fywyd bob dydd. Ond yn sicr, does 'na ddim ofn yn ei enaid pan ddaw hi'n fater o greu delweddau sinematig. Byddai'n annheg ychwanegu'r disgrifiad 'hunanol' at y rhestr uchod. Mae ei yrfa a'i gymeriad Danaidd, yn ddamweiniol efallai, wedi dod â budd i'w wlad a'i ddiwylliant mewn ffordd sy'n amhosib ei gwadu. Does 'na ddim yn digwydd yn Nenmarc yn ddiwylliannol heb fod Lars yn ei chanol hi'n rhywle. Dyna'r teimlad cyffredinol yn y wlad fechan hon, sy â diwydiant ffilm un-dyn, bron, a stiwdios anferth Zentropa yn ffynnu yn Copenhagen. Mae'n fenter fusnes sy'n rhydd o reolaeth unrhyw lywodraeth neu gyngor celfyddydau. Mae o wedi rhyddhau nifer fawr o artistiaid rhag gorfod dibynnu ar *handouts* gan wleidyddion i wireddu eu breuddwydion sinematig. Tydi'r llwyddiant hwn ddim wedi dod ar chwarae bach. Mae'r pethau yma'n bwysig dros ben, a byddai'n dda i ni eu cydnabod mewn gwlad fach fel Cymru – o ddeffro tamaid, medrwn ddysgu gwersi uniongyrchol ganddo, dim ond i ni dalu sylw i'r hyn sy'n digwydd tu ôl i'r heip. Sgileffaith arall, eithaf anghredadwy, ydi fod llwyddiant ei gwmni Pussy Power / Intimate Pictures (a sefydlwyd i gynhyrchu ffilmiau pornograffig sy'n targedu'r brif ffrwd; ffilmiau sy'n cael eu cyfarwyddo yn bennaf gan fenywod ar gyfer menywod), wedi dylanwadu ar benderfyniad Norwy, drws nesaf, i gyfreithloni pornograffi yn 2006. Unwaith eto, nid digwyddiadau bach budr ydi'r rhain – maen nhw'n llwyddiannau ysgubol ac ysgytwol i gyfarwyddwr ffilmiau di-nod o nunlle. Daeth y llwyddiant heb iddo orfod moesymgrymu i, na chyfaddawdu â gwleidyddion gyda'u hamcanion tymor byr, na'r etholaeth gyda'i ffugbarchusrwydd. Mae'n tystiolaethu i bŵer y ddelwedd, boed yn barchus neu beidio. Does 'na neb arall wedi llwyddo i greu effaith trwy fod yn gyfarwyddwr ffilmiau yn yr un ffordd; neb arall sy'n creu delweddau ac sy hefyd yn medru siapio'i gymdeithas a statws ei wlad ei hun gyda'r delweddau hynny. Yn syml, mae o'n artist sy'n rhydd, yn ôl diffiniad puraf y gair, ac i mi, mae hyn yn ddigon iddo haeddu cael ei alw'n gyfarwyddwr ffilm pwysicaf yr oes fodern.

Mae ei gred ym mhŵer sinema i gythruddo a chodi storom yn gwbl ddidwyll. Er bod ei nerfau'n rhacs, a bod arno ofn cynifer o bethau – hedfan, mynd ar y trên, teithio i unrhyw le, llefydd cyfyng, dal afiechyd a'r bom yn cael ei ollwng – tydi cythruddo a dechrau dadl ddim yn un o'i ofnau, diolch i'r drefn: 'Os oes rhaid i ti frwydro gydag unrhyw un, gwna'n siŵr fod y person yna yn fwy na ti, hyd yn oed y rhai sy'n dy ariannu a dy gefnogi', meddai.

Mae ei yrfa hyd yn hyn wedi creu patrwm anhygoel o benderfyniadau busnes ac artistig sy wedi llwyddo. Fwy nag unwaith, mae wedi edrych yn debyg ei fod ar fin colli'r cyfan yn ystod y broses gynhyrchu, ond mae wedi llwyddo i droi'r dŵr i'w felin ei hun erbyn i'r ffilm gyrraedd y sgrin fawr. Mae'n cyfaddef fod Tarkovsky'n obsesiwn ganddo, ac yn wir, mae hyn yn gwbl glir wrth wylio ei ffilmiau a thalu sylw i'w ddatganiadau. Mae ei ffilm gyntaf, *The Element of Crime* (1984), yn drewi o ddylanwad Andrei. Tydi hi ddim yn ddoniol sylweddoli cymaint o arddull Andrei sy wedi tasgu dros y cyfan. Cafodd y ffilm ei dangos yng Ngŵyl Ffilm Cannes yn 1984, lle honnodd Lars fod Tarkovsky ei hun wedi'i gwylio hi ac wedi ei chasáu (dim rhyfedd!). Mae'r ffilm gyfan yn seiliedig ar obsesiwn Lars â delweddau a syniadau sinematig Tarkovsky – mae'r siots breuddwydiol, araf, yr elfen o hypnoteiddio, y glaw, y dŵr a'r fflamau – i gyd yna ar y sgrin, ond doedd hi ddim yn llwyddiannus, a dydi hi'n fawr o sbort i'w gwylio chwaith.

Cafodd von Trier wared â'r baich hwn yn ei ffilmiau yn y 1990au, ond ailgydiodd ynddo unwaith eto yn ddiweddar, a llais Tarkovsky'n ddylanwad cryfach fyth yr ail dro. Cyflwynodd ei ffilm arswyd o 2011, *Antichrist*, i Tarkovsky – 'Os wyt ti'n cyflwyno ffilm i gyfarwyddwr arall, rwyt ti'n medru osgoi cael dy gyhuddo o ddwyn' – wel, o leiaf mae

Lars yn onest. Mae *Antichrist* yn enwog am fod yn ffilm
arswyd andros o *shocking* ac afiach – digon ffiaidd i droi
stumog pawb a'i gwelodd, a does dim syndod, a'r ffilm yn
cynnwys, ymhlith pethau eraill, dyn a dynes yn cael eu
sbaddu (hunanysbaddu? *CGI fannies*, rhywun?). Ond yn
fwy diddorol na'r golygfeydd ffiaidd yma, mae'n amlwg o'i
gwylio hefyd fod y ffilm wedi ei lleoli yn yr un man, fwy
neu lai, â'r bwthyn yn y wlad a welson ni yn *Mirror* gan
Tarkovsky. Cyfaddefodd Lars iddo ddangos *Mirror* i'r actorion
a'r criw cyn dechrau ffilmio, er mwyn dangos iddyn nhw
sut roedd Andrei wedi cyfleu 'natur' ar y sgrin – y 'natur'
a fyddai'n cael ei gwyrdroi gan Lars yn waith y diafol yn
Antichrist. Dwi'n sicr mai *Mirror* yw'r ffilm gafodd yr effaith
fwyaf ar Lars yr artist, a'i bod yn ffefryn personol ganddo
o blith holl ffilmiau hanes sinema. Mae sôn ei fod o hefyd
wedi trefnu i chwarae traciau sain gwahanol ffilmiau arswyd
enwog dros ffilm Tarkovsky fel arbrawf i weld a oedd modd
ei throi hi'n ffilm arswyd, cyn iddo benderfynu mynd ati i
saethu *Antichrist*.

Dygodd sawl thema arall o ffilmiau olaf Tarkovsky yn
Melancholia (2011) hefyd, yn enwedig *The Sacrifice* (1986),
lle mae diwedd y byd yn ganolbwynt i'r ffilm. I mi, mae
Melancholia yn ffilm lawer gwell nag *Antichrist* ar bob lefel,
yn ffilm arswyd go iawn, ffilm anferth am iselder. Mae'n
ffilm sy'n mynd o dan dy groen ac yn gwrthod gadael i ti
ei hanghofio. Tydi hyn jest ddim yn wir am *Antichrist*. Bydd
y darn lle mae cymeriad Kirsten Dunst yn deud wrth ei
chwaer, Charlotte Gainsbourg, 'I think your idea is shit', yn
aros efo fi am byth. Ac er fy mod i'n credu fod *Melancholia*
yn un o ffilmiau mawr y ganrif newydd, tydi obsesiwn
Lars â Tarkovsky ddim yn fonws i neb yn y pen draw.
(Mor ddiweddar â 2013, roedd Lars yn ceisio prynu archif

bersonol Tarkovsky gan deulu ei arwr marw – digon yw digon!)

Unwaith y llwyddodd Lars i dorri'r cysylltiad â'r gorffennol yn y ffilmiau a greodd o'r 1990au ymlaen, llwyddodd i greu rhywbeth gwahanol a gwerthfawr iawn o'r newydd, a fwydodd ac a adfywiodd sinema ryngwladol, â'i ddawn fel cyfarwyddwr sinema. Yn y cyfnod hwn, o *Breaking the Waves* (1996) ymlaen, cododd ei hun i'r uchelfannau i fod yn gydradd â'r cewri. Mae fy niddordeb pennaf i yn bendant yn y cyfnod hwn, ac yntau'n darganfod ei lais ei hun. Y ffilm *The Idiots* (1998) yw'r ffilm sy'n tyllu fwyaf dwfn i mewn i fi. Does 'na ddim un ffilm yn holl hanes sinema sy'n llai tebyg i ffilmiau Tarkovsky neu Bresson, ond eto, i'r llygaid yma, does 'na ddim modd i ti greu ffilm fel *The Idiots* heb fod yn ffan o waith y ddau chwaith.

Yn ystod yr Ail Ryfel Byd, cafodd Denmarc ei meddiannu gan y Natsïaid. Roedd unrhyw wrthwynebiad gan y fyddin gêl yn anghyson ac yn eithaf prin, ond mi oedd Inger, mam Lars, yn aelod ohoni, a bu'n rhaid iddi ddianc o'r wlad yn 1943, am iddi ei chael ei hun ar *deathlist* y Natsïaid. Tra oedd yn alltud, cyfarfu ag Ulf, tad Lars, ac fe briododd y ddau, a dychwelyd i Denmarc yn 1945. Cafodd Lars ei eni yn llawer hwyrach, yn 1956, i fyd cwbl wahanol i un ei rieni. Roedd ei blentyndod yn un anghyffredin iawn, ac roedd ei rieni'n oddefgar dros ben. Cafodd fagwraeth oedd bron yn gwbl rydd o unrhyw ddylanwad neu gyfrifoldeb uniongyrchol gan ei rieni am ei les cyffredinol. Diffiniodd Lars ymddygiad ei rieni fel 'radicaliaeth diwylliannol' neu 'ffasgaeth ryddfrydol'. Yn y bôn, doedd dim disgyblaeth, dim rheolau o gwbl i'w arwain trwy flynyddoedd ei blentyndod. Er enghraifft, Lars oedd yn gorfod penderfynu

a oedd angen iddo fynd at y deintydd neu beidio, faint
o'r gloch i fynd i'r gwely a phenderfynu gwneud ei waith
cartref neu beidio. Hwyrach fod y rhieni'n meddwl fod
bihafio fel hyn yn gynllun syml a modern tu hwnt, ond fel
y gallwch ddychmygu (os ydach chi'n rhiant), ni lwyddodd
Inger ac Ulf i fagu plentyn a oedd yn rhydd, nac yn hyderus
nac yn teimlo'n saff o gwbl. Fe lwyddon nhw i greu person
bach llawn ofnau ac amheuon o'r cychwyn cyntaf, gan
gynnwys ofn cyson fod bom niwclear am ddisgyn ar ei
ben unrhyw eiliad. Mi oedd yr ysgol, ar y llaw arall, yn
cynnig disgyblaeth dynn, rhestr hir o reolau ac athrawon
awdurdodol a llym iddo, ac wrth gwrs, mi oedd yn amhosib
i Lars ei sefydlogi ei hun mewn sefyllfa fel hon. Cyn hir,
roedd seiciatrydd yn dod allan i drafod problemau seicolegol
cynyddol Lars. Fel hyn y gwelodd Lars hi: 'Gan fod cymaint
o ryddid yn fy mhlentyndod, dyna pam fy mod i'n crefu
am reolau fel oedolyn, rhywbeth i lynu ato. Hefyd, roedd
bod yn gyfrifol am bopeth fel unigolyn mor ifanc wedi fy
ngorfodi i gael ffydd fawr yn fy ngallu creadigol.'

Dechreuodd greu gyda chamera ffilm Super 8 pan oedd
yn ddeng mlwydd oed, a gyda chymorth ewyrth oedd yn
rhan o'r byd ffilm yn Nenmarc, cynigiodd y cyfle i greu
delweddau ffordd allan i Lars. Pan oedd yn 12 oed, cafodd
ran actio mewn cyfres deledu i blant yn eu harddegau, a
phan oedd yn 16 mlwydd oed, aeth ar ei unig daith erioed y
tu allan i ffiniau Ewrop i ymweld â Thanzania, lle'r oedd ei
wncwl yn rhedeg ysgol ffilm.

Gwnaeth ymddygiad niwrotig Lars hi'n anodd iddo
symud ymlaen â'i addysg, ac roedd ceisio meddwl am
yrfa'n profi'n hunllefus iddo. O'r diwedd, yn 20 mlwydd
oed, mentrodd i adran ffilm Prifysgol Copenhagen. Ar y
pryd, mi oedd y Lars ifanc yn Gomiwnydd rhonc, yn dilyn

esiampl ei rhieni, ac yn brotestiwr brwd yn erbyn grym
yr Americanwyr (mae 'na stori fod ei rieni wedi ei frolio
i'r cymylau ar ôl iddo ddinistrio ffenestri llysgenhadaeth
America yn Copenhagen!). Ta waeth am hyn, y munud y
cyrhaeddodd y coleg, ciciodd ei reddf wrthsefydliadol yn
erbyn y tresi, ac ymwrthododd Lars â'r identiti gwleidyddol
a chlosio at wreiddiau hanesyddol teuluol ei dad a'i gefndir
crefyddol Iddewig. Yn 1979, cafodd ei dderbyn yn fyfyriwr
yn yr ysgol ffilm genedlaethol, a chyn pen dim, roedd
yn profi ei fod yn rebel llawn amser. Yn debyg i weddill
sefydliadau Denmarc, mae'r ysgol ffilm yn cael ei diffinio
a'i rhedeg yn ôl damcaniaeth sy'm ymwneud ag uchafiaeth
y 'grŵp' a'r syniad o wneud penderfyniadau mewn modd
cydweithredol. Wrth gwrs, mi oedd hyn yn broblem i Lars,
a bu ei gyfnod yn yr ysgol yn un cyfnod hir o wrthdaro
â'r awdurdodau wrth iddo fynnu creu gwaith a oedd yn
ceisio gwthio'r ffiniau i'r eithafion. Mae'r ffilmiau a greodd
fel myfyriwr yn delio ag ochr Iddewig ei bersonoliaeth,
ochr mae Lars yn ei diffinio fel hyn: 'Mae'n ymwneud
â dioddefaint, a delio efo'r ymwybyddiaeth hanesyddol
sydd, i mi, ar goll yn yr artistiaid modern a'r gwaith sy'n
cael ei greu o'm cwmpas. Mae artistiaid wedi anghofio eu
gwreiddiau a'u crefydd wrth greu.'

Mi oedd y ffilmiau yma'n anghyffredin ac yn bryfoclyd,
ac yn ddigon i ddenu sylw. Creodd ei ffilm raddio, *Images of
a Relief* (1982), sy wedi ei lleoli yng nghyfnod meddiannaeth
y Natsïaid (atgof o fywyd ei fam?), gryn argraff, yn ennill
gwobrau a hyd yn oed gael ei ddarlledu ar y teledu ym
Mhrydain – tydi ffilmiau myfyrwyr coleg ddim fel arfer yn
torri trwodd yn y ffordd hon o gwbl.

A dyma oedd dechrau ei yrfa. Cyn hir, roedd yn saethu
ei ffilm gyntaf, *The Element of Crime*. Hon oedd y gyntaf

mewn trioleg o ffilmiau am Ewrop a fyddai hefyd yn cynnwys *Epidemic* (1987) ac *Europa* (1991). Roedd y drioleg yn uchelgeisiol tu hwnt, ac yn ddyfeisgar a medrus o ran techneg ffilmio a dawn sinematig. Roedd o wedi 'cyrraedd' fel artist ffilm newydd ifanc trahaus iawn efo'r ffilmiau yma (pan aeth ei ffilm gyntaf i Cannes a methu ennill gwobr fwyaf y byd ffilm, y Palme d'Or, doedd 'na ddim stop ar ei gwyno cyhoeddus am yr ŵyl a'r beirniaid). Yn nes ymlaen, pan fu *Europa* yn llwyddiannus, gan ennill gwobr arbennig rheithgor y beirniaid yn 1991, doedd Lars ddim wedi newid. Roedd o'n dal yn flin iawn ei fod yn gorfod derbyn yr ail wobr, a galwodd bennaeth y beirniaid, Roman Polanski, 'the midget'. Mi wireddwyd ei freuddwyd yn 2000, pan enillodd y Palme d'Or o'r diwedd am *Dancer in the Dark*.

Mae dylanwad y gorffennol a hanes trychinebus Ewrop yn yr ugeinfed ganrif yn amlwg yn y ffilmiau cyntaf yma. Fel y dywedodd Lars, 'Os wyt ti'n edrych am i lawr o Denmarc, fe weli di'r Almaen, a dyna yw Ewrop i ni'r Daniaid fel pobl – yr Almaen a hanes y Natsïaid yw'r cof a'r profiad Ewropeaidd'. Ond does ganddo ddim diddordeb mewn bod yn ddogfennol wrth drin yr hanes ar ffilm: 'Mae fy ffilmiau i i gyd yn "ffilmiau" iawn. I mi, mae dwyn gan sinema'n gyfystyr â defnyddio'r wyddor ar gyfer ysgrifennu.' A dyma yn union sut y mae hi gyda'r tair ffilm yma. Y dwyn ac ailddefnyddio arddulliau sinema sy i'w gweld dros y tair ffilm yw eu prif apêl fel ffilmiau, yn hytrach na'r stori mae Lars yn ceisio'i hadrodd. Mae 'na rywbeth obsesiynol iawn am rinwedd y delweddau, y plotiau aneglur, y troslais blinedig, yr atgoffa cyson fod Ewrop mewn trwmgwsg ac wedi'i hypnoteiddio i gerdded yn ei chwsg trwy'r holl ddinistr a marwolaeth a rhyfela. Mae cymeriad yr arwr yr un fath yn y tair ffilm – delfrydwr sy'n cerdded trwy'r llanast yn ceisio gwella pethau ond sy, heb yn wybod iddo, yn creu mwy o lanast gyda phob cam. 'No good deed goes unpunished' ydi arwyddair y ffilmiau yma.

Yn y cyfnod cyn cynhyrchu'r ffilm *Europa*, mi fyddai Lars ei hun yn cael ei ddeffro o'i fywyd o gerdded yn ei gwsg gan ddatganiad personol a fyddai'n anodd i unrhyw un ei gredu. Fel y dywedodd Lars ar y pryd, 'os mai *plotline* allan o *Dallas* ydi hyn, tydi o ddim yn un da o gwbl'. Os ydach chi wedi darllen hyd at y pwynt yma, mae'n bosib nad oes ganddoch chi fawr o gydymdeimlad at Lars – fawr ddim empathi efo'i blentyndod anghyffredin, ei gwyno cyson, y pryfocio a'r agwedd ddirmygus tuag at bawb a phopeth. Ond y munud 'dach chi'n cael gwybod am wir sefyllfa ei berthynas gyda'i rieni, mae'n anodd iawn peidio bod isio estyn llaw dyner o gydymdeimlad iddo, a derbyn ei bod yn rhyfeddol ei fod o wedi tyfu'n ddyn â chyn lleied o broblemau personol wedi'r cyfan.

Yn 1989, datgelodd Inger, ei fam, ar ei gwely angau nad mab Ulf Trier oedd Lars. Nid yn unig roedd Lars yn gorfod derbyn nad oedd o dras Iddewig, ond roedd ei fam yn honni fod ei dad biolegol yn fwy o Natsi. Gwnaeth Inger benderfyniad bwriadol i feichiogi gyda'r tad biolegol – Almaenwr o'r enw Fritz Hartmann – er mwyn sicrhau y byddai gan ei phlentyn ennynau artistig. Yn ei barn hi, roedd Ulf yn ddyn heb uchelgais na thalent naturiol, felly doedd dim gwerth i'w gyfraniad o at blentyn. Roedd darganfod nad oedd yn ddim ond canlyniad arbrawf genynnol gan ei fam yn gwbl ysgytwol i Lars, ac i ychwanegu at ei boen, doedd ei dad 'newydd' ddim am gael unrhyw gysylltiad â'i fab. Bu'n rhaid i Lars, o dan orchymyn cyfreithiwr Hartmann, gadw'r holl beth yn gyfrinach am ddegawd arall, nes i Fritz farw, ac i'r stori ffrwydro yn y papurau newydd.

Gallai'r sefyllfa erchyll hon egluro rywfaint ar ymddygiad Lars yn 2011 wrth iddo gyflwyno'i ffilm *Melancholia* yng Ngŵyl Ffilm Cannes. Yn y gynhadledd i'r wasg, honnodd Lars (mewn ffordd chwareus) ei fod o'n Natsi, ac yn medru deall cymeriad fel Hitler. Gwaharddwyd ef gan yr ŵyl, a chafodd ei hel adra, yn *persona non grata*. Mae ergyd fel neges olaf y fam i'w mab yn ddigon i ddinistrio person, ac fe allai hynny fod wedi digwydd i Lars. Ond yr hyn a welwyd oedd ei ddeffroad fel artist, gan roi o'r neilltu'r holl chwarae o gwmpas efo arddulliau ei arwyr a delweddau hanesyddol sinema, a dechrau creu ffilmiau oedd yn bersonol ac yn unigryw iddo fo yn unig. Trwy ei ffilm nesaf, *Breaking the Waves* (1996), cyflwynodd oes newydd Lars von Trier i'r byd. Yn yr arddull newydd hon, yn hytrach na fframio'r llun, cyfeiriodd y camera. Yn yr arddull newydd, mynnodd berfformiadau dwys, angerddol gan ei actoron. Rhedai emosiynau yn rhydd trwy'r ffilm, yn annioddefol i'r gynulleidfa ar adegau. Ac roedd yma themâu gwahanol hefyd – aberth, ffydd ac achubiaeth. Tydi *Breaking the Waves* ddim yn ffilm gyffyrddus na hawdd ei gwylio. Mae'n dy ansefydlogi'n llwyr – dwi'n cofio'i gweld hi mewn sinema yng Nghaerdydd, ac roedd pawb yn gwbl fud ar ôl iddi orffen, yn dal i eistedd yn eu cadeiriau, yn ofni symud allan o'r tywyllwch i olau'r pnawn. O'r diwedd, roedd Lars wedi llwyddo i greu ffilm oedd yn cyffwrdd y gynulleidfa, *person to person*, yn hytrach na *stylist to consumer*. Roedd o wedi ffeindio ffordd i greu cynulleidfa a fyddai'n driw iddo dros y blynyddoedd i ddod, wrth iddo ryddhau epigau fel *Dancer in the Dark* (2000), *Dogville* (2003), *Manderlay* (2005), *Antichrist* a *Melancholia*.

Tydi hanes Bess fach yn *Breaking the Waves* ddim at ddant pawb, ond doedd dim modd gwadu fod perfformiad Emily

Watson yn anhygoel. Hwn fyddai'r cyntaf mewn cyfres o berfformiadau ffantastig gan actoresau o arwresau a fyddai'n cael eu cam-drin yn uffernol yn ffilmiau Lars; perfformiadau a fyddai'n ailddiffinio statws yr actor benywaidd mewn sinema fodern, law yn llaw â chreu stŵr cyson i Lars am ei agweddau (honedig) *sexist* a'i ochr fisanthropig. Ond roedd *Breaking the Waves* yn ffilm a ysgytwodd y synhwyrau a'r meddwl, a chafodd effaith fawr ar gynulleidfaoedd dros y byd i gyd. Yn ogystal, esgorodd ar batrwm sy'n bodoli hyd heddiw – clod mawr a dadlau diddiwedd am fwriad artistig Lars von Trier fyddai hi o hyn allan.

Mae'r hyn a wnaeth Lars nesaf yn dangos i mi ei fod ar drywydd cwbl newydd yn hanes y ffilm fodern. Unwaith eto, mentrodd bopeth ar syniad gwallgof – creu system gwbl newydd ar gyfer creu ffilmiau! Hwyrach fod y darganfyddiad diweddar ynglŷn â'i hanes personol wedi brifo Lars i'r byw, a bod byw celwydd ei fam cyhyd wedi gwneud iddo ailystyried pwy oedd o yn y bôn. Roedd y cynllun newydd yma'n creu *year zero* iddo fo'i hun, bron. Byddai'n rhoi cyfle i bawb syllu ar y creadur pathetig, idiotig y tu ôl i'w ffilmiau newydd – dim rhagor o gelu na chuddio na chelwyddau, dim mwy o greu prydferthwch er mwyn dangos ei hun, dim mwy o gopïo, a dim mwy o ddefnyddio offerynnau a hen syniadau'r gorffennol. O hyn allan, rhaid oedd bod yn ddyn gonest ac yn ddyn agored, poenus o agored, efallai, a dilyn ei awen hyd chwerwder diwedd y daith. Hwyrach mai dewis byw gyda'r idiots oedd tacteg gallaf Lars ar gyfer aros yn fyw.

Yn 1995, tra oedd wrthi'n ffilmio *Breaking the Waves*, gwnaeth Lars ddatganiad cyhoeddus mewn cynhadledd ym Mharis i drafod dyfodol sinema, am fodolaeth rhywbeth a alwodd yn *Dogme95*. Yn hytrach na siarad a chyfrannu at sgwrs banel, cafodd Lars ganiatâd i annerch y gynulleidfa, a darllen y datganiad isod o'r llwyfan, cyn lluchio copïau i mewn i'r dorf a'i heglu hi o 'na.

Dogme95

1. Mae'n rhaid i chi saethu ar leoliad (dim props).
2. Mae'n rhaid i chi recordio'r sain yn uniongyrchol (dim effeithiau sain).
3. Mae'n rhaid i'r camera fod yn eich dwylo.
4. Mae'n rhaid saethu mewn lliw (caniatáu defnyddio un lamp yn unig ar y camera).
5. Dim ffilters na gwaith optegol yn yr ôl-gynhyrchu.
6. Chaiff y ffilm ddim cynnwys unrhyw 'ddigwyddiadau' pendant, e.e. llofruddiaeth, arfau a.y.b.
7. Dwyt ti ddim yn cael newid amser na lleoliad – mae'n rhaid i'r ffilm ddigwydd yma, nawr.
8. Tydi hi ddim yn dderbyniol i wneud ffilm *genre*.
9. Mae fformat taflunio'r ffilm yn gorfod bod yn Academy 35mm.
10. Ni chaniateir unrhyw gydnabyddiaeth i'r cyfarwyddwr ar y sgrin.

Roedd bwriad Lars yn glir yn ei ben. Y syniad oedd codi stŵr. Honnodd Lars a chyd-awdur y datganiad, y cyfarwyddwr ifanc Thomas Vinterberg, a fyddai'n cynhyrchu'r ffilm *Dogme* gyntaf, iddyn nhw sgwennu'r cyfan mewn llai na hanner awr mewn un ffit hir o chwerthin. Ond tydi hyn ddim yn jôc – roedd yna gynllun difrifol, pendant i geisio deffro'r gelfyddyd sinematig unwaith eto. Fel y dywedodd Lars, 'Rydan ni wedi cael cyfnodau bendigedig yn hanes sinema, fel y *Nouvelle Vague* a'r *New German Cinema*, pan gafodd lot fawr o unigolion eu hysbrydoli i greu llwyth o ffilmiau cyffrous, ac at ei gilydd, maen nhw'n llwyddo i greu ton. Dyna sydd ei angen arnon ni eto, ac er mwyn creu ton, mae'n rhaid corddi'r dyfroedd'.

Cyfeiriodd y ddau at y rheolau fel addunedau purdeb. Eu pwrpas oedd dod â phurdeb yn ôl i ddiwydiant a diwylliant oedd wedi cael eu hagru gan y busnes pres, a'u dibrisio gan y twyll a'r diogi yn y creu diofal. Roedd chwyldro *Dogme* yn digwydd ar ddechrau oes dyfodiad y camera digidol, ac roedd cyfuno naturiol yn digwydd rhwng y dechnoleg a'r ddamcaniaeth gaeth newydd. Wrth i brisiau camerâu ostwng, allai dim byd atal effaith *Dogme*, a'r cyfarpar o fewn cyrraedd poced cenhedlaeth newydd o artistiaid ifanc bellach. Roedd y broses o drawsnewid y syniad oedd ar bapur i fod yn fudiad ffilm byd-eang yn llawn problemau ar y cychwyn. Y broblem fwyaf oedd arian, ac yn fwy penodol, gorfod darbwyllo pobl nad jest ffordd o wneud ffilmiau'n rhad oedd o. Nod pwysicaf yr holl gynllun oedd rhyddhau'r artist, yn hytrach na'i gosbi trwy gynnig llai o bres neu adnoddau iddo. Mi fasai Lars yn ymhelaethu ar y dyhead gwreiddiol hwn rai blynyddoedd yn ddiweddarach trwy gynnig y dylai cyfarwyddwyr enwocaf a mwyaf sefydlog Hollywood fanteisio ar gyfyngiadau a phurdeb y rheolau hefyd – hyd yn oed Spielberg – gan fod cymryd pilsen fach *Dogme* bob hyn a hyn yn siŵr o wneud iddyn nhw deimlo'n well ac yn hapusach yn y diwydiant creu ffilmiau.

Daeth *Dogme* yn fyw y munud y dangosodd Von Trier a Vinterberg y ddwy ffilm *Dogme* gyntaf yng Ngŵyl Ffilm Cannes yn 1998. Lledodd y tân yn gyflym, ac roedd sinema unwaith eto'n atyniadol i bobl ifanc, ac i'r sawl oedd yn fodlon mentro a meddwl yn wahanol ynglŷn â phosibiliadau creu sinematig. I Lars, wrth gwrs, mi

oedd rhaid mynd â phethau'n bellach a gwneud pethau'n
bersonol. Ei roi ei hun yng nghanol pethau ydi tacteg
von Trier, a doedd *Dogme* yn ddim gwahanol. Yn ei
farn ef, roedd yn bodoli iddo fo, gan fod ei blentyndod
anghyffredin wedi creu awydd cryf ynddo i ildio i awdurdod
ac i ddilyn rheolau a oedd ar goll pan oedd yn ifanc. Yng
nghanol yr holl draethu a *soul-searching* yma am greu
systemau o awdurdod, ac ysu i ddilyn rheolau, daeth cyfle
i Lars gynhyrchu ei ffilm *Dogme* ei hun, *The Idiots* (1998),
ffilm sy'n delio ag ildio i awdurdod a dilyn rheolau a bihafio
mewn ffordd sy'n groes i safonau'r gymdeithas arferol –
hawdd tybied fod y fenter hon yn rhyw hanner iachâd seicig
a hanner sinema radical.

The Idiots

> 'A more repugnant piece of drivel it would (thankfully) be
> hard to find.'
>
> *Alexander Walker (adolygiad yn* The Evening Standard*)*

Dyma unig ffilm *Dogme* Lars von Trier. Mi lwyddodd
i ysgrifennu'r sgript mewn pedwar diwrnod. O ran ei
brosesau creu, mae'n debyg, pan mae angen i'r awen lifo,
ac i ysbrydoliaeth gnocio ar y drws, fod Lars yn trefnu i
fynd i edrych yn ddwfn i mewn i goedwig Raynehølm lle
bu'n chwarae pan oedd yn blentyn. Dyma lle ysgrifennodd
y sgript, a hefyd lle y lleolodd y ffilm orffenedig, mewn
tŷ mawr, gwag ar gyrion y goedwig sentimental hon,
lai na phum munud o'i gartref ei hun yn Søllerød, ardal
barchus, ddinesig yn Copenhagen. Dyma lle y dewisodd
greu ffilm ar gyfer ei gymeriadau, sef deg o bobl ifanc sy'n
creu comiwn unigryw fel arbrawf cymdeithasol. Stoffer,

cymeriad gwrthryfelgar, anfodlon, yw pennaeth y comiwn lliwgar hwn (fersiwn llai plentynnaidd o Lars ydi o, mae'n debyg!). Mae aelodau'r comiwn wedi gwahanu eu hunain oddi wrth y gymdeithas normal ac yn gweithredu'r tu hwnt i'w rheolau (er eu bod nhw i gyd yn dal i fanteisio ar y gymdeithas hon trwy ennill eu cyflog a phicio i'r siop i brynu siampên a chafiar). Mae'r prosiect yn un digon syml – mae'r grŵp yn treulio'u hamser yn ceisio darbwyllo pobl yn y gymdeithas ehangach eu bod nhw'n dioddef o anabledd meddyliol a chorfforol – *idiots* y teitl. (Daw'r gair o'r gair Groegaidd *idiotes* yn wreiddiol, a gall olygu rhywun gwirion – lembo – neu rywun ag anabledd corfforol neu feddyliol difrifol – idiot.) Mae'r gêm anfoesol hon yn cael ei chwarae er mwyn ceisio rhyddhau'r idiot oddi mewn trwy 'spasio' yn agored o flaen pawb. Hwn ydi term y criw am fabwysiadu ystumiau a nodweddion stereoteip o bobl ag anabledd – ddim yn rhy bell yn ôl, roedd 'spastic' yn dal i gael ei ddefnyddio fel term dilornus, os cofiwch chi. Dyma sut mae hi, yn ôl Stoffer:

> Yn Oes y Cerrig, doedd yr idiot ddim yn medru goroesi, ac roedd yn marw o'r tir. Heddiw, mae pethau'n wahanol. Mae bod yn idiot yn gam ymlaen. Mae 'na idiot yn byw o fewn pob dyn. Be wyt ti i fod i'w wneud pan mae'r gymdeithas yn mynd yn fwy ac yn fwy cyfoethog a chyfforddus, a neb i'w weld yn ddim hapusach? Yr idiot yw dyn y dyfodol. Yr allwedd i hapusrwydd yn y dyfodol yw gadael i'r idiot ddod allan a bod yn rhydd.

Mae dim ond disgrifio'r syniad mewn termau bras yn gwneud i mi deimlo'n annifyr – yn wir, mae'r holl beth yn andros o *non-PC* a thwp (ynte'n ddewr?). Unwaith eto, roedd strategaeth Lars yn un fentrus iawn, ond dwi'n credu fod ei ddychymyg yn llwyddo yn yr achos hwn, ac yn mynd â ni'r gynulleidfa i rywle arall, lle mae'n bosib i ni faddau'r syniad gwaelodol di-chwaeth. Yn y bôn, dwi'n trio deud fy mod i'n edmygu Lars am beidio ag ildio i gaethiwed chwaeth, a dilyn ei syniadau heb wrando ar unrhyw leisiau a fyddai'n siŵr o fod wedi bod yn swnian yn ei glust o'r cychwyn i beidio ag ergydio yn erbyn ein cyfansoddiadau bregus, *bourgeois*.

Wrth ddadansoddi'r ffilm, dwi ddim yn credu am eiliad fod Lars na'r ffilm yn ymosod ar bobl anabl, na chwaith ar y bobl ifanc yn y grŵp am fihafio fel hyn, nac arnom ni yn y gynulleidfa am fod mor *prudish* ac *uptight*. Yn hytrach, mae 'na ymgais glir iawn yn y ffilm i ofyn cwestiynau difrifol am y ffordd mae cymdeithas, a'r grwpiau sy'n creu'r gymdeithas honno, i fod i fihafio. Mae'r ffilm yn gofyn i'r gynulleidfa ystyried sut rydan ni i gyd, pob un ohonom ni, yn medru goddef byw mewn cymdeithas dim ond trwy chwarae rôl yn ein bywydau, yn perfformio (yn 'spasio') er mwyn delio â'r pwysau sy wastad yno. Rydan ni'n chwarae ein rhan benodol fel rhan o'r gyfundrefn, yn hytrach na sefyll i fyny a cheisio edrych y tu hwnt i'r holl chwarae plant. Dyna roedd Lars yn ei wneud yn y ffilm. Mae o'n artist sy o ddifri yn ceisio darganfod pam ein bod ni'n gorfod chwarae rhan – *fated to pretend* – pam mae arnon ni ofn bod allan o reolaeth? Pam mae cymdeithas yn mynnu ein bod ni'n bihafio yn ôl rheolau yn unig? Hefyd, mae'n gofyn be ydi pwrpas dioddef pwysau gan y grŵp sy'n ein gorfodi i gydymffurfio ac i ddeud celwydd wrth ein gilydd er mwyn bodolaeth a pharhad ein grwpiau a'n credoau unigryw.

Os yw'r ffilm yn ymosod ar unrhyw un, pobl sy'n teimlo dim byd yw'r rheini – gwell teimlo gormod na theimlo dim byd. Y rhai sy byth yn mentro, sy byth yn gweld rheswm i ddangos eu hemosiynau yn gyhoeddus, sy'n ofni'r llanast dynol – nhw sy'n ei chael hi. Mae'r ffilm yn datgan yn glir fod 'spasio' yn methu fel arbrawf yn y pen draw. Er gwaethaf hynny, mae 'na ymgais i drio rhywbeth newydd. Nid oes neb yn y grŵp gwreiddiol yn medru symud ymlaen efo tacteg 'spasio'. Dydan nhw ddim yn gwybod be i'w wneud efo'r pŵer yma. Dim ond Karen, sy'n ymuno â'r grŵp reit ar y diwedd, ac sy'n sefyll y tu allan i weithgareddau'r lleill trwy gydol y ffilm, sy'n dallt be i'w wneud efo damcaniaeth yr idiot. Mae'r gynulleidfa wedi closio at ei chymeriad – hi yw'r un sy'n ein galluogi i weld gweithgareddau'r comiwn o ddydd i ddydd, er nad ydan ni'n gwybod y nesaf peth i ddim amdani. Mae'r ffilm yn dangos i ni fod yn rhaid i Karen fod yn idiot er mwyn delio â'i bodolaeth. Mae 'na angen go iawn ynddi i wthio'n bellach a thorri drwodd fel idiot. Yn ddiarwybod i ni, mae Karen eisoes wedi torri rheolau cymdeithas trwy wneud rhywbeth sy'n llawer mwy o sgandal na'r 'spasio' plentynnaidd mae'r lleill yn ei wneud yn y stryd. Ond mae'n rhaid i ni aros tan ddiwedd y ffilm cyn cael gwybod ei stori hi yn ei chyfanrwydd. Y munud mae hyn yn digwydd, 'dan ni wedyn yn gorfod ailystyried yr holl ffilm a phrosiect yr idiot, a meddwl amdani mewn ffordd newydd, fwy difrifol.

Gan fod y stori wedi cael ei ffilmio yn unol â rheolau newydd *Dogme*, does 'na ddim ffugio yn y ffilm. Mae'r trais yn wir; mae'r gwaed yn wir; mae'r dagrau'n wir; cociau caled a ffwcio go iawn. Er bod yr olygfa enwog lle mae'r grŵp yn cael *spass fuck gang bang* wedi achosi twrw yn y papurau newydd ar y pryd, does fawr ddim yma i ddychryn Nain, a tydi gweld oedolion yn bihafio fel hyn ddim hanner gymaint o sioc â gweld y noethni emosiynol sy'n cael ei ddatgelu ar y sgrin pan mae'r criw wrthi'n 'spasio' yn gyhoeddus – yn y pwll nofio, mewn toiledau tafarn, yn y swyddfa, mewn tai bwyta, ar y stryd, a'r gwaethaf oll, yn y cartref teuluol.

Mae clogyn *Dogme* yn galluogi cyfarwyddwyr ffilm i ddangos realaeth mewn ffordd gignoeth newydd, agos – *unmediated*. Roedd *Dogme* yn arddull newydd nad oedd yn dibynnu ar fod yn ffug (*artifice*), nac ar ddawn y sgript i weu is-destun i mewn i'r lluniau. Y tro hwn, mae dangos y boen yn gwbl naturiol a dymunol – pob dim *in yer face*.

Lars sy'n rhedeg y sioe efo'r ffilm yma gant y cant (fel mae pob cyfarwyddwr yn ei wneud), yn ein harwain a'n twyllo gyda'i ddawn (felly does dim gwahaniaeth sylfaenol rhwng yr hyn wnaeth Hitchcock a'r hyn mae Lars yn ei wneud). Dawn cyfarwyddo arbennig Lars sy'n gwneud i ni feddwl ein bod ni'n gwylio stori a ffilm shambolig, ond y gwir amdani yw fod Lars wedi sgriptio'r ffilm yn uffernol o dynn. Ffuglen yw hon, sy'n gorfod dilyn trywydd naratif arbennig iawn, gan mai dyma mae Lars yn ei ddymuno. Rydan ni'n cael ein harwain trwy gydol y ffilm er mwyn i ni gyrraedd yr uchafbwynt, lle mae Karen yn symud i ganol y llwyfan yn yr olygfa olaf. Unwaith eto, mae Lars yn chwarae gêm beryglus â'i ffilm – mae stori Karen yn ergyd bythgofiadwy ac yn ffrwydro fel bom emosiynol. Mae hon yn dacteg gyffredin yn ei ffilmiau (ond yn sicr yn rhywbeth mae ysgol ffilm yn dy rybuddio i'w osgoi!), sef creu un olygfa sy'n uchafbwynt, ac yn *holl* bwynt y ffilm, felly mae llwyddiant y ffilm yn ddibynnol ar lwyddiant un olygfa dyngedfennol a'i heffaith ar y gynulleidfa. Mae *The Idiots* yn bendant yn edrych fel ffilm amrwd, ond does 'na ddim byd amrwd am y meddwl sy wedi mynd i mewn iddi. Does 'na ddim effeithiau gwag na byrfyfyrio'n perthyn iddi. Mae hi'n dynn, yn anorfod ac yn foesol yn ôl y cyfarwyddwr: 'Mae fy ffilmiau'n foesol iawn yn ddiweddar, a moeswers y ffilm hon yw y galli di ymarfer techneg yr idiot, neu *Dogme*, dro ar ôl tro heb i unrhyw beth ddigwydd i ti o gwbl. Mae'n rhaid i ti fod ag awch didwyll ac angen go iawn er mwyn i bethau ddigwydd.'

Mae normalrwydd yn cael ei luchio i'r bin yn y ffilm hon, a bron nad yw'n wir deud y byddai wedi bod yn amhosib ei gwneud heb fodolaeth y rheolau *Dogme* (y gwrthwyneb i'r gred gyffredinol am reolau caeth!). Mae'r ffilm yn cynnwys effeithiau sinematig newydd, ac yn sicr, mae 'na ddull actio newydd yn cael ei eni yma – un difrifol, angerddol, pryfoclyd – actio sy'n mynd â pherson yn agos at y dibyn. Mae'r cyfarwyddwr yn tynnu'r croen yn ôl at yr asgwrn er mwyn i ni weld a theimlo popeth. A dyna sut mae hi ar y gynulleidfa – popeth neu ddim. Does 'na ddim ffordd fedri di fentro i mewn i ffilmiau Lars von Trier o hyn allan heb dy fod di hefyd yn chwilio'n ddwfn tu mewn. Mae Lars fel cyfarwyddwr yn cynnig ei bersonoliaeth fel rhan annatod o'r profiad sinematig, ac os ydan ni am brofi'r cyfan, mae'n rhaid i ni fentro hanner ffordd i'w gwrdd, er mwyn teimlo pethau mewn ffordd newydd.

Dyna ni – tri chyfarwyddwr cwbl wahanol i'w gilydd: un a chanddo restr fanwl o reolau a gogwydd esthetig; un arall sy'n ymgyrraedd at y trosgynnol ac yn chwilio am yr ysbrydol yn y *celluloid*, ac un sy am i'r byd nofio'n ddwfn yn ei adlewyrchiad seicolegol, ei isymwybod a'i obsesiynau. Mae 'na ddwsinau o gyfarwyddwyr ysbrydoledig allan yn y byd. Ewch ati i chwilio amdanynt – fyddwch chi ddim yn difaru clywed eu hanesion, ceisio dallt eu hathroniaeth ac, wrth gwrs, wylio eu ffilmiau.

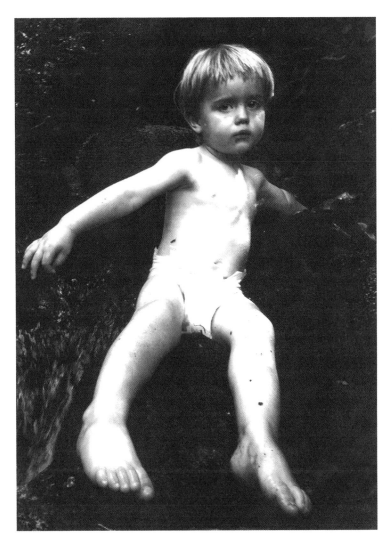

LLYTHYR I ARTHUR

(IN THE FUTURE, COMPUTERS WILL MAKE FILMS AND OTHER COMPUTERS WILL WATCH THEM.)

Nadolig 2013

Annwyl Arthur,

When I consider the short duration of my life swallowed
up in the eternity of before and after, the little space I fill,
and can even see, engulfed in the infinite immensity of
space of which I am ignorant and which knows me not, I am
frightened, and am astonished at being here rather than
there. Why now rather than then?

Mae'r dyfyniad uchod gan y mathemategydd Blaise Pascal
(1623–1662) yn cwmpasu'r teimlad yna o ansicrwydd
sy'n cael ei eni rywbryd yn ystod blynyddoedd cynnar dy
lencyndod, ac sy'n cydgerdded efo ti am weddill dy oes.
Yn sicr, dwi'n ei brofi. Dydw i ddim yn arbennig – dwi'n
meddwl fod pawb yn teimlo'r ing dirfodol yma. Mae'n rhan
annatod o'r profiad cyffredin. Yr hyn sy'n bwysig yw fy
mod yn gwybod nawr be ydi'r ateb i'r cwestiwn sy'n cael ei
ofyn ar ddiwedd y dyfyniad – am fy mod i'n aros amdanat
ti, dyna i gyd.

Cyfaddefiad. Ti sydd ar fai am fodolaeth y llyfr yma
(neu yn gyfrifol amdano, neu'n ysbrydoliaeth iddo). Mae
croeso i ti ddewis gair gwahanol os wyt ti'n anghyffyrddus
ynglŷn â chymryd y rap. Mi benderfynais i sgwennu'r llyfr
yn wythnos gyntaf Ionawr 2012, yn syth ar ôl clywed gan y
pregnicator dy fod di ar dy ffordd.

Mae'n wir deud bod dros hanner y llyfr wedi ei sgwennu
eisoes, a'r gweddill wedi'i drefnu'n fanwl, heblaw am y
llythyr hwn, cyn i mi hyd yn oed dy weld am y tro cyntaf
yr hydref hwnnw. Mi gyrhaeddodd y gweddill y papur yn
araf bach wrth i awr rydd fan hyn a fan draw ei chynnig ei
hun rhwng y bore hwnnw a heddiw.

Ofn, dwi'n meddwl, oedd yr ysgogiad mwyaf i ddechrau sgriblan. Nid dy fod wedi codi ofn arna i'n llythrennol – i'r gwrthwyneb. Mi oedd y disgwyl yn felys ac yn dawel, ac yn gyfnod digyffro, cynnes o baratoi a breuddwydio am y dyfodol. Ofn be fase'n digwydd i mi y munud faset ti'n cael dy eni oedd o, ac roedd yn gic yn y pen-ôl i orffen sgwennu *Is-deitla'n Unig*.

Ofn newid fel person, dyna oedd o hefyd. Ofn colli hanfod y person oeddwn i. Gan fy mod yn eithaf obsesiynol, a bod fy obsesiynau efo byd ffilm a chreu ffilmiau mor gryf, er eu bod ymhell o fod yn llwyddiannus, ro'n i'n credu y base'r apêl a'r awch yma'n pylu pan fyddet ti'n ymddangos. Neu ro'n i'n ofni y base'r obsesiwn sinematig yn dirywio neu'n diflannu'n llwyr am resymau ymarferol – yr egni creadigol yn symud draw i'r baban newydd, yn naturiol, ac felly mi oedd y llyfr am fod yn dyst i'r pethau roedd dy dad yn credu ynddynt ac yn eu caru cyn iddo newid fel person, a setlo i lawr i fagu teulu.

Wrth gwrs, mae'r syniad yn un hurt bost. Yn ôl y llawlyfrau, dim ond un o sgileffeithiau beichiogrwydd yw ymddygiad annisgwyl gan y tad i fod! Wel, dyna sut roedd hi efo fi beth bynnag. Hefyd, yn hunanol iawn, mi brofais deimlad cryf bron yn syth y byddai dy enedigaeth yn fy ngalluogi i gredu fod 'na gynulleidfa yn bodoli i'r llyfr; y byddai gan o leiaf un person ar y blaned ddiddordeb mewn agor cloriau'r ysgrifau yma ryw ddydd. Mi oedd hynna'n ddigon i roi hyder i mi i sgwennu fy myfyrdodau am fyd sinema, waeth faint o werth, mewn difri, sydd i'r farn honno. Dwi'n dy ddal di'n gyfrifol am wneud i mi deimlo'n ddigon dewr i ddechrau sgwrs efo cynulleidfa newydd ac estron. O nunlle, felly, crëwyd teimladau newydd o ofn a dewrder ynof gan dy fodolaeth, ymhell cyn i ti gyrraedd!

Dwi'n siŵr y byddet ti'n falch o ddarllen, hefyd, fy mod yn dal i ymddiddori ym myd sinema, ac yn dal gafael ar yr un breuddwydion ag o'r blaen, a minnau wedi byw mewn byd sy'n cynnwys dy wyneb hyfryd ers dros flwyddyn erbyn hyn.

Yn ffodus iawn, does gan dy dad ddim *issues* ag ymddangosiad Arthur Glyn. Dydi o ddim yn poeni am orfod arallgyfeirio cynlluniau ei yrfa (pa yrfa, pa gynlluniau?). Dim ond un teimlad newydd cryf arall sy ynof – sicrwydd. Sicrwydd mai ti yw'r peth pwysicaf yn fy mywyd. Sicrwydd y byddai'n amhosib i unrhyw un neu unrhyw beth ddod rhyngom ni. Ti yw'r ateb pendant a chlir i gwestiwn oesol Pascal. Er bod digonedd o amheuon yng ngweddill y llyfr, does dim ameuaeth fy mod i'n dy garu'n llwyr, a bod dy gael di yma, yn gorwedd ar fy nhraed wrth i mi sgwennu'r geiriau hyn, yn nefoedd lwyr. Ti'n edrych yn debyg iawn i fi, ond mae'r cymeriad yn fwy o ddirgelwch. Ti'n llawn hapusrwydd, yn gwenu'n ddireidus ar bawb sy'n newydd yn dy fyd. Yn groesawgar felly, cymdeithasol hefyd, ond Iesu, ti'n benderfynol. Ti'n mynnu gwneud pethau yn dy ffordd dy hun. Does dim amser gen ti i adael i neb ddangos i ti sut mae pethau'n gweithio, ti'n gwybod yn iawn be sy'n mynd â dy fryd. Felly dyna sut mae hi 'di gorfod bod efo fi a dy fam – gadael i ti fynd ar dy drywydd dy hun, rhedeg yn wyllt o gwmpas y tŷ (a siopau'r pentref!) a ni'n ddau blinedig yn dilyn ar dy ôl.

Mae'n ymddangos hefyd fod dy ddychymyg yr un mor llwglyd â'r stumog 'na sy'n mynnu cael ei lenwi o chwech tan chwech. Mae pob cwpwrdd, pob drôr, pob poced a gofod yn cael ei archwilio a'i wagio ar hyd y tŷ drosodd a throsodd. Be wyt ti'n disgwyl ei ddarganfod? Ti'n dawnsio'n wyllt i gerddoriaeth drom, dub a PiL, ac yn canu'n ddiddiwedd yng nghefn y car wrth i ni fynd ag Evan, dy frawd, i'r ysgol. Mae'r gân rwyt ti'n ei mwmian yn ddirgelwch llwyr i mi – tydi hi'n bendant ddim yn Gymraeg nac yn Saesneg. Be wyt ti'n ceisio'i ddeud â chymaint o angerdd ac egni?

Mi fydd hi'n ugain mlynedd, siŵr o fod, cyn bod gen ti unrhyw ddiddordeb mewn darllen y llyfr yma, ac mae meddwl am yr amser yn ymestyn i'r dyfodol yn gwneud i mi chwerthin a theimlo'n benwan yr un pryd. Mae'n *hilarious* meddwl fy mod i'n ceisio sgwennu llyfr am bwnc sy eisoes yn relic hanesyddol ar ddechrau'r unfed ganrif ar hugain, a disgwyl i ti fod â diddordeb ynddo yn y dyfodol pell. Ond dyna fo – tydi gêmau cyfrifiadurol, sgwennu cerddi ar Trydar, dilyn hoff dîm pêl-droed, archwilio achau, adeiladu dodrefn na chreu gwaith celf ddim yn apelio ata i o gwbl. Ond rho gyfle i mi draethu am arwyddocâd neu dechneg cyfarwyddwyr ffilm o'r Almaen yn y 1970au, a dwi'n ddigon hapus – *pig in shit* yw'r ymadrodd! Felly, geiriau a delweddau fydd dy gymynrodd. Hwyrach y bydd yr hen olwyn yna'n troi unwaith eto, a bingo! Daw'r holl bethau yma sy'n gymaint o sbort i mi (ac yn artaith i eraill, dwi'n gwybod!) yn ôl i ffasiwn, a bydd y geiriau yma'n berthnasol ac o ddiddordeb i ti ryw brynhawn glawog, anghysbell sydd i ddod.

Mae penodau eraill y llyfr yn cynnwys llith am y pethau dwi wedi eu dysgu wrth fyw a gwylio, ac mae'r myfyrdodau yma bellach mewn print gan fy mod i wedi meddwl y byddai'n werthfawr rhannu'r jync yma yn fy mhen â'r sawl sy am wneud ffilmiau yma yng Nghymru. Ond paid â phoeni – tydw i ddim yn disgwyl i ti dynnu'r pwnc yn agos at dy galon, achos os ydw i'n onest, dwi ddim yn siŵr a fydd sinema'n bodoli yn dy ddyfodol di. Well i ti drin y pethau yn ngweddill y llyfr fel difyrrwch yn hytrach nag unrhyw beth a fyddai'n ddefnyddiol neu'n ymarferol i ti yng nghyddestun 'cyngor gyrfa' o unrhyw fath. Dyna'r peth, ynde? Mae'n anodd gwybod beth fydd yn goroesi o un oes i'r llall. A fydd y petha sy'n fy nhiclo i i'w gweld yn unrhyw le ar orwelion dy fywyd di? Ar wawr dyfeisio'r camera ffilm dros ganrif yn ôl, dywedodd y brodyr Lumière, 'creadigaeth heb ddyfodol iddi yw sinema'. Mynd a dod fydd ei hanes, o bosib, a'r dyfodol yn gaddo cyfle hamddenol i archwilio'r olion a'r chwalfa bydd yn gadael ar ei hôl.

Mae teitl y bennod hon yn rhoi syniad i ti o'r trywydd cyffredinol dwi am ei ddilyn yn y llythyr. Tydw i ddim yn *Luddite*, yn sicr, jest yn realydd. Hyd y gwela i, dyma sy'n cael ei addo i ni – y dechnoleg yn troi'n awdur, a chyn hir mi fydd olion bysedd dynol wedi hen ddiflannu, a chelf sinema'n ddim mwy na chynnyrch di-enaid. Er fy mod i'n gweld y dyfodol yn cynnig dirywiad yn y pethau dwi'n eu prisio'n fawr, mae'r awydd ynof o hyd i fod yn optimistaidd ac yn hael, yn enwedig yn dy gwmni di. Fedra i ddim cefnu ar y cyfle i rannu ambell deimlad yn uniongyrchol efo chdi, a chofnodi syniad neu ddau sy'n methu ffeindio cartref yng ngweddill y llyfr yma. Sgwrsio â thi am y pethau yma yw'r cynllun yn fras. Ti'n gêm?

Os hoffet ti, mae'n bosib i ti ystyried y ffilmiau a'r ysgrifau yn y llyfr fel cyfarwyddiadau a fydd yn ddefnyddiol i ti ar ddechrau dy daith annibynnol trwy'r bywyd hwn, p'un a wyt ti am fod yn ddyn sinema neu beidio. Mi fuaswn i'n licio meddwl dy fod yn mynd i fod yn ddyn fydd yn medru derbyn fod 'na werth mawr i gelfyddyd yn gyffredinol. Dwi'n ffyddiog eisoes y bydd sinema'n dal dy sylw mewn rhyw ffordd neu'i gilydd, gan fod dy lygaid mor graff, a'r broses o ddysgu am y byd yn dod mor chwim a hawdd i ti drwy sbio o dy gwmpas. Felly, dwi am ddewis hanner dwsin o ffilmiau sy heb ymddangos yn unman arall yn y llyfr hyd yn hyn, a sôn amdanynt yng nghyd-destun ofnau, dyheadau a phosibiliadau'r berthynas sy'n bodoli rhyngom ni'n dau. Hanner dwsin o ffilmiau fuaswn i'n dy lambastio am beidio â'u gwylio tasen nhw'n chware yn y sinema leol, a tithau'n dewis cerdded heibio ac osgoi talu pris tocyn mynediad.

Mae 'na well ffilmiau i ti eu gwylio na'r rhai yn y rhestr hon, ond *so what*? Dyma ddewis dy dad. Dwi'n derbyn y bydd clasuron y byd Eingl-Americanaidd i gyd wedi pasio o flaen dy lygaid heb fy help i (mae dy frawd Evan yn ddigon o giamstar ar y byd modern i wneud yn siŵr dy fod yn cael addysg lawn ym mhopeth sy'n ddirgelwch i mi – pethau fel *Transformers*!). Ond *obscurity knocks* ydi hi efo chwaeth dy dad. Dwi'n derbyn y bydd y ddelwedd sinematig yn dirywio'n bydew digidol dros y blynyddoedd i ddod, efo CGI a meddalwedd y stafell olygu'n creu lluniau sy'n mynd â ni yn bellach fyth oddi wrth realiti sydd ei angen arnom i fwydo ein heneidiau, a dyna pam, yn groes i'r oes, dwi'n dal gafael yn dynn ar y ffilmiau od yma. Dwi'n credu fod 'na ddoethineb a gwirionedd yn llifo trwy'r ffilmiau isod (a'r rhai yng ngweddill y llyfr). Felly, dwi'n erfyn arnat ti i ddefnyddio cynnwys y llythyr hwn fel rhyw fath o fap trysor llychlyd, sy'n cynnwys darluniau ogof a hen syniadau'r bobl wirion 'na oedd yn medru creu a byw heb ddal llaw unrhyw gyfrifiadur neu ffôn symudol. Mae'n gyfle i ti gael sbort wrth fynd ar antur gyda fi trwy ddelweddau'r oes analog.

Sut a ble i ddechrau? Dwi ddim yn coelio mewn unrhyw dduw, nac mewn achubiaeth ysbrydol trwy ddilyn unrhyw grefydd neu athroniaeth, ond, fel pawb arall, dwi'n eilunaddoli duwiau'r byd plastig, felly beth am ddechrau gyda hyn:

There is a God(ard)

Mae ar bawb angen dilyn arwyr, cropian yn olion traed a chysgod y rhai sy'n ein tynnu ni'n nes atom ein hunain. Byddai'n braf meddwl mai dy dad fydd dy arwr, ond go brin mai fel hyn y bydd hi. Os wyt ti wedi darllen y llyfr yma o'r dechrau, mi fyddi di'n gwybod fy mod i eisoes wedi gaddo peidio sôn mwy am y dyn yma sydd, yn fy marn i, yn cynrychioli *father figure* personol o ran sôn am rinweddau'r byd dwi'n ei ddisgrifio yng ngweddill y llyfr. Ond gwneud eithriad yw'r cyfamod rhwng tad a mab, a waeth i mi ddysgu'r wers honno rŵan ddim (a beth bynnag, fedra i ddim peidio mwydro am yr hen afr!). Jean-Luc Godard yw arwr sinematig dy dad, a'r ffilm *Vivre sa vie* o 1962 yw'r ffilm yr hoffwn i ti ei gwylio. Wrth i mi sgwennu hwn, mae awdur *Byw fy Mywyd* yn dal yn fyw ac yn creu er ei fod yn 83 mlwydd oedd.

Yn wahanol i riant yn y byd go iawn, efo'r cyfrifoldebau magu beunyddiol yn dwyn yr amser rhydd, tydi'r tad sy'n troi i fyny jest er mwyn i ti gael rhywbeth i'w eilunaddoli ddim yn gaeth i'r disgwyliadau arferol. Fo yw'r tad sy'n medru cynnig y rhyddid diamod, hollbwysig yna i ti. Gyda thad fel Godard, rwyt ti'n rhydd i anwybyddu traddodiad. Ti'n rhydd i anwybyddu'r bobl hŷn, ti'n rhydd o reolau caeth y celfyddydau i gyd, pob un, ac yn bwysicaf oll, ti'n rhydd i sbio a chreu ble bynnag rwyt ti'n dewis gwneud. Mi fydd dy oes di, gobeithio, yn teimlo fel roedd fy 'oes' i'n teimlo i mi pan o'n i'n ifanc – chwedl y Stone Roses, 'the past is yours, but the future's mine', ac yn ôl Llwybr

Llaethog, 'iawn yn y *sixties* ond ddim rŵan' – amser pan wyt ti'n credu nad yw profiadau a gwersi'r gorffennol o ddim iws o gwbl i'r genhedlaeth newydd. Mae hyn yn naturiol, ac yn gywir, a dyna mae ffilmiau Godard yn ei ddeud wrthyf hefyd. Maen nhw wedi eu lleoli yn y presennol, ond yn dangos prydferthwch a llanast y gorffennol i ni bob cyfle posib, a hefyd yn datgan yn uchel ac yn glir, 'Wn i ddim', neu 'Does gen i ddim syniad, wir i chi, be i'w wneud na ble i droi'. Does 'na fawr ddim siawns cael ateb call gan Jean-Luc. Mae o'n medru dy gyfeirio at y llefydd nad wyt ti isio troi atynt am loches neu gyngor, ond be i'w wneud? O, na! A bod yn deg, yr hyn mae Godard wedi ei ddarganfod yw natur ddeublyg popeth o'i gwmpas. Fedri di ddim setlo ar ateb sefydlog i unrhyw beth, gan nad yw'r ateb sefydlog jest ddim yn bodoli. Rhaid cael goleuni a thywyllwch, tawelwch a sŵn, celwydd a gwirionedd. Heb y ddau begwn, does dim byd real yn bodoli. Dyna pam mae ffilmiau Godard yn medru bob yn briliant ac yn uffernol, yn dibynnu ar y ffordd rwyt ti'n dewis eu gwylio nhw.

Mae ei strategaeth ar gyfer sinema'n un syml, clir a *dialectic*. Yng ngeiriau'r dyn ei hun, 'fy mhwynt cychwynnol efo ffilm yw dechrau gydag arddull ffilm dogfen, wedyn mi fydda i'n ceisio'i gorchuddio â gwirionedd y ffuglen. Mewn gwirionedd, does dim ots â pha un rwyt ti'n dechrau – ti wastad yn dod at y llall yn y pen draw'. Mae ei yrfa a'i fywyd wedi bod yn broses naturiol o wrth-ddweud a gwrthgyferbynnu cyson. Ffordd arall o ddeud hyn yw nodi ei fod o'n credu bod gofyn cwestiynau'n llawer pwysicach na dod o hyd i'r atebion, gan nad oes unrhyw sicrwydd yn y byd modern fod ateb yn bodoli, na chwaith, os wyt ti'n ddigon lwcus i ddarganfod ateb, y bydd o unrhyw werth i ti.

Mae'r rhinweddau yma i gyd yna yn ei ffilm *début*, *Breathless* (1959). Hon oedd y gyntaf mewn cyfres o bymtheg o ffilmiau anhygoel, a gyrhaeddodd binacl swreal gyda *Weekend* yn 1968. Yn *Weekend*, mae Godard yn dinistrio'r byd cyffyrddus, *bourgeois*, ac yn datgan yn glir – 'Hwyl fawr, Wareiddiad'! Mae'r ffilm yn enwog am ddangos damwain ffordd sy'n ymestyn yn ddiddiwedd dros filltiroedd o ddarmac Ffrengig, wrth i'r haul melyn, disglair dywynnu ar y lladdfa goch, lachar islaw. Dyma'r ffilm sy'n dangos yn union pa mor wallgof yw'r oes fodern.

I mi, mae'r gyfres o ffilmiau a gynhyrchodd yn y cyfnod byr, dwys hwn yn y 1960au yn llwyddiant artistig pwysicach a mwy dylanwadol na'r llwyddiannau cyffelyb ym meysydd eraill byd celfyddyd, fel albyms The Beatles yn y byd cerddorol, celf Warhol neu lenyddiaeth Philip K. Dick a'i ddwsinau o nofelau *sci-fi*. O blith yr holl drysorau sinematig a gynigiodd i ni yn ei gyfnod mwyaf ffrwythlon, *Vivre sa vie* yw'r un sy agosaf at fy nghalon. Hon yw'r ffilm lle mae o'n dangos i ni ei bod yn bwysicach i ddyn garu person arall yn hytrach na dal drych celfyddyd yn yr awyr i greu adlewyrchiad o'r gymdeithas gyfan. Yn y pen draw, caru rhywun arall yw cyfrifoldeb pwysicaf a thasg anhawsaf bodolaeth unrhyw unigolyn. Dyma'r ffilm sy'n dangos yn glir fod ein hartistiaid gorau yn bobl ddarostyngedig, yn teimlo i'r byw y cyfrifoldeb anferthol hwnnw o fod yn ddynol. Tydi ceisio bod yn ddyn ddim yn swnio fel swyddogaeth anodd, ond mi fyddi di'n sylweddoli dy hun ryw ddydd nad yw hi bob amser yn bosib llwyddo yn y dasg. Fel artist, mae Godard yn wahanol i'r gweddill – tydi o ddim yn deud storïau. Mae o'n gallu, ond tydi o ddim isio. Mae o'n honni mai cyflwyno traethodau neu ysgrifau beirniadol ar ffilm yw'r hyn mae'n ei wneud efo gwaith

sy'n chwerthinllyd o gymhleth ym mhob dim mae'n dewis
ei ddeud a'i ddangos. Mae pob barn am y dyn a'i waith yn
medru bod yn wir, gan gynnwys y rhai sy'n gwrth-ddweud
ei gilydd. Mae pob delwedd ym mhob ffilm yn dangos dyn
â meddwl craff a bywiog sydd, serch ei dalent ddiamheuol,
wastad yn bryderus, yn ansicr, yn brwydro i greu cyswllt
rhyngddo a'r bobl a'r gymdeithas o'i gwmpas. Dwi'n dewis
cyflwyno Godard i ti gan fy mod i'n credu ei bod yn bwysig
sylweddoli fod dyn sy'n medru caru yn ddyn sy'n medru
creu. Ffordd arall o ddeud hyn yw gofyn pwy sydd isio
gweld be mae dyn sy ddim yn caru yn llwyddo i'w greu.

Yn wahanol i lawer o'i ffilmiau, tydi hon ddim yn agored
i'r holl fyd – mae'n ffilm am un person. Y person yna yw
ei wraig, yr actores unigryw, Anna Karina. Mae *Vivre sa vie*
– byw fy mywyd – yn dangos sut mae Nana S, merch ifanc
ym Mharis, yn byw ei bywyd. Yn y ffilm, gwelwn hi'n cefnu
ar ei gŵr, yn colli gafael ar ei phlentyn, ei chartref, ei lle
sefydlog yn y gymdeithas, ac yn dechrau'i phuteinio'i hun
ar y stryd ac, yn y pen draw, yn cael ei lladd. Tydi stori Nana
ddim mor bwysig â hynny mewn gwirionedd. Yr hyn sy'n
bwysig yw'r ffordd mae Anna Karina yn cael ei ffilmio gan
Godard wrth iddi actio hanes trist, anochel Nana S.

Mae Godard yn caru Anna. Hi yw ei wraig, ac mae pob
un olygfa'n ceisio dangos o'r newydd y wyrth hon sy'n
rhedeg trwy ei gorff fel trydan. Weithiau, mae Godard
yn ei chelu o'n golwg; dro arall, mae o'n ceisio bod yn
ddidwyll a'i dangos hi o'r chwith, wedyn o'r dde ac wedyn
o'r tu blaen ac wedyn o'r cefn. Rydan ni'n gweld pethau'n
digwydd i Anna / Nana trwy'r ffilm, a'r peth pwysicaf sy'n
digwydd iddi yw bod Godard yn ei ffilmio hi. Mae'r ffilm
yn bortread o Godard gymaint ag y mae hi'n bortread o
Anna, gan fod pob un dewis artistig yn rhan o'r berthynas

rhwng y ddau. Wrth iddo ffilmio, mae Godard yn siarad ag Anna, yn deud wrthi pwy mae o'n ei weld pan mae o'n sbio arni hi. Dim ond ambell waith yn y ffilm rydan ni'n gweld Anna yn 'rhydd' o'r cwlwm personol hwn. Mae hi'n dawnsio yn y clwb, ac yn crio yn y sinema, a 'dan ni'n gweld yn glir pam fod y dyn yma wedi cwympo gymaint mewn cariad â hi. Mae'r ffilm yn gorffen gyda'r geiriau: 'One should lend oneself to others, and give oneself to oneself' – geiriau call, ond nid geiriau rhamantus. Mewn ffilm arall a wnaeth y cwpl – *Pierrot le Fou*, yn 1965 – roedd y berthynas rhwng y ddau wedi dirywio (yn y byd go iawn), ac mae cymeriad Godard (trwy'r actor Jean-Paul Belmondo) yn gofyn i gymeriad Anna Karina yn y ffilm, 'Pam wyt ti mor drist?' Ateb Anna yw, 'Am dy fod ti'n siarad â fi trwy ddefnyddio geiriau, a dwi'n edrych arnat ti efo teimladau.' Mae 'na rai sy'n honni fod Godard yn ddyn ac yn artist oeraidd, *disconnected*, diemosiwn, ond ddim fi. Mae *Pierrot le Fou* yn ffilm liw, cŵl, *very swinging sixties*, yn llac ac yn heulog, tra bo *Vivre sa vie* yn ffilm ddu a gwyn (wel, llwyd), oer, tynn a fforensig, sy'n mynd â ni gam wrth gam trwy drasiedi bywyd mewnol ac allanol y prif gymeriad.

O ran strwythur, mae *Vivre sa vie* yn ffilm mewn darnau – dyna yw bywyd, wedi'r cyfan, a'i teitl llawn gwreiddiol oedd *Vivre sa vie: film en douze tableaux* – deuddeg golygfa. Mae pob un yn adlewyrchu natur ranedig realiti Nana S. Mae'r trac sain yn chwyldroadol – sain uniongyrchol, lot fawr o dawelwch, a dim ond pytiau byr o gerddoriaeth glasurol, sy'n cynnig hapusrwydd a gwres am eiliad cyn diflannu oddi ar y trac sain – mae'n ffilm llawn addewidion gwag.

Rydan ni'n gweld Nana'n ffraeo efo'i gŵr – 'Ti wastad yn disgwyl i mi ddilyn dy ofynion di, ti byth yn gwrando arna i. Dwi isio marw.' – yn gweithio yn y siop recordiau, yn colli ei fflat, yn crio yn y sinema wrth wylio perfformiad Maria Falconetti yn y ffilm *The Passion of Joan of Arc* gan Carl Dreyer (mae Joan yn gymeriad benywaidd arall, fel Nana, sy'n dioddef o gael ei harchwilio a'i holi i farwolaeth gan ddynion y drefn). Wedyn, mae'n gwneud un ymdrech i geisio adfywio ei gyrfa fel actores, ond mae'r heddlu'n ei chipio am ddwyn, er ei bod yn ddieuog, cyn iddi ddechrau'i phuteinio ei hun. Wedyn, cawn esboniad manwl gan Godard o fywyd y butain gyffredin wrth ei gwaith ar strydoedd dinas Paris. Mae ffilmiau Godard yn llawn cyfeiriadau at y busnes yma o werthu dy hun. Mae'n drosiad syml am bwysau parhaus y system gyfalafol, ac yn gyfaddefiad personol gan Godard ei fod yntau'n euog o'i buteinio'i hun. Sut fedrith hi fod fel arall, gan mai'r diwydiant ffilm yw hwrdy mwyaf y byd?

Mae Nana'n gweithio'n galed i ddenu a phlesio'i chwsmeriaid, trwy ddawnsio yn y caffi, trefnu *threesomes*, a.y.b. Nesaf, cawn olygfa sy'n nodweddiadol o arddull Godard – sgwrs ddwys rhwng Nana a'r athronydd enwog, Brice Parain, mewn caffi. Rydan ni'n cael yr argraff fod hwn yn ddigwyddiad digon cyffredin ym Mharis! Er, mae'n amlwg nad oes siarad dwys yn unman yn mynd i fod yn ddigon i achub Nana. Drwy'r ffilm, ti'n teimlo bod Godard yn ceisio sibrwd ei deimladau wrth Anna – 'Dwi'n dy garu di gymaint' – ond mae o'n llawn ofn. Ofn cael ei ddiystyru, ei gam-ddallt, difetha'r hud. Sut fedrith unrhyw un sy'n ei adnabod gredu ei eiriau pan mae o'n deud fod bod mewn cariad yn bwysicach iddo na gwneud y ffilm yma? I mi, mae'n amlwg mai creu'r ffilm hon sy'n profi i bawb ei fod o'n ei charu hi. Hwyrach mai'r gwirionedd syml, i Godard ac i ni i gyd, yw bod profi cariad yn cynnig cyfle i ddianc, cyfle i stopio meddwl mor galed am bawb a phopeth, dihangfa sy'n cwmpasu pleser a phoen rhannu.

Ar ddiwedd y ffilm, mae Nana'n cael ei dal mewn ffrae rhwng dau *pimp* ac yn cael ei saethu'n farw. Mae'r ffilm yn deud wrthym nad oes gen ti ryddid i 'fyw dy fywyd', ac yn sicr does dim rhyddid gan Nana, druan. Tydi hi ddim yn glir faint o ryddid mae Godard yn meddwl sy 'na i ni yn y gynulleidfa i fyw ein bywydau chwaith.

Yn ddi-os, mae ei dalent am wneud ffilmiau'n anhygoel, ond i mi, y ffaith bwysicaf i'w chofio amdano yw bod ei yrfa yn dyst pendant i bwysigrwydd caru person arall. Heb y sbarc yna sy'n dy sbarduno i wneud rhywbeth – unrhyw beth – does yna ddim byd, nag oes? Tase Godard erioed wedi profi cariad, a fase 'na ffilm sy'n werth ei chofio a'i chofleidio? Dyna'r cyfan sy angen ei ddeud. Does dim angen bod yn ystrydebol ac ailadrodd ei ddywediad mwyaf enwog am ferch a dryll, ond yn hytrach, beth am ei addasu a'i gyflwyno o'r newydd: 'Y cyfan sydd ei angen i wneud ffilm yw merch rwyt ti'n ei charu a chamera'. Mae ymateb y gynulleidfa i waith Godard fel artist yn gwbl oddrychol. Rhaid llunio dy farn dy hun am yr hyn rwyt ti'n ei wylio, felly pob lwc, Arthur!

> 'Plis dangos i mi'r berthynas sy rhwng dyn a dynes, 'cos weithia dwi'n toddi mewn ansicrwydd.'
>
> ('Ansicrwydd', *Y Cyrff*)

Dyna ragarweiniad byr i ti i wychder gwaith J-L. G., gan obeithio dy fod yn cytuno â mi ei bod yn bwysig cael *guru* neu arwr, rhywun sy'n werth ei ddilyn wrth i ti ddechrau darganfod posibiliadau bywyd, a dy le priodol o fewn y cynllun mawr.

Ond cyn i ti hyd yn oed gael cyfle i wneud hyn, ac ystyried i ble bydd taith dy fywyd yn mynd â thi, dwi'n tybio y bydd y natur ddynol wedi bod wrth ei gwaith, a phoen a phleser cariad corfforol wedi dadbacio ei jync ar lawnt rhywioldeb dy lencyndod. Fel y soniais eisoes, tydi siwrnai bywyd yn werth fawr ddim os wyt ti'n ei theithio ar dy ben dy hun. Bod gyda rhywun arall yw'r grym anorchfygol sy'n achosi i'r byd droi ar ei echel, a'r dasg bwysicaf, anhawsaf, yn y pen draw yw ceisio caru person arall (mae'n cymryd sbel hir i hyn ddod yn amlwg! Ac yn hirach fyth, weithiau, i ddod ar draws y person yna).

Rŵan, dwi isio trio rhannu gair neu ddau efo ti am sefyllfa dyn a'i gymar. Cyn i ti ddeud dim, mi wn! Mae bob amser yn benderfyniad annoeth pasio barn ar y busnes caru yma, ond mae'r awydd i fentro i mewn i ffau'r llewod wedi cydio ynof i, a dwi'n siŵr y medrwn ni gadw pethau'n waraidd, dim ond i ni gadw pethau rhyngom ni'n dau. Rhybudd ar y cychwyn i ti, fy mab annwyl – dydw i ddim yn credu fod y geiriau isod yn mynd i gynnwys unrhyw ddoethineb, na chwaith yn mynd i fod o unrhyw gymorth ymarferol wrth dy arwain allan o niwl 'ansicrwydd' ac i freichiau 'yr un'. Does gen i dim tips ar sut i garu'n llwyddiannus, sori. Dwi ddim yn credu y medraf fod yn ffyddiog o dy arwain yn synhwyrol drwy'r ffordd mae cariad a rhamant yn cael eu portreadu ar y sgrin, chwaith. Yn sicr, cer i'r sinema am swcwr uniongyrchol pan mae realiti cariad yn dy lorio â phoen ac yn torri dy galon, neu yn nyddiau cynnar unrhyw berthynas, ewch gyda'ch gilydd, ond paid â disgwyl i'r profiad dyllu'n ddwfn, 'na i gyd – 99 y cant o'r amser, dim ond hoelio dy sylw dros dro wnaiff o.

Mae'r busnes o garu a'r busnes o greu delweddau angen ei gilydd, ond anesmwyth ffals a llawn twyll yw'r berthynas hon. Wel, gadewch i ni beidio â bod yn *prudes*! I ddechrau, mae bodolaeth delweddau pornograffig ym mhob man yn cynnig cyfle gwych i ti astudio'r mecanics (eitha baróc ac egnïol o'u cymharu efo rhyw bobl gyffredin, yn sicr), ond o leiaf maen nhw'n cynnig y wybodaeth *nuts and bolts* i ti (ddim yn llythrennol, ond, ar y llaw arall …). Yn sicr, tydi'r ffilmiau brwnt ddim yn cynnig fawr o gyngor defnyddiol ar sut i ddelio â'r teimladau a'r emosiynau cryf sy'n tyfu rhwng cyplau sy'n agos. Mae pornograffi'n twyllo yn y pen draw, ac yn cynnig y nesaf peth i ddim. Fedra i ddim rhagweld y drefn yn derbyn porn fel celf sinematig yn y dyfodol agos. Ond be wn i? Mae bron yn amhosib darogan sut fydd y byd mewn ugain mlynedd, er bod 'na sbort mewn dyfalu. Hwyrach, yn y dyfodol, y bydd pob stryd yn gorlifo â porn, a ffwcio ar gamera wedi'i normaleiddio'n llwyr. Neu hwyrach i'r gwrthwyneb. A fydd 'na fersiwn Brydeinig o'r Taliban wedi ymddangos i wahardd popeth? Ai oes aur rhwystredigaeth a rheolau llym o ran dangos y corff dynol sy ar y gorwel? Ysbryd Mary Whitehouse yn troedio'r tir unwaith eto? Fy nghynnig? Dwi'n recno y bydd y datblygiadau digidol a'r gêmau fideo i gyd yn cael eu haddasu i alluogi pobl i gael rhyw rhithwir gydag *avatars* o bob math. Liciwn i ddim dyfalu gormod – creaduriaid mytholegol, selébs, cymeriadau cartŵn a phopeth rhwng y ddau begwn, a chymdeithas sifil y dyfodol yn hapus i adael i bobl ddewis pwy a lle maen nhw isio llyfu a dyrnu (allwn ni ond gobeithio). Cadw at y fersiynau cig a gwaed yw fy nghyngor i. Mae'n llawer iawn mwy o boetsh, ond yn fwy o hwyl yn y pen draw. Dim ots pa mor real ydi'r ffantasi 3D, ti'n dal ar dy ben dy hun gyda phornograffi, a tydi unigrwydd ddim yn secsi. Defnyddia bornograffi ar bob cyfrif, ond rhaid derbyn be sy'n cael ei gynnig yn ei hanfod

– profiad gwag, biolegol – gwagio'r tancs mae delweddau pornograffig, nid llenwi'r enaid fel mae celfyddyd yn cynnig ei wneud, a chorff person arall yn llwyddo i'w wneud. *It works for your bits, but not your brain.* Mae angen rhywbeth ac iddo fwy o sylwedd a llai *explicit* i gyrraedd hwnnw.

Mae hanes sinema (tu allan i bornograffi) a bywydau personol y gynulleidfa yn llawn *love affairs*, bioleg syml, symbiotig sy'n cadw'r *box office* yn hapus gan fod yna gynulleidfa sylweddol yn bodoli yn barod, ac wedi bodoli ymhell cyn dyfodiad sinema, i glywed a gweld stori am gariad. Anaml iawn fydda i yn bersonol yn profi ysgytwad, pleser na gwefr o unrhyw fath wrth wylio stori am gariad ar y sgrin (yng nghefn fy meddwl, dwi'n tybio fod y stori gariad yr un mor dwyllodrus a ffals â'r ffilmiau pornograffig, ac yn llai effeithiol!). Dwi jest yn meddwl fod y ffilmiau eu hunain wedi eu hanelu at bobl sy ddim wir yn medru bodoli. Tydan nhw ddim yn ffilmiau ar gyfer pobl sy'n eithaf hapus a bodlon, a sy ddim yn poeni rhyw lawer am bethau. Maen nhw ormod fel meddyginiaeth neu foddion. Dwi ddim yn teimlo'n gyffyrddus yn dy annog i wylio'r *weepies* na'r *rom-coms* gan fy mod i'n eu cysidro yn elastoplasts gweledol yn unig. Dwi ddim yn gweld sut fedrith hi fod yn glyfar treulio dy amser prin yn eu gwylio nhw, gan fod yr elfen ffantasi jest yn rhy gryf, ac yn siŵr o drechu dy synhwyrau a dy synnwyr cyffredin – rhy Disney i mi. Yn emosiynol ac yn ffeithiol, waeth i ti gael anifeiliaid yn siarad na brwydro i gredu fod emosiynau ac ymddygiad y cymeriadau ar y sgrin yn ddim i'w wneud â'r hil ddynol.

Mae'r fformat *boy meets girl* wedi hen golli stêm. Diolch i'r drefn, felly, fod 'na ffilmiau diddorol i'w cael ar y cyrion ym myd ffilmiau hoyw – *girl meets girl* neu *boy meets boy*, campweithiau fel *Blue is the Warmest Colour* (2013), *Brokeback*

Mountain (2005) a *Mulholland Drive* (2001) – ac yn y ffilmiau
unigryw sy'n dilyn hanesion *odd couples* fel *La Belle et la Bête*
(1946), *Fucking Âmâl / Show me Love* (1998), *Hiroshima Mon
Amour* (1959), *Ai no Corrida* (1976), *Scenes from a Marriage*
(1973) a *Harold and Maude* (1971).

Hwyrach fy mod i'n beirniadu'n rhy hallt – debyg iawn.
Er ei bod bron yn amhosib ail-greu emosiynau a theimladau
sy'n bodoli mewn perthynas, a'u trosglwyddo i'r sgrin,
tydi hynny ddim yn esgus i gyfarwyddwyr ac ysgrifenwyr
ddibynnu ar gymaint o ystrydebau anfaddeuol ynglŷn
â'r rhywiau, yn hytrach nag ymdrechu i weld yn bellach
na'u trwyn a chynnig rhywbeth sy'n cyfateb i brofiadau a
theimladau'r gynulleidfa. Defnyddio dychymyg ydi'r arf
gorau sy gen ti wrth geisio datrys problem fel hon. Problem
fawr y ffilmiau yma yw'r ffaith eu bod mor bell oddi wrth
brofiad pobl o fywyd fel y mae o. Rhaid i ni dderbyn, o
leiaf y tu allan i benglog Richard Curtis, fod unigolion yn
bethau cymhleth, a bod teimladau pobl gyffredin yn bethau
cymhleth hefyd, a bod y berthynas rhwng unigolion yn
fwy cymhleth fyth. Fase neb byth yn credu hyn os mai'r
unig ffilmiau maen nhw wedi eu gwylio erioed ydi storïau
serch mae sinema'n eu cynnig (er enghraifft, erthyliadau
sinematig fel *Love Story* [1970] neu *Love Actually* [2003]).

Cyn i mi fynd yn rhy bell, hoffwn gynnig rhywfaint
o dystiolaeth i amddiffyn fy hun, a chynnig cyfle i ti
weld dy dad fel person sydd ddim yn gwbl surbwch, blin
a dideimlad. Dwi wrth fy modd efo storïau caru – y rhai
eithafol, hynny yw. Ffilmiau fel *Betty Blue* (1986), *Kelly and
Victor* (2012) neu *Who's afraid of Virginia Woolf?* (1966), a
storïau trist Wong Kar Wai. Er na fuaswn yn dymuno cael
perthynas fel hyn yn fy mywyd i, dwi'n hapus iawn i'w
gwylio ar y sgrin. Dwi'n derbyn nad ydi hyn yn fy ngwneud

yn unrhyw fath o arbenigwr ar yr hyn sy at ddant *Joe public*.
Beth bynnag, dyna ddigon o gecru negyddol. Mae'r cwyno
a'r beirniadu i gyd yn diflannu yr eiliad rwyt ti'n dod ar
draws ffilm am berthynas sy'n cydio'n dynn yn dy galon
a dy wddf, ac yn gwrthod gadael i ti fynd. Ti'n dy gael dy
hun yn gaeth ar unwaith i'r hanes ar y sgrin. Dyma gyfle i
mi rannu stori efo ti am berthynas a chariad ar y sgrin fawr
sy gyda'r rhai mwyaf gwyrdroëdig i weld golau dydd erioed,
ac un dwi wedi ffurfio crysh anhygoel arni, dros fy mhen â
'nghlustiau mewn cariad.

Mae'n ffilm sy'n sefyll ar wahân i'r gweddill am ei bod
mor ddewr a chlir, mor wallgof a phrydferth. *Possession*
yw enw'r ffilm yma o 1981, ac mae'n stori sy'n portreadu
perthynas anghyffredin iawn – un sy'n bodoli rhwng dyn a
dynes (ac anghenfil!).

> Saw an unspeakably revolting film called *Possession*. An
> American mixture of horror film, Satanism, violence, thriller
> and anything else you like to name. Monstrous. Money,
> money, money … Nothing real, nothing true. No beauty, no
> truth, no sincerity, nothing.
>
> *(Andrei Tarkovsky)*

Er cymaint o barch sy gen i at Tarkovsky fel cyfarwyddwr, y
tro hwn mae'n bell o fod yn iawn, nac yn deg chwaith. I mi,
Possession yw'r ffilm orau erioed am gariad a pherthynas (ar
chwâl, mae'n wir), a dyna pam dwi isio rhannu'r ffilm hon
efo chdi, Arthur.

Y tro cyntaf i mi ei gwylio, ro'n i'n byw ar fy mhen
fy hun, a newydd ddod allan o berthynas tymor hir a
oedd wedi methu, wrth gwrs. Ro'n i'n mynd trwy gyfnod
cythryblus yn emosiynol. Doedd 'na ddim awydd ynof i fod
yn rhamantus, nac i fynd allan i geisio adeiladu perthynas

newydd o'r cychwyn, ond dyna be ddigwyddodd – a dylset ti fod yn ddiolchgar fod hyn wedi digwydd, am resymau amlwg. Mi hudais dy fam yn ôl i'r tŷ yn fuan ar ôl i ni gwrdd, er mwyn i ni wylio'r ffilm gyda'n gilydd. O edrych yn ôl, mi oedd o'n rhyw fath o brawf, dwi'n credu. Tase hi'n rhedeg allan o'r tŷ yn sgrechian, wel, nid hi fyddai'r un i mi. Ond yn ffodus, hon oedd y ffilm a unodd y ddau ohonom yn dynn iawn â'n gilydd (unwaith y byddi di wedi ei gweld hi dy hun, mae croeso i ti ddadlau ein bod ni'n dau yn wallgof, ond dwi'n deud y gwir!).

Fel ffilm, mae'n eithaf unigryw. Yn dechnegol, tydi hi ddim yn ffilm dramor (mae pawb yn siarad Saesneg), ond mae'r cast yn gwbl ryngwladol. Sam Neill ac Isabelle Adjani sy'n chwarae'r prif gymeriadau, ac mae acenion cryf gan bob un o weddill y cast wrth i'r stori ddatblygu yng nghysgod wal Berlin, o dan reolaeth yr athrylith Pwylaidd, Andrzej Żuławski. Mae'n ffilm arswyd, yn ffilm serch, yn *thriller* a llawer, llawer mwy. Mae'n eistedd yn hapus iawn yn fy newis i o ddeg uchaf ffilmiau gorau hanes sinema. Mae'r berthynas rhwng y gynulleidfa a'r ffilm wedi profi'n siwrnai gythryblus hefyd, achos yn fuan iawn ar ôl iddi gael ei rhyddhau, cafodd *Possession* adolygiadau gwael a'i lambastio gan y sensoriaid. Ac yng nghanol y panig moesol ar ddechrau'r 1980au, cafodd ei chynnwys ar restr o *video nasties* y llywodraeth ym Mhrydain, ac o'r herwydd diflannodd bron yn syth – *banned at birth*! Dim ond yn ddiweddar, ers iddi gael ei hailryddhau ar DVD, mae hi wedi darganfod cynulleidfa eiddgar a chanmoliaethus sy'n dallt fod y ffilm hon yn greadur pwerus iawn. Mae ailddyfodiad y ffilm, a'r croeso mae hi wedi ei dderbyn, yn rhyw fath o stori garu ynddi'i hun. Hon, i mi, yw'r *date movie* orau erioed. Tydi hi ddim yn siwgrllyd o gwbl, ond mae Fiona

dy fam a fi'n dal hefo'n gilydd, yn dal mewn cariad, ac mae
hynna, mewn ffordd fach iawn, yn dyst i bŵer y ffilm i uno
cariadon. Medraf gynnig hon i ti fel prawf litmws sinematig
ar gyfer unrhyw gyw-berthynas. Does dim pwynt bod yn
gwpl a gwylio rhywbeth fel *Four Weddings*, neu stori gan Jane
Austen, gan mai'r unig beth rwyt ti'n debygol o'i ddarganfod
wrth wylio'r rhain yw eich bod chi'ch dau yn credu mewn
storïau tylwyth teg. Ond gyda *Possession*, rwyt ti'n mynd
yn syth at galon dywyll perthynas ar chwâl. Mae'r ffilmiau
eraill yn gorffen ar yr union bwynt lle mae *Possession* yn
dechrau, a chredaf ei fod yn brofiad can gwaith gwell i
gariadon wylio'r llanast dynol yma na'r rwtsh di-asgwrn-
cefn yna sy'n treulio dwy awr yn dod â chymeriadau llipa
at ei gilydd er mwyn rhannu cusan. Pan wylion ni'r ffilm,
roedd dy fam a fi'n ei hystyried yn gomedi – comedi dywyll
iawn am y bwystfil a elwir yn gariad – ac ers y noson honno,
dyma un o'n hoff ffilmiau i'w gwylio gyda'n gilydd.

Un o'r prif resymau dwi'n ei charu yw mai hi yw'r unig
ffilm dwi erioed wedi ei gwylio sy *actually* yn wallgof. Nid
fy mod yn meddwl fod y cyfarwyddwr yn wallgof (er ei fod
o'n mynd trwy ysgariad poenus wrth iddo greu'r ffilm, a'i
nerfau ar dân â chenfigen a chasineb tuag at ei gyn-wraig a'i
chariad newydd), na chwaith fod y stori ei hun yn wallgof
(er, yn sicr, ei bod yn un sy heb ei hadrodd yn y sinema
erioed o'r blaen). Yn hytrach, mae'r ffilm ei hun yn colli
gafael ar realiti ac yn mynd yn wallgof wrth iddi agosáu at yr
uchafbwynt. Mae'r ffilm gyfan yn profi *spasms* a symptomau
gwallgofrwydd wrth i fomentwm annisgwyl gydio yn y
stori, ac i *car chases*, ffrwydriadau a llofruddiaethau'r tu hwnt
i unrhyw resymeg ffrwydro allan o'r sgrin.

Mae hi hefyd yn cynnwys y perfformiad gorau dwi wedi
ei weld gan unrhyw actores ffilm erioed. Mae perfformiad

Isabelle Adjani yn gwbl gyfareddol. Mae'n amhosib i ti anghofio'i gwylio hi yn y brif ran. Fel dynes ifanc sy'n mynnu dewis dilyn ei chwant ar draul pob dim arall, mae'r ffordd mae Isabelle yn ymdrochi yng ngwallgofrwydd ei chymeriad yn frawychus. Mae hwn yn berfformiad sy'n gwthio unrhyw berfformiad gan Meryl Streep neu Kate Winslet o'r neilltu (hyd yn oed y rhai sy'n adrodd storïau erchyll yr holocost). Hwn yw'r perfformiad y dylai pob un actores sy'n awyddus i ddysgu ei chrefft ei wylio i ddallt beth sy angen ei wneud i hoelio sylw cynulleidfa. Ac wrth gwrs, pwy fedrith beidio caru ffilm a gafodd ei disgrifio gan y cyfarwyddwr fel 'a film about a woman who fucks an octopus'?

Ar ddechrau'r ffilm, mae perthynas y cwpl ar fin chwalu gan fod y wraig wedi dod o hyd i gariad newydd. Cyn hir, mae'r gŵr yn darganfod y dyn arall yma – Heinrich – sy'n gymeriad ffantastig ac od iawn. Mae o'n ddyn chwerthinllyd, yn rhyw fath o *caricature* sy wedi cael ei greu gan y cyfarwyddwr o'i isymwybod yng nghanol poen ei genfigen a'i ofn. Mae Heinrich yn ddyn *annoying* iawn, sy'n dal i fyw gyda'i fam er ei fod yn byw bywyd rhyw fath o *playboy*, yn ponsio o gwmpas y lle gyda'i ego rhemp, yn siarad yn union fel darlithydd ymhonnus yn rhannu deialog anghredadwy gyda'r gŵr: 'We are swimming in the same lake, just approaching from different shores' – pasiwch y bag chwd! Ond cyn hir, 'dan ni'n sylweddoli fod 'na fwy i'r ffilm na'r triongl cariad confensiynol yma. Dwi ddim am sbwylio'r ffilm i ti trwy ddeud gormod, ond mewn gwirionedd, mae cymeriad Isabelle wedi cwympo mewn cariad efo bwystfil – ddim Heinrich o gwbl. Mae'r berthynas hon yn cynnig popeth iddi – cariad a phleser sy'n gryfach na bodolaeth ei gŵr, ei phlentyn a hyd yn oed stad ei hiechyd meddyliol.

Dyma dystiolaeth gadarn o osodiad Nietzsche fod cariad wastad yn cynnwys elfen o wallgofrwydd.

Anaml iawn y bydd y gwirionedd hwn yn cael ei bortreadu ar ffilm mewn modd mor llwyddiannus – mae cariad wedi ei meddiannu hi'n llwyr. Hwyrach mai gwirionedd pwysicaf a mwyaf brawychus y ffilm, o gofio mai ffilm arswyd yw hi, yw'r parodrwydd i fynd at wraidd y brif broblem gydag unrhyw berthynas. Waeth faint rwyt ti'n caru'r person arall, na pha mor gryf yw'r awydd i wybod pob dim amdano, am ei fywyd, yn fewnol ac yn allanol, y gwir syml amdani yw fod hyn yn amhosib, a hefyd yn annoeth – ti wir ddim am wybod, dyna ydi neges *Possession*. Mae angen i bob unigolyn gael darn o'u personoliaeth sy'n hysbys iddyn nhw yn unig, rhyw fath o stafell gudd. Mi fydd yn rhaid i bartner dalu pris uchel iawn am ddymuno gwybod gormod. Mae'r ffilm yn deud fod 'na fanylion sy'n well i ti beidio â gwybod amdanynt. Ydan, yn sicr, 'dan ni gyda'n gilydd mewn perthynas, yn agos, ond y datguddiad arswydus sy'n cael ei gyfleu'n glir yn *Possession* yw ein bod ni i gyd yn dal i orfod derbyn mai unigolion ydan ni, sy'n unig, ac ar wahân, ac yn methu gwneud dim o gwbl pan ddown wyneb yn wyneb â phŵer cariad ac effaith gyntefig y natur ddynol ar ein partneriaid. Fel mae geiriau olaf y ffilm, sy'n dod o enau plentyn, yn ei ddeud, 'Don't open it.'

> 'See the world. It's more fantastic than any dream made or paid for in factories.'
>
> *Ray Bradbury* (Farenheit 451)

Dwi ddim yn siŵr a oes angen i mi ailadrodd hyn, ond i ffwrdd â ni – mae *Is-deitla'n Unig* yn bod er mwyn clodfori diwylliant y ffilm dramor a'r diwylliant sinematig amgen yna sy'n bodoli allan yn y byd ymhell y tu hwnt i ffiniau Cymru. Hmm, pob dim yn glir, felly, ac yn dwt. Ond, Arthur bach, tydi popeth ddim yn iawn o gwbl, nac yn fêl i gyd – mae'n bell o fod felly, mewn gwirionedd. Bob dydd, dwi'n agor papur newydd neu'n darllen y newyddion ar y we, yn gwrando ar y radio neu'n gwylio'r teledu, ac mae gweld sut mae'r gair *foreign* yn cael ei ddefnyddio yn torri fy nghalon ac yn troi fy stumog. Bob tro, heb eithriad, mae'n creu effaith negyddol, ddifrïol, gair sy'n codi bwganod bondigrybwyll. Arthur, paid â chredu'r celwyddau yma! Dydw i ddim am dy weld yn tyfu i fyny yn derbyn fod *foreign* yn golygu 'eilradd', neu ei fod yn rhywbeth i'w ofni neu ei gasáu. Gwahoddiad yw gair fel *foreign* – ymunwch â ni! Agorwch allan! Gwir ystyr y gair yw ychwanegu at brofiadau bywyd, peidio â chyfyngu'r cyfle i wybod, darganfod a theimlo mwy. Dwi hefyd isio'i gwneud hi'n glir wrthyt ti fod sinema'n arf llwyddiannus dros ben ar gyfer creu a lledaenu celwyddau hiliol a chodi ofn, gymaint ag unrhyw wleidydd manteisgar neu dabloid barus. Mae sinema wedi bod yn deud celwyddau ers y cychwyn cyntaf wrth iddi drin diwylliannau estron – *foreign* – a'r 'lleill' yn ein mysg. Dim ond gofyn i ti fod yn wyliadwrus ydw i, Arthur, a pheidio credu'r sawl sy'n palu'r clwyddau yma.

Wyt ti isio rhannu cyfrinach annisgwyl efo fi? Er fy mod i wedi sgwennu'r paragraffau uchod, dwi ddim yn credu fod y fath beth â sinema *foreign* yn bodoli o gwbl! Nac yn credu chwaith mewn diwylliant, na bodolaeth gwledydd *foreign* chwaith. Ti a fi sy'n *foreign*. Y rhai, fel ni, sy'n byw ein bywydau mewn swigen sy'n cael ei chreu a'i chynnal gan economi ffals ac isddiwylliannau cwbl *freaky*. Ni yw'r rhai 'estron'. A dyna fi wedi'i ddeud o! Yr hyn sy wir yn *foreign* yn nhermau'r ddynoliaeth yw'r ffordd mae bywyd yn cael ei fyw yn y byd gorllewinol. Mae'n fodolaeth freintiedig, lle mae hunanystyriaeth yn weithred naturiol, ddisgwyliedig, wrth i ni droi llygad dall at fodolaeth gweddill y byd, a mynychu clwb ecscliwsif gwledydd y byd cyntaf. Ai dyna pam nad ydw i'n cysidro ffilmiau o America fel ffilmiau *foreign*? Mi ddylsen nhw fod yn *foreign* i mi yn yr un ffordd ag maen nhw'n cael eu gweld fel ffilmiau *foreign* gan bobl India a Tsieina. Ond dwi ddim yn eu galw nhw'n *foreign* am fy mod i'n rhan o'r un clwb â'r Americanwyr, ac felly yn cael fy niffinio yn ôl yr un farn, chwaeth ac athroniaeth. Paid â meddwl am eiliad, Arthur, dy fod di, fel Cymro Cymraeg, yn eithriad. Er ein bod ni'n hoffi clodfori lleiafrifaeth ac yn ysu fel masocist weithiau i gael ein gorthrymu, rydym yr un mor euog â phawb arall sy'n hedfan dosbarth cyntaf – *no one here gets out alive*! Mae pawb sy'n perthyn i'r clwb yn fwy cyfarwydd i'w gilydd, yn fwy artiffisial o agos, nag ydan ni at ein brodyr a'n cyfeillion naturiol. Pam mae perthynas pobl ym Mhrydain yn agosach â phobl o Awstralia na phobl o India, yr Wcráin, Brasil neu Iwerddon? Mae blaenoriaethau'r byd cyntaf yn gwthio pob un diwylliant lleiafrifol gwahanol arall allan o'r ffrâm, a phrin rydan ni'n cael cyfle i glywed lleisiau unrhyw un arall uwchben hefru'r *first-worlders* hunanbwysig.

Wrth edrych ar hanes sinema, prin mae llais y trydydd byd i'w glywed o gwbl. Mae peiriannau, systemau a dynion pres y byd cyntaf wedi bod yn rheoli popeth o'r cychwyn. Mae'r *status quo* yn newid yn araf bach wrth i wledydd tlotaf y byd sylweddoli nad oes gan sinema'r byd cyntaf ddim i'w gynnig iddyn nhw. Mi fydd goruchafiaeth y diwylliant adloniant presennol yn dirywio ac yn dod i ben heb os, oherwydd y sylweddoliad yma. Dyna'r pwynt am fodolaeth celfyddyd a sinema – mae 'na bwrpas a phwynt iddynt. Maen nhw'n medru bod yn arf i ysgogi gymaint ag y maent yn gyffur i dawelu'r synhwyrau – yn ddrych ac yn forthwyl.

Ymddangosodd y syniad o sinema benodol ar gyfer y trydydd byd yn y 1960au, er mwyn rhoi llais i fudiadau a oedd yn brwydro am annibyniaeth a rhyddid mewn llefydd fel Ciwba, Algeria, Fietnam, Affrica a De America. Does ryfedd fod y mudiadau gwleidyddol newydd yma isio dechrau creu eu ffilmiau eu hunain i frwydro yn erbyn yr holl ddelweddau negyddol a oedd wedi cael eu creu gan y Gorllewin a'r propagandwyr a oedd o blaid cyfalafiaeth. Mae ffilmiau sinema'r trydydd byd yn wleiddyddol, ac mae pwyslais mawr ar greu ffilmiau dogfen ac adrodd storïau perthnasol, realistig, llawn symbolaeth, er mwyn dechrau creu identiti newydd a rhoi urddas yn ôl i'r trigolion brodorol. Mae'n broses anodd uffernol, wrth gwrs, gan nad yw'r Gorllewin byth yn hapus i rannu nac ildio dim i neb.

Er enghraifft, mae artistiaid sinema rhai o wledydd Affrica'n gorfod creu delweddau heb ddim adnoddau na chymorth o gwbl, gan nad oes diwydiant darlledu wedi bodoli yno erioed. Mae gwledydd Affricanaidd eraill sy damaid bach yn fwy ffodus o allu dibynnu ar gymorth y rheolwyr trefedigaethol gynt, fel y Ffrancwyr yng Ngorllewin Affrica, sy'n cynnig adnoddau i'w rhoi ar ben ffordd. Mae hon yn broses ddiffygiol o ran iaith, a deud y lleiaf, a bu'n gyfrifol am ddal pethau'n ôl nes i artistiaid fel Ousmane Sembene o Senegal (*The Money Order* [1968], *Xala* [1975], *Moolaadé* [2004]), cyfarwyddwr enwocaf sinema Affricanaidd, ddechrau cynhyrchu ffilmiau oedd yn defnyddio Wolof, sef yr iaith frodorol. Dyma drobwynt diwylliannol o'r diwedd, a ffilmiau'n cael eu creu gan Affricanwyr ar gyfer Affricanwyr (ar lefel lai dwys, mae esiampl a hanes diwylliant artistig y Cymry Cymraeg yn adleisio rhai o'r sefyllfaoedd a'r problemau yma).

Mae fy mhrofiad personol i o'r trydydd byd wedi'i gyfyngu i orllewin cyfandir Affrica, i wledydd Mali a Senegal. Caru cerddoriaeth frodorol yr ardal hon oedd y sbardun i ymddiddori ynddynt yn y lle cyntaf. Tydw i ddim yn medru cynnig unrhyw farn broffesiynol, awdurdodol nac academaidd am y diwylliant a brofais *up close* ar ddechrau'r 1990au, dim ond rhannu argraffiadau efo ti. Ro'n i'n gweithio fel ymchwilydd i gwmni cynhyrchu Criw Byw, oedd am ffilmio rhai o sêr mawr y cyfandir, a dyma sut ces i gyfle i dreulio mis yno, tra oedden ni'n gwneud rhaglen ddogfen a fyddai'n cyflwyno'r gerddoriaeth arbennig hon i'r gynulleidfa deledu 'nôl yma ym Mhrydain.

Yr ofn mwyaf ar y pryd gyda phrosiect ffilmio fel hwn oedd y sefyllfa mae Johnny Rotten yn ei ddiffinio fel 'holidays in other people's misery', lle mae'r gagendor rhwng y breintiedig a'r tlawd yn ganolbwynt i'r cynnwys ar draul unrhyw stori arall sy'n bodoli, yn adloniant ecsotig a dim mwy.

Does dim ffordd i mi newid pethau bellach – dwi'n berson y byd cyntaf; rhywun sy wedi byw yn yr un wlad drwy gydol ei fywyd. Nid fod hyn yn farwol i'r enaid, ond mae'n rhaid i ti dderbyn fod 'na broblemau amlwg sy'n hawdd eu hadnabod efo byw mewn un lle yn rhy hir. Mae popeth yn mynd yn rhy gyfarwydd, a gorfod byw gyda chyffredinedd y rhan fwyaf o'r amser yw'r broblem amlycaf. Ta waeth, hoffwn fod yn ymarferol am eiliad, a rhannu argraff dy dad o'i drip cyntaf i'r trydydd byd efo chdi. Mae'r ysgrif isod yn dyddio o fis Medi 1990. Dychmyga'r olygfa – fi, yn fy ugeiniau cynnar, yn cael cyfle i weithio ar raglen nad oedd ond yn bosib am fod y diwydiant recordiau Prydeinig yn profi cyfnod lle'r oedd 'na wir ddiddordeb yn y *genre* newydd sbon yma, *world music*. Mae'n ystrydeb, ond drwy bethau fel cerddoriaeth, chwaraeon a delweddau ecsotig sinema, mae'r byd cyntaf a'r trydydd byd yn medru cyfathrebu â'i gilydd, croesi'r gagendor a chynnig 'helô' bregus. Dyma'r meysydd sy'n tanio'r dychymyg ac yn creu diddordeb mewn gwybod mwy am ddiwylliannau a gwledydd estron. Efallai y bydd darllen y geiriau yma o fy nyddiadur bron i chwarter canrif yn ddiweddarach (hanner canrif i ti, o bosib!) am fy mhrofiad o gwrdd â cherddorion yn Mali a phrofi diwylliant yr ochr arall i'r byd o ddiddordeb i ti. Yr unig beth ro'n i'n medru gobeithio dod yn ôl efo fi oedd tameidiau – caneuon, storïau, teimladau, atgofion; dim ond briwsion i fagu chwant am fwy. Wrth gwrs, prif bwrpas yr ymweliad oedd chwilio am gerddoriaeth, ac ro'n i'n barod i adael i'r gerddoriaeth honno fy nhywys ar hyd unrhyw lwybr.

Bamako, prifddinas Mali, oedd y lleoliad, dinas wedi'i hadeiladu gan y Ffrancwyr ar lan afon fawreddog Niger. Lle sy'n fyw efo pobl a sŵn ym mhob man. A phawb a'i chwaer yn gyrru o gwmpas ar sgwters ar ffyrdd llychlyd, llawn tyllau, a ffosydd carthffosiaeth agored yn ffinio'r lôn. Mae coed gwyrdd rhyfedd yr olwg yn cysgodi pob cornel rhag gwres llethol yr haul, ac yn gartref i ystlumod gysgu yn eu cannoedd, beniwaered ar y brigau uwch ein pennau fel dail glo-ddu.

Yng nghanol y ddinas mae'r orsaf drenau. Ddwywaith yr wythnos, daw'r trên o Dakar i ben ei daith yma, wedi siwrne 1200km ar draws y cyfandir – dyma'r unig siwrnai reilffordd sy'n bodoli yn y wlad. Yng ngwesty'r rheilffordd gerllaw, mae band enwoca'r wlad – y Rail Band – yn chwarae. Erbyn heddiw, maen nhw'n fwy o sefydliad cenedlaethol nag o fand o ddiddanwyr. Efo nhw y cychwynnodd llawer i gerddor bydenwog ei yrfa, fel Salif Keita a Mory Kante. Dyma ddechrau'r llwybr.

Yma, yng ngerddi'r Station Buffet Bar, dechreuodd Jalimadi Tounkaira, gitarydd y Rail Band, siarad am y Griots, cerddorion traddodiadol y wlad, pobl sy'n cael eu geni i fod yn gerddorion. Maen nhw'n rhan allweddol o'r gymdeithas Affricanaidd; yn hanesyddol, nhw oedd yn gyfrifol am drosglwyddo hanes teuluoedd a thylwythau o genhedlaeth i genhedlaeth ar ffurf llafargan. Y Griots oedd yn gwybod am holl ddefodau'r gymdeithas, ac yn sgil hynny, roedd hi'n amhosib cynnal dathliadau cymdeithasol a seremonïau o unrhyw fath heb y Griots a'u cerddoriaeth. Fe aeth Jalimadi mlaen i ddisgrifio sut y bu iddo ddysgu cerddoriaeth wrth wylio ei dad, Griot arall, yn chwarae.

Drwy ddilyn y trywydd, cefais y fraint o ymuno mewn dathliad bedydd lle'r oedd Griot adnabyddus arall, Zani Diabaté – gitarydd anhygoel, seicadelig, Hendrix-aidd – yn diddanu cynulleidfa frwdfrydig o blant, perthnasau, rhieni a chymdogion mewn iard gefn grasboeth. Roedd y tad, Many Camara, fel pawb y daethom ar eu traws yn Mali, yn hollol agored a chyfeillgar, yn estyn croeso a charedigrwydd arbennig. Roedd o'n brofiad gwych bod yn rhan o rywbeth mor bersonol a chymunedol, diwrnod bythgofiadwy o gerddoriaeth a dawnsio.

Roedd yr holl gyfoeth diwylliannol yma'n cyferbynnu'n amlwg â'r tlodi materol, ac eto, efallai'n bwysicach i'r bobl o'r herwydd. Fwy nag unwaith, dwi'n ffeindio fy hun yn cael fy nghludo i dŷ cyffredin i gyfarfod gwragedd y dynion 'dan ni wedi cwrdd â nhw i bori dros gatalogau prydferth yn llawn lluniau o ddillad anhygoel, a ffotos o fenywod prydferth, uddasol yn gwisgo'r dillad anhygoel yma. Wrth gwrs, maen nhw'n meddwl fod pres gen i – ond does gen i ddim, a dwi ddim chwaith yn nabod unrhyw un adra a fydde'n medru gwisgo a mwynhau'r dillad arbennig, unigryw yma. Mae'r cysylltiad a'r gwahoddiad personol yma'n cael ei gynnig gan i ni ddod yn ffrindiau efo'r dynion sy'n gyrru tacsis ar draws y ddinas. Anghofia i byth weld y dynion yn y ranc tacsi yn rhannu gwelltyn ac yn sugno petrol allan o *jerrycan* cymunedol, dim ond yn medru talu am jest digon o betrol i fynd â ni ar ein siwrne benodol – mae'r economi mor dynn, mor gyntefig nes does 'na ddim modd i unrhyw un lenwi'r tanc a gyrru o gwmpas heb bwrpas. Mae'n deimlad od iawn gadael y tacsis yma a cherdded i mewn i adeilad gwesty crand (un o ddau yn y ddinas), a sylwi fod y teledu yn y lobi yn dal i ddangos *Dallas* yn unig ar *constant repeat*, a'r fwydlen yn y bwyty byth yn cynnig mwy o ddewis na dau bryd gwahanol, ond ble arall yn y byd fedri di gael cyfle i glywed arwres a *diva* fel Ami Koita yn canu yn yr ardd wrth iddi nosi?

Ond yng nghanol y tlodi mae 'na falchder cadarn. Roedd y balchder yma i'w weld yn glir pan aethon ni i ddathliadau diwrnod annibyniaeth y wlad ar 22 Medi. Roedd teimlad yn bodoli yno o ddathlu mwy nag ugain mlynedd o'u hannibyniaeth – roeddent hefyd yn dathlu parhad diwylliant canrifoedd.

Yng nghanol y VIPs, y teuluoedd, y plant, y milwyr a'r merched yn eu ffrogiau llachar mewn cae cymunedol, a phebyll dros dro yn britho llawr pinc y pridd caled, dwi'n cerdded o gwmpas yn gwenu, yn llyncu i mewn y miwsig godidog sy'n chwarae'n gyson. Fel y dywedodd Marcus Garvey, 'mae pobl heb wybodaeth o'u hanes a'u gorffennol fel coeden heb wreiddiau'.

Mae yna rai pethau sy'n amhosib eu cyfleu trwy luniau yn unig, ac un profiad yn dangos yn amlwg i mi'r gagendor rhwng ein dau ddiwylliant. Ar y diwrnod olaf, wrth sgwrsio â Damory Kouyaté, canwr y Rail Band, cynigiodd daith dywys o'r stesion i mi. Fel plentyn, cefais fy nhywys o gwmpas y lle law yn llaw efo fo. Roedd yn drist iawn meddwl fod y weithred o gydio dwylo yn ffordd gwbl naturiol iddo fo o ddangos cyfeillgarwch, ond iddi wneud i mi deimlo'n aflonydd ac yn hunanymwybodol iawn. Ond wedyn ro'n i'n cywilyddio am fy mod i'n teimlo fel hyn. Fel y dywedodd Samuel Charters yn ei lyfr *The Roots of the Blues*, 'I came in search of a special kind of song … instead I found the people who sang it'. Mae fy niwrnod olaf yn Mali hefyd yn ben-blwydd i mi, ac ar yr awyren yn ôl i Senegal, dwi'n sylweddoli fy mod i'n gwireddu un o fy mreuddwydion – bod mewn dau le yr un pryd. Mae Affrica'n fy atgoffa i, ddim am y tro cyntaf ar yr antur yma, ei fod yn fan lle mae gwyrthiau'n bosib.

Wn i ddim pa mor unigryw oedd fy mhrofiad Affricanaidd i, ond hyd heddiw, mae'n teimlo fel rhywbeth pwysig iawn, *galvanizing*. Ond yn fy nghalon, dwi'n gwybod mai dim ond cyffwrdd yr wyneb â fy llygaid wnes i. Mae'r Gorllewin yn credu ei bod yn bosib datrys problemau Affrica jest trwy lanio yno (dyna pam fod cynifer o NGO's yn gweithio draw 'na). Yn ôl ei arfer, credai'r byd cyntaf mai'r cyfan oedd ei angen oedd dewis llond dwrn o bobl 'tebol, eu hyfforddi nhw'n dda i frwydro yn erbyn newyn, afiechyd, anwybodaeth a llygredd, a byddai hynny'n ddigon. Dyna sut mae hi hefyd gyda ffilmiau sy'n cael eu saethu yn Affrica. Mae pob ffilm yn gorfod cael prif gymeriad gwyn ei groen – *Tarzan* ar gyfer yr oes fodern – sy'n barod i achub yr Affricanwyr druan, sy'n cael eu portreadu fel pobl gwbl analluog. Yn fy marn i, yr hyn sydd ei angen yn hytrach yw ymgais i drosglwyddo cymaint o wirionedd ag sy'n bosib –

ei dweud hi fel y mae hi! Y gwirionedd mwyaf ysbrydoledig yw'r un sy'n ei gwneud yn glir mai polisïau'r Gorllewin – yr Unol Daleithiau, Prydain a gweddill y cyn-wladychwyr – sy wrth wraidd y problemau sy'n bla ar y cyfandir, a thrwy wneud hyn, cael gwared â'r syniad celwyddog mai'r Affricanwyr eu hunain sy ar fai am greu'r holl drueni yma. Mae Affrica yn dioddef oherwydd ei fod yn gyfandir sy'n llawn trysorau. Mae wedi cael ei reibio, a dyma'r ffaith sy'n rhaid ei rhannu â chynulleidfaoedd gweddill y byd.

Un ffilm sy'n llwyddo i wneud hyn, yn fy marn i, yw *Bamako* (2006), gan Abderrahmane Sissako, a dwi'n dy annog di i'w gwylio hi, Arthur. Tydi hi ddim yn portreadu Mali fel gwlad sy'n bodoli fel problem i'r Gorllewin ei datrys, ond yn hytrach, mae'n condemnio'r effaith andwyol, drychinebus mae polisïau'r Gorllewin yn dal i'w cael ar y bobl. Mae hyn i'w weld yn glir pan wyt ti'n craffu ar yr holl bwysau sy ar y wlad i ad-dalu dyledion, sy'n ei gorfodi hi i werthu ei henaid er mwyn gallu cynnal y taliadau llog. Mae hyn yn bwysau annioddefol, sy wedi peri i Mali golli gafael ar ei gwasanaethau iechyd, trafnidiaeth ac addysg i'r sector breifat er mwyn cadw'r banciau'n hapus. Yn y ffilm, mae trigolion Bamako yn cael eu portreadu fel unigolion creadigol, galluog, sy'n meddu ar awdurdod moesol i sefyll ar eu traed eu hunain i amddiffyn a hyrwyddo eu buddiannau cymunedol. Mae'n galondid i mi hefyd fod y ffilm hon yn adleisio rhai o fy mhrofiadau personol i o'r wlad a'r bobl. Prif leoliad y ffilm yw'r iard gefn heulog, y prif gymeriad yw cantores sy'n canu gyda grŵp ym mar gwesty. Mae'r elfennau yma'n bresennol, ac yn cael eu derbyn fel rhan o wead dynol y gymdeithas. Hefyd, mae holl naws y ffilm yn cynnig rhywbeth sy'n wahanol. Gan fod y cyfarwyddwr yn Affricanwr, tydi'r manylion yma ddim yn cael eu prisio'n uwch nag unrhyw beth arall (yn wahanol i'r ffilm ar gyfer S4C a fy atgofion i). Yn hytrach na bod yn newyddbeth, does 'na ddim sy'n ecsotig am y ffeithiau yma.

Mae ffocws y cyfarwyddwr ar gyfleu llais modern ac ewyllys wleidyddol gadarn y trigolion wrth iddynt fyw bywyd cyffredin o ddydd i ddydd. Yn yr iard gefn hon, mae'r ffilm yn olrhain achos llys dychmygol, lle mae'r IMF a'r World Bank ar brawf, o flaen eu gwell. Mae'r bobl leol yn cyhuddo'r sefydliadau Gorllewinol yma o ddilyn polisïau sy'n dinistrio gwledydd a phobl y cyfandir. Cawn weld manylion yr achos yn cael eu gweu â manylion bywydau personol trigolion Bamako. Fel mae Abderrahmane Sissako, y cyfarwyddwr, yn ei ddeud: 'Pam na all y bobl gyffredin, y rhai sy'n byw yn yr un iard gefn â fi, gael cyfle a hawl i gwyno am y sefyllfa?' Mae'r ffilm yn hoelio ein sylw ar yr awydd gwleidyddol am gyfiawnder, a'r awch naturiol i gael cyfle i godi dy lais. Tydi thema'r ffilm ddim yn byw yn y lliw a chyffro'r gymdeithas, ond yn hytrach yn fewnol – yr hyn sy'n digwydd ym mhennau a bywydau'r cymeriadau, eu gobeithion a'u rhwystredigaethau. I mi, mae hi'n ffilm arbennig iawn, sy'n gwneud i mi deimlo fod y cyfle ges i i rannu amser prin iawn gyda'r bobl yma wedi bod yn brofiad amhrisiadwy, ac yn fraint, gan fy mod i wedi gwneud cysylltiadau personol, wyneb yn wyneb efo rhai o drigolion y ddinas hon mewn modd cydradd ac agored. Dwi wir yn gobeithio mai dyma sut y bydd hi efo ti, Arthur, ar dy deithiau.

'The Child is father of the Man'

(William Wordsworth)

Mi wn fod y llyfr yma'n euog o esgeuluso llawer o bethau, ond yr un peth sy'n fy mhoeni'n fwy na dim yw'r diffyg cyfle ynddo i drafod dylanwad a chyfraniad menywod a phlant i fyd a hanes sinema. Yn amlwg, yn fy mywyd dyddiol, mae'n ddylanwad anhepgorol arna i, ond yn y llyfr, mae 'na fwlch mawr yn y penodau sy'n llawn hynt a helynt *great white men*. Gobeithio bod y ffilm nesaf ar y rhestr yn medru gwneud iawn am rywfaint o'r cam yma. Paid meddwl am eiliad ei bod yn ffilm sy'n cael ei chynnwys fel *tokenism* – ddim o gwbl. Pan wyliais i hon, cefais fy ysgwyd yn llwyr. Ar unwaith, mi saethodd fy niddordeb yn y ffilm dramor (a oedd ar fin dechrau gwywo ar y pryd, os dwi'n onest) i fyny yn ôl i'r uchelfannau; adfywiad ar unwaith. Mae'n dda o beth cael dy atgoffa fod diwylliant sinematig gweddill y byd yn anrheg sy'n medru cynnig trysorau newydd i ti dro ar ôl tro. Mi fydd henaint a'r noswaith dywyll wedi fy hawlio cyn i'r rhestr o ffilmiau o wledydd tramor gwych i'w gwylio redeg yn sych.

Tydi *The Apple* (1998) ddim yn ffilm i blant; yn hytrach, mae'n ffilm am blant. Plant sy'n ganolbwynt i'r byd sy'n cael ei bortreadu. Mae stiwdio fel Disney yn wahanol, yn gwneud ffilmiau ar gyfer plant, ddim am blant – *Pinocchio*, *Snow White* – tydi'r rhain ddim yn blant go iawn o gwbl. Dwyt ti ddim chwaith yn gweld plant go iawn mewn 'ffilmiau plant' fel *Bugsy Malone*, *Oliver* neu *E. T.* Ac er bod ffilmiau fel *Toy Story* a gwaith Nick Park o stiwdio Aardman yn wych, tydi'r rhain ddim chwaith yn ffilmiau am blant – ffilmiau 'teulu' ydan nhw. Yr hyn sy'n cael ei gynnig yn y ffilmiau yma i gyd yw'r syniad o 'blentyn', y syniad o beth yw 'plentyndod', a syniad o 'brofiadau a dyheadau plentynnaidd'. Mae'n beth prin iawn dod ar draws ffilm sy'n mynd â ti yn syth at galon y profiad o fod yn blentyn heb y dyfynodau uchod. Ac mae'n fwy prin byth i ti ddod ar draws ffilm sy'n dy arwain di i'r llefydd unigryw yma heb fynnu dy fod yn gwisgo gwên anghyffyrddus neu'n boddi mewn tosturi, cydymdeimlad, na sentimentaliaeth ddiangen. Esiampl dda o ffilm o'r math hwn o Hollywood fyddai ffilm fel *Night of the Hunter* (1955) gan Charles Laughton, lle mae'r plant wedi cael eu gorfodi i rannu cyfrinachau'r bobl mewn oed. Mae ymddygiad hunanol y tad wedi rhoi pwysau annioddefol ar ysgwyddau'r plant, a'r pris sy'n rhaid ei dalu yw cael eu herlid gan seicopath fel Robert Mitchum, a cholli gafael ar bopeth a oedd yn sicr ac yn gyffyrddus yn eu bywydau ifanc.

Yn hanes y ffilm dramor, mae 'na restr wych o ffilmiau sy wedi rhagori wrth bortreadu gwirionedd plentyndod, yn cynnwys *The 400 Blows* (1959) gan François Truffaut, *Pather Panchali* (1955) gan Satyajit Ray, *Come and See* (1985) gan Elem Klimov a *Mouchette* (1967) gan Robert Bresson. Mae'r ffilmiau yma'n dangos y plentyn yn bodoli yn y byd, yn rhan annatod ohono, yn ddim byd sbesial, ddim yn gorfod bod ar wahân fel aelod o'r teulu brenhinol neu rywbeth. Yn hytrach, mae'r plentyn yn ei chanol hi, yn cael ei effeithio gan y byd yr un fath â phob enaid byw arall. Rydan ni'n gweld y plentyn yn y ffilmiau yma'n profi realiti heb i'r cyfarwyddwyr orfod dibynnu ar driciau fel ffantasi, cyd-ddigwyddiad neu hyd yn oed *aliens*, er mwyn esbonio wrth y gynulleidfa be yn union sy'n digwydd i'r plentyn ar y sgrin. Dyma ffilmiau sy'n cynnig rheswm pendant yn y delweddau i esbonio pam fod y teimladau penodol yna'n gwibio ar draws eu hwynebau.

Mae *The Apple*, y ffilm dwi wedi ei dewis i ti, yn dangos plentyn a phlentyndod yn ymddangos o nunlle ar y sgrin mewn ffordd gyffelyb i'r ffordd mae llun *polaroid* yn datblygu allan o'r gofod cemegol; yn araf bach, wrth i'r golau ei daro, neu fel hen goeden ddi-frwyth yn yr ardd, sy'n blaguro dros nos ac yn croesawu'r wawr efo toreth o ddail lliwgar ar y brigau. Mae 'na hud naturiol tebyg i'r esiamplau barddonol uchod yn perthyn i'r ffilm hon. Ar y dechrau, gallet ti ddadlau fod y plant mor araf eu meddwl nes prin eu bod nhw'n ddynol o gwbl. Erbyn y diwedd, mae ganddyn nhw'r gallu i ddymchwel waliau Jericho (wel, waliau carchar cartref eu rhieni, yn sicr). Y peth mwyaf anghyffredin a ffantastig am y ffilm yw ei bod hi wedi cael ei chreu a'i chyfarwyddo gan blentyn hefyd – merch 17 mlwydd oed, Samira Makhmalbaf (*take that*, Orson Welles! Roedd o'n 25 mlwydd oed cyn iddo greu ei gampwaith cyntaf, *Citizen Kane*). Mae *The Apple* yn cynnig tystiolaeth bositif o blaid yr ifanc, a thystiolaeth o blaid pŵer positif sinema fel celfyddyd naturiol ar gyfer pobl ifanc. Paid byth â gadael i neb dy ddarbwyllo mai'r hen a ŵyr – nonsens llwyr. Does dim angen i ti ddal 'nôl, na gwrando ar, nac ofni'r rhai hŷn. Mae dyfeisgarwch a deallusrwydd y natur ddynol ar eu gorau yn yr ifanc, boed hynny ym myd mathemateg, y gwyddorau, chwaraeon neu'r celfyddydau. Dwi'n rhoi caniatâd rŵan yn y llythyr hwn i ti ddyfynnu'r geiriau yma'n ôl i mi unrhyw bryd lici di! Mae rhinweddau tanbaid, arallfydol bywyd plentyn yn bresennol ym mhob ffrâm o'r ffilm eithriadol hon. Mae'r golygfeydd lle mae'r plant yn profi rhyddid naturiol am y tro cyntaf yn eu bywydau, ac yn mentro allan o'u cartref i lawr y lôn gefn ac i mewn i'r ddinas fawr yn anhygoel. Rydan ni wir yn medru gweld y merched ifanc yma'n newid yn llythrennol o flaen ein llygaid. Tydw i erioed wedi profi'r fath drawsnewidiad mewn unrhyw waith celf arall. Mae ffilm fel *The Apple* yn gwneud i ti ganolbwyntio ar y pethau pwysig, ac archwilio'r hyn sy angen i ti ei ddiogelu, a magwraeth, a'r hyn rwyt ti'n credu y dylet ti ei amddiffyn, ac mae'n ffilm sy'n dy atgoffa di nad yw hi byth yn iawn i gymryd y pethau yma'n ganiataol, neu i feddwl fod pethau plentynnaidd yn bethau ymylol, neu'n llai pwysig na byd yr oedolion.

Cyn manylu am *The Apple*, mae'n rhaid i mi sôn am y lle daearyddol, cymdeithasol ac emosiynol a fu'n gyfrifol am greu artist ffilm fel Samira. Mae Samira'n hanu o Iran, ac yn ferch i'r cyfarwyddwr ffilm adnabyddus, Mohsen Makhmalbaf. Mae'r ffilm ei hun yn ddameg am rieni a phlant, a'r dewisiadau a'r camgymeriadau sy ynghlwm â magu plant. Yn yr un ffordd, fedra i ddim sôn am Samira heb sôn am ei magwraeth, a bywyd ei rhieni. (Mae'n addas i mi wneud hyn mewn llythyr sy'n bodoli yn bennaf i archwilio'r berthynas arbennig sy'n bodoli rhwng plentyn a rhiant.)

Mae'r darlun o Iran a'i phobl dwi wedi ei weld yn y DU ers fy mod yn ifanc wedi bod bron yn gyfan gwbl negyddol. Er fy mod yn dod ar draws rhai o drigolion Iran yn fy ngwaith yn y brifysgol ym Mangor (dwi'n gweithio'n rhan amser fel trefnydd arholiadau i dramorwyr er mwyn asesu safon eu defnydd o'r iaith Saesneg), ni fedraf gysoni'r realiti â'r *archetype* negyddol yma. Yn rhinwedd fy swydd, dwi'n teithio i Fangor bob dydd i swyddfa swanc mewn adeilad newydd sbon ar gyfer adrannau rhyngwladol y brifysgol, a phrin y gwela i berson Cymraeg. Ond dwi'n siarad â phobl o Tsieina, y gwledydd Arabaidd, Iran, Irac, Sawdi-Arabia, yr Aifft a gweldydd dwyrain Ewrop, a dim ond y cyfle i gael sgwrsio fel hyn sy'n fy nghadw i'n effro yn y swydd ddiflas hon. Y tu hwnt i 'mhrofiad personol, tydi'r wybodaeth sy'n fy nghyrraedd am yr hyn sy'n digwydd yn Iran ddim yn bositif – 'pariah state' yw'r term mwyaf poblogaidd.

Ond ers y 1990au, mae'r byd sinematig sy wedi cael ei greu gan gyfarwyddwyr o Iran wedi cynnig cyfle i geisio

dallt, a hwyrach gydymdeimlo â'r bobl yma sy'n dioddef.
Mae cyfarwyddwyr fel Abbas Kiarostami, Jafar Panahi
(mwy amdano fo'n nes ymlaen) a Mohsen Makhmalbaf (tad
Samira) yn uchel iawn eu parch yn y diwydiant byd-eang
am greu ffilmiau hynod fel *Close-Up* (1990), *Taste of Cherry*
(1997), *The White Balloon* (1995), *A Moment of Innocence*
(1996) a llawer, llawer mwy. Mae'r sinema fodern newydd
hon yn wrthddywediad amlwg iawn, gan ein bod ni yn
y Gorllewin yn credu bod bywyd cyffredin yn Iran yn
llawn rhyfel, gormes, ffwndamentaliaeth, technoleg arfau
niwclear a thlodi enbyd, a'i bod yn wlad wrth-Iddewig,
wrth-Orllewinol. Ond eto yn y ffilmiau, yn aml iawn, cawn
safbwynt sy'n ochri â sut byddai plentyn yn gweld y byd, ac
arddull sy'n cynnig naratif barddonol a lluniau prydferth o
dawelwch cefn gwlad. Mae symlrwydd y ffilmiau'n cuddio
cymhlethdod sinematig sy'n gwbl newydd. Mae'r dechneg
a'r safbwynt yma wedi plesio cynulleidfaoedd ar draws
y byd, ac wedi llwyddo i ailddiffinio'r hyn sy'n bosib ei
ddangos a'i ddeud mewn ffilm i bawb sy'n gweithio ym myd
sinema.

'Nôl yn 1979, a finnau'n laslanc yn fy arddegau cynnar,
dwi'n cofio gweld y Shah yn cael ei ddisodli ar y teledu, a
hen ddyn barfog, caredig yr olwg – yr Ayatollah Khomeini
– yn hedfan allan o Ewrop yn ôl i Iran i gymryd ei le
fel unben ar y wlad. Ar y pryd, er 'mod i'n ifanc, ro'n i'n
synhwyro bod hwn yn chwyldro gwahanol i'r arfer. Ro'n
i'n credu i ddechrau fod yr holl beth yn afresymegol, a'r
bobl yn gofyn am lai o ryddid a mwy o gyfyngiadau ar
eu bywydau, rywsut (wrth gwrs, gan fy mod yn edrych
ar yr holl beth o gyfeiriad y Gorllewin, roedd pethau ben
i waered yn fy meddwl). I mi, roedd plant y chwyldro'n
brwydro i gael gwared â phethau yn hytrach na chwffio i

gael unrhyw beth yn eu lle. Ond yr hyn roedd y bobl yn brwydro i'w gyflawni oedd creu chwyldro er mwyn adfer trefn ysbrydol a sefydlu gwladwriaeth Islamaidd yn y wlad. Mi fyddai cyflawni hyn yn dasg anodd, yn enwedig a gweddill y byd yn ofni estyn croeso, ac isio dim i'w wneud â chyfundrefn a oedd yn amlwg yn wrth-Orllewinol, er bod cael gwared â'r Shah i'w weld yn rhywbeth a ddigwyddodd heb fawr o drafferth o gwbl i mi, a neb yn orawyddus i'w amddiffyn. Ond dyma sut fyddai hi yn Iran o 1979 ymlaen – dyfodol unffurf. Mae'r chwyldro, a'r rhyfeloedd oedd i ddod, a'r cyfnodau pan fyddai'r economi'n cael ei difa, a'r bobl druan yn gorfod byw o dan lach y *Mullahs* wrth i reolau cadarn y ffwndamentalwyr galedu, i gyd yn elfennau a fyddai'n chwarae rhan bwysig yn siapio'r byd sinema a fyddai'n dod o Iran.

Cafodd Mohsen Makhmalbaf ei eni yn 1957. Ysgarodd ei dad a'i fam ar ôl chwe diwrnod o briodas, a gadael ei fam yn feichiog gyda Mohsen. Bu'n rhaid i'w fam weithio, felly gyda'i nain, dynes grefyddol iawn, y treuliodd Mohsen flynyddoedd ei blentyndod. Tyfodd i fod yn llanc a oedd yn wrthwynebydd eithafol i reolaeth y Shah ac yn ddilynwr brwd o ddaliadau gwleidyddol a chrefyddol yr Ayatollah Khomeini. Bu'n gweithredu'n wleidyddol yn erbyn y gyfundrefn, a chafodd ei luchio i'r carchar yn 1972 ar ôl ymosod ar heddwas. Pydrodd yn ei gell nes i'r chwyldro godi stêm, ac i'r oes Fwslemaidd wawrio. Unwaith y cafodd ei ryddhau yn 1978, a'r Shah yn diflannu, newidiodd gwrs ei fywyd, a phenderfynu gweithredu'n ddiwylliannol trwy ddechrau cynhyrchu ffilmiau. Mae gyrfa Mohsen yn esiampl ddefnyddiol sy'n dangos y problemau sy ynghlwm â bod yn artist ffilm mewn gwlad fel Iran. Fel popeth arall, roedd sinema'n rhan o'r chwyldro Islamaidd, ac felly roedd rhaid iddi gael ei gweld yn hyrwyddo daliadau crefydd Islam ar draul unrhyw nod arall, yn yr un modd â phwrpas bodolaeth adeilad fel mosg, os liciwch chi. Dechreuodd Mohsen ar ei yrfa, a chreu ffilmiau syml oedd yn bropaganda amrwd ar gyfer y drefn newydd, a chyn hir, cafodd ei gydnabod fel prif lais sinematig y *Mullahs*, yn cael ei drystio i fod yn driw ac yn ufudd. Ni pharodd hyn am yn hir, ac wrth iddo dyfu i fod yn artist go iawn, cafodd y *golden boy* ei lambastio gan yr un drefn am greu ffilmiau oedd yn ei herio, ac yn pigo cydwybod a dychymyg y gynulleidfa. Tydi hi'n fawr o syndod deall ei fod yn byw y tu allan i Iran erbyn heddiw, a bod ei ffilmiau i gyd wedi cael eu dileu o'r archif sinematig genedlaethol. 'Ei drosedd?' dwi'n dy glywed yn gofyn. Wel, teithio i Israel i wneud ffilm gyda'i fab am grefydd, garddio a goddefgarwch – gweithred anfaddeuol yng ngolwg y *Mullahs*.

Teg deud, felly, fod sinema wedi bod yn faes dadleuol yn Iran ers oes y Shah. Yn ystod y gwrthdaro cyn y chwyldro, fe losgwyd 180 o sinemâu yn y wlad gan eu bod yn symbol o lygredd Gorllewinol i rai, ac yn 1980, llwyddodd y weinyddiaeth gelf i gau pob un sinema yn y wlad. Ond, yn anochel, sylweddolodd y ffwndamentalwyr, hyd yn oed, fod sinema'n medru bod yn arf defnyddiol ac angenrheidiol ar gyfer propaganda, yn enwedig mewn rhyfel, pan mae angen diddanu a thawelu'r boblogaeth. Cyn hir, ailagorodd y sinemâu, ond y tro hwn o dan reolaeth lawn yr awdurdodau. Mae ceisio rheoli'r byd sinematig yn y modd hwn wastad yn creu sefyllfa amheus ac ansefydlog, ac, yn anorfod, gorfu i gynnwys y ffilmiau frwydro yn erbyn y system oedd yn ceisio'i reoli – dyma natur gynhenid celfyddyd.

Mi oedd cynhyrchu ffilm yn broses uffernol o astrus a lletchwith gan fod yna gynifer o reolau caeth, e.e. dim beirniadu Islam, rhaid i fenywod wisgo dillad Islamaidd, dim dangos dynion a merched gyda'i gilydd, dim atyniad corfforol gweladwy o gwbl, dim actorion, dim cerddoriaeth, dim dawnsio – *tough times*! Mi oedd y *Mullahs* o ddifri am geisio rheoli'r ddelwedd, a'r canlyniad oedd i 23 o'r 40 ffilm a gafodd eu cynhyrchu yn y 1980au cynnar gael eu gwahardd yn llwyr, ar unwaith. Mi ddechreuodd rheolau lacio yn y 1990au, ac mewn gwlad lle'r oedd y byd celf yn cael ei reoli mor llym, ac unigolion prin yn medru mynegi eu hunain, roedd y ffaith fod ffilmiau'n cael eu creu o gwbl yn golygu fod cyfarwyddwyr yn cael eu cydnabod gan y bobl fel lleisiau amgen oedd â thamaid bach mwy o ryddid na'r dyn cyffredin. Felly, roedd disgwyl iddynt ddefnyddio'r rhyddid hwnnw i gyfleu realiti'r sefyllfa o'u cwmpas yn onest. Daeth y cyfarwyddwr i ymgorffori llais y bobl, a'r frwydr yn erbyn cyfyngiadau parhaus y gymdeithas ehangach. Mewn geiriau syml, galwedigaeth oedd y gwaith.

Ond dyma lle mae'r broblem yn codi o'r ffordd mae gwlad yn cael ei phortreadu mewn delweddau sinematig. Mae'n anodd i unrhyw un o'r tu allan ddychmygu a dyfalu sut wlad yw Iran mewn gwirionedd ar sail y ffilmiau a gafodd ganiatâd i gyrraedd y Gorllewin yn unig. Roedd yn broblem unigryw, gan fod y ffilmiau yma'n taro deuddeg efo'r *art crowd* gorllewinol, sy'n gweld sensoriaeth fel bathodyn anrhydedd, a'r cyfyngiadau'n fonws ar gyfer creu delweddau newydd, gwahanol. Doedd y cyfarwyddwyr yn Iran ddim yn gweld pethau yn yr un ffordd, yn ôl Mohsen: 'Yn groes i'r farn sy'n bodoli dramor, tydi sensoriaeth ddim yn creu ffilmiau gwell na ffurfiau gwell o greu sinema. Yr hyn sy ei wir angen arnon ni ydi llai o rwystrau, nid mwy, er mwyn i ni fedru cynhyrchu'r ffilmiau rydan ni isio'u cynhyrchu yn hytrach na'r ffilmiau rydan ni'n gwybod y cân nhw eu goddef.' Digon teg, ond ar ôl gwylio'r ffilmiau, mae'n hawdd gweld pam bod pobl o'r tu allan yn credu fod y sefyllfa lem yn ychwanegu at yr hud, fel petai, am eu bod yn dilyn rheolau sy mor wahanol i weddill y byd sinematig. Mae 'na ddefnydd helaeth o bobl sy heb fod yn broffesiynol, plant ac unigolion 'go iawn' sy'n chwarae nhw'u hunain mewn ffilmiau sy'n fersiynau o storïau gwir (sy, wrth gwrs, yn ffordd gyfleus o osgoi gorfod cael cymeradwyaeth i sgript ffuglen).

Rhwng brwydro â'r awdurdodau a cheisio cynhyrchu ei ffilmiau, aeth Mohsen ati i sefydlu ysgol ffilm yn 1996, The Makhmalbaf Film House, oedd wedi ei lleoli yn ei gartref. Y bwriad oedd derbyn myfyrwyr addawol a threulio pedair blynedd yn astudio pob agwedd o'r broses gynhyrchu gyda nhw. Ond gan fod yr awdurdodau wedi gwrthwynebu hyn, roedd yn rhaid iddo fodloni ar ddefnyddio'i ffrindiau ac aelodau o'i deulu ei hun fel myfyrwyr. A chyn pen dim, roedd yr ysgol wedi datblygu'n gwmni cynhyrchu teuluol, a dyma lle cafodd Samira ei haddysg. Graddiodd Samira, ei chwaer, Hana, ac ail wraig Mohsen, Marzieh, i gyd o'r ysgol unigryw hon a dechrau cynhyrchu ffilmiau (wel, dyna be ydi gofal rhiant gwych, ynde?). Mae ôl arddull Mohsen ar waith y tair, ond yn sicr, does dim gwirionedd ym marn rhai o'r *hardliners*: 'tad y merched sy'n gwneud y gwaith ar y ffilmiau yma i gyd, tydi merched o Iran jest ddim yn ddigon mentrus i fedru cynhyrchu ffilmiau safonol'. Rhagfarn bur ydi hyn, gan ei bod yn amlwg iawn fod gan Samira dalent unigryw, a'i bod yn meddu ar lais sinematig eithriadol.

Saethwyd *The Apple*, ffilm gyntaf Samira, mewn un diwrnod ar ddeg yn Tehran yn 1998. Ynddi, cawn hanes dwy chwaer 13 blwydd oed, Zahra a Massoumeh, sydd wedi bod yn gaeth yn eu cartref er pan oedden nhw'n ddwy flwydd oed. Dydan nhw ddim wedi cyfathrebu â'r byd tu allan o gwbl yn ystod y blynyddoedd yma. Mae'r tad wedi eu caethiwo nhw, am ei fod yn credu fod 'fy merched fel blodau, mi fyddant yn siŵr o gael eu dinistrio os gwnaf i adael iddyn nhw fyw yn yr haul'. Mae'r fam, sy'n ddall, yn cytuno â'r strategaeth greulon hon, ond tydi'r cymdogion ddim, ac maen nhw'n trefnu deiseb i ofyn i'r awdurdodau ryddhau'r merched a'u rhoi dan ofal gweithiwr cymdeithasol. Mae'r stori'n cyrraedd newyddion y teledu, ac mae'r enwogrwydd yn achosi poen uffernol i'r rhieni tlawd, yn enwedig y tad, sy'n gandryll fod y newyddion yn honni iddo gaethiwo ei blant mewn cyffion. Dyma sut mae'r ffilm yn dechrau, a'r eitem newyddion yn gweithio fel prolog. Y stori wir hon a sbardunodd Samira i greu'r ffilm. Ar ôl iddi weld yr eitem ar y teledu un noson, gofynnodd i'w thad am gamera a stoc ffilm. Mae'n debyg iddi weld y stori ar nos Fercher a dechrau ffilmio ar y dydd Sul. Roedd Samira'n synhwyro, yn gywir, fod yn rhaid iddi weithio'n gyflym, a bachu ar y cyfle prin yma i greu ei ffilm cyn i'r merched ddechrau cysylltu â'r byd y tu allan i'r gell deuluol.

Dyma sy'n cael ei ddal mor berffaith gan Samira yn ei ffilm. Mae'r merched yn blant cyntefig, awtistig ar ddechrau'r ffilm, yn defnyddio'u hiaith arbennig eu hunain i gyfathrebu â'i gilydd a goroesi'r profiad o fod yn gaethweision. Wrth i'r ffilm weu naratif newydd i'r ddwy, mae'n wyrthiol gweld y merched yn tyfu ac yn newid mewn ffordd hynod, a phob cam annibynnol maen nhw'n ei gymryd yn mynd â nhw yn bellach i ffwrdd o'u hen fywyd caeth. Mae'n brofiad breintiedig iawn i ni fel cynulleidfa i gael gwylio'r merched 'go iawn' yma'n actio'r 'stori', ond i Samira, dyma oedd yn hanfodol i greu'r ffilm. Dyma oedd yr unig ffordd roedd yn bosib troi'r drasiedi hon yn ffilm bwerus am ryddid. Anodd credu bod y teulu wedi cytuno i bortreadu eu hunain, ond roedd y tad yn awyddus i Samira wneud y ffilm o'r dechrau. Dwi'n tybio ei fod o'n credu y byddai'n cynnig cyfle iddo gyfiawnhau ei ymddygiad ac adennill ei enw da (fel dyn tlawd, yr unig ffordd mae o'n medru ennill ei damaid yw gweddïo ar ran pobl eraill am bres – gweddi trwy ddirprwy).

Unwaith y cafodd Samira ganiatâd, gweithiodd yn galed dros gyfnod o lai na phythefnos i lunio stori anhygoel i ddangos i ni be fyddai'n digwydd nesaf. Creodd y ffilm mewn arddull hanner dogfen, a llwyddo i drawsnewid stori drist yn ddarn o gelf oesol – alcemi pur. Yn ôl Samira, mae gwers fawr y ffilm yn berthnasol i ni i gyd: 'Y peth pwysicaf ro'n i am ei ddweud oedd pa mor bwysig yw hi i ni fedru cyfathrebu er mwyn bod yn bobl gyflawn. Os nad yw hi'n bosib i ni gyfathrebu â'r byd y tu allan, dydan ni ddim gwell nag anifeiliaid.'

Mae'r ffilm yn dechrau go iawn pan mae'r merched yn dychwelyd yn ôl i ofal eu rhieni ar y ddealltwriaeth nad ydant i'w caethiwo ddim mwy. Unwaith mae'r merched 'nôl adra, mae'r tad yn eu caethiwo'n syth. Mae'r gweithiwr cymdeithasol, sy'n ddynes ddi-ffŷs, benderfynol, yn dod draw i'r tŷ ac yn rhyddhau'r merched. Mae hi wedyn yn rhoi drych iddynt er mwyn iddyn nhw weld eu hunain. Wedyn mae hi'n eu gwthio allan o'r iard i mewn i'r lôn gefn er mwyn iddynt ddechrau cyfathrebu am y tro cyntaf â phlant, anifeiliaid, y traffig a'r ddinas, a dysgu am y busnes o brynu a gwerthu – yn benodol, hufen iâ a ffrwythau – a phwysigrwydd cael pres er mwyn prynu oriawr yn anrheg i'w tad. Tra bo'r merched allan yn y byd yn profi popeth am y tro cyntaf, mae'r rhieni'n cael eu cloi yn hen garchar eu plant gan y gweithiwr cymdeithasol, sy'n cynnig llif i'r tad

er mwyn iddo lifio ei ffordd i ryddid – tasg amhosib. Mae'r
merched yn dychwelyd i'r cartref i fynnu pres gan y tad,
ac maen nhw hefyd yn llwyddo i ddysgu sut i ddefnyddio
goriad er mwyn medru ei ryddhau neu ei gaethiwo. Ar
ddiwedd y ffilm, mae hyd yn oed y fam, sy'n gymeriad
blin a negyddol, yn ei chael ei hun yn gadael sicrwydd ei
chartref ac yn cerdded allan o'r tŷ i'r stryd. Mae hithau
hefyd wedi dechrau ar daith sy'n cynnig cyfle iddi brofi
rhyddid newydd, a dyma sut mae'r ffilm yn gorffen, a'r
fam yn dal gafael ar afal ar ben gwialen bysgota sy'n cael ei
gynnig iddi gan fachgen direidus.

Mae *The Apple* yn ffilm sy'n defnyddio'r gwir (y
digwyddiadau a'r bobl go iawn) i greu stori sy'n diddanu fel
unrhyw ffilm arall. Ond mae hi hefyd yn llwyddo i wneud
i ti feddwl am wirionedd sefyllfa merched yn gyffredinol
yn ein byd ni. Mae'n ffilm sydd yn defnyddio symbolaeth
i rannu gyda ni sut brofiad yw hi i fyw yn Iran os wyt ti'n
ferch, ond mae'n deud llawer mwy na hynny. Dim ond
cam bach iawn yw hi i ddychmygu fod y merched penodol
yma'n cynrychioli pob un fenyw sy'n cael ei chaethiwo
rŵan, heddiw, yr eiliad hon, gan ddynion oddi mewn i
systemau a chymdeithasau gormesol ym mhob man ar
draws y byd. Dychmyga'r tswnami, y llif, yr egni positif a
fyddai'n llenwi'r byd ar unwaith tase hi'n bosib rhyddhau
hanner yr hil ddynol yn yr un modd ag y cafodd Zahra a
Massoumeh eu rhyddhau.

> 'Il n'y a personne ici et il y a quelqu'un'
>
> *('Nuit de l'Enfer', Arthur Rimbaud)*

Mae'n dechrau mynd yn hwyr, Arthur, a'r haul yn suddo
fel cwch tu allan i ffenest fy stafell ysgrifennu. Mi fydd y

tywyllwch yn meddiannu popeth cyn hir, a dwi'n credu
ei bod yn bryd meddwl dod â phethau i ben cyn i mi
dy ddiflasu'n llwyr efo'r parablu diddiwedd yma. (Paid â
meddwl fod 'na unrhyw gywilydd yn perthyn i ddiflastod
– ddim o gwbl, dwi'n gwbl benderfynol o gael y neges hon
ar fy ngharreg fedd: *'I'll miss the boredom and the time spent
alone'*.) Dwi jest yn awyddus i barhau efo'r sgwrs yma mor hir
â phosib am resymau cwbl hunanol. Tydi dy dad erioed wedi
bod yn ddyn oedd yn gwybod pryd roedd hi'n synhwyrol
dod â'r noson i ben a mynd i'w wely. Y gwir yw fy mod i'n
teimlo panig bach wrth i'r tymheredd ddisgyn o 'nghwmpas;
poeni fy mod i bron â chyrraedd diwedd y llyfr a heb gael
cyfle i sôn am, a rhannu, cymaint o bethau sy'n bwysig i
mi. Dim lle i son am *Persona* (1966) gan Ingmar Bergman,
a'i bortread o'r *special effect* pwysicaf – yr wyneb dynol – a'r
berthynas ganibalaidd sy'n bodoli rhwng personoliaethau
pobl sy'n wahanol i'w gilydd. Dim *Satantango* (1994) gan Béla
Tarr, lle mae'r cloc yn arafu at y nesaf peth i ddim, a bywyd
yn ddirdynnol, annioddefol a llwm, ac alcohol ac arteithio
cathod yn cynnig yr unig oleuni. Dim cyfle i dynnu sylw
at y ffordd mae Chris Marker yn cyfuno'r gorffennol, y
presennol a'r dyfodol mewn un gofod hanner awr yn *La
Jetée* (1962). Dim geiriau ar gael i ddisgrifio prydferthwch y
tractor newydd sbon yn *Earth* (1930), ffilm fud Sofietaidd a
champwaith dyneiddiol gan Alexander Dovzhenko. Dim lle
i dy annog i wylio ffilm o Gorea am hoff sbort dynion (sef
caru trais), *Breathless* (2008) gan Yang Ik-june, na chwaith
dim hafan clud i drafod y gwyrthiol, yn benodol y wyrth
sy'n cael ei dal ar gamera Carl Dreyer yn y ffilm drosgynnol
Ordet (1955) … a llawer, llawer mwy.

Y gwir reswm am y panig yma yn dy dad yw'r
sylweddoliad fy mod i wedi bod yn ffôl i feddwl bod

sgwennu'r llyfr yma'n syniad da. Dwi'n siŵr y bydd 'na ddigon o bobl yn barod i dynnu sylw at hyn os bydd yn ymddangos ar silff mewn siop lyfrau yn y pen draw, ond y gwir amdani yw nad oedd dewis gen i. Unwaith mae brwdfrydedd am syniad yn cydio, does 'na ddim fedra i ei wneud i adael i bethau fod. Mae'r awydd i weld rhywbeth yn cael ei greu yn un anferthol. Dwi'n credu bod y teimlad yn un cyffredin iawn – mae'n bodoli tu mewn i fi, i ti ac i bawb 'dan ni'n eu nabod, ac mae'r teimlad yn allweddol i'r ddwy ffilm olaf dwi am eu rhannu efo ti. Mae'r pâr olaf yma'n rhai aflwyddiannus os wyt ti'n dewis eu cymharu nhw â ffilmiau cyffredin, ond i mi, maen nhw'n cynnig diffiniad newydd sbon o'r hyn ddylse ffilm lwyddiannus ei gynrychioli.

Doedd y ddwy ffilm yma ddim fod i fodoli, ond mae nerth yr ysbryd creadigol yn ddigon i greu clasuron cwbl ysbrydoledig o'r deunydd crai sy'n goroesi unrhyw rwystr oedd yn bodoli yn y cyfnod cynhyrchu. Mae methiant heddiw yn cynnig buddugoliaeth yfory. Mi fyddi di, fel dy dad, yn ceisio a methu, yn hepgor llwyth o syniadau gwych, yn bwrw prosiectau o'r neilltu, a bydd cynlluniau'n mynd i ebargofiant gan fod anlwc neu ddifaterwch pobl eraill yn ddigon i'w suddo. Mi fyddi di'n dod yn agos at ildio'r cyfan a deud dim mwy. OND fe ddaw'n glir i ti nad ydi rhoi taw ar bethau'n opsiwn, a bod ildio'n anfaddeuol. Mae dioddef a byw gyda chael dy wrthod yn rhan o rythm bywyd creadigol. Mi fydd yn rhaid i ti anwybyddu beirniadaeth ac ymwrthod ag amodau a safonau pobl eraill. Y wers bwysicaf oll fedra i obeithio ei phasio ymlaen atat ti yw'r ddealltwriaeth nad ydi gwadu dy freuddwydion byth yn dderbyniol nac yn ddymunol. Felly, mae'r ddwy ffilm olaf ar fy rhestr chwit-chwat o ffilmiau od a rhyfedd yn esiamplau gwych o fethiant godidog ac yn dyst i'r enaid anorchfygol.

This Is Not a Film (2011) yw un, a *Henri-Georges Clouzot's Inferno* (2009) yw'r llall. Dwi'n credu y gallai'r ddwy ffeirio teitlau â'i gilydd yn ddigon hapus. Mae *This Is Not a Film* yn daith arall i mewn i uffern y bywyd creadigol yn Iran. Ond y tro hwn, cawn weld a phrofi popeth trwy lygaid oedolyn. Hon yw'r ffilm fwyaf diweddar i mi ei gweld, a bu'n ysbrydoliaeth i mi ailgydio yn y freuddwyd o greu ffilm newydd unwaith eto, ac mae hefyd yn wers bwysig, sy'n ceryddu unrhyw hunandosturi y bydda i'n ei brofi o bryd i'w gilydd.

Ond yn gyntaf, beth am edrych ar *Henri-Georges Clouzot's Inferno*? Mae *Inferno* yn atgyfodiad sinematig heb ei ail. Ar yr olwg gyntaf, ffilm ddogfen yw hi am ffilm na chynhyrchwyd, a bod yn fanwl gywir, ffilm a gafodd ei dechrau ond byth ei gorffen. Mae'r ffilm yn cynnig awtopsi fforensig o'r corff cellwloid celain, ac i mi, mae'n cynnig un o'r portreadau mwya craff o'r pleser a'r boen o gael dy eni ag enaid sinematig. Mae Henri-Georges Clouzot yn enwog am gynhyrchu dwy ffilm wych yn y 1950au, sy'n dal yn uffernol o boblogaidd hyd heddiw – *The Wages of Fear* (1953) a *Les Diaboliques* (1955). Yn y gyntaf, mae Yves Montand a chriw o ddynion desbret yn gyrru tryciau llawn nitroglyserin ar draws lonydd peryglus y paith yn Ne America – angst dirfodol pur, a ffilm chwyslyd sy'n llawn tensiwn anhygoel. Mae'r ail yn stori droellog, dywyll am wraig a chariad i brifathro creulon sy'n cynllwynio gyda'i gilydd i'w lofruddio. Mae'r pwll nofio'n cael ei wagio yn yr ysgol i fechgyn, a chorff y prifathro wedi diflannu. Mae'n un o'r ffilmiau prin yna sy gystal ag unrhyw un o ffilmiau *suspense* Alfred Hitchcock.

Daeth Hitchcock a Clouzot i edmygu ei gilydd yn fawr yn y cyfnod hwn, ac roeddent yn amlwg yn mwynhau ac yn gwerthfawrogi triciau sinematig ffilmiau'r naill a'r llall. Roedd personoliaethau cryf iawn gan y ddau, ac yn sicr, bydden nhw wedi cenfigennu at allu'r llall i arteithio'r gynulleidfa mewn ffilmiau oedd yn cynyddu tensiwn yn yr awditoriwm i'r eithaf. Mi oedd y ddau yn aml yn cwffio am yr hawl i ffilmio'r un deunydd crai. Curodd Clouzot Hitchcock i hawlfraint *Les Diaboliques*, ac fel arall fu hi gyda *Vertigo* (1958). Roedd y cystadlu proffesiynol hwn yn sicr o fudd i'r ddau, ac yn eu gorfodi i ragori â phob ffilm newydd, gan wybod fod y llall yn gwylio ac yn disgwyl yn eiddgar i weld pa driciau newydd fyddai i'w gweld ar y sgrin. Ar ddechrau'r 1960au, tro Clouzot oedd hi i greu ffilm i gystadlu gyda *Vertigo* a *Psycho*, a dyma lle mae stori *Inferno* yn dechrau.

Dyma'r cefndir – mae gŵr a gwraig briod yn rhedeg gwesty prysur ar lannau llyn godidog yn Ffrainc. Mae'r plot yn troi o gwmpas y gŵr, sy'n cael ei yrru'n wallgof gan ei ofnau a'i genfigen wrth iddo ddychmygu fod ei wraig ifanc yn anffyddlon iddo. Tydi'r sgript ddim yn un gymhleth o gwbl, ond y munud mae Clouzot yn cael ei fachau ar y stori syml hon, mae ei uchelgais broffesiynol yn dechrau rhedeg yn wyllt. Yr hyn sy wrth wraidd y problemau sydd i ddod yw'r awydd yn Clouzot i greu iaith weledol gwbl newydd er mwyn cyfleu'r genfigen anferthol sy'n cydio ac yn tyfu yn y gŵr. Mae'r genfigen, wrth gwrs, yn celu o fewn y gŵr yn hytrach na bod yn rhywbeth y medrwn ni ei weld ar yr wyneb a'i ffilmio. Mae'r genfigen yn cael ei phortreadu mewn golygfeydd lliw sy'n gwrthgyferbynu â gweddill y stori yn y gwesty, a gafodd ei saethu mewn arddull fwy confensiynol mewn du a gwyn. Mi roedd Clouzot yn llawn hyder y byddai'r darnau arbrofol yma'n torri tir newydd mewn arddull sinematig, yn yr un modd ag oedd artistiaid fel Picasso, Matisse, Schoenberg a Stockhausen wedi llwyddo i'w wneud eisoes ym meysydd cerddoriaeth a chelf. Benthycodd Clouzot syniadau arddull math newydd o gelf, sef *kinetic art*, a chael ei ddylanwadu hefyd gan ddamcaniaethau celfyddydol eraill, fel *musique concrète*, wrth iddo arbrofi efo creu'r iaith newydd hon.

Roedd yn wahanol iawn i gyfarwyddwyr y *Nouvelle Vague*, a oedd ar ei hanterth ar y pryd, ac yn eithaf *sniffy* am hen gyfarwyddwyr fel Clouzot. Doedd Henri-Georges ddim yn credu mewn byrfyfyrio gyda'i gamera, na chwaith mewn dechrau rhedeg trwy'r stryd yn ffilmio beth bynnag oedd yn digwydd bod yno. 'Dwi'n byrfyfyrio ar bapur,' meddai (yn debyg i Hitchcock). Yn hytrach, mae Clouzot yn fwy o wyddonydd y sinema. Ei *modus operandi* oedd ceisio newid a gwella'r syniad drosodd a throsodd yn ei labordy ffilm, er mwyn darganfod y fformiwla berffaith ar gyfer y syniad a'r ddelwedd a fyddai'n cael yr effaith fwyaf grymus ar y gynulleidfa cyn mynd ati i greu'r ffilm orffenedig. Felly, mi oedd Clouzot yn barod i dorchi llewys a mynd ati i holi a chwilio'n ddi-saib am yr iaith newydd addas ar gyfer ei stori fach am genfigen. Heb yn wybod iddo, mi oedd o'n cymryd y camau cyntaf ar daith a fyddai'n distrywio ei iechyd corfforol ac emosiynol, a'i yrfa broffesiynol. Yn debyg i gynifer o unigolion talentog sy wedi mentro torri trwodd, mi oedd y namau yn ei bersonoliaeth, a'i gred a'i uchelgais, yn ddigon i'w drechu. Gair o gyngor, Arthur – dyma'r peryg mwyaf efo dilyn dy freuddwydion, ond be nei di, 'de? Fedri di ddim deud dim byd wrth neb!

O'r cychwyn, roedd *Inferno* yn brosiect *prestige*, a phres mawr yn dod o gyfeiriad Hollywood, gan fod pawb wedi eu cyffroi'n lân gan addewidion Clouzot ynglŷn â'r arddull ffilm gwbl newydd yma a fyddai'n cael ei geni gyda'r ffilm. Ac mi ddaeth y sêr hefyd – yn benodol, Romy Schneider, actores ifanc o Awstria a oedd yn seren anferth yn Ewrop ar y pryd. Â Romy yn y brif ran, a chyllideb anferth yn y banc, roedd popeth yn argoeli'n dda iawn ar gyfer y ffilm. Dwi'n poeni fy mod i'n rhoi'r argraff anghywir i ti am Clouzot, a dwi'n bendant ddim isio gwneud hyn. Doedd o ddim yn ddyn i gael ei orchfygu gan *hubris*, nac yn ddyn oedd wedi gorbrisio'i dalent; ddim o gwbl. Mi oedd o'n gwybod be oedd angen ei wneud, a llwyddodd (am sbel) i gyflawni hyn. Mae'r hyn ddigwyddodd i Clouzot yn hen stori – dyn sy'n ymgyrraedd at berffeithrwydd, yn ceisio cipio'r hyn sy wastad yn mynd i fod y tu hwnt i afael unrhyw artist. Fedrith o byth lwyddo, mae'r dasg yn un Sisyffaidd. Dwi'n credu ei fod o'n gwybod hyn ym mêr ei esgyrn, ond yn methu cydnabod wrtho'i hun fod y syniadau yn ei ben yn ormod i unrhyw gyfarwyddwr. Tydi'r sefyllfa yma ddim yn unigryw i fyd y ffilmiau. Fe'i gweli o ym mhob man – yn ein gwleidyddion, milwyr, meddygon, rheolwyr timau pêl-droed. Mae'r awydd yn rhan o stori'r ddynoliaeth, ac roedd yr un mor hysbys i ddramodwyr hynafol Groeg ag y mae o i unrhyw instant pyndit yn oes y rhyngrwyd. Roedd y ffaith fod Clouzot yn ddyn cenfigennus beth bynnag yn golygu fod y methiant yn ei wenwyno'n araf bach wrth iddo frwydro'n galetach yn erbyn amharodrwydd duwiau sinema i adael iddo feddu ar eu cyfrinachau.

Doedd *Inferno*, y ffilm gan Henri-Georges Clouzot, ddim i fod. Saethodd wythnosau o *test footage* yn seiliedig ar syniadau celf fodern, ac wedyn llwyddo i weithio ar leoliad am wythnos neu ddwy yn y gwesty ger y llyn cyn iddo gael trawiad ar y galon wrth saethu golygfa garu lesbiaidd ar gwch ar y llyn rhwng cymeriad Romy a'i ffrind, a dyna oedd diwedd y cynhyrchiad. *Shutdown.* Atalnod llawn i *Inferno*. Yr hyn ddigwyddodd wedyn sy'n hynod.

Cafodd y *footage* oedd yn bodoli i gyd ei roi o'r neilltu, heb i neb ei weld, ac ymhen dim, aeth yr holl ffiasgo yn angof. Bu farw Clouzot yn 1977, a byddai 30 mlynedd yn mynd heibio cyn i unrhyw beth ddigwydd i'r gweddillion yma. Un diwrnod yn 2007, cafodd gweddw Clouzot, Inès, ei hun yn sownd mewn lifft ym Mharis gyda'r cyfarwyddwr ifanc Serge Bromberg. Yn ystod yr oriau y buont yn gaeth gyda'i gilydd, llwyddodd Serge i ddarbwyllo Inès y byddai'n ddoeth iddi ymddiried ynddo fo i fynd i'r afael â'r *footage* yma – 13 awr i gyd – er mwyn iddo fynd ati i ail-greu stori *Inferno*, a cheisio atgyfodi ffilm roedd ei gŵr wedi methu ei chwblhau bron i hanner can mlynedd ynghynt. Ffilm Serge yw'r ffilm mae pawb wedi ei gweld, sef *Henri-Georges Clouzot's Inferno* (gan nad yw fersiwn Clouzot yn bodoli, wrth gwrs, er bod Claude Chabrol wedi ffilmio fersiwn ddifflach o'r sgript 'nôl yn 1994). Mae fersiwn Serge yn mynd â ni trwy bob cam o feddylfryd a chynllun manwl Clouzot ar gyfer y ffilm wreiddiol.

Rydan ni'n cael hanes yr holl broses o saethu'r *test footage* chwyldroadol. Yn y cyfnod cyn-gynhyrchu, roedd Clouzot wedi defnyddio rhai o ddynion camera mwyaf disglair a thalentog byd ffilm, a'u gorfodi i fentro i'r eithaf ac i arbrofi bob cam o'r daith. Yn ôl un technegydd ifanc, 'wnes i ymuno â phroses oedd yn ymddangos i mi fel gwallgofrwydd. Doedd neb i'w weld yn gwybod be roedden nhw'n ei wneud'. Cyn hir, mi ddechreuodd popeth lithro o afael unrhyw reolaeth synhwyrol, wrth i broblemau, paranoia ac obsesiynau personol Clouzot ychwanegu cymhlethdodau pellach at y cawl. Erbyn i'r criw adael y labordy a dechrau saethu ar leoliad yn y gwesty ger y llyn gyda'r prif actorion, roedd yn amlwg fod pethau'n mynd i fynd o chwith. Mi roedd Clouzot yn enwog am ei

dymer ddrwg, a byddai unrhyw rwystr neu fân broblem
wrth saethu yn esgus iddo ddechrau bwlio'r criw a'r cast.
Cododd y prif actor, Serge Reggiani, ei bac a gadael y
ffilm: 'Tydw i ddim am weithio i sgitsoffrenic gwallgof!'
Ar ben hyn, roedd Clouzot yn dioddef o ddiffyg cwsg
difrifol, a hefyd yn gorfod gweithio yn erbyn amserlen
afresymol, gan fod ei brif leoliad – y llyn – yn cael ei wagio
ymhen ugain diwrnod i hwyluso adeiladu argae, sy'n atgof
anghyffyrddus o brif ddigwyddiad y ffilm *Les Diaboliques*.

Os wyt ti'n *cinephile*, mae 'na resymau toreithiog i ti
garu'r ffilm hon. Yn gyntaf, ti'n cael cyfle breintiedig i
weld y tu ôl i'r llenni, a phrofi'r broses gynhyrchu mewn
ffordd anarferol. Ti'n cael gweld deunydd na fyddai byth
yn cael ei ddangos i'r cyhoedd fel arfer. Mae hefyd yn
brofiad annisgwyl cael cyfle i edrych yn ôl i'r gorffennol
heb deimlo'n *jaded*. Gan fod y stori'n un 'newydd', fel
petai, rwyt ti'n medru profi'r cyfan heb orfod derbyn
barn 'hanes' nac unrhyw ragfarnau. Rwyt ti wir yn cael
cyfle i ddadansoddi a darganfod ar dy ben dy hun beth
yw teimladau a chymhellion prif gymeriadau'r ddrama
fyw hon (unigolion sy wedi hen farw!). Mi elli di deimlo
drosot dy hun sut brofiad emosiynol yw bod yn rhan o
gynhyrchiad anferth, pwysig fel *Inferno*, a sylweddoli hefyd
gymaint o bwysau sy ar ymdrechion unigolion i dorri tir
newydd mewn diwydiant masnachol fel byd sinema. Ond
i mi, mae'r gorfoledd a'r llawenydd mwyaf yn digwydd
wrth wylio'r delweddau eu hunain. Cyn i'r ffilm fynd
i'r gwynt, mi oedd Clouzot eisoes wedi saethu elfennau
o'r stori drosodd a throsodd, yn benodol cynnyrch
dychymyg y gŵr cenfigennus wrth iddo syllu ar ei wraig.
Mae'r arbrofion yma i gyd yn dal i fodoli, a heblaw am
y dyfeisgarwch amlwg yn y delweddau, y peth mwyaf

nodedig yw fod Clouzot wedi eu saethu nhw i gyd gyda'i brif actores, Romy Schneider, yn hytrach na defnyddio *stand-in*. Dyma lle mae hud a lledrith sinema'n dy fwrw yn galed fel dwrn yn dy wep – sut mae esbonio hyn? Wel, mae Romy Schneider yn uffarn o actores, mae hi'n *radioactive*. Mae hi'n digwydd rhannu'r un pen-blwydd â fi hefyd, ac yn syth ar ôl i mi wylio'r ffilm, hi oedd fy obsesiwn newydd. Ocheniad! Tase cwrs hanes wedi bod yn wahanol, ac *Inferno* wedi cael ei rhyddhau, 'sdim amheuaeth o gwbl na fyddai Romy Schneider wedi tyfu i fod yn seren anferthol, fyd-eang.

Mae'r delweddau mae Henri-Georges a Romy yn eu creu mewn partneriaeth â'i gilydd yng nghanol eu byd bach anhreiddiadwy yn y labordy ffilm yn anhygoel. Mae'r syniad o greu iaith newydd yn gwbl gredadwy wrth i ti wylio'r delweddau yma. Roedd Romy yn fodlon gwneud pob dim y gofynnodd Clouzot iddi ei wneud. Clymodd hi'n noethlymun i draciau rheilffordd wrth i drên nesáu; sgiodd hithau ar gyflymder hynod beryglus ar draws y llyn fel angel pur; mae effeithiau golau, *strobes* a cholur eithafol a phoenus yn ymosod arni mewn clip ar ôl clip. Er bod amgylchiadau'r broses o weithio gyda Henri-Georges yn anodd iddi, roedd yn gwbl barod i gynnig cant y cant i'r broses, gan fod y ddau yn credu yn y sialens o ddarganfod yr iaith newydd hon ar gyfer y ffilm roedden nhw am ei gwneud gyda'i gilydd.

Does 'na ddim ffordd i ni wybod a fyddai *Inferno* wedi bod yn gystal neu'n well ffilm na *Vertigo* (a enillodd bleidlais ddiweddar am y ffilm orau erioed), ond dwi'n gwybod fod y briwsion *sy'n* bodoli yn amhrisiadwy, ac yn ddigon i adael i ni greu ffilm orffenedig, dim ond i ni ddefnyddio ein dychymyg. Roedd yn ffilm ryngweithiol cyn i'r term gael ei fathu. Gyda phresenoldeb mor fywiog â Romy, does arnat ti ddim angen stori gyflawn a thwt. Mae gwers fwyaf pwerus a syml sinema'n ei gwneud yn glir mai ffafrio'r ddelwedd yn hytrach nag unrhyw stori sy'n gydrannol a thaclus ydi'r dewis cywir. Mae themâu a rhesymeg y ffilm goll hon wedi eu sgwennu ar draws ei chorff hi am byth. Mae'n amlwg i unrhyw un fod Romy yn ddynes a fyddai'n medru ennyn cenfigen wallgof a'r awydd i ladd mewn unrhyw ddyn.

Mae'r delweddau *fauvist* yma a greodd Henri-Georges, i mi, yn tyllu'n ddwfn i'r breuddwydion mae dynion wedi eu cael am eu gwragedd dros y canrifoedd. Trwy gydol hanes barddoniaeth, ac ym mhob cell o eneidiau bywydau'r dyn yn y stryd, mae merched fel Romy wedi bodoli erioed. Y ferch yna sy'n byw yn dy galon bob dydd o dy fywyd, er mai dim ond cael cip sydyn arni o bell, ryw fore di-nod wnest ti. A dyma'r ferch yna, o'r diwedd, ar y sgrin, y presenoldeb rhywiol, atyniadol, arallfydol yna.

Ac er nad yw *Inferno* yn bodoli, mae'n un o fy hoff ffilmiau, gan ei bod yn bodoli yn fy nychymyg. Dyma fethiant sy'n cynrychioli prydferthwch methiant, a'r hud sy'n bodoli yn yr ymdrech. Mae pob ystrydeb yn seiliedig ar ffaith, ac yn y pen draw, dim ond y pethau nad wyt ti'n mentro eu gwneud fydd ar restr y pethau rwyt ti'n eu difaru. Does 'na ddim cywilydd mewn ymdrechu a pheidio llwyddo. Mae pob bywyd yn fethiant, wedi'r cyfan. Does dim angen athronydd i ddeud hynny wrthyt ti, ond mi wyt ti angen i dy dad ddeud wrthyt ti fod dal yn ôl yn ail gwael i fentro a methu. Weithiau, does dim rhaid i'r pethau mawr a phwysig gael eu gorffen, neu hyd yn oed gael eu gweld. Mae'r gweithiau yma'n rhybudd clir rhag dibynnu ar enwogrwydd, sicrwydd a llwyddiant fel unrhyw linyn mesur. Mae *Inferno* yn dy atgoffa fod barn unochrog haneswyr sy'n or-hoff o gynnig synnwyr a gwersi clir yn mynd yn groes i natur bodolaeth. Mae bywyd i gyd yn bodoli mewn *flux* – mae popeth, gan gynnwys ein bywydau ni i gyd – yn anorffenedig yn y diwedd.

Y ffilm olaf un dwi isio'i thrafod yw *This Is Not a Film* (2011) gan Jafar Panahi. Tasai arlywydd Iran ar y pryd, Mahmoud Ahmadinejad, wedi cael ei ffordd, fasai neb wedi cael cyfle i wylio ffilm newydd gan Panahi nes dy fod di, Arthur, yn dathlu dy ben-blwydd yn un ar hugain oed (tua'r oedran dwi'n dychmygu y bydd gen ti ddiddordeb mewn pori yn y llyfr yma). Dyna'r peth ffantastig am y natur ddynol – doedd gan Jafar ddim dewis, dim ffordd o fedru stopio'r hyn oedd ar fin digwydd.

Mae cefndir y ffilm (neu'r *'non-film'*) yn un cyfarwydd a thrist. Mae'n sefyllfa sy'n bodoli ym mhob man i ryw raddau, ac yn dy atgoffa unwaith eto fod unrhyw gred ffwndamentalaidd yn elyn i'r awydd creadigol. Beth bynnag yw'r amgylchiadau penodol (yn Iran, neu hyd yn oed yng Nghymru), dwi'n deud wrthyt ti rŵan nad oes hawl gan unrhyw un sy'n honni mai ganddyn nhw mae'r unig ateb posib i fod yn perthyn i'r byd celfyddydol. Mae'n rhaid eu diystyru neu frwydro yn eu herbyn. Mae celfyddyd yn amwys, yn gyfnewidiol, yn rym anwybodadwy, a tydi hi ddim yn bosib ei dal mewn unrhyw un o *straitjackets* y sawl sy'n credu 'fy ffordd i neu ddim o gwbl'. Tydi hi ddim yn bosib chwaith rheoli na bod yn berchen ar gelfyddyd – does 'na ddim *exchange value* ynddi. Dyna pam mae pob propaganda yn gopi di-werth, gwael iawn o ddarn o waith celf, a does dim ffordd y gall celfyddyd gael ei chreu gan bwyllgor. Mi fydd hi wastad yn bosib i un dyn sy'n dioddef – dyn fel Jafar Panahi – gyffwrdd gweddill y byd gyda chelf fel *This Is Not a Film* mewn ffordd sy'n gwbl ddealladwy i bawb, dim ond i chi fod yn fodlon bod yn agored i wylio a gwrando ar ei lais.

Cafodd Jafar ei arestio yn 2009 am fynychu gwylnos goffa ar gyfer protestwyr a laddwyd yn ystod yr etholiadau arlywyddol yn Iran y flwyddyn honno. Cafodd cyfarwyddwr ffilmiau byd-enwog fel *The White Balloon* (1995), *The Circle* (2000) ac *Offside* (2006) ei gyhuddo o gynllwynio gyda chynulliad anghyfreithlon ac o greu propaganda gwrthsefydliadol. A'i gosb yn 2010? Chwe blynedd yn y carchar, a gwaharddiad ar gynhyrchu ffilm, sgwennu sgript, cael ei gyfweld a theithio am ugain mlynedd. Roedd wedi cael ei rwystro rhag ffilmio ers pum mlynedd eisoes, cyn y ddedfryd newydd: 'Pan mae cyfarwyddwr yn methu gwneud ffilm, mae o yn y carchar yn barod,' meddai. Ysgogodd y sefyllfa Jafar i wneud dau beth. Yn gyntaf, ysgrifennodd lythyr agored at y byd, y tu mewn a'r tu hwnt i'w famwlad – llythyr oedd yn crynhoi ei deimladau fel artist dan ormes a bygythiadau cyson. Dwi'n dyfynnu rhan helaeth ohono isod (yn y fersiwn ryngwladol), gan fy mod yn credu ei bod yn bwysig i ti ddarllen ymateb clir a herfeiddiol Jafar i'r fath farbariaeth. Ac yn ail, penderfynodd Jafar beidio gwneud ffilm. Dywedodd:

> The world of a film-maker is marked by the interplay between reality and dreams. The film-maker uses reality as his inspiration, paints it with the colour of his imagination and creates a film that is the projection of his hopes and dreams.
>
> The reality is that I have been kept from making films for the past five years, and am now officially sentenced to be deprived of this right for another twenty years. But

I know I will keep on turning my dreams into films in my imagination. I admit, as a socially conscious film-maker, that I won't be able to portray the daily problems and concerns of my people, but I won't deny myself dreaming that, after twenty years, all the problems will be gone, and I'll be making films about the peace and prosperity in my country when I get the chance to do so again.

The reality is that they have deprived me of thinking and writing for twenty years, but they cannot keep me from dreaming that, in twenty years, inquisition and intimidation will have been replaced by freedom and free thinking.

They have prevented me seeing the world for twenty years. I hope that when I am free, I will be able to travel the world without any geographical, ethnic or ideological barriers, where people live together freely and peacefully, regardless of their beliefs and convictions.

They have condemned me to twenty years of silence, yet in my dreams I scream for a time when we can tolerate each other, respect each other's opinions and live for each other. Ultimately, the reality of my verdict is that I must spend six years in jail. I'll live for the next six years hoping that my dreams will become reality. I wish my fellow film-makers in every corner of the world would create such great films that by the time I leave prison, I will be inspired to continue to live in the world they have dreamed of in their films.

So from now on, and for the next twenty years, I'm forced to be silent. I'm forced not to be able to see. I'm forced not to be able to think. I'm forced not to be able to make films.

I submit to the reality of the captivity and the captors. I will look for the manifestation of my dreams in your films, hoping to find in them what I have been deprived of.

Gwylia *This Is Not a Film*, a bydd yn barod i ryfeddu wrth
i artist greu gyda'r adnoddau mwyaf prin posib – jest yr
ysbryd dynol, dyna i gyd. Bydd yn barod i brofi ffilm lle
mae'r ysbryd yna'n cael ei ddefnyddio i'n hatgoffa ni i gyd
beth yn union yw hi i fod yn ddyn, a hefyd be sy ei angen
ar bob unigolyn er mwyn goroesi pwysau bodolaeth dan
warchae. Ar yr wyneb, dyddiadur fideo yw *This Is Not a
Film*; cofnod o un diwrnod ym mywyd Jafar wrth iddo drio
treulio'r oriau ar fechnïaeth yn byw bywyd normal wrth
iddo aros ei gosb. Mae'r cyfan wedi'i ffilmio gan ei ffrind
Mojtaba ar gamera fideo mab Jafar, sy wedi cael ei adael ar
fwrdd y gegin iddo. Mae Mojtaba yn gorfod atgoffa Jafar
byth a beunydd i beidio â deud 'cut' ac 'action', gan fod y
wladwriaeth wedi ei wahardd rhag cyfarwyddo unrhyw un
sy'n cario camera. Ar y diwrnod 'normal' yma, 'dan ni'n
gwylio Jafar yn paratoi brecwast, yn siarad â'i gyfreithiwr
ar y ffôn am ei obeithion o apelio yn erbyn y ddedfryd
(newyddion drwg); mae'n edrych ar ôl igwana anwes, sef
yr unig beth arall yn y fflat, ac sy'n perthyn i'w ferch; yn
gwrthod cais gan ei gymydog i edrych ar ôl ei chi oherwydd
ei bod hi am fynd i fwynhau'r dathliadau tân gwyllt y tu
allan. Yng nghanol y digwyddiadau di-nod yma, mae o
hefyd yn ceisio 'deud' wrthym am y ffilm roedd o am geisio
ei chynhyrchu cyn iddo gael ei wahardd. Gan fod y sgript
yn bodoli eisoes, nid yw'n gweithio ar sgwennu sgript
newydd, a thrwy ddarllen y cyfarwyddiadau'n uchel, mae
o'n osgoi 'gwneud' ffilm, ac yn hytrach yn 'deud' ffilm.

Hanes merch ifanc sy'n ceisio dianc o'r tŷ er mwyn
cofrestru ar gwrs ym Mhrifysgol Tehran yw stori'r sgript,
yn debyg iawn i sefyllfa Jafar. Mae Jafar yn ei darllen yn
fanwl ac yn bwyllog, ac yn creu stafelloedd a lleoliadau
bywyd y ferch trwy ddefnyddio selotêp i amlinellu maint

cywir y set ar lawr ei fflat. Mae'r weithred hon yn amlwg yn straen emosiynol ar Jafar, ac yn rhywbeth sy'n gwneud iddo ddechrau ail-fyw ei brofiadau o wneud ffilmiau dros y blynyddoedd. Mae o'n dechrau traethu am natur realiti a'r holl broses o ddewis creu delweddau er mwyn dangos pethau i bobl yn hytrach na cheisio'u darbwyllo trwy ddefnyddio geiriau. Mae'n amlwg ei fod yn ddyn doeth, hynaws a thrugarog, a chanddo galon fawr, ac mae'n gwbl amlwg hefyd na all Jafar wneud dim efo'i fywyd heblaw cynhyrchu ffilmiau.

'When hairdressers have nothing to do, they cut each other's hair' – dyma farn y ddau artist rhwystredig, gelynion y wladwriaeth a'r ffrindiau agos yma am yr hyn sy'n digwydd yn y fflat tawel yng nghanol Tehran. Cafodd pob siot yn y ffilm ei saethu ar y camera fideo syml ac ar iPhone Jafar. Cafodd y ffilm orffenedig ei smyglo allan o Iran ar go' bach wedi'i guddio mewn cacen! Anodd credu fod gweithred mor *anti-prison movie* yn bosib, ond dyna ddigwyddodd. Cyrhaeddodd y gacen Cannes, lle'r oedd hi'n cael ei dangos yn yr ŵyl ffilm. Ar unwaith, dechreuodd hawlio sylw'r diawled pres sy'n stelcian ar hyd y Croisette, a gwneud i bawb feddwl am y pethau pwysig unwaith eto. Mae'n ddarn o waith sinematig pur, mwy sinematig o lawer na'r rwtsh sy'n costio miliynau o ddoleri sy'n llygru gweddill yr ŵyl.

I mi, mae siot olaf un y ffilm, sy'n un anadl hir, yn fy atgoffa o sut gafodd *Inferno* ei hachub o ebargofiant ar hap a damwain mewn lifft, ac mae'n ddilyniant sinematig bythgofiadwy. Dyma sy'n digwydd: mae Jafar yn gadael y fflat â chamera yn ei law. Mae'n dechrau sgwrs efo myfyriwr ifanc sy wedi dod i'w fflat i hel y sbwriel ar ran y perchennog, ac mae'r cysylltiad personol, annisgwyl, cwbl naturiol yma â pherson arall yn ddigon i ddenu Jafar allan o'i garchar ac allan o'i hwyliau isel. Mae o'n camu allan i'r landin ac i mewn i'r lifft, ac wrth iddo ddisgyn rhwng y lloriau, 'dan ni'n profi cyfres o ddrysau yn agor a chau cyn i Jafar, heb yn wybod iddo'i hun, gamu allan i mewn i'r byd go iawn. Am eiliadau prin, mae o yng nghanol twrw a gwres ei ddinas, yn ffilmio mewn sefyllfa sy'n gwneud i mi feddwl am nefoedd ac uffern yr un pryd. Anghofia'r miloedd ar filoedd o eiriau dwi wedi'u sgwennu yng ngweddill y llyfr yma – mae'r olygfa hon ar ei phen ei hun yn cynnig y diffiniad mwyaf pur a godidog dwi wedi ei brofi erioed o bŵer sinema i greu cyswllt emosiynol. Mae'r weithred a'r dechneg mor syml ac mor sylfaenol, ond i mi, mae'n llawn *suspense* tebyg i Hitchcock ar ei orau, a'r camera yn nwylo Jafar yn cyfateb i wn llofrudd neu ffoadur. Mae'r siot anhygoel yma'n cynnig cic emosiynol tebyg i felodrama neu ffilm epig o Hollywood. Mae'r eiliadau prin yma'n ddigon i wneud i ti stopio anadlu, a dwi'n clywed fy hun yn beichio crio fel baban wrth wylio.

Mae'n hwyr iawn rŵan, ac rwyt ti, fy mab annwyl, yn cysgu'n drwm yn dy grud. Dwi'n gwybod fy mod i'n rhydd, yn wahanol i rai o'r artistiaid dwi wedi eu cyflwyno i ti yn y llyfr hwn; dwi'n gwybod fy mod i'n hapus, yn wahanol i'r artistiaid hynny sy'n methu peidio ag arteithio eu hunain bob eiliad o'r dydd. Hefyd, dwi'n gwybod fy mod i'n perthyn, yn perthyn i ti, os nad i unrhyw beth arall yn y byd yma. Rhyddid, hapusrwydd a'r teimlad o fod yn perthyn – dyna'r oll dwi'n ei ddymuno i ti yn dy fywyd. Diolch, Arthur, am roi trefn i mi.

Nos da, cariad.

Dad x